Introduction à l’économétrie appliquée sous EViews

Collection « L'esprit économique »

fondée par Sophie Boutillier et Dimitri Uzunidis en 1996
dirigée par Sophie Boutillier, Blandine Laperche, Dimitri Uzunidis

Si l'apparence des choses se confondait avec leur réalité, toute réflexion, toute Science, toute recherche serait superflue. La collection « L'esprit économique » soulève le débat, textes et images à l'appui, sur la face cachée économique des faits sociaux : rapports de pouvoir, de production et d'échange, innovations organisationnelles, technologiques et financières, espaces globaux et microéconomiques de valorisation et de profit, pensées critiques et novatrices sur le monde en mouvement...
Ces ouvrages s'adressent aux étudiants, aux enseignants, aux chercheurs en sciences économiques, politiques, sociales, juridiques et de gestion, ainsi qu'aux experts d'entreprise et d'administration des institutions.

La collection est divisée en six séries :

Dans la série *Economie et Innovation* sont publiés des ouvrages d'économie industrielle, financière et du travail et de sociologie économique qui mettent l'accent sur les transformations économiques et sociales suite à l'introduction de nouvelles techniques et méthodes de production. L'innovation se confond avec la nouveauté marchande et touche le cœur même des rapports sociaux et de leurs représentations institutionnelles.

La série *Economie formelle* a pour objectif de promouvoir l'analyse des faits économiques contemporains en s'appuyant sur les approches critiques de l'économie telle qu'elle est enseignée et normalisée mondialement. Elle comprend des livres qui s'interrogent sur les choix des acteurs économiques dans une perspective macroéconomique, historique et prospective.

Dans la série *Le Monde en Question* sont publiés des ouvrages d'économie politique traitant des problèmes internationaux. Les économies nationales, le développement, les espaces élargis, ainsi que l'étude des ressorts fondamentaux de l'économie mondiale sont les sujets de prédilection dans le choix des publications.

La série *Krisis* a été créée pour faciliter la lecture historique des problèmes économiques et sociaux d'aujourd'hui liés aux métamorphoses de l'organisation industrielle et du travail. Elle comprend la réédition d'ouvrages anciens, de compilations de textes autour des mêmes questions et des ouvrages d'histoire de la pensée et des faits économiques.

La série *Clichés* a été créée pour fixer les impressions du monde économique. Les ouvrages contiennent photos et texte pour faire ressortir les caractéristiques d'une situation donnée. Le premier thème directeur est : mémoire et actualité du travail et de l'industrie ; le second : histoire et impacts économiques et sociaux des innovations.

La série *Cours Principaux* comprend des ouvrages simples, fondamentaux et/ou spécialisés qui s'adressent aux étudiants en licence et en master en économie, sociologie, droit, et gestion. Son principe de base est l'application du vieil adage chinois : « le plus long voyage commence par le premier pas ».

Yaya Keho

Introduction à l'économétrie appliquée sous EViews

Rappels de cours
et illustrations pratiques

L'Harmattan

5-7, rue de l'École-Polytechnique ; 75005 Paris

http://www.editions-harmattan.fr/

ISBN : 978-2-14-048726-2
EAN : 9782140487262

Aux lecteurs

Ce guide vous servira d'outil de référence pour l'estimation de modèles économétriques à partir du logiciel Eviews. Il traite de façon pratique l'estimation des modèles de régression linéaire classiques, des modèles ARDL, des modèles à équations simultanées, des modèles VAR, de la cointégration et des modèles à correction d'erreur, des modèles à effet de seuil, des modèles à interaction de variables, de la régression quantile et de la cointégration à seuil. Les spécifications de ces modèles et les méthodes d'estimation sont présentées et illustrées à partir d'exemples pratiques.

Ce manuel s'adresse à ceux qui n'ont jamais utilisé le logiciel EViews, aussi bien qu'à ceux qui en ont déjà acquis quelques principes de base. Bien entendu, ce guide n'est pas exhaustif sur l'ensemble des fonctions qu'offre le logiciel EViews. Les manuels officiels du logiciel restent donc indispensables. De plus, ce guide ne remplace pas les manuels de cours déjà existants, qui demeurent indispensables pour bien comprendre les notions théoriques de base et les principes des tests statistiques qui sont évoqués dans ce guide.

Ce guide a été rédigé sur la base de la version 9 de EViews, la configuration des écrans, les commandes ou les syntaxes peuvent ne pas être les mêmes sur les versions antérieures ou ultérieures du logiciel.

Table des matières

Préface

Enfin ! il est à présent disponible, un livre d'économétrie qui répond aux besoins véritables des étudiants, chercheurs et professionnels de l'économétrie en général, et des utilisateurs de séries temporelles en particulier. Que de mémoires, thèses ou articles à publier pourront être rédigés dans les règles de l'art, conformément aux standards internationaux et aux exigences de plus en plus élevées des revues et journaux côtés !

L'économétrie est une discipline incontournable pour tous ceux qui cherchent à comprendre et à analyser les phénomènes économiques par le biais d'outils et méthodes statistiques et mathématiques. Elle est passionnante certes, mais peut atteindre, dans bien des cas, un degré de complexité qui rebuterait plus d'un chercheur aguerri aux joutes et batailles épiques de la recherche, brandissant tantôt le glaive du modèle le plus adéquat, tantôt le bouclier de protection contre les critiques les plus acerbes, au demeurant souvent justifiées. Que de réprimandes, murmures de désapprobation et de colères parfois à peine voilées ne constate-t-on pas lors de l'énumération des faiblesses et incohérences d'une production scientifique, que l'auteur croyait parfait, sinon proche de la perfection ! Quelle est dure, éprouvante et implacable cette arène de la production de connaissance scientifique, ou très peu, voire aucune, erreur de fonds ou de forme, n'est pardonnée !

Les objections les plus difficiles à corriger, sources parfois de dépression pour des âmes sensibles, sont de toute évidence, celles qui relèvent des aspects quantitatifs des travaux de recherche, en particulier du volet économétrique. Mauvaise spécification du modèle, multicolinéarité quasi-parfaite passée inaperçue aux yeux de l'auteur, biais d'endogénéité ignoré, conduite inadéquate de la procédure d'estimation, régression fallacieuse, piètre interprétation des résultats obtenus, etc., sont autant de commentaires indélicats formulés par des évaluateurs, si souvent méticuleux à l'excès. En somme, c'est un vrai calvaire pour les chercheurs aux compétences économétriques à parfaire ou en développement, votre serviteur y compris !

Ce livre, humblement intitulé Guide d'Introduction à l'Économétrie Appliquée sous EViews, humilité qui est un trait de caractère dominant de la personnalité de son auteur, est en réalité UNE, ou plutôt, LA solution pour les praticiens et utilisateurs de l'économétrie, à la mise en œuvre et à la conduite aseptisée de l'analyse statistique et économétrique face à des séries temporelles, c'est-à-dire dans le cadre si important de la macroéconométrie.

Professeur Yaya KEHO, met ainsi, à la portée de tous, étudiants, enseignants, chercheurs et autres professionnels de la manipulation des données chronologiques, un document didactique, agréable à la lecture, parfaitement structuré, qui conduit le lecteur, ligne après ligne, dans la sphère de l'analyse statistique, de l'estimation de modèles pertinents, de l'interprétation idoine des résultats obtenus, mais également dans l'univers de la programmation. Ce dernier aspect est d'autant plus important qu'il octroie au lecteur assidu une grande flexibilité dans la modélisation statistique et économétrique, lui permettant de sortir des sentiers battus des routines préinstallées, souvent inadaptées aux besoins du chercheur.

Avec très peu de présentation théorique, ce livre est un véritable outil de formation, truffé d'exemples savamment choisis, et propose par ailleurs des exercices corrigés et commentés dans les moindres détails. Le choix du logiciel Eviews s'impose par sa popularité, mais surtout par son aptitude à résoudre avec simplicité et acuité les questions liées à la modélisation des séries temporelles.

Merci au Professeur KEHO pour cette contribution cruciale à la recherche à travers ce livre exceptionnel.

J. M. Bosson BROU
Université Félix Houphouët-Boigny (UFHB)

Avant-propos

L'économétrie désigne un ensemble de méthodes statistiques et mathématiques dont l'objectif est de quantifier les phénomènes économiques. Elle est pour ses utilisateurs un outil précieux d'analyse et d'aide à la décision. Aujourd'hui, avec le développement de l'informatique et des logiciels statistiques, l'économétrie appliquée connaît un essor spectaculaire. De plus en plus, les mémoires et thèses en sciences sociales en font un usage intensif.

En rédigeant ce livre, j'ai voulu répondre aux sollicitations d'étudiants et de chercheurs en économie appliquée. Mon objectif est de fournir au lecteur des compétences pour effectuer des travaux appliqués dans les différents domaines où il pourra être amené à utiliser les méthodes économétriques.

Ce livre s'adresse à toute personne ayant à estimer et gérer des modèles économétriques: Étudiants en sciences économiques, Statisticiens, Enseignants, Chercheurs, Macroéconomistes praticiens, etc. J'ai voulu en faire un guide pratique, ce qui justifie l'absence de théories trop formalisées. L'ensemble du livre est accessible au lecteur ayant des connaissances de base en économie et en statistique. Il ne requiert pas un niveau mathématique particulièrement élevé, d'autant qu'il n'y a pas de démonstrations des formules présentées.

Ce parti pris constitue, en quelque sorte, mon défi : essayer de faire comprendre et appliquer avec succès des éléments d'une discipline qui peut atteindre un niveau mathématique d'une très grande complexité. Cependant, si l'orientation "appliquée" est privilégiée, elle suppose d'abord quelques connaissances théoriques minimales en statistique et en économie. Avant d'aborder comment, de manière pratique, les différentes méthodes sont mises en œuvre, je fais des rappels sur quelques éléments théoriques nécessaires à la compréhension et à l'interprétation des résultats. Les exposés théoriques font l'objet de renvois à des ouvrages spécialisés. Les modèles théoriques énoncés sont illustrés par des exercices pratiques commentés. Les applications sont faites essentiellement sur des données temporelles dont le traitement économétrique est plus complexe que celui des données en coupes instantanées.

Ce livre reprend un ensemble de cours d'économétrie dispensés à l'École Nationale Supérieure de Statistique et d'Économie Appliquée (ENSEA) d'Abidjan, à l'Université Félix Houphouët-Boigny d'Abidjan et à l'Université Alassane Ouattara de Bouaké. Des parties ont servi de support à un enseignement, un cours, une formation ou un séminaire.

Mes remerciements vont à l'endroit de tous ceux qui m'ont apporté un soutien important. Je remercie particulièrement **Professeur Jean Marcellin Brou BOSSON**, Enseignant-Chercheur à l'Université Félix Houphouët-Boigny d'Abidjan, pour ses encouragements et sa dédicace.

Mes remerciements vont à l'endroit de **Docteur Ibrahim N'ganga OUATTARA**, Enseignant-Chercheur à l'Université Alassane Ouattara de Bouaké, pour son assistance dans la mise en forme et la publication de ce livre.

Introduction

1. Objet de l'économétrie

L'analyse économique est basée sur la représentation théorique des comportements des agents économiques. Elle repose sur des hypothèses plus ou moins réalistes conduisant à des conclusions dont la portée peut être positive ou normative. Les théories économiques influencent le réel dans la mesure où elles guident certaines décisions de politique économique. Compte tenu de cette influence, les théories économiques doivent être confrontées à la réalité afin d'en évaluer la pertinence empirique : les agents économiques se comportent-ils conformément à la théorie ?

Selon une définition classique, l'économétrie est une « approche scientifique visant à la compréhension des aspects économiques de la conduite humaine » (Hendy, 1995). Elle procède à la mise en épreuve des théories économiques par l'application des méthodes statistiques aux données empiriques. Le caractère non-expérimental de la science économique avait conduit les chercheurs dès les années trente à recourir à l'économétrie[1]. Dans l'éditorial du premier numéro de la revue *Econometrica* créée en 1933, Fisher fixe les objectifs de la société d'Économétrie, à savoir promouvoir les relations entre la théorie économique, les statistiques et les mathématiques.

Dans le but de modéliser les phénomènes économiques, l'économétrie va faire appel à l'économie, à la statistique et aux mathématiques. L'ancrage économique s'avère indispensable notamment pour le choix des variables explicatives et l'interprétation des résultats. C'est un exercice de culture générale qui amène à passer en revue les théories économiques en lien avec le sujet. Les mathématiques et les statistiques aident à choisir les meilleures formes fonctionnelles et les

---

[1] Pour une histoire de l'économétrie, on pourra consulter Morgan (1990) et Desrosières (1993).
Les données pour les estimations sont disponibles sur le site www.kehoyaya.com dans la rubrique Base de données.

échantillons de données pertinents ainsi que les méthodes d'estimation et les tests les plus appropriés.

Tous ces outils sont mobilisés dans un seul objectif : construire une approximation acceptable de la réalité économique ! C'est un exercice qui doit suivre une démarche précise et rigoureuse.

2. La démarche économétrique

L'un des objectifs de l'économétrie appliquée est de confronter les prédictions des modèles économiques théoriques aux données économiques à l'aide de modèles statistiques. Cette confrontation pour être réalisée doit suivre un certain nombre d'étapes: la spécification du modèle, le recueil des données, l'estimation des paramètres, les tests de spécification, les tests de validation et l'interprétation des résultats.

Pour étudier un phénomène économique, on essaie de le représenter par le comportement d'une variable. Cette variable économique dépend elle-même d'autres variables que l'on relie entre elles par une relation mathématique. Cette relation définit le modèle. Par exemple, si on étudie la consommation (C) d'un bien, la théorique économique postule que $C=f(R, p)$ où R représente le revenu et p le prix. Pour spécifier le modèle empirique, on doit postuler une forme mathématique pour la fonction f. bien entendu, cette fonction doit rester compatible avec les hypothèses *a priori* du modèle théorique.

En général, la théorie économique se contente d'indiquer les variables économiques qui interviennent dans le modèle et suggère le signe probable des dérivées partielles. Ainsi, pour la fonction de consommation, on a $f_R'>0$ et $f_p'<0$, ce qui signifie que la consommation augmente avec le revenu et baisse avec le prix. Cependant, la théorie économique ne renseigne pas sur un certain nombre de choses, dont la forme exacte de la fonction, f, la définition et la mesure des variables qui interviennent dans le modèle.

Faut-il retenir une spécification linéaire, logarithmique ou polynomiale? Faut-il raisonner en terme réel ou nominal ? Faut-il considérer les variables en taux de croissance, en niveau où les déflater par une variable de taille? Faut-il appliquer une transformation logarithmique à certaines variables ? Faut-il corriger les variables des variations saisonnières ou non ?

Ce sont là autant de questions pratiques importantes dont dépend l'issue de l'évaluation empirique des modèles économiques. Une fois le modèle empirique spécifié, il faut réunir les données nécessaires à son estimation. À cet égard, il existe trois types d'échantillons de données.

On distingue en premier lieu les données temporelles ou séries chronologiques où les variables représentent des phénomènes observés à intervalles réguliers de temps. C'est ce type de données qu'on utilise dans la plupart des applications en macroéconométrie lorsqu'on travaille sur un pays.

Ensuite, on a les données en coupe instantanée où les variables représentent des phénomènes observés à un instant donné sur plusieurs individus. Il s'agit généralement des données d'enquête ponctuelle réalisée auprès d'individus, de ménages ou d'entreprises.

En troisième lieu, on a les données de panel dans lesquelles les variables sont observées sur plusieurs individus et sur plusieurs périodes. Les panels combinent donc les dimensions temporelle et individuelle des données. L'utilisation des panels permet de contourner la difficulté liée au manque de séries longues dans la dimension temporelle. Elle permet de rendre plus robustes les tests lorsqu'on augmente la dimension individuelle. Cependant, l'analyse des données de panel requiert des procédures d'estimation très précises, car elle fait apparaître des difficultés spécifiques. Elle constitue aujourd'hui une spécialité dans l'économétrie (économétrie des données de panels) qui a donné lieu à de nombreux développements.

L'estimation des paramètres et la validation du modèle font appel aux méthodes statistiques. La méthode d'estimation des coefficients est-elle appropriée ? Les coefficients sont-ils significatifs ? Ont-ils le signe attendu ? Le modèle théorique est-il validé ? Cette dernière étape est très importante. Elle doit permettre d'évaluer la robustesse du modèle sur le plan statistique et la pertinence des théories économiques qui les sous-tendent. Les hypothèses théoriques sont vérifiées en comparant leurs implications empiriques avec la réalité. Lorsque la spécification retenue n'est pas satisfaisante, elle doit être modifiée puis estimée à nouveau avant de conclure quant à la validité ou non de la théorie. C'est parfois un exercice qui peut prendre du temps, mais l'expérience finit par suggérer les bonnes intuitions.

3. Contenu de l'ouvrage

L'économétrie est une discipline qui effraie le plus souvent les étudiants par son caractère formalisé et le recours à des notions de statistiques et de mathématiques. L'objectif de cet ouvrage est d'offrir au lecteur une introduction pratique à l'économétrie. Il ne se substitue pas aux manuels d'économétrie abondants dans la littérature. Il ne prétend pas faire du lecteur un économètre chevronné. Car l'économétrie se situe au confluent de plusieurs champs disciplinaires (sciences économiques, probabilités et statistique, mathématique) et nécessite par conséquent une formation diversifiée à la fois sur les plans théorique et pratique. L'ouvrage se veut pratique. Le livre renvoie à des références bibliographiques pour permettre au lecteur d'approfondir un sujet particulier. Les modèles présentés sont illustrés par des cas pratiques.

L'ouvrage comporte au total douze (12) chapitres. Le chapitre 1 fait une présentation succincte du logiciel EViews. Cette présentation se limitera essentiellement à décrire le mode de fonctionnement du logiciel et à présenter les différents types d'objets. Il est évident que tout le long des chapitres suivants le lecteur sera amené à découvrir et utiliser progressivement les fonctionnalités du logiciel.

Le chapitre 2 présente les manipulations préliminaires au traitement des données : la création d'espace de travail, l'importation et la saisie directe des données. Une fois les données entrées, le traitement peut alors commencer. Dans le chapitre 2, nous introduisons les traitements élémentaires, à savoir la génération de nouvelles variables, le calcul de statistiques descriptives (moyenne, écart-type, médiane…), les représentations graphiques et le calcul des coefficients de corrélation.

Le chapitre 3 aborde l'estimation des modèles structurels à une seule équation. Il constitue le point de départ indispensable au développement des outils nécessaires à l'étude de situations qui seront analysées dans la suite de l'ouvrage. La méthode d'estimation des moindres carrés ordinaires, les tests sur le terme d'erreur et les tests de restrictions sur les coefficients seront tour à tour expliqués et illustrés.

Le chapitre 4 s'intéresse à l'estimation des modèles à décalages temporels qui autorisent les variables retardées à figurer parmi les variables explicatives. Si plusieurs raisons peuvent justifier l'utilisation de ces modèles, ils posent cependant un certain nombre de questions auxquelles le chapitre tente d'apporter des réponses.

Les problèmes d'endogénéïté inhérents aux modèles structurels seront examinés dans le chapitre 5. Après avoir évoqué les problèmes engendrés par l'endogénéïté des variables explicatives, une procédure d'estimation alternative est décrite et illustrée.

Le chapitre 6 est consacré à l'estimation des modèles à équations simultanées. Le statut des variables, les problèmes d'identification et les méthodes d'estimation sont présentés et illustrés par des exemples.

Le chapitre 7 aborde les modèles vectoriels autorégressifs qui se présentent comme un cas particulier des modèles à équations simultanées. Ces modèles explicitent les liens dynamiques entre plusieurs variables et permettent ainsi de faire des prévisions, des analyses de causalité et des simulations de chocs de politiques économiques.

Le chapitre 8 s'intéresse à la modélisation des séries économiques non-stationnaires. Il présente les tests de racine unitaire et de stationnarité ainsi que les tests de cointégration. Différentes méthodes d'estimation des modèles à correction d'erreur sont décrites et appliquées.

Le chapitre 9 est consacré à l'écriture et à la résolution des modèles à plusieurs équations.

Le chapitre 10 présente une introduction à la programmation. Les procédures de spécification, de résolution et de simulation sont décrites.

Le chapitre 11 aborde les modèles non-linéaires, notamment les modèles non-linéaires autorégressifs, les modèles à effet de seuil, les modèles d'interaction de variables, les modèles de régression quantile et la cointégration à seuil.

Enfin, le chapitre 12 propose des études de cas pratiques. Ces études de cas font appel à l'ensemble des éléments abordés dans les chapitres précédents.

CHAPITRE 1
Présentation générale du logiciel EViews

Le logiciel choisi pour les applications pratiques est EViews. Le choix de ce logiciel se justifie surtout par la convivialité qu'elle offre à l'utilisateur dans la mise en œuvre des tâches. L'utilisateur familier à l'environnement Windows n'éprouvera pas de difficulté à naviguer dans les menus du logiciel pour chercher ce dont il a besoin. Ce chapitre introductif fait une présentation générale du logiciel. Il décrit les différents modes de fonctionnement du logiciel, ses champs d'application et les différents types d'objets sur lesquels est basé le fonctionnement du logiciel. Bien entendu, cette présentation n'épuise pas l'ensemble des potentialités du logiciel. Le lecteur pourra consulter le guide d'utilisation du logiciel pour approfondir certains aspects.

1.1 Présentation générale du fonctionnement du logiciel

EViews est un logiciel qui permet de faire l'analyse, la prévision et la modélisation des données. C'est un outil performant d'analyse des séries temporelles. Il représente la version nouvelle d'un ensemble d'outils de traitement des séries temporelles initialement fait par TSP (Time Series Processor) développé par les économistes.

Aujourd'hui, EViews connaît une large application dans beaucoup de domaines. Il offre la possibilité d'entrer des données à partir du clavier ou de fichiers d'une disquette, de créer de nouvelles séries à partir de celles existantes, de faire des analyses statistiques des relations entre plusieurs variables. EViews utilise les caractéristiques visuelles des logiciels sous Windows. L'utilisateur peut utiliser sa souris pour faire des opérations à l'aide des menus et boîtes de dialogue standards de Windows. Les résultats apparaissent en Windows et peuvent être manipulés par les techniques standards. Ils peuvent être copiés puis collés dans Word ou Excel lors du processus de rédaction du rapport d'analyse.

Alternativement, EViews dispose d'un langage de programmation et de commandes assez variées que l'usager peut utiliser pour accomplir certains exercices plus aisément. EViews contient un menu d'aide bien documenté sur la mise en œuvre des procédures d'analyse, des commandes et des opérations qu'il permet de faire.

EViews peut fonctionner aussi bien en mode interactif qu'en mode batch. En mode interactif, l'utilisateur choisit, à partir des différentes fenêtres, ce qu'il veut faire. Il tape la commande dans une fenêtre de commande et clique sur un bouton pour obtenir le résultat. Il fait en quelque sorte de l'économétrie presse-bouton. Le mode interactif est utilisé lorsque certaines étapes du traitement exigent un examen des résultats et des prises de décision de l'utilisateur. Le mode interactif présente l'avantage d'être simple, mais montre rapidement ses limites pour réaliser certaines tâches plus élaborées.

Il est alors préférable d'utiliser le mode batch : les instructions sont écrites sous forme d'un programme à l'aide d'une succession d'instructions utilisant des commandes. Le mode batch nécessite la construction d'un fichier texte contenant une série d'instructions pour aboutir aux résultats que l'on souhaite. L'utilisateur a la possibilité d'exécuter une partie de ce programme dans différentes circonstances. L'un des avantages des programmes est qu'ils permettent de documenter l'analyse. On peut savoir comment on est arrivé aux résultats.

Notons cependant que le mode batch est plus complémentaire qu'incompatible avec le mode interactif. Dans ce cours, nous allons utiliser ces deux modes de fonctionnement du logiciel et les illustrer à partir d'exemples pratiques. Le lancement du logiciel se fait comme tout autre logiciel à partir du bureau ou du menu démarrer.

1.2 Champs d'application

EViews connaît des applications dans de nombreux domaines de la vie impliquant le traitement et l'analyse des données. Il est utilisé notamment dans les activités suivantes:

- ✓ La gestion de modèles macroéconomiques
- ✓ La prévision macroéconomique :
- Prévision de l'inflation ;
- Prévision du taux de croissance ;
- Prévision du taux d'investissement ;

- Prévision des agrégats des finances publiques (recettes fiscales, dépenses, solde budgétaire, etc.) ;

✓ La prévision en entreprise

- Prévision des ventes ;
- Prévision de la demande ;
- Prévision des prix, etc.;

✓ L'analyse financière

- Caractéristiques des séries financières
- Hétéroscédasticité et volatilité
- Modèles ARCH, ARIMA, SARIMA.

L'analyse des séries à haute fréquence et les techniques de prévision avancées (modélisation ARIMA, ARCH, GARCH ...) ne seront pas abordées dans le présent ouvrage qui se présente comme une introduction à la pratique économétrique.

1.3 Objets types

EViews est basé sur la notion d'objet. Les objets sont des blocs d'éléments liés par une notion commune et qui sont mis ensemble pour être utilisés plus aisément. De façon virtuelle, tout le travail dans EViews impliquera l'utilisation et la manipulation d'objets.

L'objet le plus important dans EViews est le Workfile (espace de travail) et la première chose à faire sera de créer un Workfile ou d'ouvrir un Workfile existant. Chaque objet est un ensemble d'information se rapportant à un domaine particulier de l'analyse. Les objets peuvent recevoir également des noms.

Les objets les plus importants après le Workfile sont les séries et les équations. Il existe cependant un certain nombre d'autres objets qui jouent des fonctions différentes. Il s'agit par exemple des vecteurs de coefficients, des bases de données, des graphes, des groupes, des modèles, etc.

Tous ces objets, à l'exception du Workfile et des bases de données, possèdent leurs propres icônes qui apparaissent dans le Workfile. Lorsqu'un nouvel espace de travail (Workfile) est créé, deux objets apparaissent automatiquement : le vecteur des coefficients et la série des résidus.

Le vecteur des coefficients sert à stocker les coefficients des équations qui sont estimées. Par défaut, ce vecteur est nommé par la lettre *c* et ses coefficients sont identifiés par *c(1), c(2), ..., c(k).* Toutefois, l'utilisateur peut définir d'autres vecteurs pour recevoir les coefficients, par exemple *a* ou *b*. L'aperçu des icônes associées à certains objets se présente comme suit:

Coefficient Vector	Scalar
Equation	Series
Graph	Sspace (State Space)
Group	System
Logl (Log Likelihood)	Sym (Symmetric Matrix)
Matrix	Table
Model	Text
Pool (Time Series / Cross-Section)	Var (Vector Autoregression)
Sample	Vector/Row Vector

Pour créer un nouvel objet, il suffit de sélectionner « **Object/New Object** », à partir du menu principal ou du menu du Workfile, de choisir le type d'objet, de le nommer et de cliquer sur OK pour valider.

1.4 Expressions mathématiques

EViews dispose d'un éventail d'opérateurs et de fonctions, qui permet de faire des calculs mathématiques (additions, soustraction, multiplication, division, puissance, recodages, arrondis ...). Il dispose également de certaines fonctions spécialisées utilisées couramment dans l'analyse des séries temporelles (logarithmes, exponentielles, différences premières, différences secondes, retards, avances, désaisonnalisation, lissage…). Le lecteur découvrira ces fonctions au fur et à mesure des applications. Les données pour les estimations sont disponibles sur le site www.kehoyaya.com dans la rubrique Base de données.

CHAPITRE 2
Manipulations des données

Ce chapitre aborde les manipulations préliminaires avant l'étape de modélisation. Il s'agit de créer un espace de travail, d'importer ou de saisir des données, de créer de nouvelles séries et de produire des statistiques descriptives sur les données. La maîtrise de ces opérations élémentaires est indispensable pour la suite des applications.

Pour les applications, nous considérons les données d'une économie appelée « **Keholand** ». Les variables se présentent comme suit :

- **CONS** : Consommation privée,
- **PIB** : Produit intérieur brut,
- **TAX** : Recettes fiscales,
- **RD** : Revenu disponible
- **I** : Investissement privé
- **G** : Dépenses publiques,
- **R** : Taux de pression fiscale
- **IPC** : Indice des prix à la consommation.

Les données couvrent **la période 1977-2022**. Elles se trouvent dans le fichier Excel intitulé «**keholand.xls**». Elles sont reportées en annexes (Tableau A1) pour permettre au lecteur de reproduire les exercices. Les données pour les estimations sont disponibles sur le site www.kehoyaya.com dans la rubrique Base de données.

2.1 Création d'un Workfile

Le Workfile est l'espace de travail qui organise et enregistre tous les objets qui vont être générés lors du traitement des données. La création de l'espace de travail définit le nombre d'observations, leur fréquence (données annuelles, trimestrielles, mensuelles, journalières… ou irrégulières), le nombre et les noms des variables.

Nous procédons à l'importation des données du fichier **keholand.xls.** Pour créer le Workfile, sélectionnez « **File/New/Workfile** » comme indiqué ci-dessous :

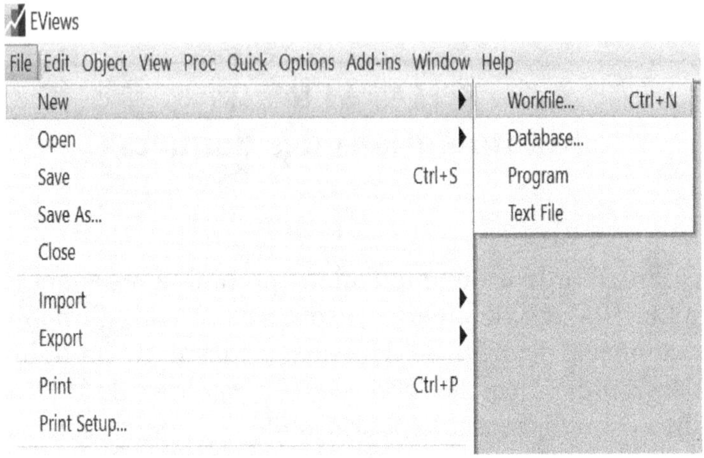

Après cette opération, on obtient l'écran suivant :

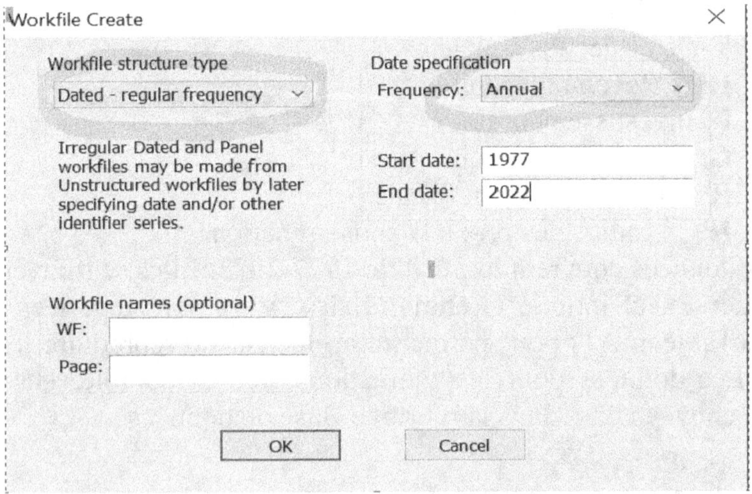

Dans notre cas, les données sont annuelles et commencent en 1977 pour finir en 2022. Si les données étaient trimestrielles, on aurait indiqué le trimestre après l'année en écrivant 1977 :1 et 2022:4. Après avoir cliqué sur l'onglet « **OK** », l'écran suivant s'affiche :

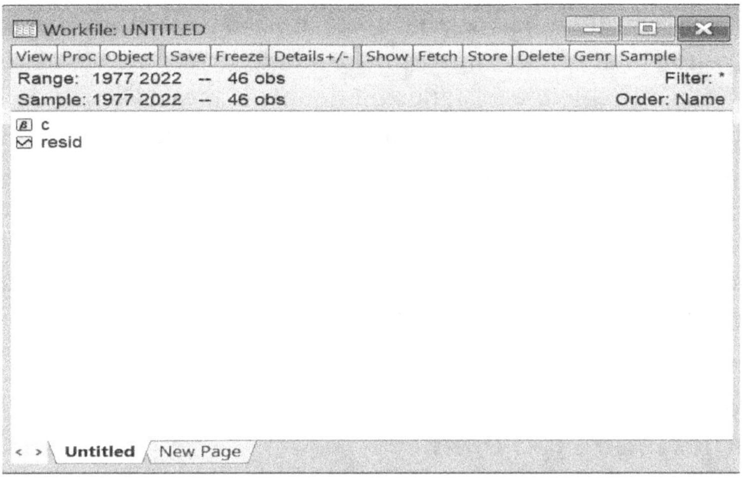

Vous venez de créer un Workfile, c'est-à-dire un espace de travail ! Le fait d'avoir déjà précisé que les données sont annuelles et vont de 1977 à 2022 permet au logiciel de générer automatiquement les années. Ici, nous avons 46 observations. Ce Workfile ne contient pas encore de variables. Nous procédons à la saisie ou à l'importation des données du fichier **keholand.xls**.

2.2 Saisie directe des données

EViews donne la possibilité d'entrer directement des données dans un Workfile. Pour cela, sélectionnez, dans le menu principal, « **Objects/New Object/Series** ». Entrez ensuite le nom de la série (par exemple Y).

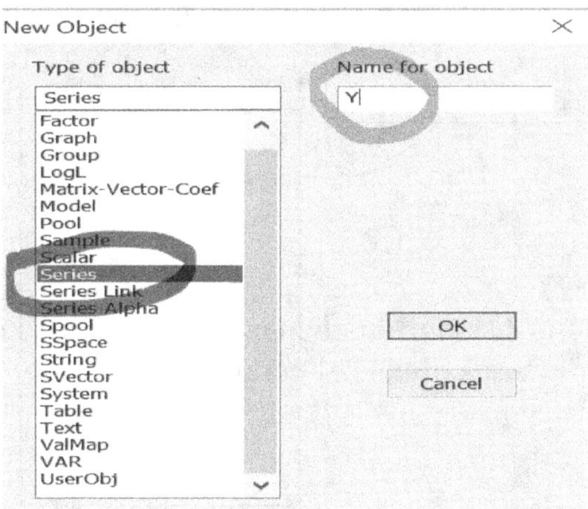

Après avoir validé, la variable *Y* apparaît dans le Workfile. Répétez ces opérations autant de fois que vous voulez créer de variables. Pour visualiser la variable créée, faites un double-clic sur l'icône de la série dans le Workfile. Toutes les valeurs apparaissent avec « NA ». Ce symbole indique qu'aucune valeur numérique n'est encore saisie pour la variable *Y*. Cliquez sur « **Édit +/-** » pour activer l'édition des données. Vous pouvez maintenant entrer les observations de la série *Y*. Appuyez la touche « **Entrée** » (sur votre clavier) après chaque nouvelle saisie. Avant de fermer la fenêtre de saisie, cliquez à nouveau sur « **Édit +/-**» pour verrouiller.

2.3 Importation des données

Dans la pratique, les données sont déjà saisies sous un autre logiciel. Dans la plupart du temps, il s'agit de fichier au format **Excel**. Dans ce cas, EViews offre la possibilité d'importer ces données sans avoir à les ressaisir. Dans notre cas, les données sont au format Excel et nous allons les importer dans EViews.

Dans le menu principal, cliquez sur « **File/Import from file...** » :

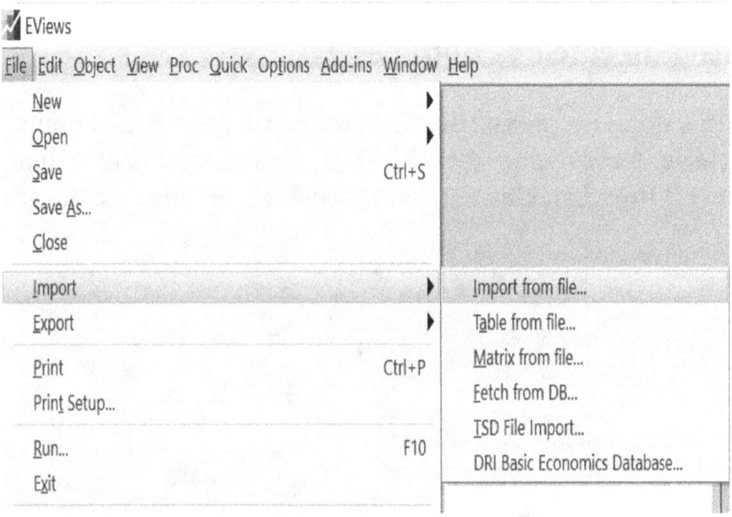

Précisez ensuite le nom du fichier des données (**keholand.xls**) et cliquez sur ouvrir. Vous obtenez l'écran suivant :

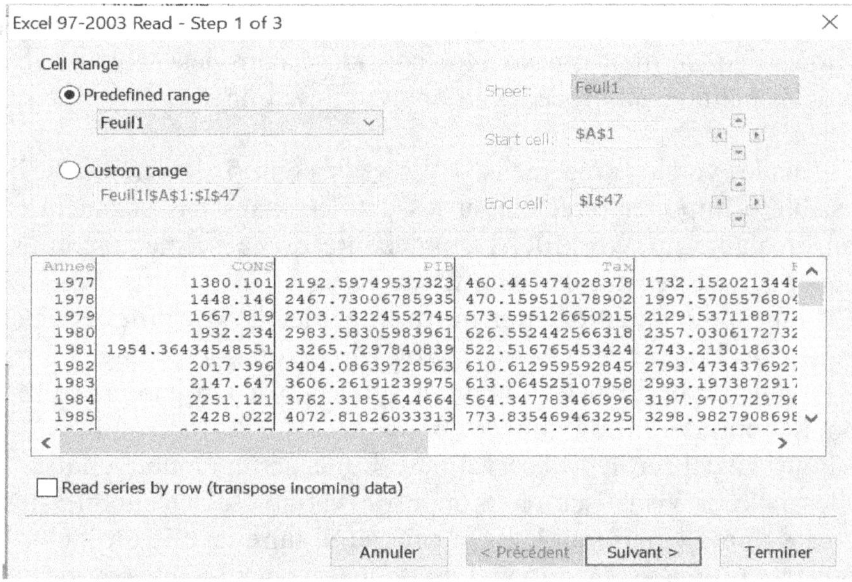

En règle générale, vous vérifiez que le fichier importé correspond bien à celui que vous souhaitez importer, c'est-à-dire les données de la feuille 1. Si tel est le cas, cliquez sur « **Terminer** ». Vous pouvez cliquer sur l'onglet « **Suivant** » et continuer jusqu'à la fin par l'onglet « **Terminer** ». En cliquant sur « **Terminer** », vous obtenez la fenêtre suivante:

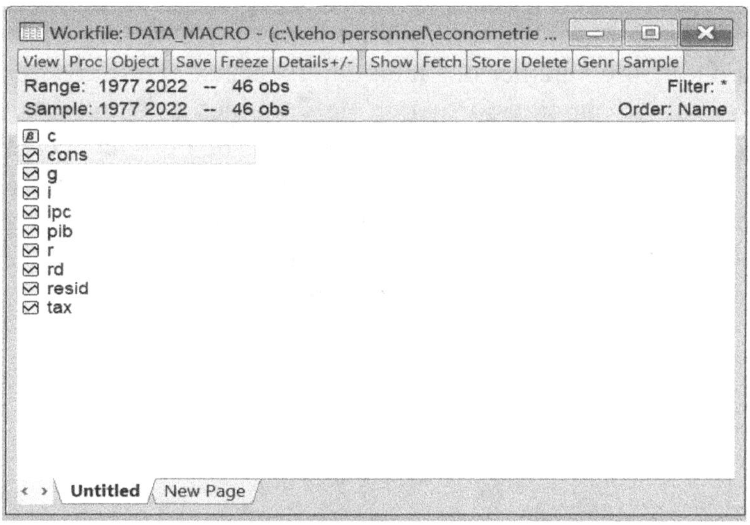

Vous venez d'importer les données du fichier **keholand.xls**. Les huit (8) variables apparaissent bien dans le Workfile, dans l'ordre alphabétique. **Range** indique la période couverte par les séries. **Sample** indique l'échantillon qui va être considéré dans les analyses. Nous pouvons maintenant procéder à l'analyse des données.

Dans les versions récentes d'EViews (y compris la version 9), il est possible d'importer directement les données sans passer par la création préalable du Workfile. La procédure est la même et consiste à cliquer sur « **File/Import from file...** ».

Il faut toujours enregistrer ou sauvegarder le Workfile. Pour cela, cliquez sur l'onglet « **Save** » du Workfile (le quatrième onglet à partir de la gauche) et donnez le nom de votre choix. On gardera le même nom **keholand ou data_macro.**

Pour visualiser les observations d'une série, double-cliquez sur celle-ci. Pour visualiser un groupe de variables, sélectionnez-les et faites « **Show** » puis validez. On peut aussi faire un clic droit et sélectionner « **Open/As Group** ». Les données pour les estimations sont disponibles sur le site www.kehoyaya.com dans la rubrique Base de données.

2.4 Création de variables

La création ou la transformation de variables sont des opérations courantes dans la pratique économétrique. On peut par exemple, calculer des totaux de variables ou appliquer des transformations logarithmiques ou encore calculer des taux de croissance. Pour générer de nouvelles variables par transformation de variables existantes, sélectionnez «**Quick/Generate Series** », ou cliquez sur l'onglet « **Genr** » situé dans le menu du Workfile, puis entrez la formule de calcul. Nous allons générer les logarithmes de certaines variables. Par exemple, pour générer la variable LCONS égale au logarithme de la variable CONS, la formule à entrer est indiquée dans l'écran suivant :

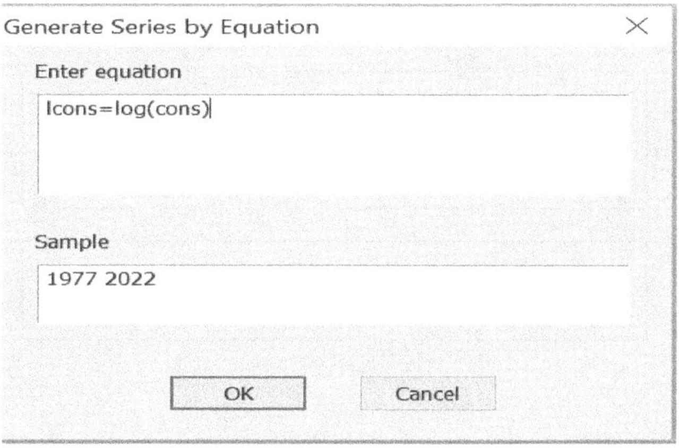

Générez de la même façon les logarithmes des autres variables. Les nouvelles séries apparaissent dans le Workfile toujours dans l'ordre alphabétique. Pour ouvrir un groupe comprenant plusieurs séries, sélectionnez-les variables et faites un clic droit puis choisissez « **Open/as Group** », comme indiqué dans l'écran suivant :

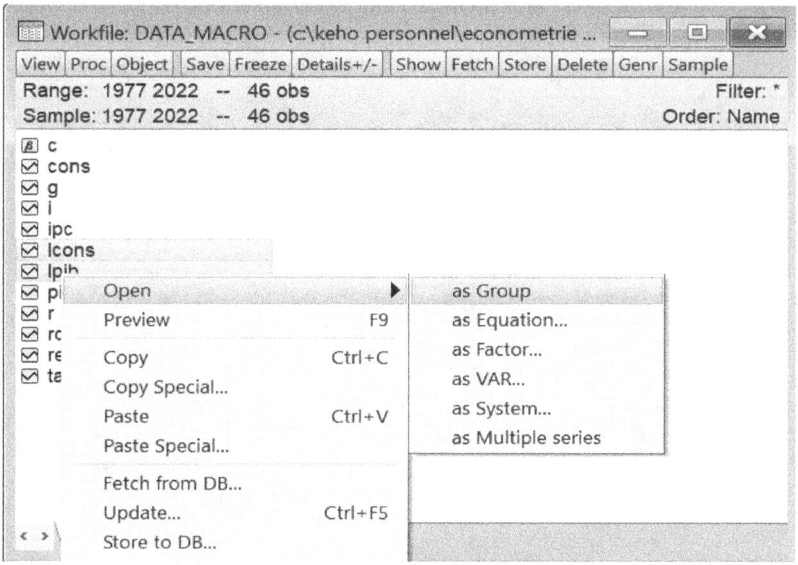

Nous voulons générer le taux de croissance du PIB. Pour cela, cliquez sur l'onglet « **Genr** » et entrez la formule de calcul:

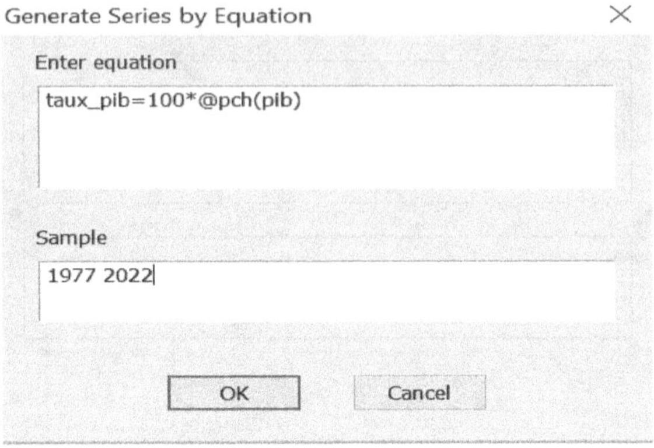

2.5 Graphiques

Pour obtenir la représentation graphique d'une série, il faut d'abord la visualiser (par un double-clic). Ensuite, sélectionnez « **View/Graph** ». On peut obtenir simultanément les graphiques de plusieurs séries. Nous allons faire l'exemple avec les séries LCONS et LPIB. Pour cela, ouvrez les deux séries comme indiqué précédemment (as group). Ensuite, cliquez sur « **Graph** », comme indiqué dans l'écran qui suit :

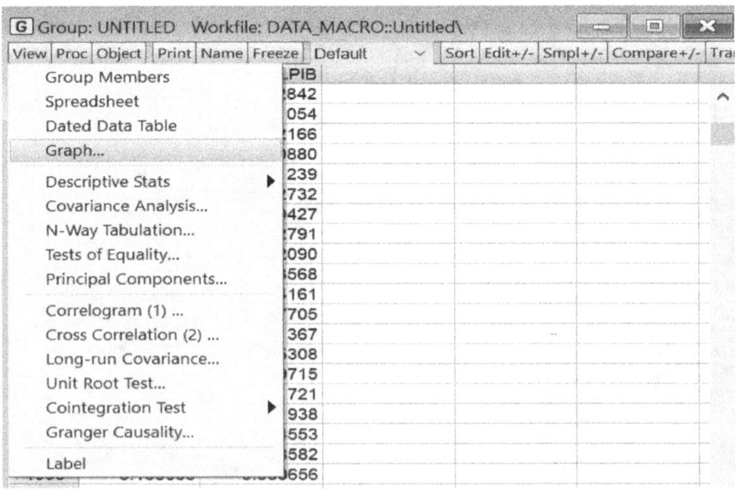

L'écran suivant apparaît :

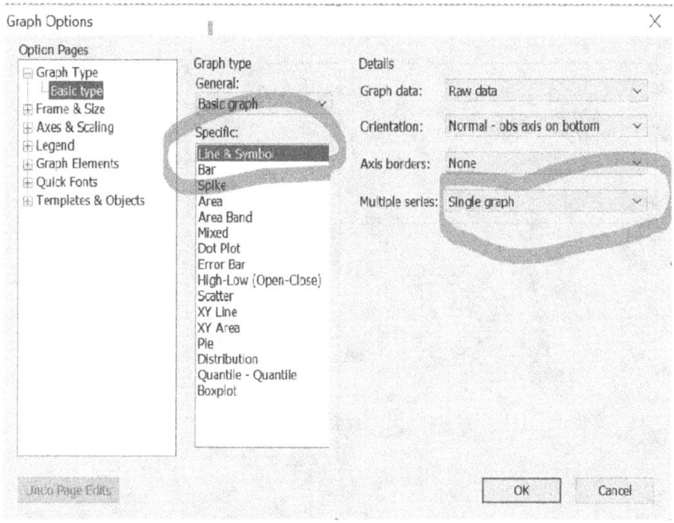

À défaut, le logiciel propose des courbes en ligne avec des symboles. Les deux courbes apparaissent sur le même graphique (**Single Graph**). On validant par **OK**, on obtient le graphique suivant :

Figure 2.1a : Évolution de la consommation et du PIB

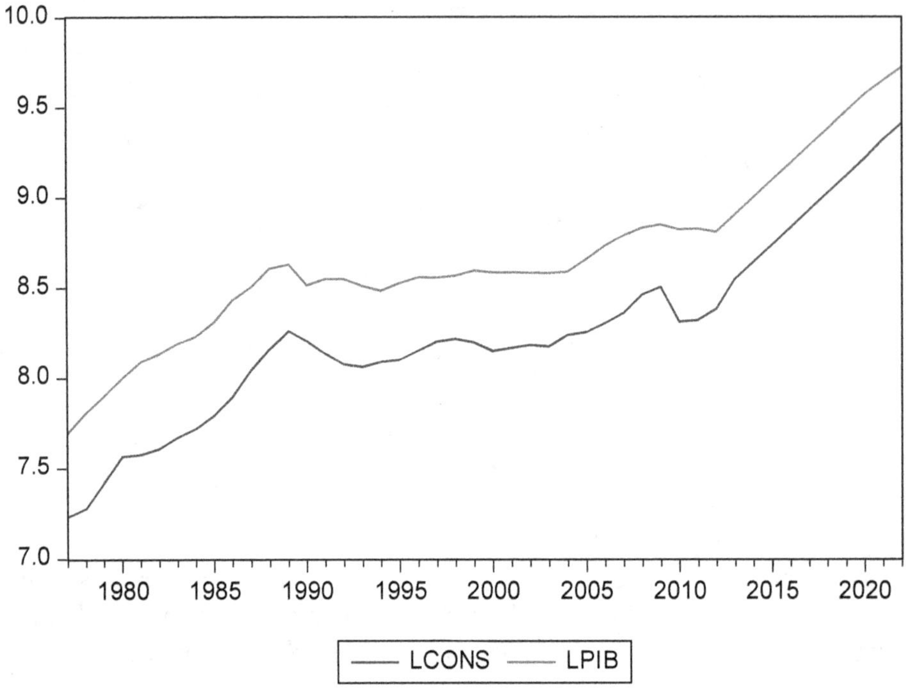

Dans certains cas, il peut être indiqué de représenter les variables séparément. C'est le cas lorsque les variables présentent des échelles de variation très différentes, comme par exemple le taux de croissance (entre 0 et 100) et la consommation. Dans ce cas, il suffit de modifier « **Single Graph** » en « **Multiple graphs** », comme indiqué dans l'écran ci-après :

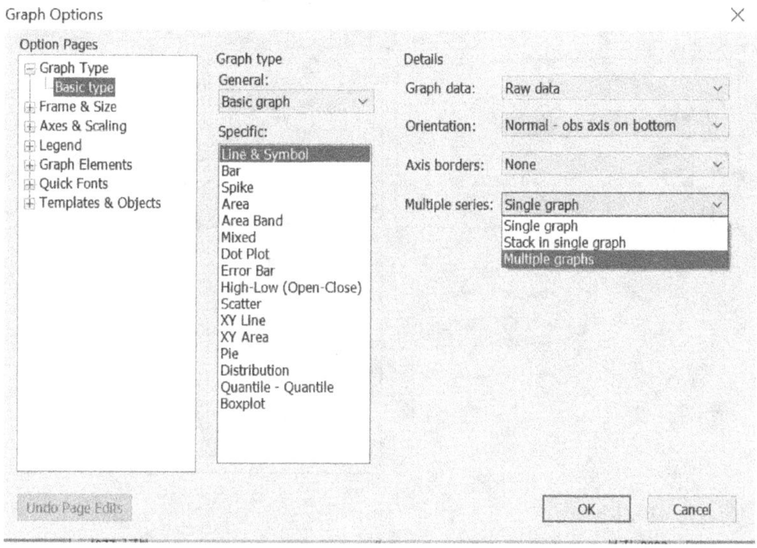

Figure 2.1b : Évolutions séparées de la consommation et du PIB

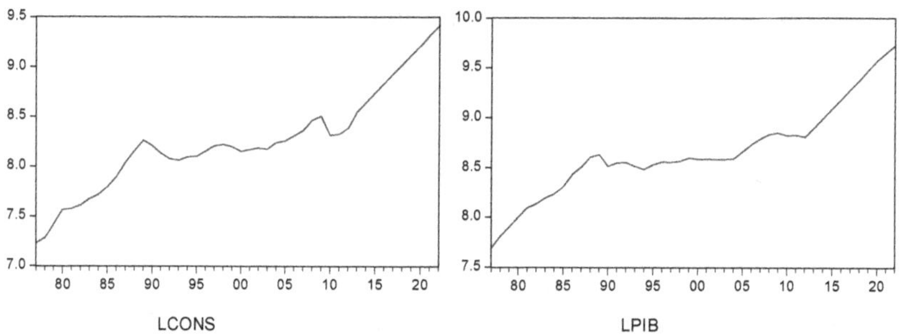

Il est possible de modifier la couleur, la police et le style du trait de la courbe et d'y ajouter des titres ou des commentaires. Pour cela, il suffit de double-cliquer sur la courbe et de choisir les options qui vous conviennent.

On peut également représenter le nuage de points entre deux variables. Ouvrez les deux variables et sélectionnez « **View/Graph** », puis choisissez l'option « **Scatter** », comme cela apparaît dans l'écran suivant.

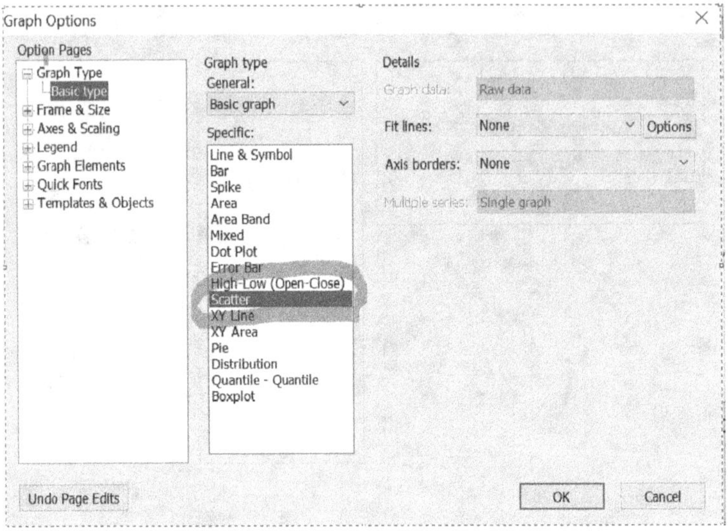

Pour le couple (LPIB, LCONS), on obtient le nuage de points suivant :

Figure 2.2 : Évolution de la consommation en fonction du PIB

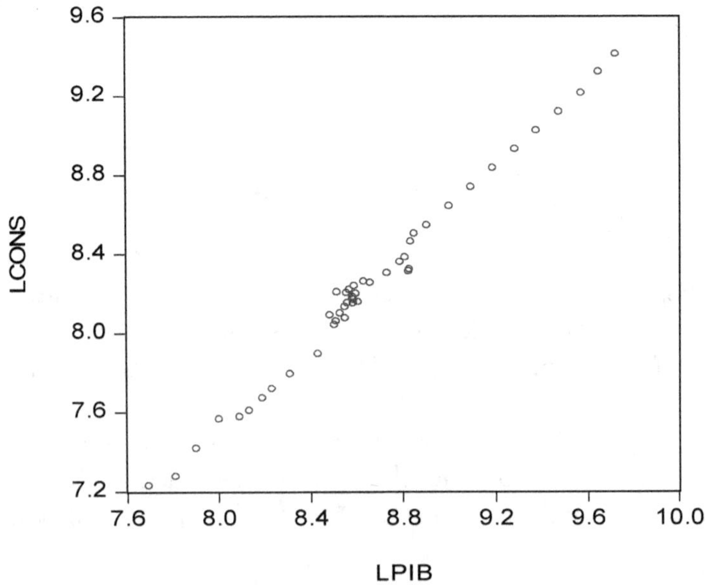

Notons que la première variable, dans l'ordre de sélection, apparaît en abscisse et la seconde en ordonnée. Il est possible d'interchanger les variables en cliquant sur le dernier onglet « **Spec** ». Par un jeu de copier et coller, on positionne les variables dans l'ordre souhaité.

On constate sur ce graphique qu'il existe une forte corrélation entre les deux variables. Un ajustement linéaire de la consommation par le PIB parait adéquat.

Vous pouvez sauvegarder ce graphique en cliquant sur «**Name** » dans la boîte de dialogue et entrez le nom du graphique. Lorsque vous fermez la fenêtre, le graphique figurera dans le Workfile comme un objet aux côtés des autres objets déjà présents. Il ne s'agira pas vraiment d'un objet graphique, mais plutôt un groupe de variable. Pour sauvegarder le graphique en tant que tel, cliquez sur l'onglet « **Freeze** » (6eme onglet à partir de la gauche). Cette action duplique le graphique en un objet graphique que vous pouvez nommer et sauvegarder.

2.6 Statistiques descriptives

Nous voulons calculer quelques statistiques descriptives sur les variables LCONS, LG, LIPC et LPIB. Pour ce faire, sélectionnez les quatre variables (peu importe l'ordre), puis visualisez-les en faisant un clic droit, puis cliquez sur « **Open/as Group** ». Une fois le groupe ouvert, sélectionnez « **View/Descriptive Stats/Common Sample** ».

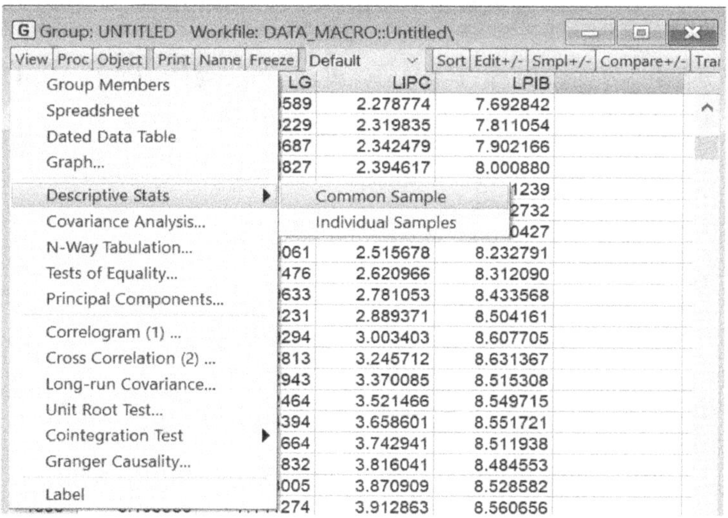

Vous obtenez le tableau suivant :

Tableau 2.1 : Statistiques descriptives sur les séries

	LCONS	LPIB	LIPC	LG
Mean	8.245793	8.663798	3.901565	7.271401
Median	8.201863	8.586699	4.124393	7.203856
Maximum	9.412970	9.724166	5.218947	8.193695
Minimum	7.229912	7.692842	2.278774	6.219589
Std. Dev.	0.503587	0.457043	0.945202	0.440271
Skewness	0.313273	0.351288	-0.405710	0.217715
Kurtosis	3.079296	3.191542	1.837697	3.083709
Jarque-Bera	0.764459	1.016408	3.851255	0.376829
Probability	0.682339	0.601575	0.145784	0.828271
Sum	379.3065	398.5347	179.4720	334.4845
Sum Sq. Dev.	11.41198	9.399991	40.20330	8.722741
Observations	46	46	46	46

L'interprétation des statistiques descriptives ne pose aucune difficulté particulière. La statistique de Jarque-Bera suggère que l'hypothèse selon laquelle la distribution des variables LCONS, LG, LIPC et LPIB est une loi normale ne peut pas être rejetée au seuil de 5%. Nous reviendrons sur cette statistique dans les chapitres prochains. Pour revenir aux données, cliquez sur l'onglet « **Sheet** ». Pour sauvegarder le tableau des statistiques descriptives, faire comme pour le graphique en cliquant sur l'onglet « **Freeze** » et nommer l'objet.

Pour obtenir la matrice des corrélations entre les variables, sélectionnez « **View/Covariance Analysis** », puis sélectionnez « **Correlation** », comme indiqué dans l'écran suivant:

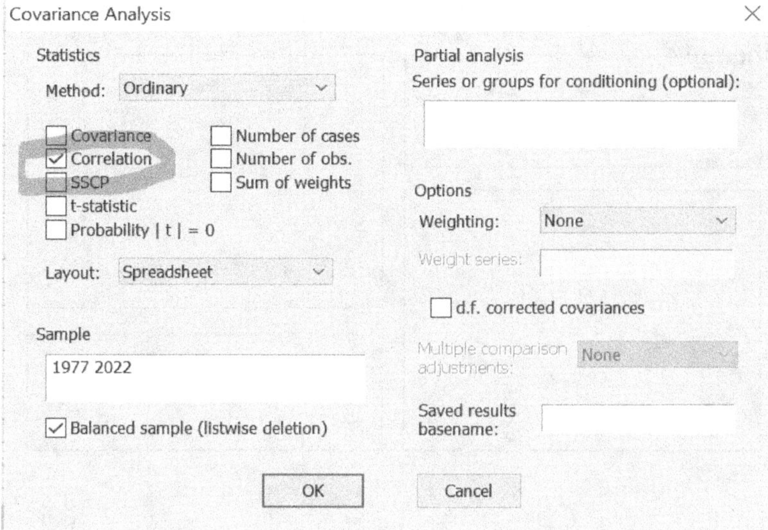

On obtient le tableau de résultats suivant :

Tableau 2.2 : Matrice des coefficients de corrélation

	LCONS	LPIB	LIPC	LG
LCONS	1	0.9953	0.9023	0.9234
LPIB	0.9953	1	0.8955	0.9558
LIPC	0.9023	0.8955	1	0.8300
LG	0.9234	0.9558	0.8300	1

Les coefficients de corrélation permettent d'évaluer les relations linéaires entre les variables. On peut utiliser un test statistique pour tester la significativité de ces coefficients. Pour cela, cochez la dernière case « **Probability** » de l'écran précédent. On constate que tous les coefficients de corrélation sont statistiquement significatifs au seuil de 5%.

Tous les coefficients de corrélation sont positifs. Cela signifie que les variables évoluent toutes dans le même sens. Lorsqu'une variable prend des valeurs élevées, les autres prennent également des valeurs élevées. L'analyse des corrélations est une étape importante dans le processus de modélisation. Elle permet d'une part d'évaluer la pertinence d'une relation linéaire entre les variables et, d'autre part, de détecter l'existence d'une multicolinéarité entre les variables explicatives. Nous verrons dans le prochain chapitre les conséquences de la multicolinéarité des variables sur l'estimation d'un modèle de régression linéaire.

CHAPITRE 3
Estimation des modèles linéaires à une équation

Ce chapitre est consacré à l'estimation des modèles linéaires à une équation. Il synthétise un ensemble de connaissances fondamentales en économétrie. Il constitue le point de départ indispensable au développement des outils nécessaires à l'étude de situations qui seront analysées dans les chapitres suivants. Les aspects théoriques de l'estimation et de l'inférence statistique ne seront pas développés, nous nous contenterons de les rappeler en mettant l'accent sur leur signification, leur importance, leur interprétation et surtout leur vérification pratique.

Après avoir rappelé la spécification générale et les hypothèses théoriques à la base de ces modèles, ce chapitre propose une application à partir de l'estimation d'une fonction de consommation. Le modèle estimé est soumis à une série de tests statistiques. Les procédures de correction sont abordées de façon pratique. L'équation estimée est utilisée pour prévoir la consommation sur un horizon temporel spécifié. Il est clair que la maîtrise des aspects théoriques de l'économétrie du modèle linéaire est un atout indéniable qui facilitera l'évaluation, la validation et l'interprétation des modèles économétriques.

Le lecteur pourra consulter Greene (1997) et Bourbonnais (1998) pour les développements théoriques relatifs à l'économétrie du modèle linéaire.

3.1 Spécification du modèle et hypothèses

Nous nous intéressons à l'estimation une fonction de consommation sous la forme linéaire suivante:

$$LCONS_t = a_0 + a_1 LPIB_t + a_2 LIPC_t + e_t \tag{3.1}$$

Dans cette spécification, la consommation (LCONS) est la variable dépendante endogène, ou expliquée. LPIB et LIPC sont les variables explicatives. On les appelle aussi des variables indépendantes ou exogènes. La variable e_t est un terme d'erreur qui capte l'ensemble des variables explicatives non prises en compte dans le modèle, mais aussi d'autres types d'erreur de spécification telle que la forme fonctionnelle de la relation mathématique, l'erreur d'échantillonnage et les erreurs de mesure sur les variables. Ce terme est supposé aléatoire, ce qui permet de rendre le modèle non déterministe : les valeurs observées de la consommation peuvent ainsi s'écarter des valeurs théoriques issues de l'équation. Toutefois, pour que l'ajustement soit satisfaisant, les valeurs de e_t ne doivent pas être trop « grandes », sinon le modèle n'expliquerait pas grande chose des variations de la consommation. Nous verrons que « variable explicative » et « variable exogène » ne sont pas synonymes d'un point de vue économétrique. En effet, l'exogénéité est une propriété stochastique qui renvoie à l'indépendance avec le terme d'erreur. Ainsi, une variable explicative peut ne pas être exogène.

Le caractère explicatif ou expliqué d'une variable n'est pas une caractéristique intrinsèque de celle-ci, il dépend du modèle considéré. Ainsi, le PIB sera une variable expliquée dans un modèle global d'une économie, mais une variable explicative dans un modèle de demande. Nous reviendrons dans la suite sur le statut des variables dans un modèle structurel quand nous aborderons les modèles à équations simultanées.

L'objectif de l'analyse économétrique est d'obtenir une estimation des paramètres structurels a_0, a_1 et a_2 à partir d'un échantillon d'observations. Ces coefficients sont importants pour l'analyse économique étant donnée leur signification économique. Par exemple, le coefficient a_1 représente l'élasticité de la consommation par rapport au revenu. Il indique de combien varie la consommation lorsque le revenu augmente de 1%. De même, le coefficient a_2 évalue l'élasticité de la consommation par rapport au niveau général des prix.

Pour « gérer » le terme d'erreur e_t ainsi que les propriétés des estimateurs, on pose un certain nombre d'hypothèses:

- Les erreurs e_t sont de moyenne nulle : les erreurs se compensent sur toute la période;
- La variance des erreurs est constante ($var(e_t) = \sigma^2$) : homoscédasticité du terme d'erreur) ;

- Les erreurs sont indépendantes les unes des autres ($cov(e_t, e_{t'})=0$) ;
- Le terme d'erreur suit une distribution normale.

On résume ces quatre hypothèses en posant que les termes d'erreur sont normalement identiquement et indépendamment distribués et on note $e_t \sim Niid(0,\sigma^2)$. La pertinence des tests que nous allons faire sur le modèle dépendra de la validité de ces hypothèses. L'hypothèse de normalité n'est pas indispensable pour l'estimation du modèle, mais elle s'avère cruciale pour réaliser les tests statistiques sur les coefficients du modèle.

En plus des hypothèses précédentes sur le terme d'erreur, on pose un certain nombre d'hypothèses sur les variables explicatives. Au nombre de celles-ci, il y a l'exogénéïté des variables explicatives. Cette hypothèse signifie que les variables explicatives sont indépendantes du terme d'erreur ($cov(X_t, e_t)=0$). La violation de cette hypothèse appelle un traitement économétrique approprié.

D'autre part, on suppose que le nombre d'observations (n) excède le nombre de paramètres à estimer et qu'il n'existe pas de multicolinéarité entre les variables explicatives. L'absence d'une multicolinéarité signifie qu'il n'y a pas de redondance dans les variables explicatives dans leur influence sur la variable dépendante. Cette hypothèse conditionne la possibilité pratique d'estimer les paramètres du modèle.

Le modèle est estimé par la méthode des Moindres Carrés Ordinaires (MCO). Cette méthode consiste à minimiser la somme des distances entre les valeurs observées de la variable dépendante et ses valeurs ajustées. Il existe une méthode alternative connue sous l'appellation de méthode du maximum de vraisemblance. Cette méthode maximise la fonction de vraisemblance du modèle, c'est-à-dire elle détermine les coefficients du modèle de sorte à rendre l'observation de l'échantillon des données la plus vraisemblable possible. Sous les hypothèses énoncées précédemment, les deux méthodes d'estimation fournissent le même estimateur.

Les hypothèses énumérées ci-dessus confèrent à l'estimateur des moindres carrés ordinaires la qualité de meilleur estimateur linéaire sans biais et convergent. La convergence signifie que la précision de l'estimation s'améliore lorsque le nombre d'observations (n) augmente. L'estimateur des moindres carrés ordinaires suit asymptotiquement une loi normale.

3.2 Estimation d'une équation linéaire

Pour estimer l'équation (3.1) avec le logiciel EViews, on peut procéder de deux manières. La première consiste à sélectionner, dans le menu principal, « **Quick/Estimate Equation…** ». Dans la fenêtre qui s'affiche, on saisit l'équation en commençant par la variable dépendante suivie d'une constante et des variables explicatives.

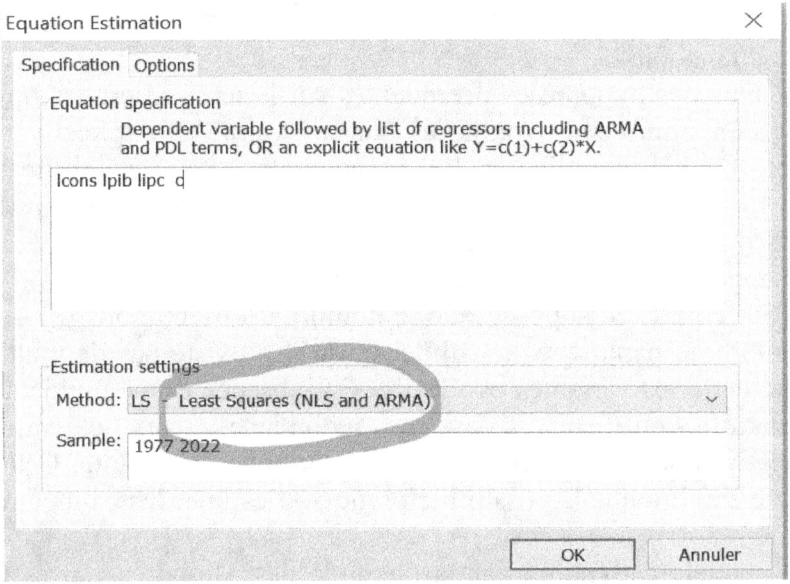

Cette méthode devient fastidieuse si le modèle comporte un grand nombre de variables explicatives. En outre, l'obligation de saisir les noms exacts des variables ajoute une difficulté supplémentaire à cette procédure.

La deuxième façon de procéder (et la plus simple) consiste à sélectionner les variables en commençant par la variable expliquée (LCONS), puis à faire un clic droit et sélectionner « **Open as Équation** ». Quand vous cliquez sur « **as Équation** », vous obtenez la même fenêtre que précédemment : la première variable sélectionnée occupe la première position suivie des variables explicatives. Cette variable est interprétée par EViews comme étant la variable expliquée ou dépendante de l'équation et les autres variables les explicatives. Faites attention à la position de la variable dépendante dans la succession des variables qui s'affichent dans la fenêtre de spécification. Remarquez que la méthode d'estimation utilisée par défaut est la méthode des moindres carrés ordinaires.

À ce niveau, nous devons faire une remarque importante pour la suite. En effet, dans cette spécification, nous avons utilisé les variables « loguées » (LCONS, LPIBR, LIPC). L'avantage de cette transformation est d'obtenir directement les élasticités partielles. Cependant, lorsque nous allons faire les prévisions, il faudra revenir aux valeurs en niveau (CONS) en appliquant la fonction exponentielle. Pour contourner cette opération et faire l'économie de calculs, nous allons entrer l'équation de la façon suivante :

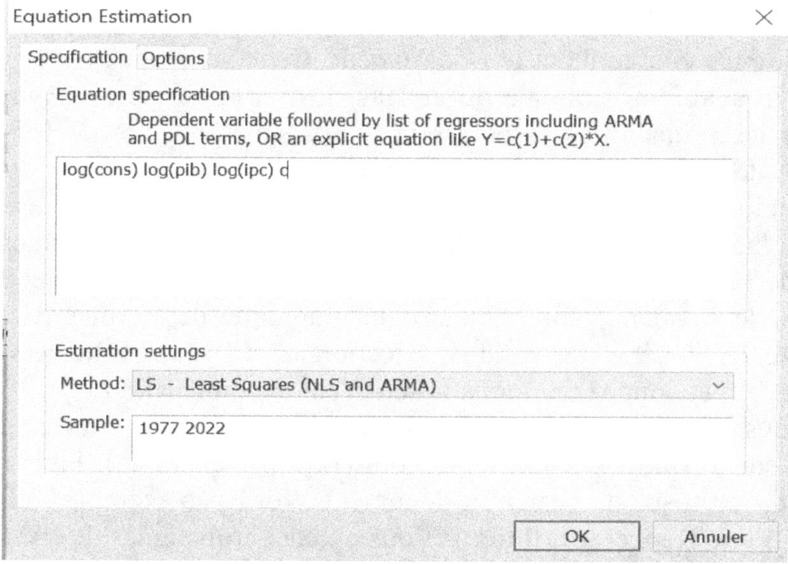

Cliquez sur **OK** pour valider. On obtient le tableau de résultats suivant.

Tableau 3.1 : Coefficients de régression de la fonction de consommation

Dépendent Variable: LOG(CONS)
Method: Least Squares
Sample: 1977 2022
Included observations: 46

Variable	Coefficient	Std. Error	t-Statistic	Prob.
LOG(PIB)	1.042560	0.035143	29.66632	0.0000
LOG(IPC)	0.029245	0.016993	1.720978	0.0924
C	-0.900836	0.246963	-3.647652	0.0007
R-squared	0.991343	Mean dependent var		8.245793

Adjusted R-squared	0.990940	S.D. dependent var	0.503587
S.E. of regression	0.047933	Akaike info criterion	-3.175014
Sum squared resid	0.098797	Schwarz criterion	-3.055755
Log likelihood	76.02533	Hannan-Quinn criter.	-3.130339
F-statistic	2461.943	Durbin-Watson stat	1.136950
Prob(F-statistic)	0.000000		

Ce tableau présente les principales valeurs caractéristiques d'une régression. La colonne « **variable** » indique les variables explicatives du modèle. La colonne suivante donne les valeurs numériques estimées des coefficients associés à chaque variable explicative. La troisième colonne indique les écarts-types des coefficients estimés. Le rapport entre le coefficient estimé et son écart-type donne le ratio de *Student* appelé plus couramment le *t* de *Student*. Cette statistique est reportée dans la quatrième colonne du tableau. Enfin, la dernière colonne indique les probabilités associées aux différentes valeurs de la statistique de *Student*. Nous reviendrons sur l'interprétation de ces probabilités lors des tests de significativité des coefficients.

Le menu de la fenêtre équation permet d'accéder à différentes sorties de la régression. Par exemple, si vous cliquez sur l'onglet « ***Resids*** » de ce menu, vous obtenez un graphique des termes d'erreur. Pour créer la série des résidus, sélectionnez « **Procs/Make Residual Series**…» et donnez un nom à la série (par exemple RES).

Nous pouvons nommer l'équation en tant qu'objet. Pour cela, cliquez sur « **Name** » et entrez le nom (Eq1 par exemple). Pour documenter les résultats (dans un document Word par exemple), cliquez sur « **View/Representations** ». Vous obtenez trois lignes de textes qui indiquent la commande utilisée, l'équation estimée et les valeurs des coefficients de l'équation. Pour revenir aux résultats de la régression, cliquez sur l'onglet « **Stats** ».

Nous procédons maintenant aux différents tests de spécification du modèle. Il s'agit des tests sur le terme d'erreur, du test d'erreur de spécification et des tests sur les coefficients.

3.3 Tests diagnostics sur le terme d'erreur

Les propriétés des estimateurs des moindres carrés ordinaires reposent sur un certain nombre d'hypothèses formulées *a priori*. Il s'agit plus précisément de la nullité de la moyenne, de l'absence d'autocorrélation, de l'homoscédasticité et de la normalité du terme d'erreur. Ces hypothèses statistiques sont importantes pour garantir de bonnes propriétés aux estimateurs des moindres carrés ordinaires.

Les tests d'hypothèses économiques n'auront de sens que si la spécification économétrique du modèle n'a pas été préalablement rejetée. Par conséquent, il n'est pas conseillé de commenter les coefficients sans avoir vérifié les hypothèses sous-jacentes. En effet, le rejet, par exemple, de l'hypothèse d'absence d'autocorrélation des erreurs rend l'estimateur des moindres carrés ordinaires inefficace et toute décision économique basée sur cet estimateur pourrait être biaisée. En corrigeant les estimations de l'autocorrélation, la significativité de certains coefficients peut s'en trouver modifier.

Dans cette section, nous présentons les tests économétriques permettant d'évaluer la spécification économétrique retenue. Mais il convient au préalable de savoir ce qu'est un test d'hypothèse. Un test d'hypothèse consiste à tester une hypothèse nulle notée le plus souvent H_0 contre une hypothèse alternative notée H_1. Il ne s'agit pas d'une démonstration à proprement dite. Conformément à une démarche d'infirmation, ne pas rejeter H_0 ne signifie pas obligatoirement que celle-ci est vraie, mais seulement que les données disponibles ne sont pas en contradiction avec cette hypothèse et que l'on n'a pas de raison suffisante de lui préférer l'hypothèse alternative au regard des résultats obtenus sur l'échantillon. Rejeter H_0 n'entraîne pas que H_1 est vrai dans l'absolu. En effet, l'issu du test d'une hypothèse dépend de l'hypothèse alternative à laquelle on la confronte.

Par nature, le jugement sur échantillon ne permet pas de décider avec certitude. Nous ne pouvons pas être sûrs que l'hypothèse examinée est juste ou fausse. Il nous faudrait pour cela examiner la population dans sa totalité, ce qui est physiquement ou économiquement impossible, voire parfois sans intérêt. C'est pour cela, pour effectuer un test d'hypothèse, on se fixe une probabilité d'erreur *a priori* notée α, appelée encore erreur de première espèce ou seuil de signification: c'est la probabilité de rejeter l'hypothèse nulle sachant qu'elle est vraie.

La procédure du test d'hypothèse repose sur l'utilisation d'une variable aléatoire (statistique de test) dont la distribution est connue sous l'hypothèse nulle. On divise l'ensemble des réalisations possibles de cette variable en deux régions : une région d'acceptation de l'hypothèse nulle et une région de rejet, la frontière étant déterminée par une valeur critique, elle-même déterminée par le seuil de signification α.

Il arrive que la statistique de test conduit à accepter H_0 alors qu'en réalité elle est fausse. Dans ce cas, on commet une erreur dite de deuxième espèce notée β. L'aptitude d'un test à rejeter l'hypothèse nulle lorsqu'elle est fausse constitue la puissance du test. Logiquement, plus la région d'acceptation est grande plus l'erreur de deuxième espèce est grande.

Les deux types d'erreurs sont intimement liés. On ne peut réduire l'une qu'en consentant à accroitre l'autre et vice-versa. Le seul moyen de réduire l'une et l'autre est d'accroitre le nombre d'observations. Plus les observations sont nombreuses, plus est étroit le champ des hypothèses admissibles et mieux nous sommes armés pour rejeter l'hypothèse lorsqu'elle est fausse.

Dans la méthodologie des tests statistiques, on considère que l'erreur de première espèce est plus grave que l'erreur de deuxième espèce. Par conséquent, on choisit, dans la pratique, une valeur de α faible :1%, 5% ou 10%. Les logiciels statistiques calculent un niveau de probabilité qu'on appelle la *p-value* qui représente le seuil minimal pour lequel la statistique de test rejette l'hypothèse nulle. La *p-value* a l'avantage d'être directement interprétable : on rejette l'hypothèse nulle lorsque la *p-value* est inférieure à α.

3.3.1 Test de moyenne nulle

Pour réaliser ce test, ouvrez la série des résidus *RES* et sélectionnez « **View/Descriptive Statistics & Tests/Simple Hypothesis Tests** », comme indiqué ci-après :

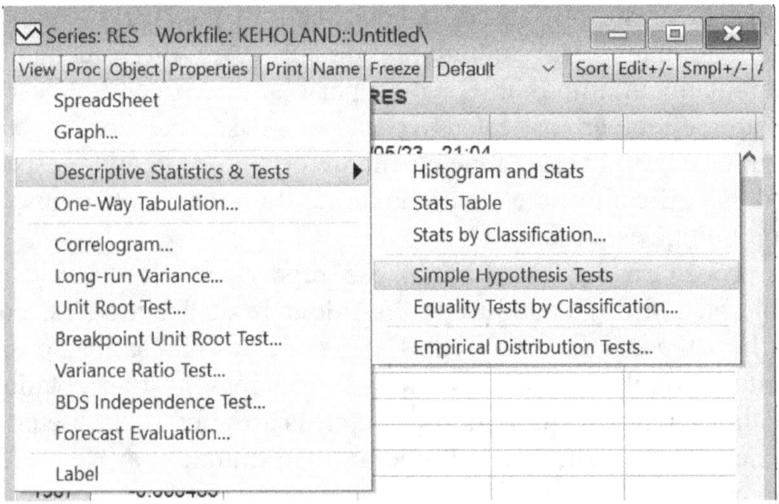

On obtient la boîte de dialogue suivante:

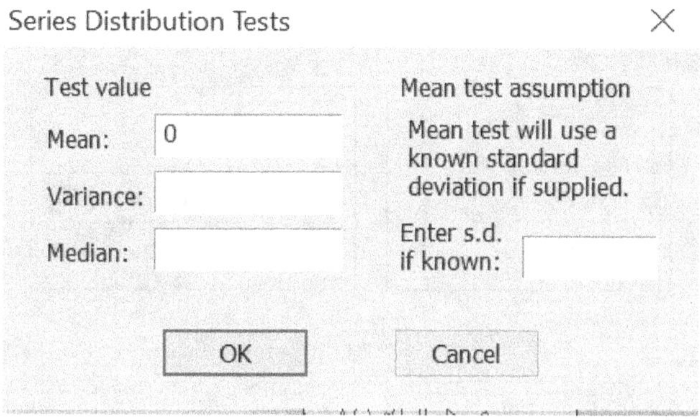

Dans la case « Mean », indiquez la valeur zéro comme la valeur testée et validez. On obtient les résultats reportés dans le tableau ci-après :

Tableau 3.2 : Test de moyenne nulle du terme d'erreur

Hypothesis Testing for RES		
Sample (adjusted): 1977 2022		
Included observations: 46 after adjustments		
Test of Hypothesis: Mean = 0.000000		
Sample Mean = 9.29e-16		
Sample Std. Dev. = 0.046856		
Method	Value	Probability
t-statistic	**1.34E-13**	**1.0000**

La statistique de Student affiche une probabilité de 1.000, supérieure à 0.05 : nous sommes amenés à accepter l'hypothèse nulle selon laquelle le terme d'erreur est centré.

3.3.2 Test de normalité

Pour réaliser le test de normalité, sélectionnez « **View/Residual Diagnostics/Histogram-Normality Test** », comme indiqué ci-dessous:

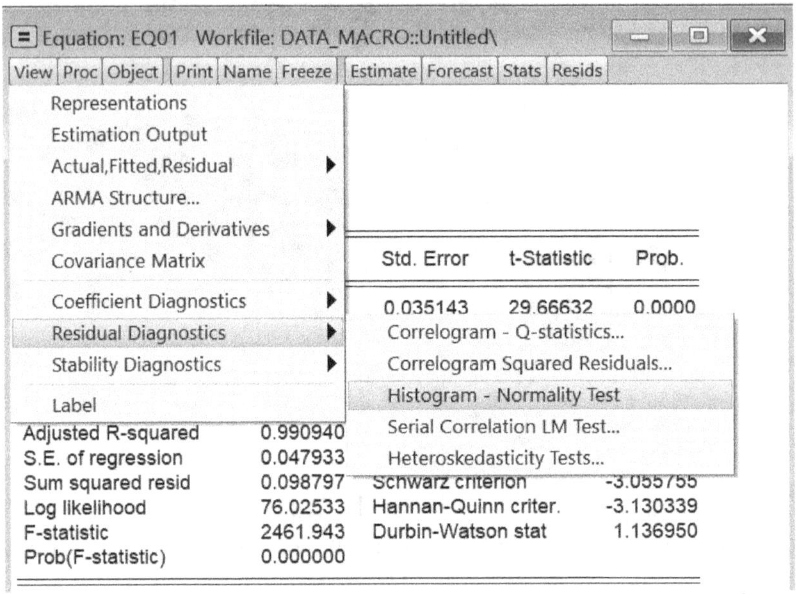

On obtient le graphique suivant:

Figure 3.1 : Histogramme de la série des résidus

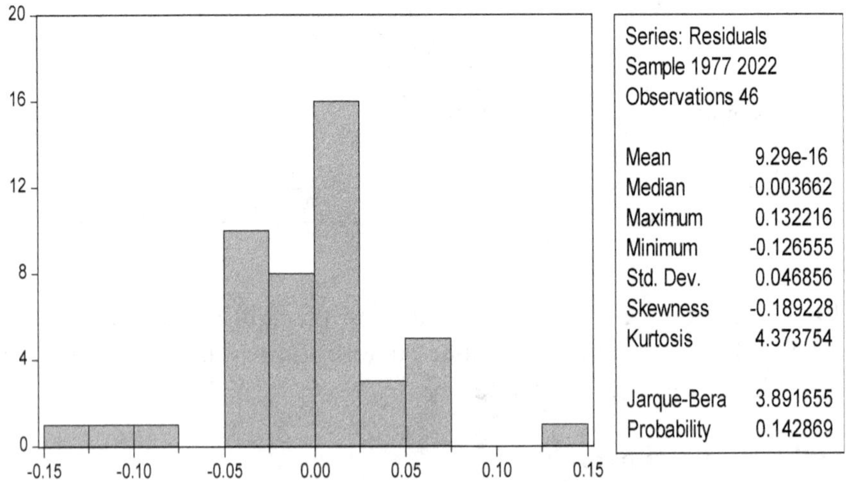

Ce graphique présente la distribution de fréquence de la série des résidus dans un histogramme. La distribution normale est caractérisée graphiquement par:

- une symétrie des observations autour de la moyenne : on observe autant d'observations en-deçà de la moyenne que d'observations au-delà de la moyenne ;
- une forte concentration des observations autour de la moyenne;
- le nombre d'observations diminue rapidement lorsque l'on s'écarte de la moyenne. On dit que les queues de distribution sont peu épaisses ou que la distribution est mesokurtique.

Cependant, un certain nombre d'ambiguïtés compliquent l'interprétation « visuelle » de l'histogramme. Tout d'abord, l'histogramme ne donne une représentation fidèle de la vraie densité que si le nombre d'observations est suffisamment important. Si le nombre d'observations est "faible", la forme de l'histogramme sera moins suggestive. Ensuite, des lois de probabilité différentes ont des représentations graphiques de leurs fonctions de densité semblables de sorte qu'il n'est pas toujours possible de distinguer le processus générateur des séries à partir de l'étude des seuls histogrammes. Par exemple, les distributions de probabilité de la loi normale et de la loi de Student sont pratiquement indiscernables lorsque le nombre de données augmente.

À droite de l'histogramme se trouve un ensemble de statistiques descriptives portant sur la série des résidus : la moyenne, la médiane, le maximum, le minimum et l'écart-type. L'écart-type est estimé à partir de la formule suivante :

$$s = \sqrt{\frac{\sum_{t=1}^{n}(e_t - \overline{e})^2}{n-1}} \qquad (3.2)$$

où n est le nombre d'observations et $\overline{e}$ la moyenne de la série des résidus.

En plus de ces statistiques, EViews reporte des indicateurs de forme qui permettent d'apprécier la normalité de la série. Le **Skewness** mesure l'asymétrie de la distribution autour de sa moyenne. Elle est calculée à partir de la formule suivante:

$$S = \frac{1}{n}\sum_{t=1}^{n}\left(\frac{e_t - \overline{e}}{\hat{\sigma}}\right)^3 \qquad (3.3)$$

Où $\hat{\sigma} = s\sqrt{\frac{n-1}{n}}$ est l'écart-type des observations résiduelles.

Le **Skewness** d'une distribution symétrique, comme la distribution normale, est nulle. Ainsi, un **Skewness** positif signifie que la distribution est décalée vers la droite et une valeur négative signifie que la distribution a une longue queue vers la gauche. Dans notre cas, le **Skewness** est éloigné de zéro.

Le Kurtosis mesure le degré d'aplatissement de la distribution. Il se calcule à partir de la formule suivante:

$$K = \frac{1}{n}\sum_{t=1}^{n}\left(\frac{e_t - \bar{e}}{\hat{\sigma}}\right)^4 \tag{3.4}$$

Le **Kurtosis** d'une distribution normale est égal à 3. Si le **Kurtosis** présente une valeur supérieure à 3, alors la distribution est plus pointue par rapport à la normale (elle est dite *leptokurtique*). Si la valeur du **Kurtosis** est inférieure à 3, la distribution est plus aplatie que la normale (elle est dite *platikurtique*). Dans notre cas, le **Kurtosis** est supérieur à 3.

La statistique de Jarque-Bera fournit un « test » de normalité combinant le **Skewness** et le **Kurtosis**. Elle est définie par:

$$JB = \frac{n-k}{6}\left(S^2 + \frac{(K-3)^2}{4}\right) \tag{3.5}$$

Où k est le nombre de coefficients utilisés pour générer la série, K le Kurtosis et S le Skewness.

Sous l'hypothèse de normalité, la statistique de Jarque-Bera est distribuée suivant une loi du Chi-deux à 2 degrés de liberté. La probabilité reportée représente la probabilité que Chi-deux excède la valeur calculée. Une probabilité inférieure à 0,05 conduit à rejeter l'hypothèse nulle d'une distribution normale au seuil de 5%.

Dans notre cas, la statistique de Jarque-Bera reporte une valeur de 3.8916 avec une probabilité de 0.1428. Autrement dit, si on rejette l'hypothèse de normalité des résidus, il y a 14,28% de chance de prendre une mauvaise décision. Cette probabilité étant supérieure au seuil « tolérable » qu'on s'est fixé (5%), on ne peut donc rejeter l'hypothèse de normalité des résidus au seuil de 5%. En réalité, le test de Jarque-Bera n'est pas un test de normalité à proprement dit. Il est basé sur les caractéristiques de forme de la distribution normale, notamment $K=3$ et $S=0$. Si rejeter l'hypothèse nulle ($K=3$, $S=0$) implique que la distribution n'est pas celle d'une loi normale, en revanche, l'accepter ne signifie pas nécessairement que la distribution est celle de la loi normale. La distribution normale est-elle la seule à avoir $K=3$ et $S=0$?

On peut également tracer le *Q-Q plot* représentant les Quantiles empiriques de la série des résidus en fonction des Quantiles théoriques. Si la distribution de la série est normale alors les points doivent se trouver le long d'une droite. Toute autre représentation graphique incite à rejeter l'hypothèse de normalité.

En plus du test paramétrique de Jarque-Bera, EViews permet de faire d'autres tests non-paramétriques de normalité : le test de Kolmogorov-Smirnov, le test de Lilliefors, le test de Cramer-von Mises, le test d'Anderson-Darling et le test de Watson. Ces tests sont basés sur la comparaison de la distribution empirique avec une distribution théorique spécifiée.

Pour réaliser ces tests, ouvrir la série des résidus *RES* et sélectionner « **View/Descriptive Statistics & Tests/Empirical Distribution Tests** ».

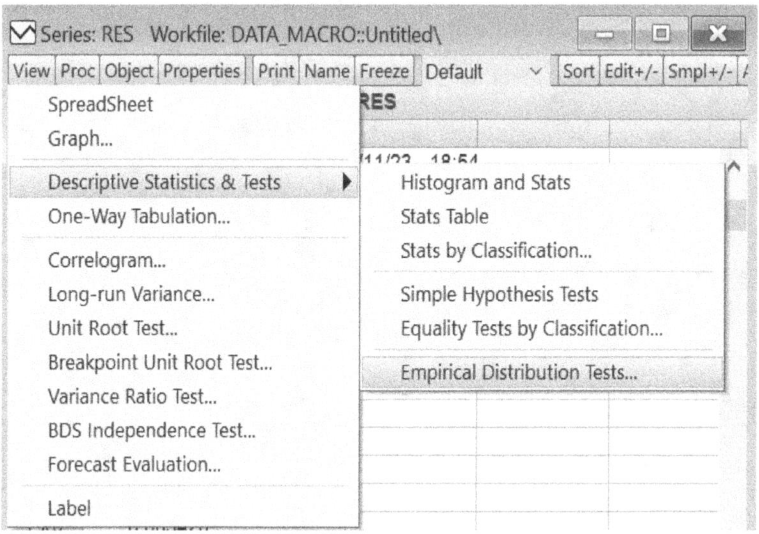

On obtient la fenêtre suivante :

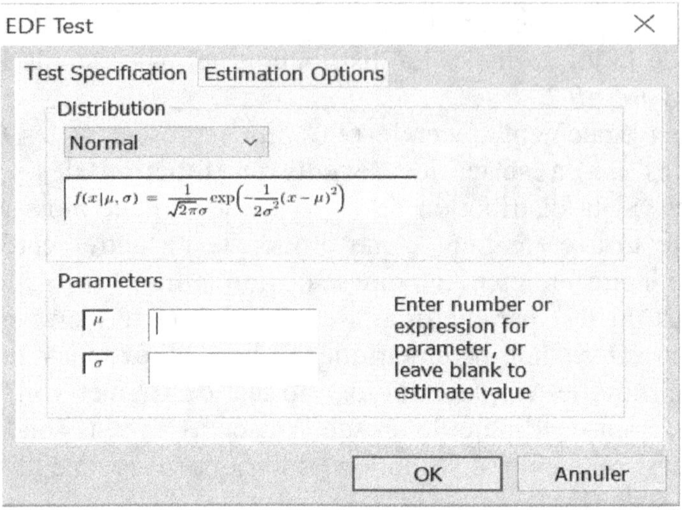

La distribution théorique est la distribution normale. Cette distribution est caractérisée par sa moyenne et son écart-type. En ne renseignant pas ces paramètres, EViews les estime par la méthode du maximum de vraisemblance. Nous choisissons ici cette option. Cliquez sur **OK** pour obtenir les résultats.

Tableau 3.3 : Statistiques du test de normalité des résidus

Empirical Distribution Test for RES				
Hypothesis: Normal				
Sample: 1977 2022				
Included observations: 46				
PARTIE I				
Method	Value	Adj. Value	Probability	
Lilliefors (D)	0.114947	NA	> 0.1	
Cramer-von Mises (W2)	0.096507	0.097556	0.1216	
Watson (U2)	0.095609	0.096648	0.1020	
Anderson-Darling (A2)	0.641593	0.652736	0.0885	
PARTIE II				
Method: Maximum Likelihood - d.f. corrected (Exact Solution)				
Parameter	Value	Std. Error	z-statistic	Prob.
MU	9.32E-16	0.006909	1.35E-13	1.0000
SIGMA	0.046856	0.004939	9.486833	0.0000
Log likelihood	76.01982	Mean dependent var.		9.29E-16
No. of Coefficients	2	S.D. dependent var.		0.046856

Le tableau des résultats comporte deux parties. La première partie (PARTIE I) présente les statistiques de tests et les probabilités critiques correspondantes. La colonne « **Value** » donne les valeurs asymptotiques des statistiques de tests et la colonne « **Adj.Value** » corrige ces valeurs pour tenir compte à la fois de la taille finie de l'échantillon et de l'incertitude sur les estimations des paramètres de la distribution théorique. La dernière colonne indique les probabilités des valeurs ajustées.

Les statistiques de Lilliefors, de Cramer-von Mises, de Watson et d'Anderson-Darling conduisent toutes à accepter l'hypothèse de normalité de la série RES au seuil de 5%, car les probabilités sont toutes supérieures à 0,05. Toutefois, au seuil de 10%, le test d'Anderson-Darling rejette l'hypothèse de normalité du terme d'erreur, car sa probabilité est inférieure à 0,1.

La seconde partie du tableau (PARTIE II) indique les valeurs des paramètres utilisés pour calculer la fonction de densité théorique. La moyenne de la série résiduelle RES est estimée à 9.32×10^{-16} avec une probabilité égale à 1, indiquant que les erreurs ont une moyenne qui n'est pas significativement différente de zéro. L'écart-type estimé est égal à 0.046856 avec une probabilité de 0,000, qui indique que ce paramètre est significativement différent de zéro. On remarquera que ces valeurs sont proches de celles reportées dans l'histogramme des résidus. Dans la partie inférieure du tableau, on peut lire la valeur de la fonction de vraisemblance ainsi que le nombre de paramètres estimés (moyenne et écart-type).

3.3.3 Test d'hétéroscédasticité

L'hétéroscédasticité qualifie des données qui n'ont pas une variance constante. L'hétéroscédasticité des erreurs ne biaise pas l'estimation des coefficients, mais plutôt les tests statistiques puisque les écarts-types estimés des coefficients ne sont pas meilleurs. Le problème de l'hétéroscédasticité se rencontre plus fréquemment sur des données en coupe instantanée ou bien sur des données groupées. Elle prend souvent une forme particulière sur des données temporelles. Néanmoins, il est important dans tous les cas de savoir la détecter et la corriger.

Plusieurs tests existent pour détecter l'hétéroscédasticité. Il s'agit du test de Goldfeld & Quandt (1965), du test de Breusch & Pagan (1979), du test de Glesjer (1969) et du test de White (1980). L'idée générale de ces tests est de vérifier si le carré des résidus peut être expliqué significativement par les variables du modèle. Si c'est le cas, il y a hétéroscédasticité. Dans le contexte du test d'hétéroscédasticité de White, l'hypothèse nulle est que tous les coefficients de la régression des carrés des résidus sont nuls, c'est-à-dire aucune variable du modèle n'explique la variance du terme d'erreur. Dans les tests de Goldfeld-Quandt et de Breusch-Pagan, les variables responsables de l'hétéroscédasticité peuvent être des variables extérieures au modèle, c'est-à-dire des variables qui ne font pas partie des variables explicatives. Il est clair qu'en pratique trouver de telles variables n'est pas toujours une tâche aisée. Ces deux derniers tests ne sont pas encore disponibles en mode interactif sous EViews. Toutefois, ils peuvent être programmés sous grande difficulté.

Nous testons l'hypothèse d'hétéroscédasticité à l'aide d'une série de tests disponibles sous EViews. Nous commençons par le test classique de White. Nous l'appliquons ici dans sa forme complète, c'est-à-dire en introduisant dans l'équation non seulement les variables explicatives et leurs carrés, mais également les produits deux à deux. Pour cela, sélectionnez « **View/Residual Diagnostics/Heteroskedasticity Tests** », comme illustré par l'écran suivant:

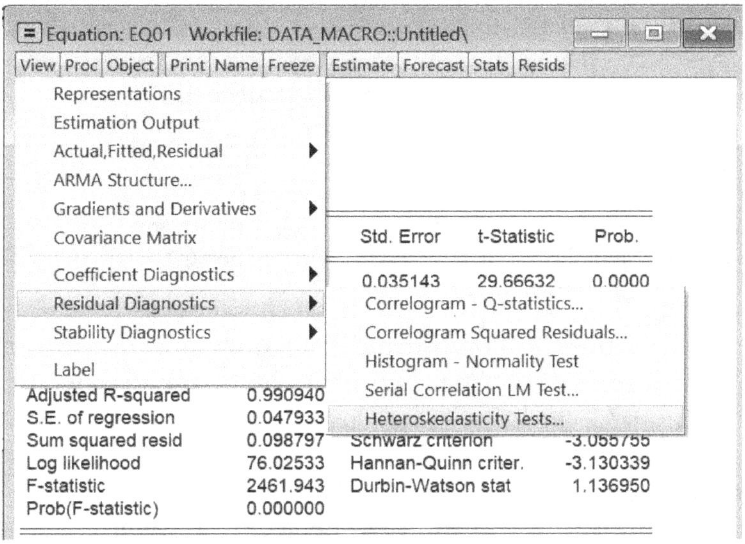

Après cette étape, on obtient l'écran suivant:

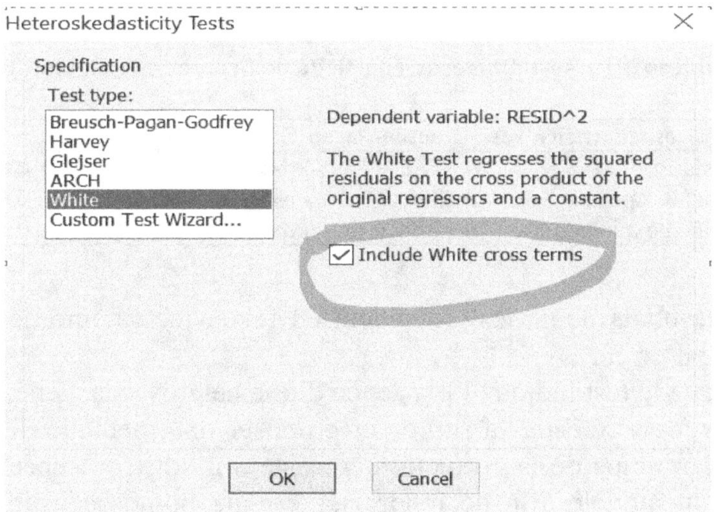

En cliquant sur **OK**, on obtient un tableau de résultats dont la partie supérieure indique les statistiques du test d'hétéroscédasticité. Ce tableau présente deux statistiques à savoir la statistique de Fisher et celle du Chi-deux avec leurs probabilités respectives. La statistique du Chi-deux, qui est celle du test de White, est égale au produit du nombre d'observations et du coefficient de détermination de la régression de test (Obs*R-squared). Les résultats du test sont reportés dans le tableau suivant:

Tableau 3.4 : Test d'hétéroscédasticité de White

Heteroskedasticity Test: White			
F-statistic	0.522200	Prob. F(5,40)	0.7580
Obs*R-squared	2.818661	Prob. Chi-Square(5)	0.7279
Scaled explained SS	4.154776	Prob. Chi-Square(5)	0.5274

L'hypothèse nulle d'homoscédasticité du terme d'erreur ne peut être rejetée au seuil de 5%, car la probabilité de prendre une mauvaise décision est de 72,79! Le rejet de l'hypothèse d'homoscédasticité fait prendre un risque inacceptable. On conclut donc que les erreurs sont homoscédastiques.

En plus du test de White, on peut procéder aux autres tests d'hétéroscédasticité en suivant la même démarche. Par exemple, le test de Breusch-Pagan-Godfrey donne les résultats consignés dans le tableau suivant :

Tableau 3.5 : Test d'hétéroscédasticité de Breusch-Pagan-Godfrey

Heteroskedasticity Test: Breusch-Pagan-Godfrey			
F-statistic	0.371259	Prob. F(2,43)	0.6921
Obs*R-squared	0.780839	Prob. Chi-Square(2)	0.6768
Scaled explained SS	1.150975	Prob. Chi-Square(2)	0.5624

Les résultats de ce test concluent en faveur de l'homoscédasticité du terme d'erreur.

Lorsque le test indique l'existence d'une hétéroscédasticité, on peut chercher à en détecter la source et proposer une méthode de correction. Le principe de la correction consiste à modifier la spécification initiale du modèle afin de rendre les erreurs homoscédastiques. On peut par exemple représenter graphiquement le nuage de points entre la série des résidus au carré et chacune des variables explicatives. La présence d'une hétéroscédasticité implique une variation systématique de la variance des résidus en fonction de la variable responsable. Pour corriger l'hétéroscédasticité, on applique la méthode des moindres carrés pondérés, qui consiste à diviser les variables initiales par la variable responsable.

On peut aussi utiliser les procédures de correction proposées par White (1980) et Newey & West (1978), disponibles sous Eviews en option dans la fenêtre de spécification. Ces procédures apportent une correction seulement au niveau de l'estimation des écarts-types des coefficients. La procédure de White propose une correction sans préciser la forme de l'hétéroscédasticité. Elle utilise les estimateurs sans biais des coefficients obtenus par les moindres carrés ordinaires et estime ensuite la matrice de variance-covariance de façon convergente. La procédure de Newey-West estime cette matrice sous l'hypothèse d'une hétéroscédasticité et d'une autocorrélation de formes inconnues.

3.3.4 Tests d'autocorrélation

L'autocorrélation des erreurs signifie que le terme d'erreur d'une période est corrélé avec celui d'une autre période. Si cette corrélation joue entre deux termes consécutifs (*et* et *et-1*), on parle d'autocorrélation d'ordre un. La plupart des applications sur des données annuelles impliquent des autocorrélations d'ordre un ou deux. Dans les séries temporelles, l'autocorrélation des erreurs peut avoir plusieurs origines. Elle peut provenir de phénomènes de mémoire ou d'inertie dans la fonction de comportement des agents. Elle peut également être liée à une erreur de spécification de la forme fonctionnelle ou à une erreur de mesure ou encore à l'omission d'une variable explicative corrélée dans le temps. Dans le cas des données transversales, il est possible d'observer une autocorrélation spatiale si les observations ont été préalablement rangées selon un certain ordre, par exemple géographique.

Il existe plusieurs tests de l'autocorrélation des erreurs. Les plus couramment utilisés sont le test de Durbin & Watson (1950, 1951), le test de Ljung & Box (1979) et le test de Breusch & Godfrey (1978).

- **Test de Durbin-Watson**

Les conditions d'application du test de Durbin & Watson (1950) supposent que les variables explicatives ne sont pas aléatoires, ce qui implique que la variable endogène retardée ne figure pas parmi les variables explicatives (sinon elle serait corrélée avec le terme d'erreur en cas d'autocorrélation). De plus, le modèle doit être spécifié avec une constante et les erreurs doivent suivre une loi normale. Ce test ne s'applique que sur des données temporelles. Notre modèle remplit bien toutes ces conditions.

Le test de Durbin et Watson cherche a détecté seulement une autocorrélation d'ordre un de la forme $e_t = \rho e_{t-1} + v_t$. Il teste l'hypothèse $H_0 : \rho = 0$ contre $H_1 : \rho \neq 0$. La statistique de Durbin-Watson se lit directement dans le tableau des résultats de l'estimation. Elle est liée au coefficient d'autocorrélation des erreurs par la formule :

$$DW \cong 2(1 - \hat{\rho}) \qquad (3.6)$$

Cette formule s'avère utile en pratique, car elle permet, dans certains cas, de se faire rapidement une idée sur l'autocorrélation des erreurs. La valeur de *DW* est comprise entre 0 et 4. Une valeur de *DW* proche de 2 (soit ρ proche de 0) indique une absence d'autocorrélation des erreurs tandis qu'une valeur de *DW* proche de 0 ou 4 révèle une autocorrélation des erreurs (autocorrélation positive ou négative). Pour une valeur de *DW* éloignée de ces trois valeurs (0, 2, 4), il convient de consulter les valeurs critiques tabulées par Durbin & Watson (1950) pour conclure.

Dans notre cas, la statistique de Durbin-Watson a une valeur de 1.136950 qui n'est ni proche de 0 ni proche de 2. Le recours à la table de Durbin & Watson (1950) est donc nécessaire. On lit dans la table de Durbin-Watson[2] à $n=45$ et $k=2$, $d_1=1,430$ et $d_2=1,615$. La valeur de la statistique *DW* est inférieure à la borne d_1, nous pouvons conclure à une autocorrélation positive des erreurs.

- **Analyse du corrélogramme et test de Ljung-Box**

Le corrélogramme d'une série est la représentation graphique des coefficients d'autocorrélation. Le corrélogramme permet une interprétation instantanée de la significativité des coefficients d'autocorrélation. Pour obtenir le corrélogramme de la série des résidus, sélectionnez « **View/Residual Diagnostics/Correlogram- Q-statistics…** » :

---

2 Voir Bourbonnais (1998), Table de Durbin-Watson, page 297.

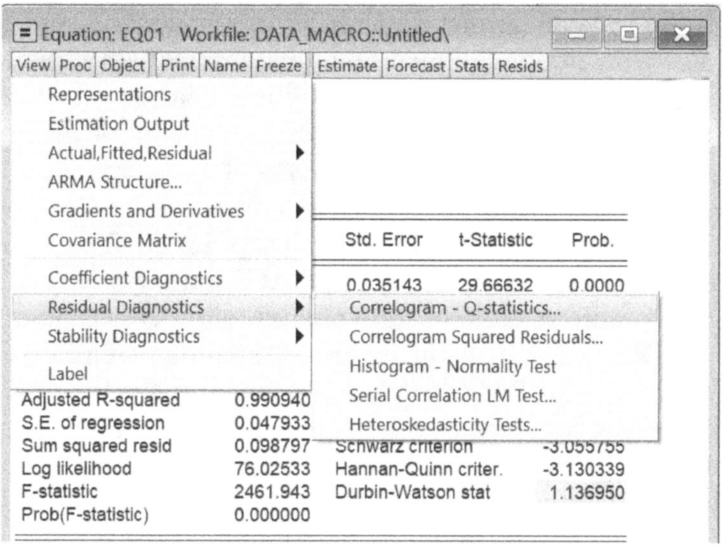

Validez en cliquant sur **OK**. On obtient le graphique suivant :

Figure 3.2 : Corrélogramme de la série des résidus

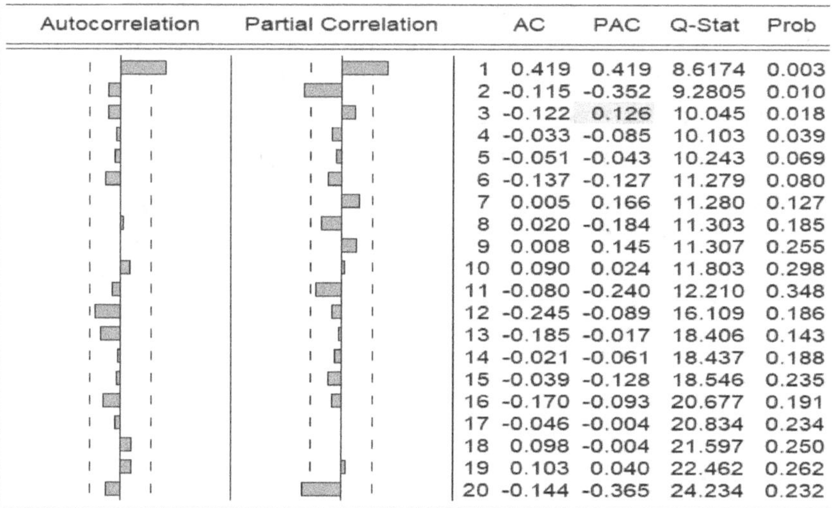

	AC	PAC	Q-Stat	Prob
1	0.419	0.419	8.6174	0.003
2	-0.115	-0.352	9.2805	0.010
3	-0.122	0.126	10.045	0.018
4	-0.033	-0.085	10.103	0.039
5	-0.051	-0.043	10.243	0.069
6	-0.137	-0.127	11.279	0.080
7	0.005	0.166	11.280	0.127
8	0.020	-0.184	11.303	0.185
9	0.008	0.145	11.307	0.255
10	0.090	0.024	11.803	0.298
11	-0.080	-0.240	12.210	0.348
12	-0.245	-0.089	16.109	0.186
13	-0.185	-0.017	18.406	0.143
14	-0.021	-0.061	18.437	0.188
15	-0.039	-0.128	18.546	0.235
16	-0.170	-0.093	20.677	0.191
17	-0.046	-0.004	20.834	0.234
18	0.098	-0.004	21.597	0.250
19	0.103	0.040	22.462	0.262
20	-0.144	-0.365	24.234	0.232

La colonne AC indique les coefficients d'autocorrélation et la colonne PAC les coefficients d'autocorrélation partielle. La statistique du test de Ljung-Box est donnée par « **Q-Stat** » avec sa probabilité dans la dernière colonne. Cette statistique teste la significativité globale de plusieurs coefficients d'autocorrélation (ordres 1, 2, 3 …, 20).

Le corrélogramme permet d'identifier rapidement les termes significatifs des fonctions d'autocorrélation simples et partielles. Les bornes du corridor de confiance sont stylisées par les pointillés verticaux; chaque terme qui sort de cet intervalle est significativement différent de zéro au seuil de 5%. En l'absence d'autocorrélation, tous les coefficients sont proches de zéro et toutes les *Q-stat* sont non-significatives avec des probabilités élevées. Si les coefficients AC sont décroissants géométriquement et les PAC non-significatifs à partir d'un retard d'ordre *p*, alors la série obéit à un processus autorégressif d'ordre *p* (AR(*p*)). En revanche, si les AC sont non-significatifs à partir d'un ordre *q* et les PAC décroissant géométriquement alors la série suit un processus de type moyenne mobile d'ordre *q* (MA(*q*)).

On observe que les deux premiers termes du corrélogramme sortent du corridor de confiance. La *Q-stat* de Ljung-Box reporte une valeur de 9,2805 avec une probabilité de 0,010 inférieure à 0,05. Nous rejetons l'hypothèse d'absence d'autocorrélation des erreurs.

- **Test de Breusch-Godfrey**

Contrairement au test de Durbin-Watson, le test de Breusch-Godfrey permet de tester une autocorrélation d'ordre supérieur à 1 et est applicable en présence de la variable endogène retardée parmi les variables explicatives. Pour réaliser ce test, sélectionnez « **View/Residual Diagnostics/Serial Correlation LM Test**.... » :

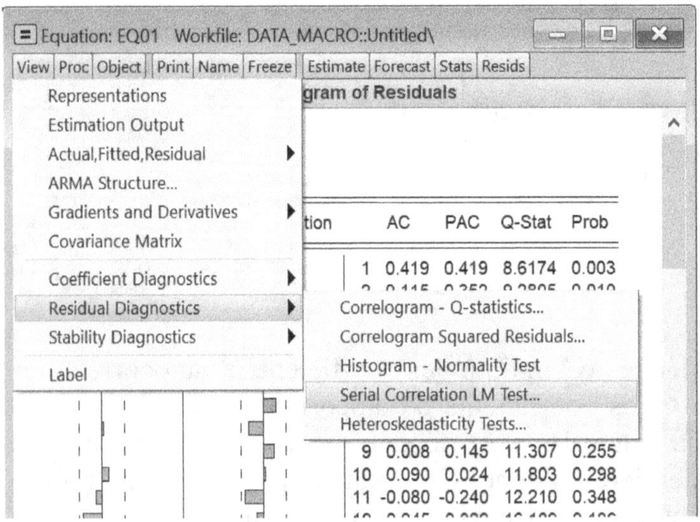

Précisez l'ordre de l'autocorrélation (on commence par tester à l'ordre 1) et cliquez sur **OK**. On obtient le tableau suivant:

Tableau 3.6 : Statistiques du test d'autocorrélation de Breusch-Godfrey

Breusch-Godfrey Serial Correlation LM Test:			
F-statistic	9.044063	Prob. F(1,42)	0.0044
Obs*R-squared	8.150349	Prob. Chi-Square(1)	0.0043

La statistique de Breusch-Godfrey reporte une valeur de 8,150349 et une probabilités de 0.0043 inférieure à 0,05. Ces résultats nous amènent à rejeter l'hypothèse nulle d'absence d'autocorrélation d'ordre un des erreurs.

On retient finalement l'hypothèse d'une autocorrélation à l'ordre un. L'équation de consommation doit donc être re-spécifiée avant d'être utilisée à des fins de prévision ou de simulation. Rappelons que l'autocorrélation des erreurs d'un modèle peut être causée par une mauvaise spécification du modèle ou par l'oubli de variables explicatives pertinentes. Avant d'appliquer une méthode de correction appropriée, nous effectuons le test d'erreur de spécification de Ramsey (1969).

3.4 Test d'erreur de spécification de Ramsey

Dans ce qui précède, nous avons testé les différentes hypothèses portant sur les termes d'erreurs. Cependant, il existe d'autres types d'erreurs de spécification qui peuvent affecter l'estimation du modèle. Le test RESET (*Regression Specification Error Test*) proposé par Ramsey (1969) teste les trois types d'erreurs de spécification suivants:

- Omission de variables explicatives;
- Forme fonctionnelle incorrecte : certaines variables pourraient être prises en log, en puissance (forme non-linéaire) ou transformé autrement (à la Box-Cox par exemple) ;
- Corrélation entre les variables explicatives et le terme d'erreur. Cette situation peut provenir soit d'une erreur de mesure sur les variables, soit d'un problème d'endogénéïté ou de la présence de l'endogène retardée en explicative avec des erreurs autocorrélées.

Le principe du test RESET consiste à ajouter dans le modèle initial, des régresseurs supplémentaires constitués des puissances successives de la variable expliquée (y^2, y^3, y^4, etc.). Cette approche se heurte très vite au problème de multicolinéarité lorsque le nombre de régresseurs augmente.

Pour réaliser le test de Ramsey, sélectionnez «**View/Stability Diagnostics/Ramsey RESET Test** »:

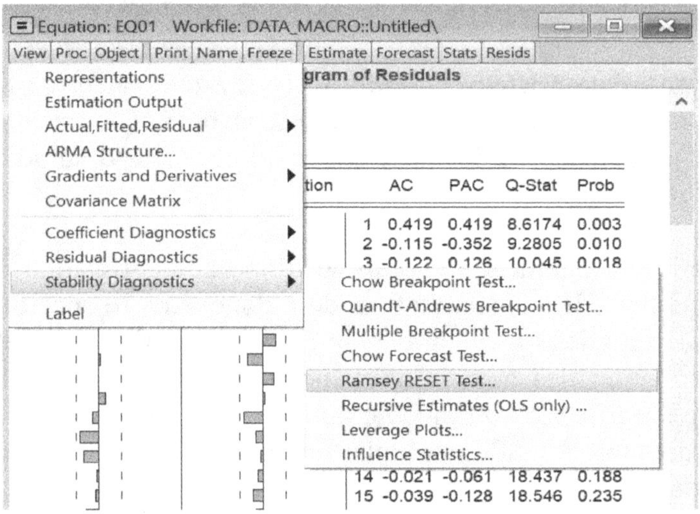

Les résultats du test sont donnés dans le tableau suivant :

Tableau 3.7 : Statistiques du test de Ramsey

Ramsey RESET Test
Équation: EQ01
Specification: LOG(CONS) LOG(PIB) LOG(IPC) C
Omitted Variables: Squares of fitted values

	Value	df	Probability
t-statistic	0.306562	42	0.7607
F-statistic	0.093980	(1, 42)	0.7607
Likelihood ratio	0.102816	1	0.7485

La probabilité de la statistique de test est supérieure à 0,05, suggérant qu'il n'y a pas d'erreur de spécification dans l'équation estimée. L'une des faiblesses du test de Ramsey réside dans la façon de traiter l'erreur de spécification par l'ajout de puissances de la variable expliquée. En effet, il n'y a aucune raison de penser que les variables omises sont une fonction polynomiale de la variable expliquée.

3.5 Estimation en présence d'autocorrélation

La présence de l'autoccorélation résiduelle peut fausser l'inférence statistique et l'appréciation de la validité du modèle. En effet, si les erreurs sont autocorrélées, l'estimateur des coefficients reste sans biais et converge sous l'hypothèse d'orthogonalité des variables explicatives et du terme d'erreur. Toutefois, sa variance n'est plus minimale. Par conséquent, les tests basés sur ces coefficients sont biaisés. Si, en outre, le modèle comporte la variable dépendante retardée comme variable explicative (forme autorégressive), alors il y aura un problème d'endogénéïté qui rend l'estimateur non-convergent.

Il convient d'estimer les coefficients du modèle en utilisant une méthode d'estimation adéquate. À cet égard, plusieurs techniques ont été proposées: la méthode itérative de Cochrane-Orcutt, la procédure de Prais-Winsten, la méthode du balayage de Hildreth-Lu et la méthode du maximum de vraisemblance. Nous estimons le modèle en retenant une autocorrélation d'ordre 1. Pour cela, cliquez sur « **Estimate** » dans le menu de l'équation pour retourner à la spécification de l'équation et ajoutez un terme AR(1) à la fin de l'équation.

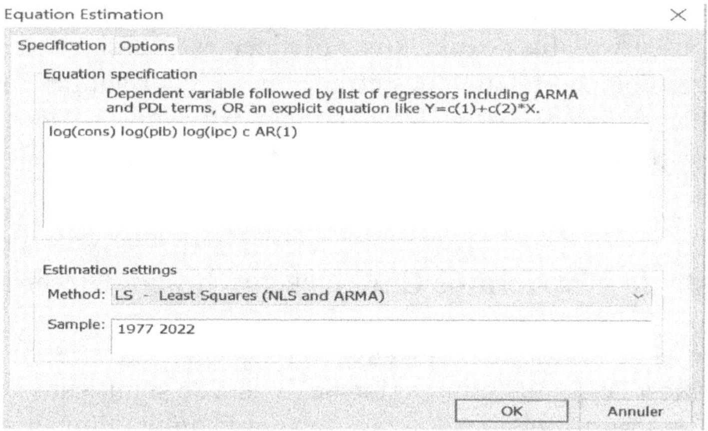

Cliquez sur **OK** pour valider. On obtient le tableau de résultats suivant:

Tableau 3.8 : Coefficients de régression en présence d'erreurs AR(1)

Variable	Coefficient	Std. Error	t-statistic	Prob.
LOG(PIB)	1.035774	0.076496	13.54032	0.0000
LOG(IPC)	0.031279	0.030727	1.017952	0.3147
C	-0.848929	0.554096	-1.532098	0.1332
AR(1)	0.422502	0.122664	3.444373	0.0013
SIGMASQ	0.001760	0.000336	5.240097	0.0000
R-squared	0.992907	Mean dependent var		8.245793
Adjusted R-squared	0.992215	S.D. dependent var		0.503587
S.E. of regression	0.044432	Akaike info criterion		-3.283133
Sum squared resid	0.080941	Schwarz criterion		-3.084368
Log likelihood	80.51207	Hannan-Quinn criter.		-3.208675
F-statistic	1434.911	Durbin-Watson stat		1.667170
Prob(F-statistic)	0.000000			
Inverted AR Roots	.42			

Les coefficients et les écarts-types estimés ainsi que les statistiques s'interprètent de la façon habituelle. Le coefficient du terme AR(1) est celui de l'autocorrélation des résidus inconditionnels. On constate que ce coefficient est significatif au seuil de 5% et inférieur à l'unité.

Nous reviendrons sur les autres méthodes d'estimation dans le chapitre consacré à la programmation. Rappelons que plusieurs facteurs peuvent être à l'origine de l'autocorrélation des erreurs, dont l'omission de variables explicatives pertinentes. Aussi, est-il possible de corriger l'autocorrélation des erreurs en introduisant des retards de la variable endogène parmi les variables explicatives. Nous reviendrons sur ce point lorsque nous aborderons les modèles à décalage temporel.

3.6 Tests de restrictions linéaires sur les coefficients

Les tests de restrictions linéaires sur les coefficients sont de trois types : le test de significativité globale, le test de significativité individuelle et le test de stabilité. Le test de significativité globale et le test de significativité individuelle sont réalisés à partir respectivement de la statistique de Fisher et de la statistique de Student. Ces statistiques reposent sur l'hypothèse de normalité du terme d'erreur. On peut aussi utiliser un test du rapport de vraisemblance. Il est également possible de tester des restrictions linéaires générales qui additionnent les coefficients. C'est le cas par exemple du test de rendement d'échelle constant dans une fonction de production Cobb-Douglas.

3.6.1 Test de significativité globale

Le test de significativité globale des coefficients cherche à savoir si les variables explicatives véritables influencent significativement la variable expliquée. En d'autres termes, on veut savoir s'il existe au moins un coefficient parmi tous les coefficients, à l'exception de la constante, qui est significativement différent de zéro. On teste l'hypothèse nulle selon laquelle tous les coefficients du modèle, à l'exception de la constante, sont égaux à zéro, contre l'hypothèse alternative selon laquelle il existe au moins un coefficient différent de zéro. Ce test est réalisé à partir de la statistique de Fisher. Celle-ci figure directement dans le tableau des estimations. Si l'hypothèse nulle est acceptée, cela signifie que la relation linéaire entre la variable endogène et les variables explicatives n'est pas significative. Il faut alors rechercher une spécification plus adéquate de la dynamique de la variable expliquée.

La valeur de la statistique de Ficher reporte ici une valeur de ***1434.911*** avec une probabilité presque nulle. Manifestement, les coefficients sont globalement significatifs, ce qui signifie que, pris ensemble, le revenu et le prix influencent de façon significative la dynamique de la consommation.

Le coefficient de détermination (R^2) est un indicateur statistique qui permet d'évaluer le pouvoir explicatif global du modèle. Il mesure la part de la variance de la variable dépendante expliquée par les variables explicatives. C'est un indicateur qui permet de juger de la qualité de l'ajustement. On s'aperçoit ici que la valeur du coefficient de détermination est très élevée: 99% des variations de la consommation (en log) sont expliquées par le modèle.

Il existe une relation entre la statistique de Fisher et le R^2:

$$F = \frac{R^2}{1-R^2}\frac{n-k-1}{k} \qquad (3.7)$$

Où n est le nombre d'observations et k le nombre de variables explicatives véritables, c'est-à-dire sans la constante. La statistique de Fisher croît avec le R^2: des valeurs élevées du R^2 correspondent à des valeurs élevées de F. Ainsi, au lieu de tester, à l'aide de la statistique F, la significativité globale des variables explicatives, il est approximativement équivalent de tester la significativité du R^2. Sous l'hypothèse alternative, R^2 et F prennent des valeurs élevées.

Si le coefficient de détermination R^2 est une statistique facile à comprendre, il faut cependant se garder d'y recourir notamment lorsqu'on doit comparer plusieurs modèles. En fait, le R^2 présente le défaut d'augmenter mécaniquement avec le nombre de variables explicatives, même si celles-ci n'ont aucun rapport avec la variable expliquée. À la limite, quand le nombre de variables explicatives est égal au nombre d'observations, on obtient un R^2 égal à 1 et la variable dépendante est expliquée à 100%, quelle que soit la pertinence économique des variables explicatives. On comprend alors pourquoi le R^2 n'est pas pertinent pour comparer le pouvoir explicatif de plusieurs modèles ne comportant pas le même nombre de degrés de liberté. Dans ces cas, il convient plutôt de recourir à la version pénalisée du R^2 appelée R^2-ajusté (Adjusted R-squared). Le coefficient de détermination ajusté se calcule à partir de l'expression suivante :

$$(1-\overline{R}^2) = \frac{n-1}{n-k-1}(1-R^2) \tag{3.8}$$

On constate que $\overline{R}^2 < 0$ dès que $1-R^2 > \dfrac{n-k-1}{n-1}$.

Le coefficient de détermination ajusté permet de comparer objectivement les pouvoirs explicatifs de deux modèles portant sur la même variable dépendante, mais n'impliquant pas le même nombre de variables explicatives.

Il est important de noter que le coefficient de détermination n'est interprétable que si l'équation estimée comporte une constante. En effet, lorsque le modèle ne comporte pas de terme constant, l'équation de décomposition de la variance n'est plus vérifiée. Dans ce cas, le R^2 peut donner une valeur négative ou supérieure à l'unité selon la programmation qui est faite dans le logiciel utilisé.

3.6.2 Test de significativité individuelle des coefficients

Dire qu'un coefficient est significatif signifie que la variable explicative correspondante influence la variable dépendante. Pour illustrer cette notion statistique de « significatif », considérons que nous poussons une table, mais qu'elle ne se déplace pas. Cela ne signifie pas que la force que nous exerçons sur la table est nulle ! La force n'est pas assez suffisante pour déplacer la table.

La significativité d'un coefficient est testée à partir du *t* de Student. On teste l'hypothèse d'un coefficient nul contre l'hypothèse alternative d'un coefficient différent de zéro (test bilatéral). Un coefficient sera significatif si la probabilité est inférieure au seuil de 5%. Cette probabilité apparaît dans la dernière colonne du tableau des estimations. Rappelons que cette probabilité est calculée sur la base de l'hypothèse de normalité du terme d'erreur. Pour la variable LPIB, la probabilité est presque nulle. Par conséquent, quel que soit le seuil retenu (1%, 5% ou 10%), cette variable contribue *significativement* à la formation de la consommation. L'élasticité-revenu de la consommation est égale à 1,0357, ce qui signifie que, toutes choses égales par ailleurs, une augmentation du revenu de 10% entraîne un accroissement de la consommation de 10,35%. On constate que le coefficient de la variable de prix (LIPC) affiche une probabilité de 0,3147, qui est supérieure à 0,05. On conclut donc ce coefficient n'est pas significatif au seuil de 5%. En d'autres termes, le niveau des prix n'influence pas *significativement* le niveau de la consommation.

La non-significativité de la variable LIPC peut apparaître surprenante dans la mesure où cette variable présente une très forte corrélation avec la consommation. La matrice de corrélation présentée dans le tableau 2.2 du chapitre 2, indique une corrélation de 0,9023. En fait, il existe une très forte corrélation entre les deux variables explicatives, qui fait peser un risque de multicolinéarité. D'après la matrice des corrélations, le coefficient de corrélation entre LPIB et LIPC est de l'ordre de 0,8955. Si on considère un seuil de 0,80, on peut dire que cette corrélation est assez forte (Field, 2005). Or, la multicolinéarité entre les variables explicatives d'un modèle linéaire conduit à des écarts-types des coefficients élevés et, partant, à des statistiques de Student faibles concluant à la non-significativité des coefficients, en dépit d'un R^2 élevé.

En outre, en présence de multicolinéarité approchée, il est difficile d'isoler l'effet intrinsèque de chaque variable explicative sur la variable expliquée (il y a confusion des effets). En effet, toute variation de l'une des variables explicatives implique une variation des autres variables. Dès lors, le raisonnement classique « toutes choses égales par ailleurs » est difficile à appliquer. En supprimant certaines variables non-significatives, il peut arriver que les autres variables présentent des coefficients significatifs. On rencontre très souvent ce genre de problème d'adéquation entre la théorie économique et la pratique économétrique : en théorie on peut supposer que des variables sont orthogonales, mais lors de la modélisation on se rend compte qu'elles sont liées entre elles. On peut obtenir des coefficients non-significatifs ou affectés d'un signe erroné.

En réalité, le coefficient de corrélation simple n'est pas trop révélateur du degré de liaison réelle entre deux variables. Il est d'une utilité limitée lorsqu'on travaille avec plusieurs variables. On préfère dans ces conditions utiliser le coefficient de corrélation partielle qui mesure la liaison ou corrélation nette entre deux variables lorsque l'influence d'une tierce variable est retirée. Le coefficient de corrélation partielle permet de mieux juger de la pertinence d'inclure une variable explicative dans un modèle. Plus le coefficient de corrélation partielle d'une variable est élevé, plus sa contribution est importante à l'explication des variations de la variable expliquée. Dans notre exemple, le coefficient de corrélation partielle entre la consommation et l'indice des prix est égal à 0.1129 avec une probabilité de 0.4549. Ainsi, lorsqu'on purge l'effet du revenu, l'influence du niveau des prix sur la consommation n'est pas significative.

Il existe plusieurs techniques pour détecter la multicolinéarité entre les variables explicatives, les plus connus sont le test de Klein et le test de Farrar-Glauber[3]. La procédure du test de Klein (1962) consiste à comparer le coefficient de détermination R^2 du modèle et les coefficients de détermination entre les variables explicatives considérées deux à deux (R_{ij}^2). Il y a présomption de multicolinéarité lorsque la plupart des R_{ij}^2 sont supérieurs au R^2. La faiblesse de cette méthode vient de ce que la colinéarité peut impliquer plus de deux variables explicatives. On peut alors préférer régresser chaque variable explicative sur toutes les autres. Si les coefficients de détermination R_j^2 sont élevés, alors il y a présomption de multicolinéarité. De façon plus

[3] Une présentation théorique et une application de ces tests sont faites dans Bourbonnais (1998) pages 100-103.

simple, on peut également examiner le facteur d'inflation de la variance (VIF : Variance Inflation Factor) et la tolérance associée[4].

Revenons aux résultats de la régression 3.1. Dans la barre de menu, cliquez sur « **View/Coefficients Diagnostics** » et sélectionnez « **Variance Inflation Factors** », comme indiqué dans l'écran suivant :

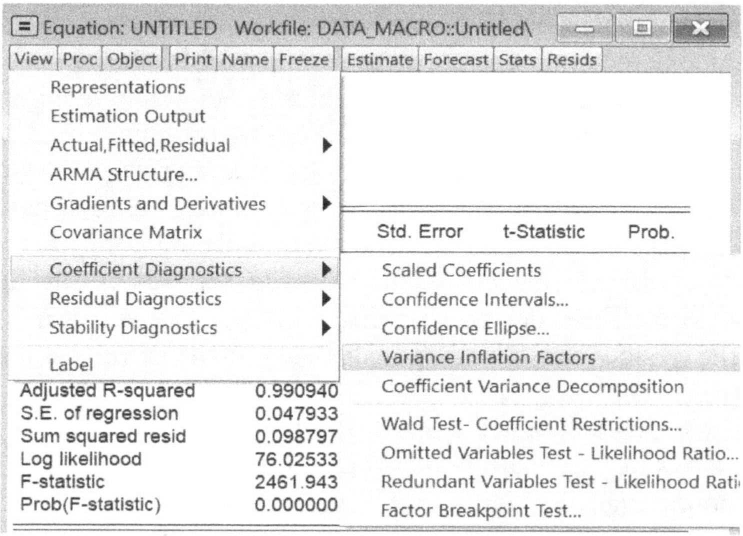

On obtient les résultats suivants :

Tableau 3.9: Variance Inflation Factors

Variable	Coefficient Variance	Uncentered VIF	Centered VIF	Tolerance (1/VIF)
LOG(PIB)	0.001235	1861.030	5.052724	0.19791305
LOG(IPC)	0.000289	93.05611	5.052724	0.19791305
C	0.060991	1221.084	NA	

La règle consiste à comparer le VIF à 5 ou de façon équivalente, la tolérance à 0,2. Un VIF>5 ou Tol<0,2 implique une forte multicolinéarité entre les variables explicatives, qui fait peser un risque sérieux de biais sur les estimations. Dans notre cas, il y a bien une forte colinéarité entre LPIB et LIPC.

Il existe différentes techniques pour surmonter ou du moins réduire les conséquences de la multicolinéarité. La parade la plus souvent utilisée consiste à éliminer certaines variables explicatives fortement

[4] Voir Daoud (2017) et Shrestha (2020).

corrélées. La pertinence de cette méthode peut toutefois être questionnée. D'une part, l'élimination d'une variable peut entraîner une erreur de spécification si la théorie économique postule précisément que cette variable doit être intégrée dans le modèle. D'autre part, l'élimination d'une variable explicative corrélée avec les autres variables peut entraîner un problème d'endogénéïté qui peut être à l'origine d'un biais dans l'estimation.

Une deuxième approche consiste à remplacer les variables explicatives par un nombre réduit de variables synthétiques combinaisons linéaires des variables corrélées. À cet égard, les méthodes d'analyse factorielle telles que l'Analyse en Composantes Principales (ACP) et l'Analyse des Correspondances Multiples (ACM), selon la nature des variables, peuvent s'avérer utiles, surtout si le nombre de variables explicatives est élevé[5]. On parle alors de régression sur facteurs. L'avantage d'utiliser des combinaisons linéaires issues d'une analyse factorielle réside dans l'orthogonalité des facteurs ou composantes principales.

Il faut cependant noter que l'utilisation des composantes principales n'a pas de justification théorique en économie. De plus, il n'est pas toujours aisé de donner une signification précise à ces composantes principales, ce qui vient compliquer l'interprétation des coefficients du modèle. Enfin, si l'on peut reconstituer la régression pour obtenir les coefficients des variables explicatives initiales, l'inférence statistique sur ces coefficients ne peut être réalisée. En outre, il est difficile de faire des prévisions à partir d'hypothèse sur l'évolution d'une variable donnée. Il existe d'autres méthodes pour corriger les effets d'une forte multicolinéarité. On peut chercher à augmenter le nombre des observations ou bien transformer la relation fonctionnelle qui lie les variables explicatives à la variable expliquée.

Notons qu'il peut arriver que les coefficients des variables explicatives soient tous non-significatifs en dépit d'un R^2 très élevé. Le test de Fisher indique une significativité globale des coefficients, mais ceux-ci sont individuellement non-significatifs. Cela peut paraitre contradictoire dans la mesure où le rejet de l'hypothèse nulle du test de Fisher implique l'existence d'au moins un coefficient significatif. Pour illustrer cette éventualité, considérons que nous devons soulever un sac de 500 kilogrammes de sable. Il est clair que personne d'entre nous ne peut soulever seul ce lourd fardeau. En revanche, ensemble

[5] Les aspects techniques et pratiques de ces méthodes sont développés dans Lebart *et al.* (1995), Jambu (1999) et Keho (2012).

nous pouvons le balancer dehors. L'union fait la force ! Ces situations sont révélatrices d'une multicolinéarité entre les variables explicatives. Par ailleurs, notons qu'une suite de tests de Student n'est pas équivalente au test global de Fisher. En effet, la statistique de Fisher utilise les variances-covariances des coefficients alors que le test de Student utilise l'écart-type du coefficient testé.

3.6.3 Test de restriction générale sur les coefficients

On peut vouloir tester des restrictions sur les coefficients autres que la significativité globale et la significativité individuelle. Par exemple, après avoir estimé une fonction de production de type Cobb-Douglas, on peut tester si les rendements d'échelle sont constants. Les restrictions linéaires sur le vecteur des coefficients a du modèle s'écrivent sous la forme générale $H_0: Ra=c$ où R est une matrice d'ordre $(r, k+1)$, c un vecteur $(r, 1)$ et r le nombre de contraintes indépendantes. La statistique de test de Fisher s'écrit :

$$F = \frac{SCR(H_0) - SCR(H_1)}{SCR(H_1)} \cdot \frac{n-k-1}{r} \qquad (3.9)$$

Où $SCR(H_0)$ (resp. $SCR(H_1)$) est la somme des carrés des résidus du modèle estimé sous l'hypothèse H_0 (resp. H_1: $Ra \neq c$).

Dans le cas de la fonction de consommation, on peut tester si l'élasticité-revenu est égale à un. Pour cela, allez dans le menu « **View/Coefficients Diagnostics** », comme indiqué dans l'écran suivant :

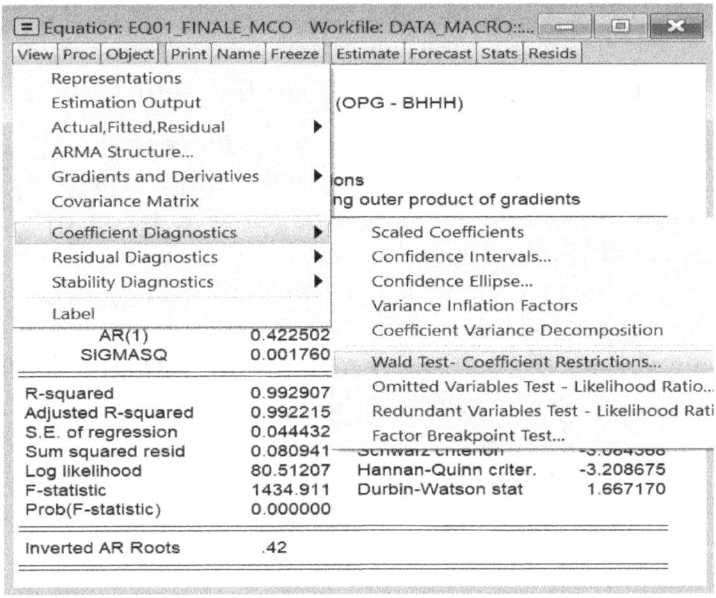

Dans la fenêtre qui apparaît, spécifiez la contrainte à tester et validez.

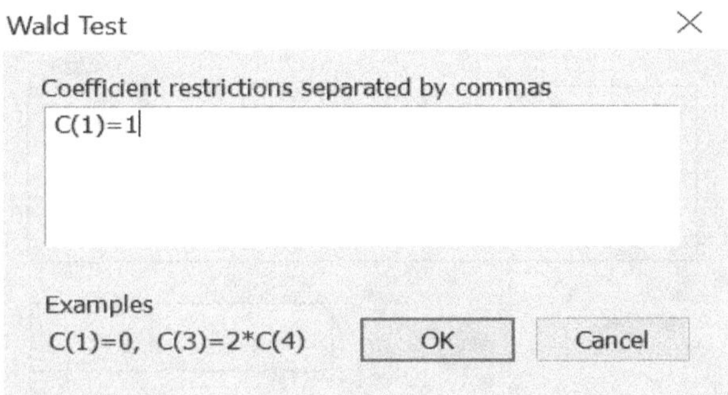

C(1) est le coefficient de la variable LPIB dans le modèle. Rappelons que les coefficients d'une équation sont stockés dans le vecteur noté « C » dont les éléments sont notés *C(1), C(2),…,C(k),* suivant l'ordre des variables explicatives dans le modèle. En validant, on obtient les résultats suivants :

Tableau 3.10 : Test d'élasticité revenu unitaire

Wald Test:
Équation: EQ01_FINALE_MCO

Test Statistic	Value	df	Probability
t-statistic	0.467662	41	**0.6425**
F-statistic	0.218708	(1, 41)	**0.6425**
Chi-square	0.218708	1	**0.6400**

Null Hypothesis: C(1)=1
Null Hypothesis Summary:

Normalized Restriction (= 0)	Value	Std. Err.
-1 + C(1)	0.035774	0.076496

Restrictions are linear in coefficients.

La statistique du test reporte une probabilité de 0,6425, supérieure à 0,05. On accepte donc l'hypothèse d'une élasticité-revenu unitaire.

3.6.4 Test de stabilité des coefficients

L'analyse économétrique des comportements repose sur l'hypothèse de constance dans le temps des coefficients du modèle. Cette hypothèse signifie que sur la période d'estimation le comportement de la variable expliquée n'a pas connu de changement structurel majeur. Cette constance des paramètres de comportement conditionne la qualité des prévisions et des simulations qui vont être faites sous différentes mesures de politique économique.

Cependant, des ruptures structurelles peuvent intervenir dans le comportement des variables, entraînant une variation dans les coefficients. On se souvient de la critique de Lucas selon laquelle l'utilisation des modèles économétriques traditionnels, pour simuler les effets des changements de politique économique, est incorrecte dans la mesure où des agents dotés d'anticipations rationnelles vont modifier leurs comportements en réaction à des changements dans les règles du jeu. Il en résulte une instabilité permanente des paramètres du modèle.

Il est donc important de compléter la série des tests économétriques par des tests de stabilité. Ces tests s'intéressent plus généralement à des questions du genre : peut-on considérer qu'il y a eu un changement dans la consommation des ménages après une date donnée? La propension marginale à consommer est-elle restée constante sur toute la période de l'échantillon? Les sources de la croissance sont-elles restées les mêmes avant et après la crise des années 1980? Le comportement de consommation des hommes est-il identique à celui des femmes? Lorsqu'on travaille sur des données temporelles, les tests de stabilité prennent la forme de tests de stabilité temporelle ou structurelle. Sur des données en coupe instantanée, on parle de tests d'homogénéité de comportement (hommes/femmes ; riches/pauvres, Afrique/Europe, etc.).

Il existe plusieurs tests de stabilité dont les plus utilisés sont le test de Chow, le test CUSUM et le test CUSUMQ de Brown *et al.* (1975). Le test de Chow est un test de restrictions sur les coefficients. Il effectue un test de Fisher en comparant les coefficients sur deux ou plusieurs sous-périodes ou sous-échantillons. Toutefois, ce test nécessite la connaissance *a priori* de la date de rupture, ce qui demande une analyse exploratoire préalable des données. Les tests CUSUM et CUSUMQ dispensent de cette contrainte.

• Test de Chow

Le test de Chow est basé sur la comparaison des estimations sur des sous-périodes de l'échantillon initial. Lorsqu'on considère une date de rupture, le test va estimer le modèle sur deux sous-périodes et comparer les coefficients à l'aide d'un test de Fisher ou de Wald.

Nous réalisons le test de Chow en considérant les deux sous-périodes 1977-1993 et 1994-2022. À partir du menu de l'équation, sélectionnez **« View/Stability Diagnostics/Chow Breakpoint Test... »** :

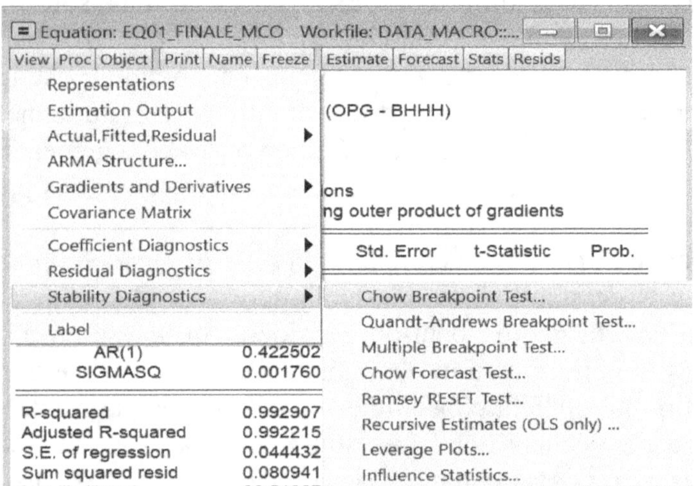

Entrez **1994** dans la boîte de dialogue qui apparaît. Cette date correspond à la date de rupture. Cliquez sur **OK** pour obtenir le tableau suivant :

Tableau 3.11 : Test de stabilité de Chow pour une rupture

Chow Breakpoint Test: 1994
Null Hypothesis: No breaks at specified breakpoints
Equation Sample: 1977 2022

F-statistic	1.025351	Prob. F(5,36)	0.4174
Log likelihood ratio	6.321070	Prob. Chi-Square(5)	0.2762
Wald Statistic	5.098585	Prob. Chi-Square(5)	0.4040

La statistique de Fisher reporte une probabilité de 0.4174, supérieure à 5% : on ne peut donc pas rejeter, au seuil de 5%, l'hypothèse de stabilité des coefficients du modèle. En d'autres termes, l'année 1994 n'introduit pas un changement structurel significatif dans la fonction de consommation. Notons que le test de Chow n'est pas pertinent si la date choisie ne correspond pas à la véritable date de rupture. Lorsque le nombre d'observations est élevé, on peut tester l'existence de deux ou plusieurs ruptures. À titre d'illustration, nous testons l'existence de rupture aux dates 1994 et 2012. Dans ce cas, on indique dans la boîte de dialogue les deux dates. On obtient les résultats suivants :

Tableau 3.12 : Test de stabilité de Chow pour deux ruptures

Chow Breakpoint Test: 1994 2012
Null Hypothesis: No breaks at specified breakpoints
Equation Sample: 1977 2022

F-statistic	0.672148	Prob. F(10,31)	0.7411
Log likelihood ratio	9.223791	Prob. Chi-Square(10)	0.5110
Wald Statistic	24.36185	Prob. Chi-Square(10)	0.0067

Lorsque le nombre d'observations ne permet pas d'obtenir un nombre satisfaisant de données dans une sous-période, on recourt à la version « **Forecast** » du test de Chow. Cette version estime le modèle sur toute la période (modèle initial) ainsi que sur la première sous-période et teste la différence entre les coefficients. Pour appliquer ce test, sélectionnez « **View/Stability Diagnostics/Chow Forecast Test** » et spécifiez la date de rupture. On obtient les résultats suivants :

Tableau 3.13 : Test Forecast de stabilité de Chow

Chow Forecast Test
Specification: LOG(CONS) LOG(PIB) LOG(IPC) C AR(1)
Test predictions for observations from 1994 to 2022

	Value	df	Probability
F-statistic	0.553309	(29, 12)	0.9055
Likelihood ratio	39.24777	29	0.0970

Ce test ne permet pas de rejeter l'hypothèse de stabilité des coefficients du modèle.

• Tests CUSUM et CUSUMQ

Un autre test de stabilité consiste à analyser les résidus ou les coefficients récursifs. Ces derniers sont obtenus en estimant de façon récursive le modèle : on commence à estimer le modèle avec un nombre réduit d'observations, puis on augmente progressivement ce nombre jusqu'à utiliser toutes les données. À chaque fois, on calcule de nouveaux coefficients à partir desquels on génère les résidus récursifs normalisés.

Si le modèle est stable, les coefficients récursifs seront très proches et les résidus récursifs seront indépendamment et normalement distribués, de moyenne nulle et d'écart-type constant. Les tests CUSUM et CUSUMSQ sont basés sur ces résidus récursifs. Le CUSUM utilise la somme cumulée des résidus récursifs tandis que le CUSUMSQ utilise le carré des résidus récursifs. Ces tests présentent l'avantage par rapport au test de Chow de ne pas exiger *a priori* la date de rupture. Au contraire, les tests CUSUM et CUSUMSQ peuvent suggérer les dates de changement structurel dans le modèle.

Pour appliquer ces tests, sélectionnez, à partir du menu de l'équation, « **View/Stability Diagnostics/Recursive Estimates...** » :

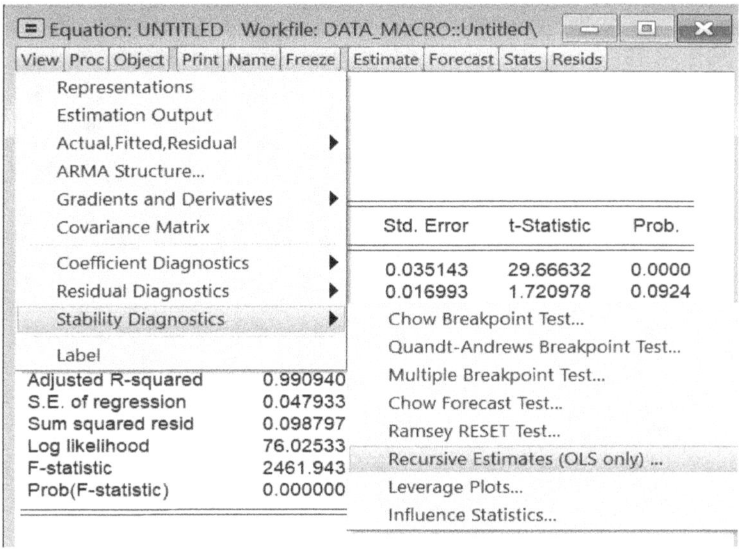

Il suffit de cocher la case correspondante au test que l'on veut faire (résidus récursifs, CUSUM ou CUSUMQ). Les résultats pour les tests CUSUM et CUSUMQ sont représentés dans les graphiques suivants :

Figure 3.3: Tests CUSUM et CUSUMQ

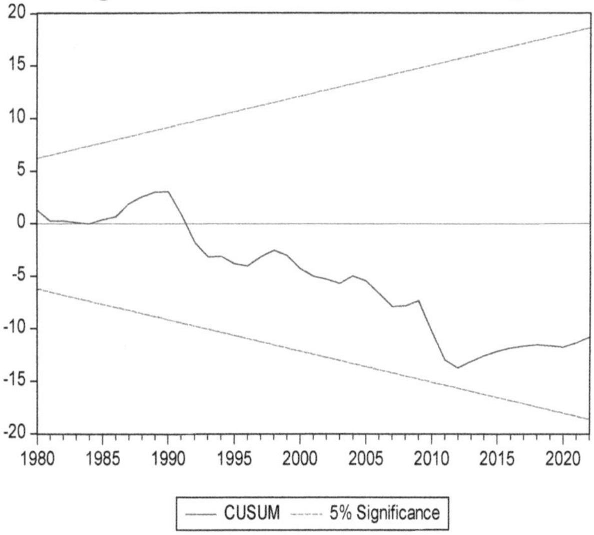

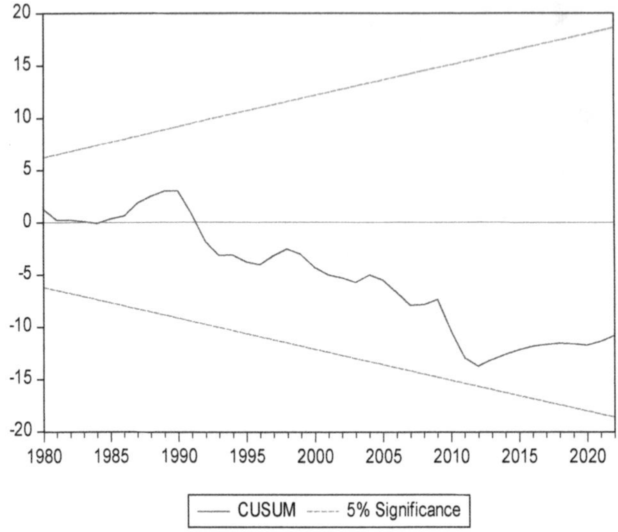

Si les courbes sortent du corridor stylisé par les droites en pointillés, alors il y a changement structurel du modèle. Sinon, le modèle peut être considéré comme stable sur toute la période. Ici, aucune des statistiques CUSUM et CUSUMQ ne franchit les bandes délimitées: nous pouvons donc conclure que le comportement de consommation des ménages est resté stable sur toute la période. Il est possible que la courbe sorte quelques années et revienne par la suite. Dans ce cas, il y a un changement conjoncturel et les méthodes de correction reposent sur l'utilisation des variables indicatrices.

• Test de Quandt-Andrews

Le test de Quandt-Andrews permet de tester l'existence d'une ou plusieurs ruptures dans une relation économétrique. Le principe de ce test consiste à réaliser le test de Chow en balayant toutes les années de ruptures potentielles entre deux dates t_1 et t_2. On obtient ainsi une suite de statistiques $F(t)$, que l'on synthétise en trois statistiques (Andrews, 1993 ; Andrews & Ploberger, 1994):

$$MaxF = \max_{t_1 \leq t \leq t_2} F(t) \qquad (3.10)$$

$$ExpF = \ln\left(\frac{1}{2}\sum_{t=t_1}^{t_2}\exp\left(\frac{1}{2}F(t)\right)\right) \qquad (3.11)$$

$$AveF = \frac{1}{k}\sum_{t=t_1}^{t_2} F(t) \qquad (3.12)$$

Ces statistiques ne suivent pas une distribution standard. Les distributions ont été simulées par Andrews (1993) et les *p-values* asymptotiques ont été estimées par Hansen (1997). En outre, la distribution de ces statistiques est dégénérée lorsque t_1 est proche de la date de début ou lorsque t_2 approche la date de fin de l'échantillon. Pour échapper à cette déformation distributionnelle, il est recommandé de ne considérer que les 70% des observations centrales comme plage de variation de t. En écartant 15% des périodes de part et d'autre de l'échantillon, on garantit un nombre suffisant d'observations dans les sous-périodes.

Pour réaliser le test de Quandt-Andrews, sélectionnez « **View/Stability Diagnostics/Quandt-Andrews Breakpoint Test** ». On obtient les résultats suivants :

Tableau 3.14 : Test de stabilité de Quandt-Andrews

Quandt-Andrews unknown breakpoint test
Null Hypothesis: No breakpoints within 15% trimmed data
Equation Sample: 1977 2022
Test Sample: 1984 2016
Number of breaks compared: 33

Statistic	Value	Prob.
Maximum LR F-statistic (1991)	3.141999	0.1134
Maximum Wald F-statistic (1990)	25.27725	0.0033
Exp LR F-statistic	0.574150	0.5227
Exp Wald F-statistic	9.640377	0.0020
Ave LR F-statistic	1.002239	0.4246
Ave Wald F-statistic	10.61747	0.0172

Note: probabilities calculated using Hansen's (1997) method

La procédure teste 33 dates de rupture possibles. Les trois statistiques de test ne permettent pas de rejeter l'hypothèse nulle d'absence de rupture au seuil de 5%.

3.6.5 Sensibilité des coefficients à des observations particulières

Il arrive que des observations particulières influencent fortement les résultats de l'estimation, créant une instabilité dans les coefficients. On parle d'observations extrêmes, aberrantes, atypiques ou influentes. Il existe plusieurs méthodes statistiques permettant de détecter de telles observations. L'idée de base est d'analyser ce qui arrive si on enlève une seule observation de l'échantillon. On peut mesurer l'impact soit sur les coefficients estimés soit sur la valeur prédite de la variable dépendante.

EViews fournit une batterie de statistiques de mesure d'influence : RStudent, DRResid, DFFITS, CovRatio, HatMatrix et DFBETAS. Pour appliquer ces statistiques, retournez aux résultats de l'équation de consommation et sélectionnez « **View/Stability Diagnostics/Influence Statistics** ».

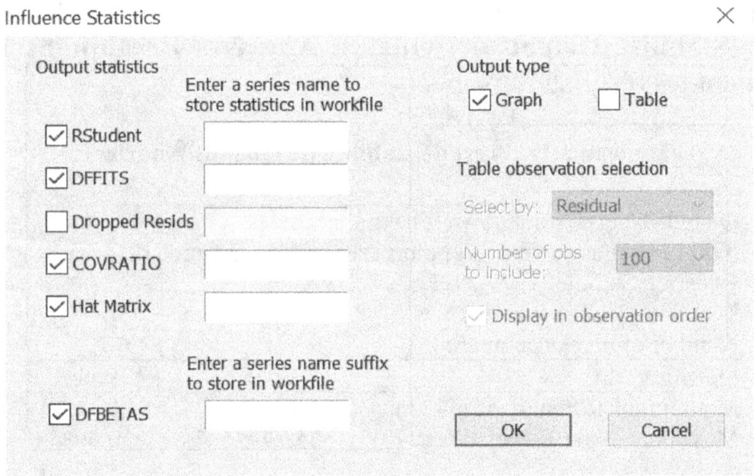

Dans la boîte de dialogue, nous pouvons choisir les statistiques à calculer et les noms des séries devant les contenir ainsi que la forme de présentation des résultats (graphique ou tableau). Pour la statistique DFBETAS, il suffit d'indiquer un suffixe (par exemple : _dfbeta) et la procédure crée les séries avec le nom du coefficient suivi du suffixe (par exemple : lpib_dfbeta, lipc_dfbeta). Dans le cas de la fonction de consommation, nous obtenons les graphiques ci-après :

Figure 3.4 : Statistiques d'influence des observations

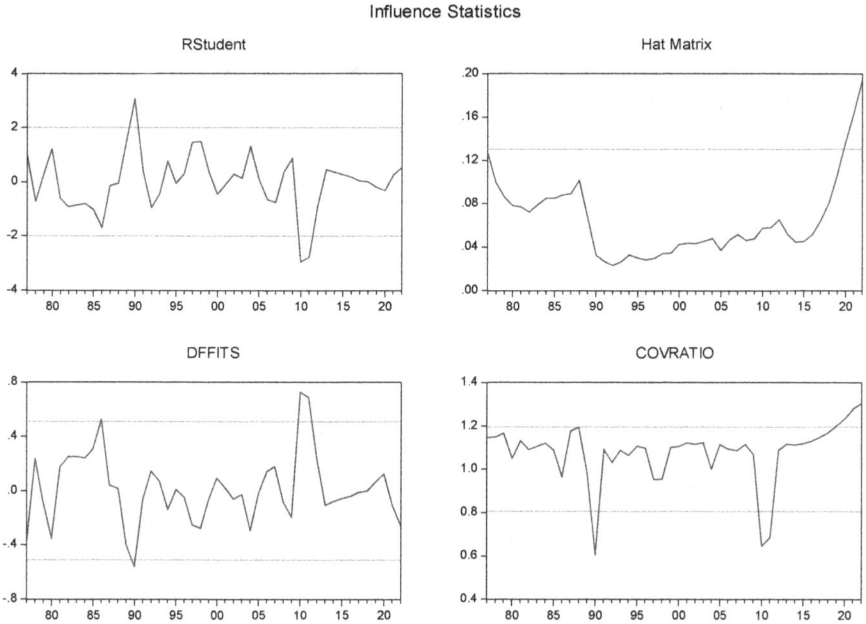

On voir sur ces graphiques que les observations correspondant aux années 1990 et 2011 sont des valeurs extrêmes. Il est possible de gommer l'influence de ces observations à l'aide de variables indicatrices prenant la valeur 1 pour ces années et 0 ailleurs. Le résidu pour ces années prendra alors une valeur nulle !

3.7 Prévision dans un modèle de régression linéaire

Nous avons estimé une équation de consommation sur la période 1977-2022. Nous voulons utiliser cette équation pour réaliser des prévisions sur la période 2023-2030. Il s'agit de déterminer les valeurs de la consommation pour des valeurs attribuées au revenu. La variable LIPC est éliminée du modèle parce qu'elle est non-significative. Avant de nous livrer à cet exercice, nous évaluons la capacité prédictive du modèle en réalisant des « prévisions » de façon rétrospective.

3.7.1 Évaluation du pouvoir prédictif du modèle

La simulation historique ou rétrospective consiste à appliquer le modèle pour générer les valeurs passées de la variable dépendante à partir de celles des variables explicatives. Cette « prévision » par substitution permet d'évaluer la capacité prédictive du modèle, c'est-à-dire son aptitude à reproduire les données historiques. Pour réaliser la rétropolation, sélectionnez « **Procs/Forecast** » ou cliquez simplement sur le bouton « **Forecast** » dans la barre de menu de la fenêtre des résultats des estimations. On obtient la fenêtre suivante :

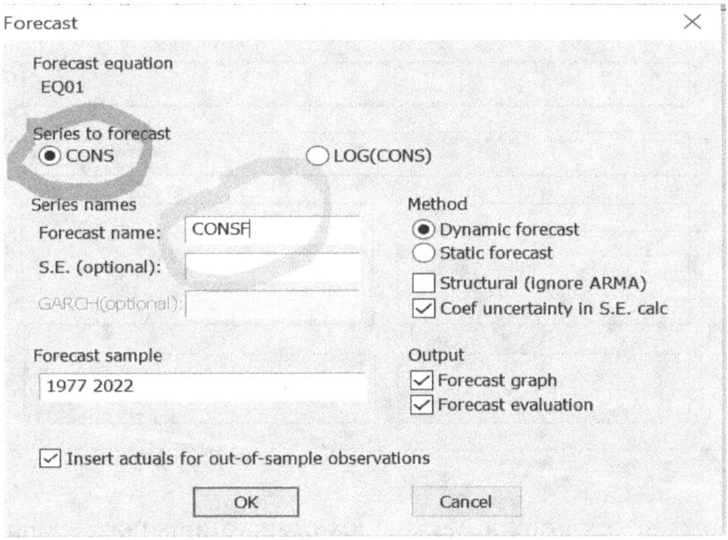

Bien que le modèle estimé soit spécifié sous la forme logarithmique, EViews offre la possibilité de prévoir directement les valeurs de la série en niveau pour l'horizon temporel défini. La série simulée est nommée en ajoutant la lettre F (pour Forecast) au nom de la variable dépendante. Ici, cette série prend le nom CONSF. Toutefois, il est possible de la renommer autrement. La variable CONSF apparaîtra automatiquement dans le Workfile.

Il existe deux méthodes de prévision : la méthode statique et la méthode dynamique. La différence réside dans le traitement des valeurs retardées de la variable expliquée durant la simulation. Le choix entre ces deux méthodes se pose lorsque le modèle comporte une dynamique autorégressive. La prévision statique requiert que les données sur les variables explicatives (exogènes et endogènes retardées éventuellement) soient disponibles sur toute la période de prévision. La méthode dynamique utilise les valeurs passées estimées de la variable dépendante pour former la prévision de la période suivante. Pour la première observation, ces deux méthodes donnent la même prévision.

L'équation que nous avons estimée est certes un modèle statique, mais l'ajout de l'option AR(1) introduit une dynamique dans le modèle.

Dans le champ « **Forecast sample** », indiquez la période de prévision et cliquez sur **OK** pour valider. Vous obtenez le graphique donnant l'évolution de la variable CONSF sur toute la période 1977-2022. Les courbes en pointillé matérialisent les bornes inférieures et supérieures de l'intervalle de confiance à 95% des valeurs prévisionnelles. Une bonne adéquation se traduit par un resserrement de ces deux courbes.

Figure 3.5 : Évolution de la série prévisionnelle CONSF

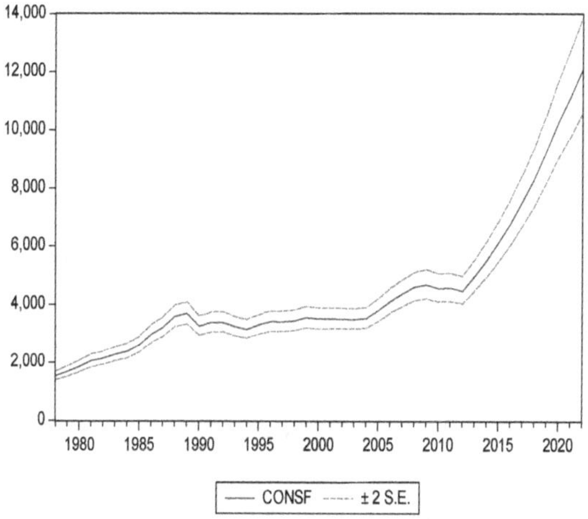

Forecast: CONSF	
Actual: CONS	
Forecast sample: 1977 2022	
Adjusted sample: 1978 2022	
Included observations: 45	
Root Mean Squared Error	177.3272
Mean Absolute Error	137.4913
Mean Abs. Percent Error	3.782317
Theil Inequality Coefficient	0.017619
Bias Proportion	0.000064
Variance Proportion	0.001313
Covariance Proportion	0.998622

On peut représenter simultanément les évolutions des séries CONS et CONSF afin d'évaluer graphiquement l'écart entre les valeurs réelles et les valeurs simulées. On constate (cf. figure ci-dessous) que globalement les simulations historiques ne s'écartent pas trop des valeurs observées.

Figure 3.6 : Évolution comparée des séries CONS et CONSF

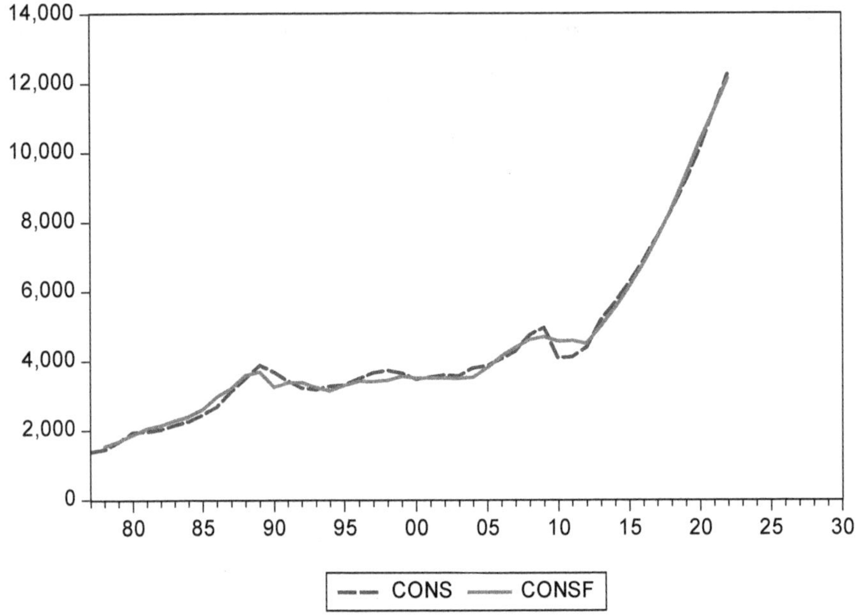

Les statistiques figurant à droite du graphique de CONSF (cf. figure 3.4) permettent de procéder à une évaluation statistique de la qualité prédictive du modèle. **Root Mean Squared Error (RMSE)** et **Mean Absolute Error (MAE)** sont des statistiques qui dépendent de l'échelle de mesure de la variable dépendante. Elles permettent de comparer les prévisions d'une même variable dépendante pour différents modèles. Les statistiques **Mean Absolute Percentage Error** (**MAPE**) et **Theil Inequality Coefficient** (TIC) sont, quant elles, indépendantes de l'échelle de mesure de la variable dépendante. Le coefficient d'inégalité de Theil est compris en 0 et 1, une valeur proche de zéro indiquant une bonne adéquation.

La moyenne des carrés des erreurs de prévision (**Mean Squared Error**) est décomposée suivant trois types de proportions. **Bias Proportion** indique combien la moyenne des prévisions s'écarte de la moyenne des valeurs actuelles de la série. **Variance Proportion** indique combien la variation des valeurs prévisionnelles s'écarte de celle des valeurs actuelles. **Covariance Proportion** mesure les erreurs de prévision non-systématiques. Pour une bonne prévision, les deux premières proportions devraient fournir des valeurs faibles.

Notons que ces statistiques ne sont affichées que lorsque les valeurs de la variable dépendante sont renseignées sur la période de prévision. Il s'agit en effet de comparer les valeurs prédites avec les valeurs observées de la variable dépendante. En pratique, on utilise ces statistiques pour évaluer l'adéquation des prévisions avec les réalisations effectives. Si cette adéquation est bonne, on peut procéder à la prévision proprement dite de la variable dépendante. Dans notre cas, **MAPE= 3.7823%** et **Theil=0.0176**. La performance prévisionnelle du modèle est très bonne.

Cette méthode d'évaluation présente toutefois un biais. En effet, elle fournit le plus souvent une mesure optimiste du pouvoir prédictif du modèle dans la mesure où elle applique le modèle à des données qui ont servi à le construire. Une autre façon d'apprécier plus objectivement la capacité prédictive du modèle consiste à l'utiliser pour prédire la variable dépendante pour une période non comprise dans l'échantillon ayant servi à l'estimation et à comparer les valeurs prédites aux valeurs observées. Pour cela, on estime le modèle sur une sous-période comprenant 80% des observations (échantillon d'apprentissage) et on teste le modèle sur les 20% des observations restantes (échantillon test). Cette approche repose sur l'hypothèse de stabilité structurelle du modèle. Elle requiert une taille suffisante des données pour justifier une estimation pertinente sur l'échantillon d'apprentissage.

3.7.2 Prévision conditionnelle

Nous procédons maintenant à la prévision de la consommation sur la période 2023-2030. Pour cela, nous devons d'abord étendre la taille de l'échantillon. Ensuite, nous devons renseigner les valeurs futures des variables explicatives, ici le revenu.

Retournez dans le Workfile et double-cliquez sur « **Range** ». Changez la date de fin en **2030** et cliquez sur **OK**. On peut constater visiblement ces changements dans le Workfile.

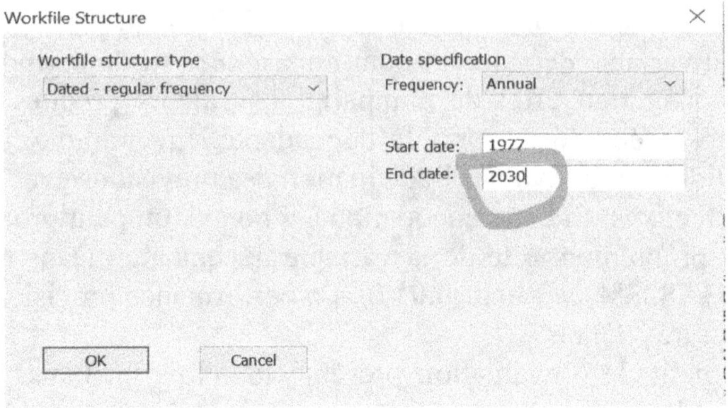

Confirmez que vous souhaitez vraiment redimensionner les données.

Ouvrez la série PIB par un simple clic. Les valeurs pour 2023-2030 sont marquées par « NA » pour non available. Nous générons les valeurs du revenu en appliquant un taux de croissance de 10%. Pour ce faire, cliquez sur l'onglet « **Genr »** situé à droite de la fenêtre.

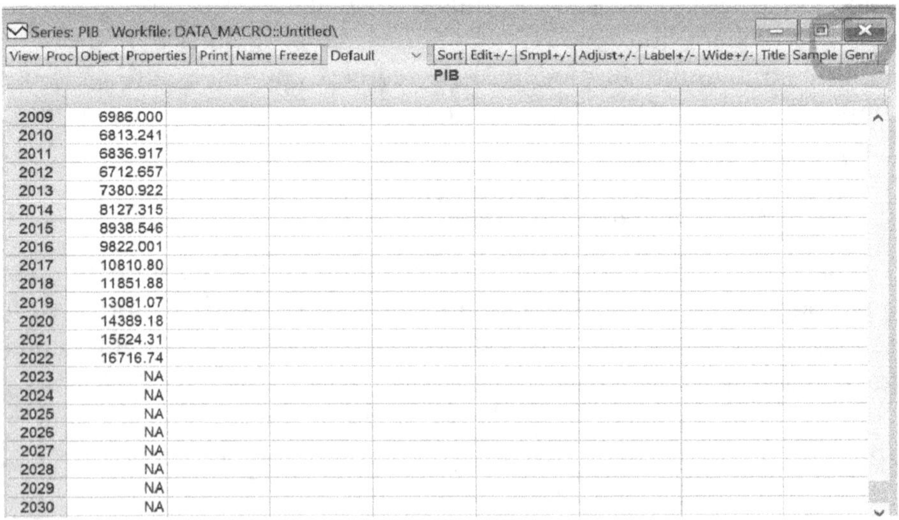

	PIB
2009	6986.000
2010	6813.241
2011	6836.917
2012	6712.657
2013	7380.922
2014	8127.315
2015	8938.546
2016	9822.001
2017	10810.80
2018	11851.88
2019	13081.07
2020	14389.18
2021	15524.31
2022	16716.74
2023	NA
2024	NA
2025	NA
2026	NA
2027	NA
2028	NA
2029	NA
2030	NA

Dans la fenêtre qui apparaît, entrez la formule de calcul.

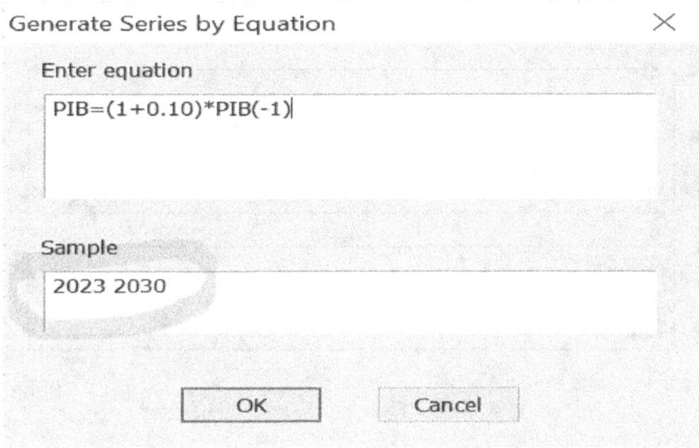

Attention à la période de calcul ! La formule ne s'applique que sur la période 2023-2030. Si vous gardez la période 1977-2030, vous risquez d'écraser toutes les données en appliquant la formule à partir de 1977. En cliquant sur **OK**, les valeurs manquantes « **NA** » sont remplacées par les valeurs calculées. Ce sont ces valeurs qui seront utilisées pour calculer celles de la consommation. Sous l'hypothèse d'une croissance de 10%, les valeurs du PIB sont données dans le tableau suivant.

Tableau 3.15 : PIB de 2023 à 2030 sous l'hypothèse de 10%

Année	PIB
2023	18388.41528118738
2024	20227.25680930612
2025	22249.98249023674
2026	24474.98073926041
2027	26922.47881318646
2028	29614.7266945051
2029	32576.19936395561
2030	35833.81930035118

Retournez à l'équation estimée et cliquez sur « **Forecast »**. Précisez le nom de la série (ici CONS_SIM) ainsi que la période de prévision (ici 2023-2030) puis validez.

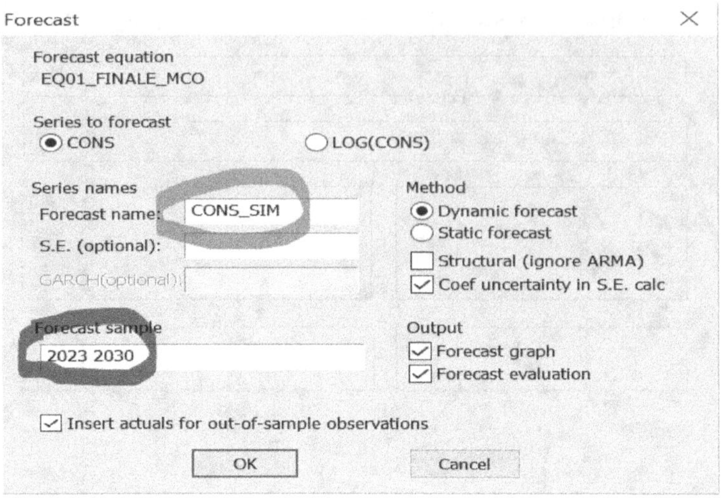

Les prévisions de la consommation sont présentées sous la forme d'une courbe, mais elles apparaissent dans la série CONS_SIM dans le Workfile. Ces valeurs sont reprises dans le tableau suivant:

Tableau 3.16: Consommation prévisionnelle de 2023 à 2030

Année	CONS_SIM
2023	13512.13473766048
2024	14954.17991871381
2025	16572.87058837437
2026	18378.21357457083
2027	20385.9727643356
2028	22615.96690592648
2029	25091.3526576693
2030	27838.40895162301

Quatre types d'erreurs entachent la qualité des prévisions : l'incertitude sur l'évolution future des termes d'erreur; l'incertitude sur les coefficients du modèle; l'incertitude sur les valeurs futures des variables explicatives et l'erreur de spécification du modèle. L'incertitude sur le terme d'erreur provient du fait que ce terme n'est pas connu sur la période de prévision, il est remplacé par sa valeur moyenne. Or, si cette moyenne est nulle sur la période d'estimation, les valeurs individuelles du terme d'erreur peuvent cependant être non nulles. Plus l'erreur individuelle sera importante, plus l'erreur de prévision sera grande. L'erreur-type fournit une mesure statistique de la variation des erreurs individuelles.

L'incertitude sur les coefficients provient du fait que ceux-ci sont estimés à partir d'un échantillon. Il se peut donc que ces estimations dévient des vraies valeurs des coefficients. Les écarts-types des coefficients donnent une idée de la précision avec laquelle les coefficients sont estimés. L'effet de ces incertitudes sur la prévision dépend de la trajectoire prévisionnelle des variables explicatives. Plus ces variables dévieront fortement de leurs tendances moyennes, plus grande sera l'erreur de prévision.

La connaissance imprécise des valeurs futures des variables explicatives introduit une incertitude supplémentaire dans la prévision de la variable dépendante. La qualité des prévisions dépend également de la spécification du modèle. Par exemple, si l'on adopte une spécification linéaire de façon « mécanique » alors qu'en réalité la relation véritable est non-linéaire, les prévisions seront congénitalement mauvaises. C'est pour ces diverses raisons que la prévision conditionnelle ne doit pas être utilisée sur un horizon temporel assez long. Les techniques de prévision utilisant la méthodologie ARIMA de Box-Jenkins s'avèrent moins exigeantes en conjecture dans la mesure où elles utilisent seulement l'information contenue dans la mémoire des séries pour former les prévisions.

CHAPITRE 4
Modèles à décalages temporels

Les modèles à décalages temporels autorisent la présence de variables retardées parmi les variables explicatives. Ces modèles se justifient par le fait que les variables économiques ne réagissent pas le plus souvent de façon instantanée aux chocs, elles réagissent avec un certain délai. Par exemple, on sait que dans certaines situations l'investissement public a un impact sur l'investissement privé et sur la croissance économique, mais ces effets ne sont pas immédiats: il faut attendre quelques années, le temps aux agents économiques de faire des choix et de les mettre en application.

Diverses raisons peuvent justifier l'utilisation des modèles à décalages temporels:

- *Raisons psychologiques* : Les individus ne changent pas leurs habitudes du jour au lendemain. Un individu ne change pas immédiatement ses habitudes de consommation après une diminution des prix ou une augmentation de son revenu ;
- *Raisons technologiques :* L'effet d'un investissement ne se perçoit pas instantanément sur la production. L'acquisition d'une nouvelle machine par exemple demande un temps d'adaptation aux employés ;
- *Raisons institutionnelles :* Une obligation contractuelle peut empêcher les entreprises de changer leurs fournisseurs ou leurs employés sachant qu'ailleurs elles réduisent leurs coûts.

Les modèles à décalages temporels permettent une meilleure approximation de la réalité économique et une mesure précise des conséquences de certaines mesures de politique économique. L'insuffisance de données a longtemps limité leur utilisation dans les pays en voie de développement: les séries statistiques disponibles étaient en général trop courtes pour une estimation tout à fait satisfaisante de la structure des coefficients.

Dans ce chapitre, nous verrons la spécification et l'estimation des modèles à décalages temporels. Les conséquences liées au choix du nombre de décalages et les critères statistiques permettant de déterminer les retards seront discutés et illustrés à la fonction de consommation.

4.1 Spécification et estimation du modèle à décalages temporels

Dans la spécification d'un modèle à décalages temporels, les retards peuvent porter à la fois sur la variable dépendante et les variables explicatives. En conséquence, il existe trois spécifications possibles des modèles à décalages temporels:

• Modèle autorégressif

Lorsque la variable dépendante retardée apparaît comme variable explicative, le modèle est dit autorégressif. Dans ce cas, le modèle s'écrit :

$$Y_t = a_0 + \sum_{h=1}^{p} a_h Y_{t-h} + \mu_t \qquad (4.1)$$

Ce modèle est noté *AR(p)* pour signifier un modèle autorégressif d'ordre *p*.

• Modèle à retards échelonnés

Lorsque les décalages portent seulement sur les variables explicatives, on parle de modèles à **retards échelonnés**. Dans ce cas, le modèle s'écrit :

$$Y_t = \beta_0 + \sum_{h=0}^{q} b_h X_{t-h} + \mu_t \qquad (4.2)$$

• Modèle autorégressif à retards échelonnés

La combinaison des deux modèles précédents conduit au modèle **autorégressif à retards échelonnés** (ARDL : Auto-Régressive Distributed Lag, en anglais). Ce modèle s'écrit :

$$Y_t = a_0 + \sum_{h=1}^{p} a_h Y_{t-h} + \sum_{h=0}^{q} b_h X_{t-h} + cZ_t + \mu_t \qquad (4.3)$$

Ce modèle est noté *ARDL(p, q),* où *p* et *q* sont les nombres de retards respectivement sur la variable dépendante (*Y*) et la variable explicative (*X*). La forme *ARDL* s'avère plus générale que les deux autres spécifications.

Reconsidérons notre modèle de consommation sous la forme *ARDL* suivante :

$$LCons_t = \alpha + a_0 LPib_t + a_1 LPib_{t-1} + b_0 LIpc_t + b_1 LIpc_{t-1} + c_1 LCons_{t-1} + e_t \qquad (4.4)$$

Il s'agit d'un modèle autorégressif à retards échelonnés plus précisément d'un *ARDL (1, 1, 1).* Pour assurer la stabilité du modèle, on pose que $|c_1| < 1$. Si le terme d'erreur e_t respecte les hypothèses habituelles, on peut utiliser la méthode des moindres carrés ordinaires pour estimer cette équation.

Pour estimer le modèle ci-dessus, nous suivons la même démarche que dans le cas du modèle statique. L'équation à saisir de présente comme suit :

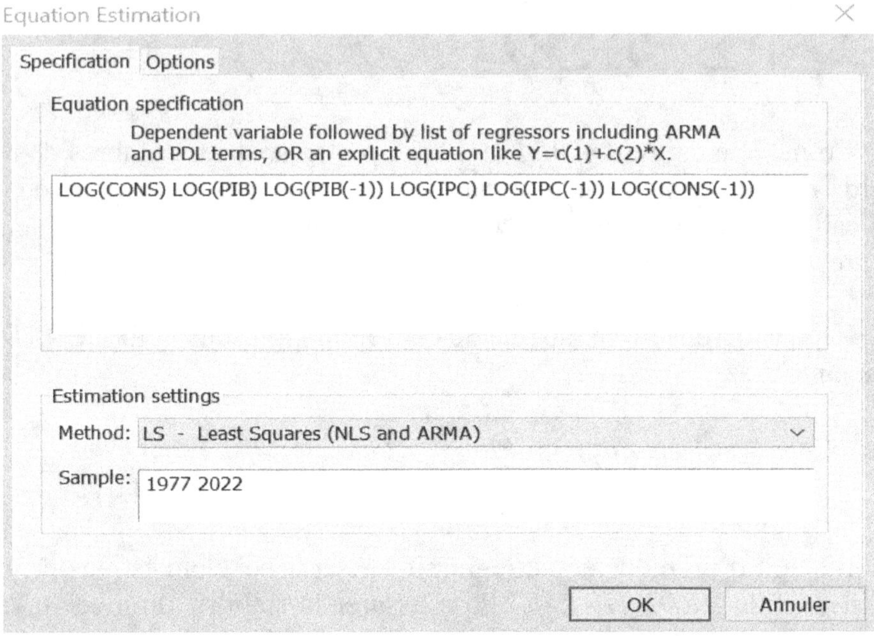

En validant, on obtient les résultats suivants:

Tableau 4.1 : Coefficients de régression du modèle ARDL(1,1,1)

Dépendent Variable: LOG(CONS)
Method: Least Squares
Sample (adjusted): 1978 2022
Included observations: 45 after adjustments

Variable	Coefficient	Std. Error	t-Statistic	Prob.
LOG(PIB)	0.845851	0.132175	6.399468	0.0000
LOG(PIB(-1))	-0.206853	0.206128	-1.003518	0.3218
LOG(IPC)	-0.012417	0.133181	-0.093231	0.9262
LOG(IPC(-1))	0.012639	0.125773	0.100487	0.9205
LOG(CONS(-1))	0.427051	0.141674	3.014312	0.0045
C	-0.801251	0.280237	-2.859194	0.0068

R-squared	0.992870	Mean dependent var	8.268368
Adjusted R-squared	0.991956	S.D. dependent var	0.485167
S.E. of regression	0.043514	Akaike info criterion	-3.307919
Sum squared resid	0.073844	Schwarz criterion	-3.067030
Log likelihood	80.42817	Hannan-Quinn criter.	-3.218118
F-statistic	1086.192	Durbin-Watson stat	1.521009
Prob(F-statistic)	0.000000		

4.2 Tests de spécification

On peut effectuer sur le modèle à décalages temporels les mêmes tests qu'on réalise sur le modèle statique (test de significativité, test de Wald, test de normalité, test d'autocorrélation, test d'hétéroscédasticité, etc.). La mise en œuvre de ces tests et leur interprétation ne devraient pas poser de problème à ce stade du cours. Nous effectuons les tests d'autocorrélation, d'hétéroscédasticité et de spécification de Ramsey.

4.2.1 Test d'autocorrélation

Du fait de la présence de la variable dépendante retardée parmi les variables explicatives, le test de Durbin-Watson est biaisé en faveur de l'absence d'autocorrélation. Les auteurs préconisent l'utilisation du test du « *h* » de Durbin. La statistique du « *h* » de Durbin est définie par :

$$h = \hat{\rho}\sqrt{\frac{n}{1 - n\hat{\sigma}^2(\hat{c}_1)}} \qquad (4.5)$$

Avec $\hat{\rho} = 1 - DW/2$, DW étant la statistique de Durbin-Watson calculée sur le modèle autorégressif $\hat{\sigma}^2(\hat{c}_1)$ est la variance estimée du coefficient autorégressif c_1 de la variable dépendante retardée, et n est le nombre d'observations.

Il y a équivalence entre la nullité de $\hat{\rho}$ et celle de h. Sous l'hypothèse nulle, la statistique h suit asymptotiquement la loi normale centrée-réduite. La procédure du test « *h* » consiste à comparer la valeur absolue de h à 1,96 (valeur critique issue de la loi normale pour un test bilatéral à 5%). Dans notre cas, nous avons:

$DW = 1.521009$; $\hat{\sigma}(\hat{c}_1) = 0.141674$; $n = T - 1 = 45$

La statistique de Durbin-Watson ne nous permet pas de conclure, car la valeur de DW se situe dans la zone de doute ($d_1 < DW < d_2$).

En revanche, la statistique du « *h* » de Durbin laisse augurer d'une autocorrélation des erreurs:

$h = 5.164358$, $|h| > 1.96$

L'analyse du corrélogramme suggère que les erreurs sont autocorrélées à l'ordre 2.

Figure 4.1 : Corrélogramme de la série des résidus

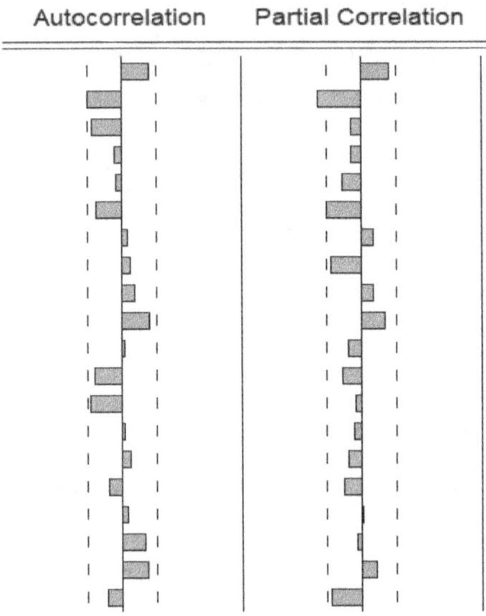

	AC	PAC	Q-Stat	Prob*
1	0.236	0.236	2.6665	0.102
2	-0.303	-0.380	7.1960	0.027
3	-0.256	-0.085	10.509	0.015
4	-0.061	-0.091	10.701	0.030
5	-0.056	-0.168	10.869	0.054
6	-0.222	-0.305	13.541	0.035
7	0.052	0.103	13.694	0.057
8	0.076	-0.256	14.025	0.081
9	0.109	0.100	14.726	0.099
10	0.238	0.197	18.141	0.053
11	0.031	-0.114	18.201	0.077
12	-0.233	-0.165	21.687	0.041
13	-0.280	-0.048	26.871	0.013
14	0.018	-0.060	26.893	0.020
15	0.076	-0.115	27.299	0.026
16	-0.119	-0.150	28.334	0.029
17	0.043	0.012	28.473	0.040
18	0.202	-0.040	31.660	0.024
19	0.229	0.127	35.940	0.011
20	-0.128	-0.263	37.323	0.011

Le test de Breusch-Godfrey confirme également l'existence d'une autocorrélation d'ordre 2.

Tableau 4.2 : Test d'autocorrélation de Breusch-Godfrey

Breusch-Godfrey Serial Correlation LM Test:			
F-statistic	6.376106	Prob. F(2,37)	0.0042
Obs*R-squared	11.53415	Prob. Chi-Square(2)	0.0031

En définitive, nous retenons que les termes d'erreur du modèle ARDL(1,1,1) sont autocorrélés à l'ordre 2.

4.2.2 Test d'hétéroscédasticité

Les résultats du test de White sont reportés dans le tableau suivant :

Tableau 4.3 : Test d' hétéroscédasticité de White

Heteroskedasticity Test: White			
F-statistic	1.756677	Prob. F(19,25)	0.0931
Obs*R-squared	25.72866	Prob. Chi-Square(19)	0.1379
Scaled explained SS	45.96500	Prob. Chi-Square(19)	0.0005

Au seuil de 5%, l'hypothèse nulle d'homoscédasticité ne peut être rejetée.

4.2.3 Test de spécification de Ramsey

Les résultats du test RESET de Ramsey sont reportés dans le tableau suivant :

Tableau 4.4 : Test de Ramsey du modèle ARDL

Ramsey RESET Test
Équation: UNTITLED
Specification: LOG(CONS) LOG(PIB) LOG(PIB(-1)) LOG(IPC) LOG(IPC(-1)) LOG(CONS(-1)) C
Omitted Variables: Squares of fitted values

	Value	df	Probability
t-statistic	0.024466	38	0.9806
F-statistic	0.000599	(1, 38)	0.9806
Likelihood ratio	0.000709	1	0.9788

Au seuil de 5%, on peut conclure qu'il y a erreur de spécification dans l'équation estimée. Rappelons que les erreurs de spécification incluent entre autres l'oubli de variables explicatives pertinentes. Nous examinerons cette question dans le cadre du choix du nombre de retards dans les modèles ARDL.

4.3 Choix du nombre de retards

Lorsqu'on décide d'utiliser un modèle à décalages temporels, on est confronté au problème du choix du nombre de retards. Combien de décalages faut-il considérer pour capter l'effet des investissements publics sur la croissance économique ? Sur combien de périodes les profits des entreprises exercent-ils un effet sur l'investissement privé? L'estimation des modèles à décalages temporels pose un dilemme. D'une part, si le nombre de retards est « trop » élevé, les tests sont peu performants, car le nombre d'observations disponibles pour l'estimation du modèle est faible. Dans la pratique, il faut conserver au moins 25 observations. De plus, les problèmes de multicolinéarité entre les variables explicatives apparaissent, interdisant pratiquement l'application des MCO. D'autre part, si le nombre de retards est sous-estimé, on risque d'oublier des retards explicatifs significatifs et on connaît les conséquences de l'oubli de variable explicative sur la qualité des estimateurs.

Dans le modèle précédent de la consommation, nous avons choisi un seul retard pour chacune des variables, sans justifier comment ce choix a été fait. Plus généralement, la spécification du modèle *ARDL* devrait s'écrire :

$$LCons_t = \alpha + \sum_{i=1}^{m} c_i LCons_{t-i} + \sum_{i=0}^{p} a_i LPib_{t-i} + \sum_{i=0}^{q} b_i LIpc_{t-i} + e_t \qquad (4.6)$$

Où *m, p* et *q* sont les retards sur LCONS, LPIB et LIPC. On a ici l'écriture d'un modèle ARDL*(m,p,q)*.

Plusieurs artifices sont proposés pour déterminer le nombre de retards dans un modèle ARDL. Nous pouvons utiliser les critères d'information usuels tels que les critères d'Akaike (AIC), de Schwarz (SC) et d'Hannan-Quinn (HQ). Ces critères fournissent en effet une mesure de la quantité d'information contenue dans le modèle et donnent une idée de l'adéquation de celui-ci au « vrai » modèle. On préfèrera le modèle qui restitue une valeur minimale pour ces critères. EViews calcule directement ces critères d'information, qui apparaissent dans la partie inférieure du tableau des résultats.

Revenons au modèle ARDL et cherchons maintenant à déterminer le nombre de décalages optimal sur chacune des variables explicatives. Pour cela, nous estimons le modèle ARDL pour des retards allant de 0 à 5. Il existe un nombre explosif de modèles ARDL possibles. EViews estime tous ces modèles et retient celui qui optimise le critère d'information choisi. Nous choisissons comme méthode d'estimation « **ARDL-Auto-regressive Distributed Lag Models** » :

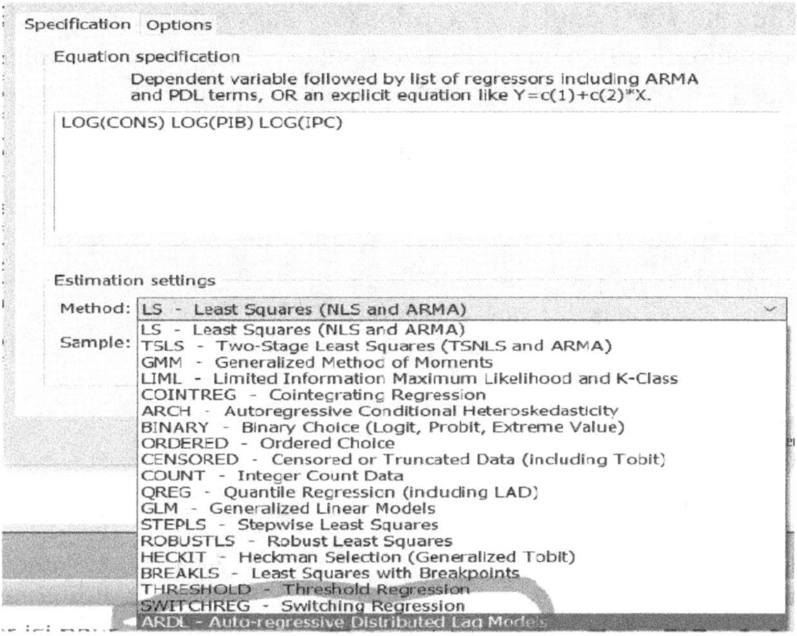

À la suite de ce choix, l'écran d'estimation se modifie comme suit :

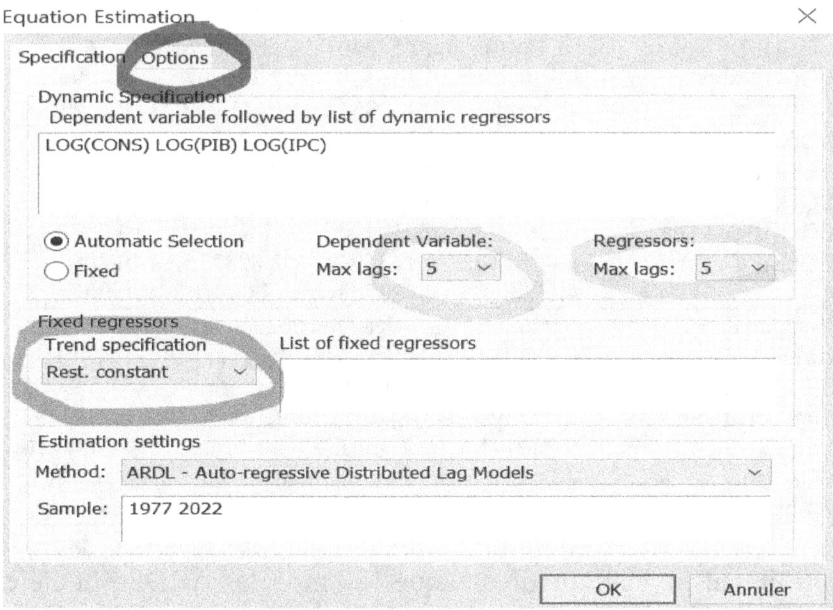

Nous fixons les retards « optimaux » entre 0 et 5. Le modèle ARDL peut inclure une tendance et éventuellement des variables indicatrices, mais ici nous retenons la spécification avec la constante.

En cliquant sur l'onglet « **Options** », on peut choisir le critère d'information à utiliser dans la détermination des retards. À défaut, le critère AIC est utilisé. En validant, on obtient les résultats suivants :

Tableau 4.5 : Modèle ARDL optimal

Dépendent Variable: LOG(CONS)
Method: ARDL
Sample (adjusted): 1982 2022
Included observations: 41 after adjustments
Maximum dependent lags: 5 (Automatic selection)
Model selection method: Akaike info criterion (AIC)
Dynamic regressors (5 lags, automatic): LOG(PIB) LOG(IPC)
Fixed regressors: C
Number of models evaluated: 180
Selected Model: ARDL(3, 5, 5)

Variable	Coefficient	Std. Error	t-Statistic	Prob.
LOG(CONS(-1))	0.564019	0.162231	3.476651	0.0019
LOG(CONS(-2))	-0.173750	0.193298	-0.898873	0.3773
LOG(CONS(-3))	-0.243894	0.176169	-1.384431	0.1785
LOG(PIB)	0.362689	0.171262	2.117744	0.0443
LOG(PIB(-1))	0.342961	0.287935	1.191108	0.2448
LOG(PIB(-2))	0.093132	0.276845	0.336407	0.7394
LOG(PIB(-3))	0.032023	0.282345	0.113419	0.9106
LOG(PIB(-4))	-0.148137	0.254840	-0.581296	0.5662
LOG(PIB(-5))	0.350099	0.151558	2.309997	0.0294
LOG(IPC)	-0.060029	0.132351	-0.453560	0.6541
LOG(IPC(-1))	0.072473	0.216429	0.334860	0.7405
LOG(IPC(-2))	0.048054	0.212370	0.226275	0.8228
LOG(IPC(-3))	-0.096410	0.213781	-0.450974	0.6559
LOG(IPC(-4))	-0.399299	0.219400	-1.819959	0.0808
LOG(IPC(-5))	0.405421	0.143597	2.823335	0.0092
C	-1.726091	0.422223	-4.088107	0.0004

R-squared	0.996260	Mean dependent var	8.347195
Adjusted R-squared	0.994015	S.D. dependent var	0.431016
S.E. of regression	0.033343	Akaike info criterion	-3.678118
Sum squared resid	0.027795	Schwarz criterion	-3.009407
Log likelihood	91.40141	Hannan-Quinn criter.	-3.434610
F-statistic	443.9210	Durbin-Watson stat	2.029294
Prob(F-statistic)	0.000000		

On lit dans le haut du tableau que 180 modèles ARDL ont été estimés en quelques secondes! Le modèle optimal au sens du critère AIC est le modèle ARDL(3,5,5). On peut appliquer tous les tests sur ce modèle. Nous reportons ci-après les résultats des tests d'hétéroscédasticité, d'autocorrélation et de stabilité des coefficients.

Tableau 4.6 : Test d'hétéroscédasticité du modèle ARDL optimal

Heteroskedasticity Test: Breusch-Pagan-Godfrey			
F-statistic	1.330349	Prob. F(15,25)	0.2562
Obs*R-squared	18.19954	Prob. Chi-Square(15)	0.2523
Scaled explained SS	15.34527	Prob. Chi-Square(15)	0.4268

Figure 4.2: Corrélogramme de la série des résidus du modèle ARDL optimal

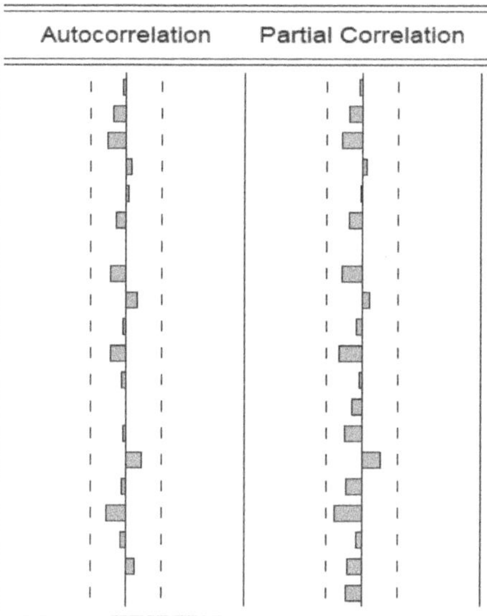

	AC	PAC	Q-Stat	Prob*
1	-0.023	-0.023	0.0230	0.880
2	-0.111	-0.111	0.5779	0.749
3	-0.165	-0.172	1.8391	0.606
4	0.057	0.034	1.9918	0.737
5	0.021	-0.014	2.0134	0.847
6	-0.090	-0.112	2.4186	0.877
7	-0.007	0.002	2.4210	0.933
8	-0.144	-0.177	3.5315	0.897
9	0.101	0.057	4.0891	0.905
10	-0.023	-0.052	4.1193	0.942
11	-0.146	-0.205	5.3646	0.912
12	-0.038	-0.031	5.4514	0.941
13	-0.005	-0.086	5.4527	0.964
14	-0.028	-0.155	5.5032	0.978
15	0.142	0.158	6.8656	0.961
16	-0.036	-0.135	6.9566	0.974
17	-0.175	-0.234	9.2080	0.934
18	-0.055	-0.052	9.4369	0.949
19	0.079	-0.130	9.9360	0.955
20	0.003	-0.133	9.9368	0.969

Figure 4.3 : Tests de stabilité CUSUM et CUSUMQ du modèle ARDL optimal

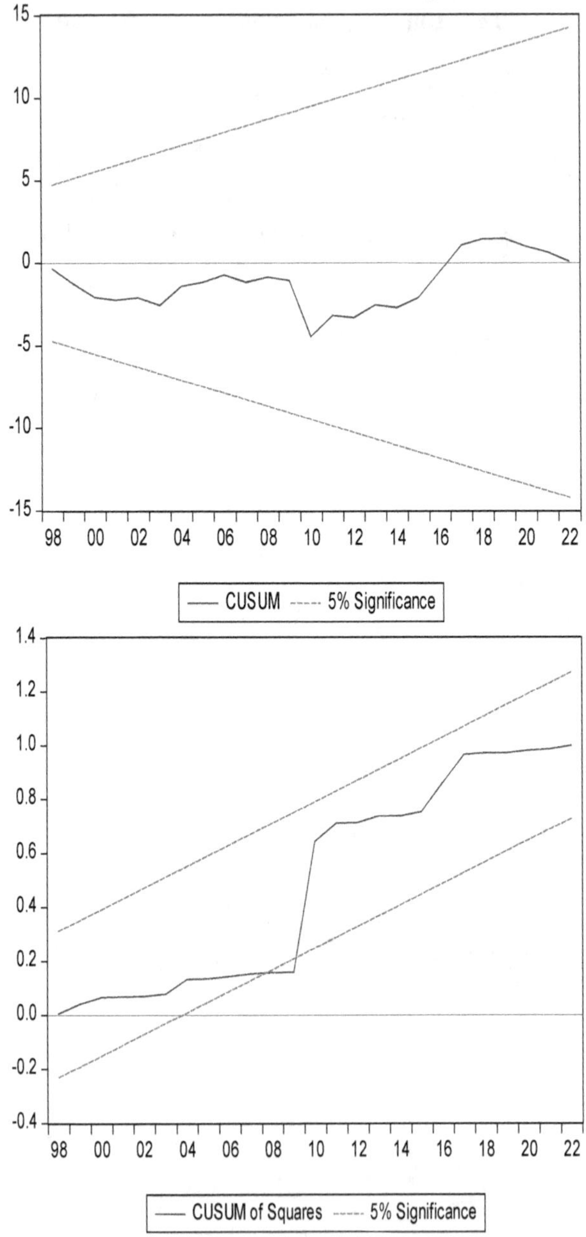

4.4 Interprétation des coefficients

La statistique de Fisher indique que les consommations antérieures, le revenu et le prix courants et passés ont globalement un effet significatif sur la consommation courante. Ceci reflète l'effet des habitudes de consommation, mais aussi du revenu permanent. Le coefficient de détermination indique que 99.62% des variations de la consommation courante sont expliquées par les variables explicatives. Les coefficients associés aux variables retardées ne sont pas tous significatifs au seuil de 5%.

Les coefficients du modèle s'interprètent toujours en termes d'élasticités. Compte tenu de la nature dynamique du modèle, on peut calculer deux types d'élasticité : l'élasticité de court terme et l'élasticité de long terme. Les élasticités de court terme sont les coefficients des variables explicatives courantes et retardées. Par exemple, l'élasticité-revenu instantanée de la consommation est égale à 0.3626, ce qui signifie que lorsque le revenu augmente de 10%, la consommation augmente de 3.626% dans la même année.

L'élasticité de long terme s'obtient en supposons constantes toutes les variables du modèle (état stationnaire). Ainsi, l'élasticité-revenu de long terme est égale à la somme des coefficients associés au revenu courant et passé divisée par un moins la somme des coefficients associés aux retards de la consommation.

$$\varepsilon_{LT} = \frac{\hat{a}_0 + \hat{a}_1 + ... + \hat{a}_5}{1-(\hat{c}_1 + \hat{c}_2 + \hat{c}_3)} = 1.2098603 \qquad (4.7)$$

L'élasticité-revenu de long terme est donc égale à 1,209, ce qui signifie que lorsque le revenu augmente de 10%, la consommation à long terme augmente de 12.09%. À long terme, la consommation croît plus vite que le revenu. Au stade actuel, nous ne pouvons pas juger de la significativité de cette élasticité, car celle-ci est obtenue par une combinaison non-linéaire des coefficients. Nous reviendrons sur le calcul des élasticités de court et de long terme ainsi que sur les tests s'y rapportant dans le chapitre sur la cointégration.

4.4 Prévisions dans le modèle ARDL

Nous pouvons utiliser le modèle ARDL pour reproduire les données historiques de la consommation. La démarche est identique à celle du modèle statique. On obtient le graphique suivant :

Figure 4.4 : Consommation simulée à partir du modèle ARDL optimal

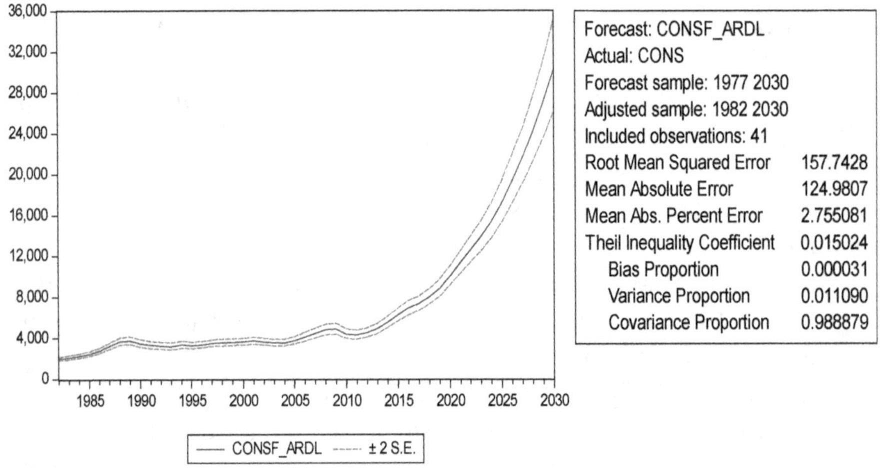

En comparant avec les résultats du graphique 3.5, on peut voir que le modèle ARDL a un pouvoir prédictif meilleur que celui du modèle statique. En effet, les critères RMSE, MAE, MAPE et Theil sont beaucoup plus petits.

Nous utilisons maintenant le modèle ARDL pour prévoir la consommation sur la période 2023-2030. Nous supposons que le revenu croît à un rythme de 10% sur la période et l'indice des prix à un taux de 5%. Après avoir généré le profil temporel de la variable IPC sur la période 2023-2030 (celui du PIB ayant déjà été généré), cliquez sur le bouton « **Forecast** » et indiquez la période de prévision. On obtient les résultats consignés dans le tableau suivant :

Tableau 4.7 : Comparaison des prévisions de la consommation : modèles statiques et ARDL

Année	CONS_STATIQ	CONS_ARDL	Écart relatif (en %)
2023	13512.13473	13691.63613	1.328%
2024	14954.17991	15394.45477	2.944%
2025	16572.87058	17429.92768	5.171%
2026	18378.21357	19575.17598	6.513%
2027	20385.97276	21727.43909	6.580%
2028	22615.96690	24141.58194	6.746%
2029	25091.35265	26947.92512	7.399%
2030	27838.40895	30239.94716	8.627%

Nous y avons également reporté les prévisions obtenues par le modèle statique ainsi que les écarts entre les deux prévisions. les prévisions du modèle autorégressif sont supérieures à celles du modèle statique. cela pourrait s'expliquer par le prix qui n'intervient pas dans les prévisions du modèle statique.

Il est important de noter que dans les modèles autorégressifs, les erreurs qui affectent les prévisions successives de la variable dépendante se cumulent d'une période à l'autre au point où la prévision peut être très mauvaise surtout si la période de prévision est longue. par conséquent, l'utilisation des modèles autorégressifs à des fins de prévision doit être limitée à quelques périodes.

CHAPITRE 5
Problème d'endogénéïte et estimation par la méthode des variables instrumentales

Dans les modèles structurels à une équation, on fait l'hypothèse que les variables explicatives sont exogènes. L'exogènéïté d'une variable explicative est une propriété stochastique qui renvoie à l'indépendance avec le terme d'erreur. Cette hypothèse assure la convergence des estimateurs des moindres carrés ordinaires. Si le raisonnement économique permet de trouver les variables explicatives, l'hypothèse d'orthogonalité doit cependant être testée au moyen d'un test statistique approprié. Variables explicatives et variables exogènes renvoient à des notions bien différentes. Une variable explicative n'est pas exogène si elle n'est pas indépendante du terme d'erreur. Or, il y a plusieurs situations où l'hypothèse d'exogènéïté est remise en cause. C'est le cas notamment des modèles où les variables sont observées avec erreurs, des modèles autorégressifs à erreurs autocorrélées et des modèles à équations simultanées. Quand les erreurs de mesure portent seulement sur la variable dépendante, celles-ci sont incorporées dans le terme d'erreur et les estimateurs des moindres carrés ordinaires conservent leurs propriétés. En revanche, lorsque les erreurs de mesure affectent les variables explicatives, l'exogénéïté de celles-ci n'est plus vérifiée et les estimateurs ne sont plus convergents.

Les erreurs sur les variables peuvent provenir de la mesure elle-même au cours de la constitution des données (la technique de sondage ou d'estimation utilisée). Elles peuvent aussi être liées aux contraintes de disponibilité de certaines variables ne pouvant être directement observées : il faut alors leur substituer d'autres variables. C'est le cas par exemple dans les enquêtes qui utilisent les dépenses totales comme évaluation du revenu ou du niveau de vie des ménages. Les problèmes d'endogénéïté apparaissent beaucoup plus évidents dans les modèles à équations simultanées où la variable dépendante d'une équation structurelle apparaît comme une variable explicative dans une autre. Nous aborderons ces modèles dans le chapitre prochain.

Dans tous les cas, la violation de l'hypothèse d'exogénéïté des variables explicatives affecte la qualité des estimateurs : les estimateurs des moindres carrés sont biaisés et non-convergents. La convergence est la propriété la plus importante d'un estimateur. Elle signifie que lorsqu'on augmente le nombre d'observations, l'estimation s'approche de la vraie valeur du paramètre. Dans ce chapitre, nous présentons la méthode des variables instrumentales qui permet de restaurer la convergence des estimateurs lorsque les variables explicatives, toutes ou certaines, ne sont pas exogènes. Les tests d'exogénéïté et de validité des instruments seront également évoqués. Les méthodes exposées seront appliquées à l'estimation de la fonction de consommation.

5.1 Cas où l'hypothèse d'exogénéïté n'est pas vérifiée

Il y a certaines situations où les variables explicatives peuvent être corrélées avec le terme d'erreur. Nous examinerons trois cas, à savoir les modèles avec erreurs sur les variables, les modèles autorégressifs à erreurs autocorrélées et les modèles à équations simultanées.

5.1.1 Modèles avec erreurs de mesure sur les variables

On considère le modèle linéaire suivant:

$$y_t = a_0 + a_1 x_t^* + e_t \qquad (5.1)$$

$$x_t = x_t^* + v_t \qquad (5.2)$$

Où x_t^* est la variable explicative théorique et x_t la variable observée. La variable v_t est l'erreur de mesure sur x_t, de type bruit blanc et de variance σ_1^2. On suppose que l'erreur de mesure est indépendante de y_t, x_t^* et e_t.

Ainsi, au lieu d'estimer le modèle (5.1), on estime plutôt le modèle suivant:

$$y_t = a_0 + a_1 x_t + (e_t - a_1 v_t) = a_0 + a_1 x_t + \mu_t \qquad 5.3)$$

Avec $\mu_t = e_t - a_1 v_t$.

On constate que l'hypothèse d'exogénéïté de la variable x_t n'est pas satisfaite dans la mesure où elle contient v_t. En effet, il est facile de montrer que : $E(x_t\mu_t)\neq 0$. L'estimateur des moindres carrés ordinaires est donc biaisé et non-convergent.

5.1.2 Modèles autorégressifs à erreurs autocorrélées

Considérons le modèle autorégressif suivant :

$$y_t = \alpha y_{t-1} + Z'_t \beta + u_t, \; |\alpha|<1 \tag{5.4}$$

La condition $|\alpha|<1$ repose sur l'idée que les variables économiques sont, en général, limitées dans leur croissance. Le modèle peut s'écrire $y_t=X_t'a+u_t$ avec $X_t'=(y_t, Z_t)$. On suppose que les variables Z_t sont exogènes, *i.e.* $E(Z_t'u_t)=0$. Nous allons montrer que si les erreurs sont autocorrélées alors la variable y_{t-1} n'est pas exogène. Par un jeu de substitutions successives, on montre que:

$$y_{t-1} = \sum_{j=1}^{\infty} \alpha^{j-1}\left[Z'_{t-j}\beta + u_{t-j}\right] \tag{5.5}$$

Puisque Z_t est exogène, on en déduit que :

$$E(y_{t-1}u_t) = \sum_{j=1}^{\infty} \alpha^{j-1} E\left(u_{t-j}u_t\right) \tag{5.6}$$

Cette expression montre que y_{t-1} est exogène dès lors que les termes d'erreurs u_t sont non corrélés entre elles. La conjonction d'une structure de résidus $AR(p)$ en présence de l'endogène retardé y_{t-1} comme variable explicative crée un problème d'endogénéïté.

5.1.3 Modèles à équations simultanées

Considérons le modèle macroéconomique suivant :

$$\begin{cases} c_t = ay_t + b + u_t \\ y_t = c_t + i_t \end{cases} \tag{5.7}$$

Où c_t est la consommation, y_t le revenu et i_t l'investissement. L'équation de demande vérifie les hypothèses classiques du modèle ordinaire.

Le modèle comporte deux variables endogènes (c_t, y_t) et trois variables explicatives y_t, c_t, i_t. On suppose que i_t est exogène, *i.e.*

$E(i_t u_t)=0$. La variable y_t est une variable explicative dans l'équation de consommation, mais elle devient une variable endogène dans l'équation d'équilibre.

En écrivant le système sous sa forme réduite où chaque variable endogène est exprimée en fonction des seules variables exogènes, on obtient :

$$y_t = \frac{1}{1-a}\left[b + i_t + u_t\right] \tag{5.8}$$

On en déduit que :

$$Cov(y_t, u_t) = E(y_t u_t) = E\left(\frac{u_t^2}{1-a}\right) = \frac{\sigma_u^2}{1-a} \neq 0 \tag{5.9}$$

La variable y_t n'est pas exogène dans l'équation de demande. L'estimateur des moindres carrés ordinaires de l'équation de demande est biaisé et non-convergent.

5.2 Méthode des variables instrumentales

La méthode des variables instrumentales est utilisée lorsque l'hypothèse d'exogénéité de certaines variables explicatives n'est pas respectée. La méthode repose sur l'utilisation de variables dites instrumentales dans la procédure d'estimation du modèle. Un ensemble de variables instrumentales (ou instruments) est un ensemble de variables Z fortement corrélées avec les variables explicatives X et indépendantes du terme d'erreur. Les variables Z sont qualifiées d'instrumentales en ce sens qu'on s'en sert pour résoudre un problème (économétrique), à savoir la corrélation entre les variables explicatives et le terme d'erreur. Dans la pratique, il est difficile de trouver de telles variables qui satisfassent à deux exigences en apparence contradictoires, et surtout il n'est jamais certain qu'elles soient vraiment indépendantes du terme d'erreur. Une dose d'arbitraire peut alors intervenir dans le choix des instruments. La pratique économétrique amène parfois à utiliser comme variables instrumentales les valeurs retardées des variables explicatives.

Il existe plusieurs méthodes utilisant les variables instrumentales. EViews en propose au moins trois : les doubles moindres carrés, la méthode du maximum de vraisemblance à information limitée et la méthode des moments généralisés. Nous nous limiterons ici à la première.

Concrètement, la méthode des variables instrumentales en deux étapes procède comme suit. On régresse par la méthode des moindres carrés ordinaires, les variables explicatives X sur l'ensemble des variables instrumentales Z et on substitue aux variables explicatives leurs valeurs prédites dans le modèle initial.

Nous appliquons la méthode des variables instrumentales au modèle de consommation (3.1) en supposant que le revenu n'est pas exogène, en raison d'erreur de mesure. Nous utilisons comme variables instrumentales le revenu retardé d'une période (LPIB(-1)) et l'indice des prix à la consommation (LIPC), supposé exogène. La variable LIPC joue en fait le rôle d'un instrument pour elle-même.

Sélectionnez dans le menu principal « **Quick/Estimate Equation** » et entrez l'équation de consommation. Sélectionnez la méthode **TSLS** (doubles moindres carrés), comme indiqué dans l'écran ci-après :

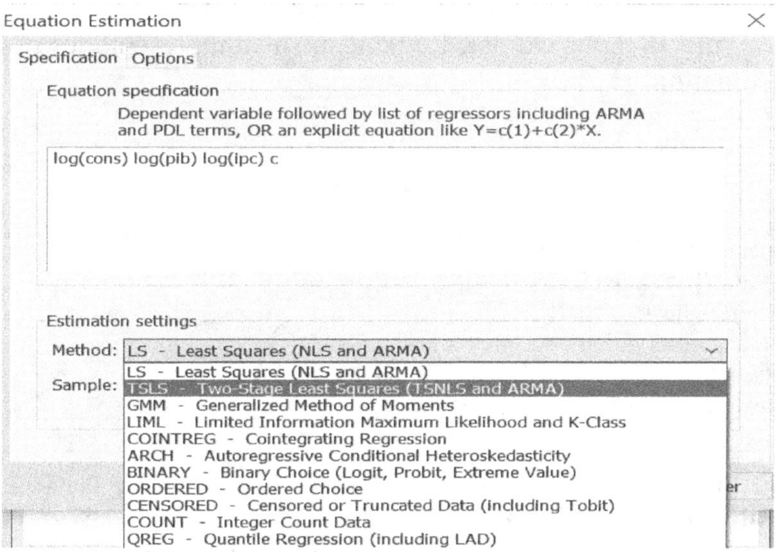

Ensuite, précisez les variables instrumentales dans la deuxième partie de l'écran qui s'affiche:

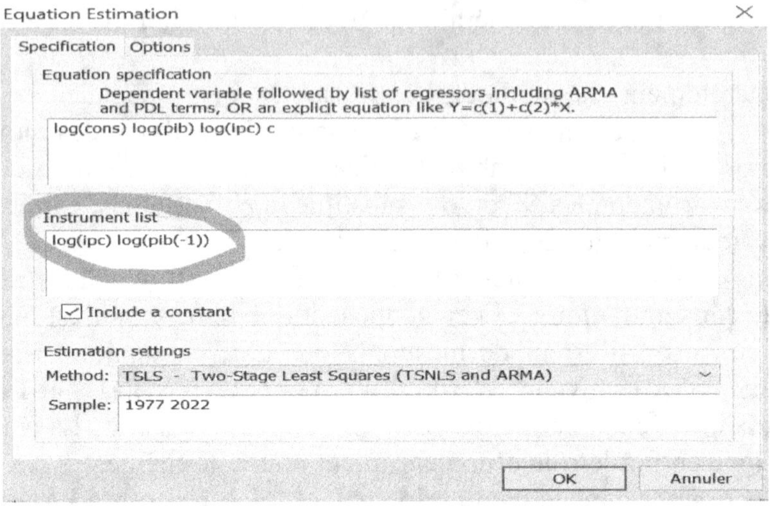

Pour que la méthode fonctionne, il faut au moins autant de variables instrumentales que de variables explicatives dans le modèle. EViews inclut automatiquement la constante parmi les instruments. Cliquez sur **OK** pour valider. Le tableau suivant présente les résultats de l'estimation.

Tableau 5.1 : Résultats de l'estimation par la méthode des variables instrumentales

Dépendent Variable: LOG(CONS)
Method: Two-Stage Least Squares
Sample (adjusted): 1978 2022
Included observations: 45 after adjustments
Instrument specification: LOG(IPC) LOG(PIB(-1))
Constant added to instrument list

Variable	Coefficient	Std. Error	t-statistic	Prob.
LOG(PIB)	1.063664	0.037146	28.63499	0.0000
LOG(IPC)	0.022295	0.017502	1.273868	0.2097
C	-1.057745	0.262936	-4.022822	0.0002

R-squared	0.990640	Mean dependent var	8.268368
Adjusted R-squared	0.990195	S.D. dependent var	0.485167
S.E. of regression	0.048043	Sum squared resid	0.096940
F-statistic	2207.361	Durbin-Watson stat	1.101782
Prob(F-statistic)	0.000000	Second-Stage SSR	0.167466
J-statistic	0.000000	Instrument rank	3

L'élasticité de la consommation par rapport au revenu est égale à 1.063 et celle par rapport au prix à 0.0222. Une augmentation du revenu de 10% entraîne une augmentation de la consommation de 10.63%. Une hausse des prix de 10% se traduit par une hausse de la consommation de 2.22%. Toutefois, seul le coefficient du prix est non-significatif.

5.3 Test d'exogénéïté d'Hausman

Dans ce qui précède, nous avons supposé que le revenu n'est pas exogène. Cette hypothèse doit être testée formellement afin de légitimer l'utilisation de la méthode des variables instrumentales. Dans la pratique, l'exogénéïté est testée à l'aide du test d'Hausman (1978) ou J-test. Le principe du test est simple : sous l'hypothèse nulle d'exogénéïté des variables explicatives, l'estimateur des moindres carrés ordinaires et celui à variables instrumentales sont tous deux convergents, c'est-à-dire qu'ils tendent asymptotiquement vers les vrais paramètres. En revanche, sous l'hypothèse alternative, seul l'estimateur à variables instrumentales est convergent. On peut donc baser le test d'exogénéïté sur la différence entre ces deux estimateurs. Cette différence devrait converger vers zéro sous l'hypothèse nulle d'exogénéïté. Une différence significative entre les deux estimations signale une évidence en faveur de l'hypothèse alternative. Si le principe du test d'exogénéïté parait simple, la démarche qui conduit à la statistique de test fait appel à un développement mathématique quelque peu compliqué (voir Gouriéroux & Monfort, 1990; Dormon, 1999).

Davidson & MacKinnon (1989) ont proposé une version du test d'exogénéïté d'Hausman, qui peut être mise en œuvre aisément à partir d'un test de significativité sur les coefficients d'un modèle augmenté. Le test fonctionne de la façon suivante. On régresse la variable explicative suspecte (ici LPIB) sur une constante et les variables instrumentales (LPIB(-1)) et LIPC) et on retient la série des résidus. Cette série résiduelle est introduite dans le modèle initial qui prend alors la forme d'un modèle augmenté. Ce modèle augmenté est estimé par la méthode des moindres carrés ordinaires. Le test d'exogénéïté consiste alors à tester la significativité du coefficient associé à la série résiduelle. Dans le cas où plusieurs variables explicatives sont en cause, on utilise un test de significativité globale de type Fisher ou ratio de vraisemblance. L'hypothèse d'exogénéïté est rejetée si les coefficients associés aux résidus sont globalement significatifs ; elle est acceptée dans le cas contraire. À ce stade du cours, la mise en œuvre de ces opérations ne devrait pas poser de difficulté particulière. Les résultats de l'estimation du modèle augmenté sont reportés dans le tableau ci-dessous.

Le coefficient du terme résiduel (représenté ici par la variable RES_PIB) n'est pas significatif au seuil de 5%, ce qui nous amène à ne pas rejeter l'hypothèse nulle d'exogénéïté du PIB.

Tableau 5.2 : Résultats du test d'exogénéïté par la régression augmentée

Dépendent Variable: LOG(CONS)
Method: Least Squares
Sample (adjusted): 1978 2022
Included observations: 45 after adjustments

Variable	Coefficient	Std. Error	t-Statistic	Prob.
LOG(PIB)	1.063664	0.036491	29.14850	0.0000
LOG(IPC)	0.022295	0.017193	1.296712	0.2020
C	-1.057745	0.258304	-4.094963	0.0002
RES_PIB	**-0.227131**	**0.147662**	**-1.538177**	**0.1317**
R-squared	0.991182	Mean dependent var		8.268368
Adjusted R-squared	0.990537	S.D. dependent var		0.485167
S.E. of regression	0.047196	Akaike info criterion		-3.184320
Sum squared resid	0.091327	Schwarz criterion		-3.023728
Log likelihood	75.64720	Hannan-Quinn criter.		-3.124453
F-statistic	1536.221	Durbin-Watson stat		1.059219
Prob(F-statistic)	0.000000			

On remarque que les coefficients de LPIB et LIPC dans le modèle augmenté sont identiques à ceux obtenus par la méthode des variables instrumentales (Tableau 5.1). Il s'agit là d'un autre avantage de la régression augmentée : en plus de permettre de faire le test d'exogénéïté, elle donne aussi les estimations des coefficients du modèle initial.

Comme on peut l'imaginer, l'issue du test d'exogénéïté dépend du choix des variables instrumentales. Nous illustrons cela en utilisant un autre jeu d'instruments à savoir : LIPC et LG. Les résultats sont présentés dans le tableau ci-après :

Tableau 5.3 : Régression augmentée avec un autre jeu d'instruments

Dépendent Variable: LOG(CONS)
Method: Least Squares
Sample: 1977 2022
Included observations: 46

Variable	Coefficient	Std. Error	t-Statistic	Prob.
LOG(PIB)	0.905237	0.006512	139.0041	0.0000
LOG(IPC)	0.088713	0.003065	28.94696	0.0000
C	0.056880	0.045672	1.245388	0.2199
RES_PIB_2	**0.514538**	**0.012606**	**40.81734**	**0.0000**
R-squared	0.999787	Mean dependent var		8.245793
Adjusted R-squared	0.999772	S.D. dependent var		0.503587
S.E. of regression	0.007605	Akaike info criterion		-6.836977
Sum squared resid	0.002429	Schwarz criterion		-6.677965
Log likelihood	161.2505	Hannan-Quinn criter.		-6.777410
F-statistic	65751.24	Durbin-Watson stat		1.625675
Prob(F-statistic)	0.000000			

On constate que les coefficients du revenu et du prix sont tous significatifs au seuil de 5%. Le coefficient du revenu baisse légèrement en passant de 1.06366 à 0.9052, tandis que celui de l'indice des prix augmente en passant de 0.02229 à 0.0887.

Le coefficient du terme résiduel (représenté ici par la variable RES_PIB_2) est significatif au seuil de 5%, ce qui nous conduit à rejeter l'hypothèse nulle d'exogénéïté du PIB. En conséquence, l'utilisation des moindres carrés ordinaires produit des estimateurs biaisés et non-convergents. La méthode d'estimation appropriée pour estimer l'équation de consommation est donc celle des variables instrumentales.

EViews offre la possibilité d'effectuer le test d'endogénéïté des variables explicatives. Retournez à la fenêtre des résultats de l'estimation par la méthode TSLS et cliquez sur « **View/IV Diagnostics and Tests/Regressor Endogeneity Test...** », comme indiqué dans l'écran ci-après :

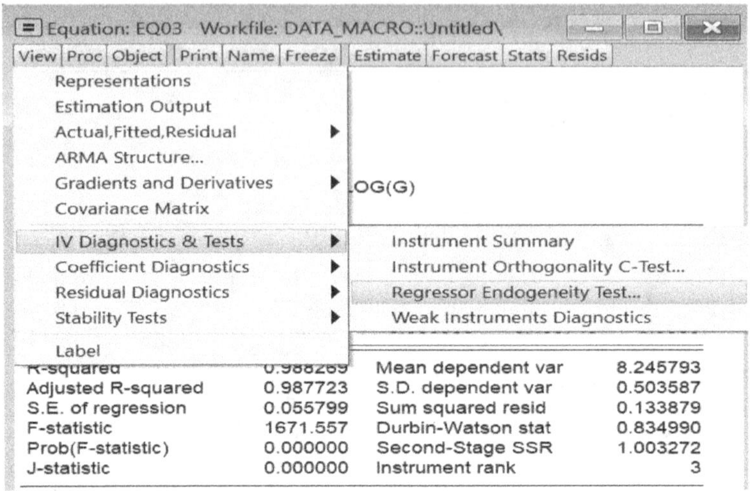

Dans la boîte de dialogue qui apparaît, entrez la variable à tester, ici LPIB, et validez. La statistique *J* est basée sur la différence entre deux statistiques construites sous les hypothèses nulles et alternatives. Elle suit asymptotiquement une distribution du Chi-deux dont le nombre de degrés de liberté est égal au nombre de variables testées. Dans notre exemple avec LIPC et LG comme instruments, nous obtenons les résultats suivants :

Tableau 5.4: Résultats du Test J d'endogénéïté

Endogeneity Test
Null hypothesis: LOG(PIB) are exogenous
Équation: EQ03
Specification: LOG(CONS) LOG(PIB) LOG(IPC) C
Instrument specification: C LOG(IPC) LOG(G)
Endogenous variables to treat as exogenous: LOG(PIB)

	Value	df	Probability
Difference in J-stats	**41.94266**	**1**	**0.0000**

J-statistic summary:

	Value
Restricted J-statistic	41.94266
Unrestricted J-statistic	0.000000

La probabilité de la statistique J est inférieure à 0,05. On rejette donc l'hypothèse nulle d'exogénéïté du PIB. Cela confirme les résultats de la régression augmentée.

5.4 Test de validité des instruments

La méthode des variables instrumentales et le test d'exogénéïté des variables explicatives supposent que les variables instrumentales sont exogènes, c'est-à-dire qu'elles sont orthogonales avec le terme d'erreur.

Quel que soit le système de variables instrumentales retenu, il convient dans la mesure du possible de s'assurer de leur validité. En effet, on peut introduire plus d'imprécision qu'on en corrige si l'on utilise de mauvais instruments. Le remède peut être pire que le mal !

Le test de Sargan (1988) ou Hansen (1982) permet de tester la validité des variables instrumentales. Il est également appelé test des contraintes de sur-identification. Ce nom fait référence à une approche de la méthode des variables instrumentales en termes de méthode des moments. En fait, les instruments identifient plusieurs jeux de coefficients de modèles identifiés, que l'on peut chercher à comparer entre eux. Si tous les instruments sont exogènes, les coefficients estimés devraient être statistiquement identiques. Si au contraire les coefficients estimés sont significativement différents, c'est certainement parce qu'un biais d'endogénéité affecte un des instruments et biaise l'estimation des coefficients à partir de cet instrument.

La procédure du test de validité des instruments peut être résumée de la façon suivante. On estime d'abord l'équation initiale par la méthode des variables instrumentales et on récupère les résidus. Ensuite, on régresse par la méthode des moindres carrés ordinaires les résidus sur les variables instrumentales. Sous l'hypothèse nulle d'orthogonalité des instruments, le pouvoir explicatif de cette régression, mesuré par le R^2, est nul (absence de corrélation). On calcule la statistique de test est $SH=TR^2$, qui, sous l'hypothèse nulle, suit un Chi-deux dont le nombre de degrés de liberté est égal à la différence entre le nombre d'instruments et le nombre de variables explicatives. La procédure de test n'est pertinente que lorsque le nombre de variables instrumentales excède le nombre de variables explicatives endogènes. Sous Eviews, le test d'orthogonalité des instruments se fait à partir du menu « **View/IV Diagnostics and Tests/ Instrument Orthogonality Test** ».

Dans le souci d'améliorer la qualité de l'estimateur à variables instrumentales, une littérature abondante s'est développée sur le choix des instruments et les tests de validité[6].

[6] Voir Stock *et al.* (2002), Chao & Swanson (2005), Hausman *et al.* (2005), Andrews & Stock (2007), Hansen *et al.* (2008) et Anatolyev & Gospodinov (2011).

CHAPITRE 6
Modèles à équations simultanées

Jusqu'ici nous avons estimé des modèles économétriques à une seule équation, en général linéaire, où une variable dépendante est la résultante d'un ensemble de variables explicatives. Dans ces modèles, les variables explicatives sont supposées exogènes pour assurer de bonnes propriétés aux estimateurs. En cas d'endogénéïté de certaines variables, la méthode des variables est utilisée afin d'obtenir des estimateurs sans biais et convergents. Mais le choix des instruments n'est pas toujours aisé et la qualité de l'estimation peut en être négativement affectée. En outre, la prévision dans les modèles à une équation nécessite la détermination préalable de la trajectoire temporelle des variables explicatives.

L'incertitude affectant ces variables augmente l'erreur de prévision finale de la variable dépendante. Ces modèles s'avèrent d'une application limitée dans le cadre de la prévision et de la simulation des politiques économiques. Dans une équation de consommation au niveau macroéconomique, le revenu disponible peut être considéré comme une variable explicative, mais son exogènéïté n'est pas acquise. Il est de même pour bon nombre de déterminants de la consommation. En revanche, des variables telles que les cours des matières premières, le cours du dollar ou le taux de change et le taux d'intérêt sur les emprunts extérieurs peuvent être considérées comme exogènes pour un petit pays.

Dans la réalité, les phénomènes macroéconomiques de quelque complexité sont décrits par un ensemble de variables qui interagissent les unes avec les autres de sorte que certaines variables explicatives d'une équation sont elles-mêmes expliquées par d'autres à travers des équations structurelles. Les modèles à équations simultanées s'avèrent plus appropriés pour décrire une économie dans son ensemble. À chaque variable endogène d'un modèle à équations simultanées est associée une équation structurelle décrivant un aspect du fonctionnement de l'économie.

Toutefois, les modèles à équations simultanées posent un certain nombre de questions auxquelles il faut apporter des réponses appropriées. La première concerne le statut des variables dans le modèle : quelles sont les variables exogènes et les variables endogènes du modèle ? La deuxième question porte sur la possibilité d'estimer le modèle : quelles sont les équations structurelles qui peuvent être estimées et celles qui ne peuvent l'être ? Combien de contraintes faut-il introduire pour pouvoir estimer ces dernières? Quelles sont les méthodes d'estimation appropriées pour estimer les coefficients structurels en tenant compte des problèmes d'endogénéïté? Ce chapitre tentera d'apporter des réponses à ces questions à partir d'exemples pratiques.

6.1 Exemple de modèle à équations simultanées

Considérons le modèle constitué des équations suivantes :

$$Cons_t = a_1 + a_2 Pib_t + a_3 Ipc_t + a_4 Cons_{t-1} + e_{1t} \qquad (6.1)$$

$$I_t = b_1 + b_2 Pib_t + b_3 G_t + b_4 I_{t-1} + e_{2t} \qquad (6.2)$$

$$Pib_t = Cons_t + I_t + G_t \qquad (6.3)$$

avec :

Cons : la consommation privée;
I : l'investissement privé;
G : les dépenses publiques;
PIB : le PIB;
IPC : l'indice des prix à la consommation.

Cette spécification, dont les équations traduisent les idées économiques qui les inspirent, est la forme structurelle. Les coefficients structurels que l'on souhaite pouvoir estimer ont généralement une signification économique.

Dans ce modèle, la variable PIB_t apparaît comme variable explicative dans les équations (6.1) et (6.2) Cependant, elle intervient comme endogène dans l'équation (6.3). De même, la variable $CONS_t$ intervient dans la détermination du PIB_t. Ce double statut crée un problème d'endogénéïté qui biaise l'estimation du modèle par la méthode des moindres carrés ordinaires.

L'estimation des modèles à équations simultanées passe d'abord par l'identification des variables exogènes et prédéterminées ainsi que des variables endogènes. Ensuite, il faut examiner la possibilité de pouvoir estimer les paramètres du modèle. C'est la phase d'identification du modèle. Une fois ces deux étapes réalisées, on estime, si cela est possible, les équations structurelles du modèle par la méthode adéquate.

6.2 Statut économétrique des variables

Dans la spécification d'un modèle à équations simultanées, il est impératif de préciser le statut économétrique des variables. Le modèle précédent comporte au total trois (3) équations et six (6) variables économiques (y compris la constante). Les deux premières équations sont des équations de comportement tandis que la dernière est une identité comptable où il n'y a aucun paramètre à estimer et elle est dépourvue de perturbation aléatoire.

L'identité comptable permet en effet, d'assurer la cohérence interne des données. Si l'équation (6.3) est ignorée, rien ne garantit que les prévisions des variables vérifient cette identité. Mais la prise en compte de cette équation dans le modèle pose un problème économétrique, celui de l'endogénéïté de la variable PIB. Supprimer cette identité modifie la structure du modèle ainsi que la méthode d'estimation.

Du point de vue économétrique, on distingue:

- 3 variables endogènes: $CONS_t$, I_t et PIB_t.
- 5 variables exogènes et prédéterminées: *constante*, G_t, $CONS_{t-1}$, IPC_t et I_{t-1}.

Les variables retardées sont prédéterminées à la résolution du modèle à la date t.

La détermination du statut économétrique des variables dans un modèle à équations simultanées est une étape importante dans la mesure où elle a des implications sur l'identification du modèle. Il n'est pas toujours évident de distinguer entre les variables endogènes et exogènes. Par exemple, dans un modèle d'équilibre sur un marché, la quantité et le prix seront considérés comme deux variables endogènes bien qu'il n'existe pas une équation structurelle relative à la détermination du prix.

6.3 Identification du modèle

L'identification d'un modèle à équations simultanées renvoie à la possibilité d'estimer les paramètres des différentes équations structurelles en partant des coefficients de la forme réduite. La forme réduite du modèle s'obtient en exprimant chaque variable endogène en fonction des seules variables exogènes et prédéterminées. Dans la mesure où chaque équation de la forme réduite vérifie les hypothèses habituelles du modèle linéaire, elle peut être estimée par la méthode des moindres carrés ordinaires. Les estimateurs des coefficients de la forme réduite sont alors sans biais et convergents.

La difficulté est de pouvoir déterminer les coefficients structurels à partir des coefficients de la forme réduite ainsi que leurs écarts-types respectifs. Il s'agit de résoudre un système d'équations non-linéaires, qui peut ne pas avoir de solution ou, au contraire, avoir plusieurs solutions. Or, ce sont justement les coefficients structurels qui nous intéressent pour l'analyse des politiques économiques.

Pour qu'une équation structurelle d'un modèle à équations simultanées soit identifiable, le nombre de restrictions *a priori* sur cette équation doit être supérieur ou égal au nombre d'équations, moins 1. Lorsque les restrictions ne sont que des restrictions d'exclusion, cette condition d'identification signifie que le nombre de variables exclues de l'équation doit être supérieur ou égal au nombre d'équations moins 1.

Bien que cette condition soit nécessaire, mais non suffisante, elle fournit le plus souvent la réponse correcte[7]. En cas d'égalité, l'équation est dite exactement ou juste identifiée. Dans ce cas, il existe une solution unique pour les coefficients structurels à partir des coefficients de la forme réduite. Lorsque le nombre de variables exclues de l'équation est strictement supérieur au nombre d'équations moins 1, l'équation est dite sur-identifiée. Cela signifie qu'il existe plusieurs possibilités de déterminer les paramètres structurels à partir des coefficients de la forme réduite. Lorsque la condition énoncée n'est pas vérifiée pour une équation, le calcul des coefficients structurels est impossible : on dit que l'équation est sous-identifiée. Pour arriver à estimer cette équation, le système doit être ré-spécifié, soit en rédui-

[7] Il existe des *conditions d'identification de rang* qui sont à la fois nécessaires et suffisantes. Toutefois, dans la pratique, ces conditions se révèlent difficiles, voire impossibles, à mettre en œuvre compte tenu des calculs matriciels qu'elles impliquent. Voir Amemiya (1985, p. 230), Greene (1997, p.670), Bourbonnais (1998, p.213) et Johnston & Dinardo (1999, 313) pour plus de détails.

sant le nombre de variables (exogènes ou endogènes) figurant en explicatives, soit en augmentant le nombre total de variables exogènes et prédéterminées du modèle. En effet, si l'identification est une propriété associée à chaque équation, elle dépend globalement de l'ensemble du modèle. L'ajout d'une variable exogène à une équation structurelle peut rendre identifiable une autre équation structurelle.

La condition d'identification s'applique équation par équation. Elle constitue une phase importante pour le choix final de la méthode d'estimation. Nous examinons les conditions d'identification des équations du modèle précédent. Le modèle comporte au total 8 variables. Les équations structurelles sont soumises à 3 restrictions d'exclusion. Le nombre d'équations moins un donne deux. On peut dire que chacune des équations structurelles du modèle est sur-identifiée. Il est donc possible d'estimer le système d'équations ci-dessus. Ce qui est une bonne nouvelle.

6.4 Méthodes d'estimation

Il existe plusieurs méthodes d'estimation d'un modèle à équations simultanées. Le choix de la méthode dépend des conditions d'identification. On distingue les méthodes dites à information limitée et les méthodes à information complète. Les méthodes d'estimation à information limitée estiment les coefficients d'une équation structurelle donnée en ne tenant compte seulement que des restrictions *a priori* sur cette équation. Elles ne tiennent pas compte de l'information contenue dans la formulation des autres équations structurelles, y compris la corrélation contemporaine entre les termes d'erreur des différentes équations.

Au nombre de ces méthodes, on a la méthode des moindres carrés indirects, qui s'applique à une équation juste identifiée ; la méthode des doubles moindres carrés, qui s'applique à une équation identifiée (juste ou sur-identifiée) et la méthode du maximum de vraisemblance à information limitée. L'estimateur des doubles moindres carrés est l'estimateur à information limitée le plus couramment utilisé. C'est un estimateur à variables instrumentales qui est asymptotiquement équivalent à l'estimateur du maximum de vraisemblance à information limitée.

Les méthodes d'estimation à information complète estiment, globalement, les paramètres du système en utilisant les informations *a priori* sur toutes les équations. Elles sont potentiellement plus efficaces que les méthodes à information limitée. Ces méthodes incluent la méthode des triples moindres carrés et la méthode du maximum de vraisemblance à information complète. La méthode des triples moindres carrés procède en trois étapes. Les deux premières étapes sont les mêmes que celles des doubles moindres carrés. À la troisième étape, la méthode applique les moindres carrés quasi-généralisés où la matrice de variance-covariance des erreurs est estimée à partir des résidus issus des doubles moindres carrés. Si elle permet un gain d'efficacité par rapport aux doubles moindres carrés, il faut noter cependant que la méthode des triples moindres carrés est fragilisée en présence d'erreurs de spécification. Lorsqu'une équation est mal spécifiée, la mauvaise qualité d'estimation de cette équation contaminera l'estimation des autres équations structurelles, ce qui n'est pas le cas dans une méthode d'estimation équation par équation. En l'absence de corrélation entre les termes d'erreur des équations structurelles, les estimations obtenues par les triples moindres carrés sont identiques à celles obtenues par les doubles moindres carrés.

Le modèle précédent étant identifiable, nous allons utiliser la méthode des doubles moindres carrés. Comme nous l'avons déjà vu dans le chapitre 5, c'est une méthode à variables instrumentales. Nous appliquons cette méthode en utilisant l'ensemble des variables exogènes et prédéterminées comme instruments. La procédure des doubles moindres carrés consistera alors à régresser chaque variable endogène sur l'ensemble des variables exogènes et prédéterminées du système, puis à utiliser les valeurs ainsi prédites des endogènes pour estimer les équations structurelles. La condition d'identification assure que le nombre d'instruments est égal ou supérieur au nombre de variables endogènes.

On peut donc estimer chaque équation du système par la méthode TSLS. Une autre approche consiste à estimer simultanément les différentes équations structurelles du système. Pour cela, il faut créer un objet système en sélectionnant « **Objet/New Objet/System** ».

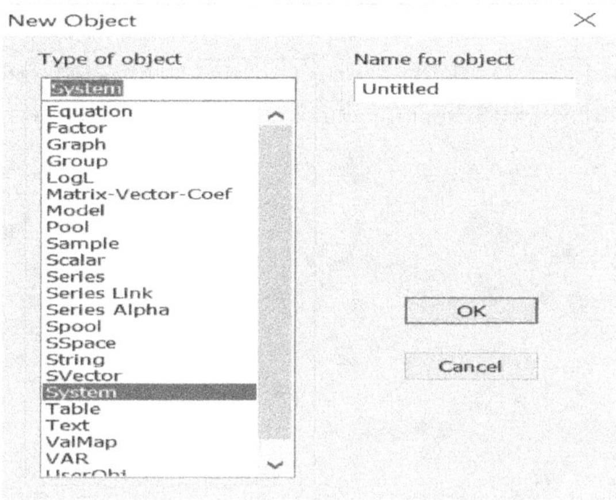

Dans la fenêtre qui apparaît, entrez les équations. Les coefficients à défaut sont notés par c(1), c(2), etc. Cependant, on peut utiliser des coefficients différents d'une équation à une autre. Pour ce faire, sélectionnez « **Objects/New Object/Matrix-Vector-Coef/Coefficient Vector** » et nommez, par exemple, *a.* Faites de même pour créer le vecteur *b*. Si vous ne créez pas ces vecteurs de coefficients, l'estimation enverra un message d'erreur.

Précisez les variables instrumentales précédées de la commande **inst,** comme indiqué dans l'écran qui suit :

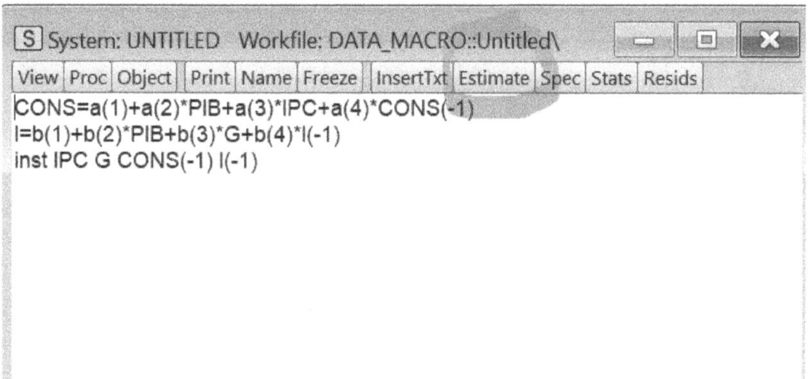

On peut utiliser diverses spécifications pour les équations du système : forme linéaire, non-linéaire, spécification autorégressive des erreurs (Exemple: *y=c(1)+c(2)*x+[ar(1)=c(3), ar(2)=c(4)]*.

Après avoir écrit toutes les équations, cliquez sur l'onglet « **Estimate** » de la fenêtre **system.** Une boîte de dialogue vous demande de choisir la méthode d'estimation. Cliquez sur la méthode TSLS et validez.

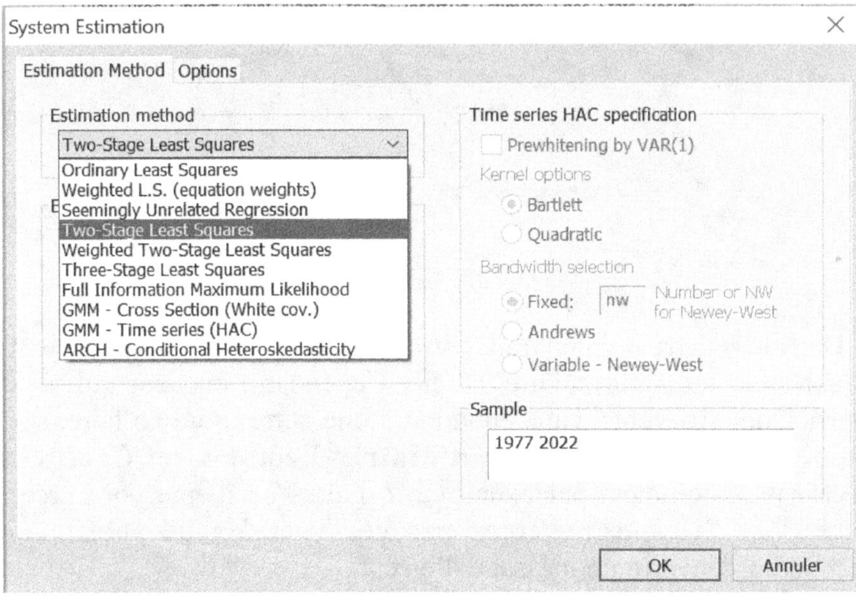

Les résultats de l'estimation sont reportés dans le tableau suivant :

Tableau 6.1 : Résultats de l'estimation du modèle à équations simultanées

System: UNTITLED
Estimation Method: Two-Stage Least Squares
Date: 02/12/23 Time: 16:49
Sample: 1978 2022
Included observations: 45
Total system (balanced) observations 90

	Coefficient	Std. Error	t-Statistic	Prob.
À(1)	-312.0396	93.92241	-3.322312	0.0013
A(2)	0.186356	0.131380	1.418455	0.1598
À(3)	-0.753867	1.672794	-0.450663	0.6534
A(4)	0.853337	0.192350	4.436372	0.0000
B(1)	65.86884	11.84504	5.560881	0.0000
B(2)	0.008142	0.002055	3.961940	0.0002
B(3)	0.010750	0.006012	1.788120	0.0775
B(4)	0.756909	0.038823	19.49649	0.0000
Determinant residual covariance	1245471.			

Équation: CONS=A(1)+A(2)*PIB+A(3)*IPC+A(4)*CONS(-1)
Instruments: IPC G CONS(-1) I(-1) C
Observations: 45

R-squared	0.991817	Mean dependent var	4407.779
Adjusted R-squared	0.991218	S.D. dependent var	2459.839
S.E. of regression	230.5208	Sum squared resid	2178734.
Durbin-Watson stat	1.200370		

Equation: I=B(1)+B(2)*PIB+B(3)*G+B(4)*I(-1)
Instruments: IPC G CONS(-1) I(-1) C
Observations: 45

R-squared	0.997075	Mean dependent var	523.7410
Adjusted R-squared	0.996861	S.D. dependent var	119.3821
S.E. of regression	6.688630	Sum squared resid	1834.249
Durbin-Watson stat	0.893967		

Il n'y a pas de procédure de prévision ou de simulation directement disponible pour le système d'équations simultanées. Pour faire des prévisions ou des simulations dans un modèle à équations simultanées, les équations estimées doivent être chargées dans un objet **model**. Pour incorporer les équations du système dans cet objet model, sélectionnez « **Procs/Make Model** » dans le menu system. EViews ouvre un objet **Model** contenant les différentes équations du système. Il suffit alors d'y ajouter les équations comptables et de procéder à la simulation. Nous reviendrons dans le chapitre 9 sur la création et l'utilisation de cet objet important pour la modélisation et la simulation macro- économétrique.

CHAPITRE 7
Stationnarité et modèles VAR

Les séries chronologiques se distinguent des données en coupe transversale par le fait qu'elles possèdent un ordre chronologique. Une série chronologique est le résultat d'un processus stochastique indexé en fonction du temps. Plusieurs problèmes sont propres aux séries chronologiques, notamment en raison de la corrélation entre les observations (autocorrélation) et de la possibilité de changement du processus générateur de données d'une période à l'autre. Le domaine d'application des méthodes statistiques d'analyse des séries temporelles est vaste puisqu'il couvre le domaine de l'analyse macroéconomique, mais aussi celui de la finance.

Pour travailler avec des données temporelles, celles-ci doivent conserver certaines caractéristiques constantes dans le temps. Cette propriété renvoie au concept de stationnarité. Si les séries ne sont pas stationnaires, les tests classiques sont biaisés et les régressions peuvent être fallacieuses : on estime des relations que l'on pense significatives alors qu'en réalité les séries en jeu n'ont aucun lien entre elles, si ce n'est leur tendance commune. En d'autres termes, les tests classiques ne sont valables que dans un cadre statistique stationnaire. Or la plupart des séries macroéconomiques ne possèdent pas cette propriété et doivent être transformées pour être analysées par les outils de l'économétrie classique. Ce chapitre propose une introduction à la modélisation des séries temporelles[8].

Dans un premier temps, il aborde les tests de stationnarité. Un rappel théorique des tests usuels est fait, suivi d'une application. Dans un deuxième temps, le chapitre présente la méthodologie des modèles vectoriels autorégressifs (VAR). Dans sa formulation générale, ces modèles sont un type particulier de modèles à équations simultanées où toutes les équations ont les mêmes variables explicatives, à savoir les valeurs passées de toutes les variables du modèle. Cette particulari-

[8] Le lecteur désireux d'approfonfir l'analyse des séries temporelles pourra se référer aux ouvrages de Lardic & Mignon (2002), Bourbonnais & Terraza (1998) et Hamilton (1994).

té fait qu'on peut utiliser les méthodes classiques pour estimer les modèles VAR.

Les modèles VAR comportent deux catégories de modèles, à savoir les modèles VAR non structurels et les modèles VAR structurels. Les modèles VAR non structurels se caractérisent par l'absence d'une préconception du fonctionnement de l'économie. Les modèles VAR structurels (SVAR) se basent sur un minimum *d'a priori* quant au fonctionnement de l'économie, c'est-à-dire sur un nombre minimum de restrictions fondées sur des principes économiques généralement acceptés. Nous ne traiterons dans ce livre que les modèles VAR non structurels.

7.1 Tests de stationnarité

La stationnarité renvoie à l'invariance temporelle des propriétés de la série temporelle. L'économétrie appliquée utilise une notion moins restrictive de la stationnarité que l'on qualifie de faible ou de stationnarité de second ordre. Une série H_t est faiblement stationnaire lorsque ses deux premiers moments (espérance et variance) sont finis et indépendants du temps. Une série stationnaire oscille autour de sa moyenne avec des fluctuations d'amplitude constante. En conséquence, une série pour laquelle l'espérance et la variance sont modifiées dans le temps est non-stationnaire.

En pratique, les cas de non-stationnarité sont analysés à partir de deux types de processus. Les processus TS (*Trend Stationary*) sont caractérisés par une non-stationnarité de nature déterministe. Les processus DS (*Difference Stationary*) présentent une non-stationnarité de nature stochastique. Dans le cas de processus TS, les données s'enroulent autour d'une tendance qui a une forme définie (linéaire, quadratique, etc.). Afin de résoudre ce prendre en compte ce genre de processus, il est souvent tenté d'inclure une variable de tendance dans le modèle de régression. Dans la pratique, il convient de ne pas traiter une tendance stochastique comme une tendance déterministe. Dans le cas de processus DS, les données suivent une marche aléatoire avec ou sans dérive avec un coefficient autorégressif égal à l'unité: $H_t=H_{t-1}+u_t$, où u_t est stationnaire. Une telle série est non-stationnaire, car on montre que la variance n'est pas constante dans le temps.

La distinction entre ces deux types de stationnarité est fondamentale sur le plan économique dans la mesure où ces deux types de processus sont caractérisés par des comportements différents. L'effet d'un choc sur un processus TS est transitoire (la série a une mémoire finie des chocs), alors que sur un processus DS cet effet est permanent (mémoire infinie des chocs), aucune force ne le ramènera à son niveau antérieur, sauf occurrence d'un choc de signe opposé et de même magnitude. Au plan statistique, il est important d'identifier correctement la nature de la non-stationnarité d'une série avant de la rendre stationnaire. En effet, une méthode de stationnarisation inappropriée peut engendrer des artefacts statistiques. Un processus TS est rendu stationnaire par une régression sur une tendance déterministe, alors qu'un processus DS devient stationnaire par différenciation. Quand un processus TS linéaire est statistiquement traité comme un processus DS, cela crée artificiellement dans la série un mouvement cyclique court. À l'inverse, lorsqu'un processus est traité comme un processus TS, cela génère un mouvement cyclique long (Nelson & Kang, 1981).

Nous allons revisiter quelques tests de stationnarité couramment utilisés dans la littérature. Les principes de ces tests seront expliqués et illustrés par des cas pratiques.

7.1.1 Tests de Dickey-Fuller

L'identification et la caractérisation de la non-stationnarité peuvent être effectuées par le biais de tests statistiques. À cet égard, il existe un grand nombre de tests[9] dont les plus utilisés en raison de leur simplicité sont les tests de Dickey & Fuller (1979, 1981). Les tests de Dickey-Fuller (DF) testent l'existence d'une racine unitaire dans le processus générateur des données. Ce sont des tests paramétriques qui sont basés sur l'estimation d'un modèle autorégressif. La loi du test DF sur laquelle est basé le test diffère selon l'hypothèse alternative. Le choix de l'hypothèse alternative est donc primordial pour la validité du test.

Considérons le modèle suivant :

$$\Delta H_t = \alpha + \beta t + (\theta - 1)H_{t-1} + e_t, \quad e_t \propto iid(0, \sigma^2) \tag{7.1}$$

L'hypothèse nulle de racine unitaire s'écrit $H_0 : \theta = 1$.

[9] Pour une revue de ces tests, on pourra notamment consulter Banerjee et *al* (1993) et Darne et Terraza (2002).

Dans les modèles utilisés pour les tests de Dickey-Fuller simples, la série H_t est supposée être un processus AR(1), c'est-à-dire que la perturbation e_t est, par hypothèse, un bruit blanc. Or, il n'y a aucune raison pour que terme e_t soit non-autocorrélée. Dickey & Fuller (1981) ont alors proposé de prendre en compte cette hypothèse en considérant une série H_t admettant une représentation autorégressive d'ordre p. Le modèle augmenté correspondant à cette correction prend la forme suivante:

$$\Delta H_t = \rho H_{t-1} + \sum_{j=1}^{p} \gamma_j \Delta H_{t-j} + d_t + e_t \qquad (7.2)$$

L'hypothèse nulle à tester s'écrit $H_0 : \rho=0$.

Suivant les termes déterministes inclus dans la variable d_t, on aboutit aux trois modèles sur lesquels est basé le test de Dickey-Fuller Augmenté:

- Modèle [1] : $\Delta H_t = \rho H_{t-1} + \sum_{j=1}^{p} \gamma_j \Delta H_{t-j} + e_t$ (7.3)
- Modèle [2] : $\Delta H_t = \rho H_{t-1} + c + \sum_{j=1}^{p} \gamma_j \Delta H_{t-j} + e_t$ (7.4)
- Modèle [3] : $\Delta H_t = \rho H_{t-1} + c + bt + \sum_{j=1}^{p} \gamma_j \Delta H_{t-j} + e_t$ (7.5)

Dans la version augmentée, le choix de p est très important pour l'issue du test. Le fait d'inclure un nombre suffisant de retards supprime l'autocorrélation des erreurs, mais réduit le nombre de degrés de liberté et la puissance du test. Ignorer des retards pertinents affaiblit également la puissance du test. Il existe plusieurs façons de fixer une valeur raisonnable de p. On peut se baser sur les propriétés du terme d'erreur ou partir d'un nombre de retards élevé puis tester la significativité du retard le plus élevé (Campbell & Perron, 1991). On peut aussi utiliser les critères d'information (Akaike, Schwarz, Hannan-Quinn, …).

La question se pose toujours de savoir laquelle des trois spécifications précédentes retenir pour conduire le test de racine unitaire. Il est fondamental de retenir le modèle le plus adéquat, car l'introduction de termes déterministes non pertinents réduit la puissance du test. En pratique, on adopte une approche séquentielle descendante pour traiter cette question. Celle-ci consiste à partir du modèle le plus large (avec constante et tendance déterministe – modèle [3]) jusqu'au plus spécifique (sans tendance ni constante – modèle [1]). Pour chaque modèle, on teste la significativité des termes déterministes en utilisant les tables de Dickey-Fuller. C'est une fois l'équation de test déterminée qu'on peut interpréter le test de racine unitaire.

Le test est basé sur la statistique de Student associée au coefficient de la variable H_{t-1}. Toutefois, Dickey & Fuller (1981) ont montré que sous l'hypothèse nulle de racine unitaire, cette statistique ne suit pas sa loi conventionnelle, même asymptotiquement. La distribution a été simulée par Dickey & Fuller (1981) et Mackinnon (1991). On rejette l'hypothèse nulle si la statistique est inférieure à la valeur critique tabulée. Si la statistique est supérieure à la valeur critique, on accepte l'hypothèse d'une racine unitaire, ce qui implique que la série n'est pas stationnaire.

En dépit des tentatives de sophistication, le test de racine unitaire de Dickey-Fuller reste marqué par une limite essentielle. L'hypothèse nulle suppose en effet que la tendance de la série ne change pas sur toute la période. Or, on sait que quelques chocs ponctuels peuvent influencer, même sensiblement, la tendance des séries. Il apparaît donc que le test de Dickey-Fuller est biaisé en faveur de l'hypothèse nulle de racine unitaire (Perron, 1989; Rappoport & Reichlin, 1989)[10]. Ces critiques ont conduit à l'élaboration d'autres tests de racine unitaire et de stationnarité dont ceux de Phillips & Perron (1988) et Kwiatkowski *et al.* (1992).

7.1.2 Test de Phillips-Perron

Le test de Phillips & Perron (1988) est construit sur une correction non paramétrique de la statistique de Dickey-Fuller pour prendre en compte des erreurs hétéroscédastiques. Il se déroule en deux étapes : on estime par MCO les trois modèles de base du test de Dickey-Fuller et on calcule les statistiques associées, puis on estime un facteur correctif établi à partir de la structure de covariance des résidus de telle sorte que les transformations réalisées conduisent à des distributions identiques à celles de Dickey-Fuller standard. Ce test se ramène donc au test de Dickey-Fuller simple dans le cas où les erreurs seraient homoscédastiques. Ce test est non-paramétrique, car aucune modélisation du processus générateur des aléas n'est formulée. Il est plus robuste à une autocorrélation (mais également à une hétéroscédastici-

[10] Voir Perron (1989) et Zivot et Andrews (1992) pour les tests de racine unitaire prenant en compte le changement structurel de tendance.

té) de forme inconnue. La mise en œuvre du test est identique à celle du test de Dickey-Fuller : on suit la même procédure séquentielle descendante.

7.1.3 Test de KPSS

Le test de Kwiatkowski *et al.* (1992) (noté KPSS) a la particularité de poser l'hypothèse de stationnarité comme hypothèse nulle. Il teste l'hypothèse de stationnarité en niveau (test μ) ou autour d'une tendance (test τ) contre l'alternative de non-stationnarité. Le test KPSS repose sur la décomposition de la série étudiée en une partie déterministe, une marche aléatoire et un bruit blanc. La règle de décision est que :

- Si KPSS<KPSS* alors la série est stationnaire, KPSS* étant la valeur critique au seuil fixé ;
- Dans le cas où KPSS>KPSS*, on conclut que la série est non-stationnaire.

Pour choisir entre le modèle avec constante et le modèle avec tendance, on peut recourir à la représentation graphique de la série ou utiliser les résultats des tests de Dickey-Fuller et Phillips-Perron.

7.1.4 Tests de stationnarité en pratique

Nous allons tester la stationnarité de la série LCONS. Pour cela, visualisez la série par un double clic et sélectionner, à partir du menu de la fenêtre, **Unit Root Test…**

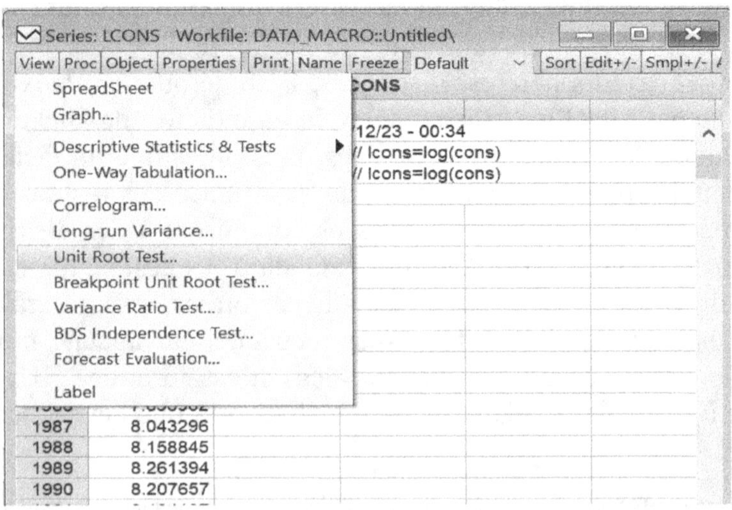

À la suite de cette sélection, l'écran suivant s'affiche. On commence par le test ADF, appliqué à la série en niveau. On démarre avec le modèle [3], constante et trend. À droite de la boîte de dialogue, on peut choisir le critère d'information qui déterminera le nombre de retards. On choisit ici le critère AIC.

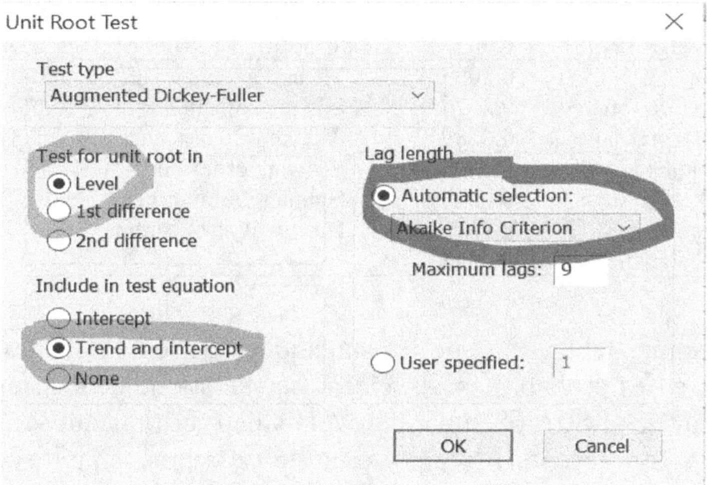

Note: Pour le choix du nombre optimal de retards, EViews procède à la sélection automatique en utilisant les critères d'information usuels. Toutefois, EViews donne la possibilité à l'utilisateur de spécifier lui-même le nombre de retards (option **User specified**).

Les résultats du test de Dickey-Fuller sont présentés dans les tableaux suivants:

Tableau 7.1: Résultats du test de Dickey-Fuller

Null Hypothesis: LCONS has a unit root
Exogenous: Constant, Linear Trend
Lag Length: 1 (Automatic - based on AIC, maxlag=9)

		t-statistic	Prob.*
Augmented Dickey-Fuller test statistic		-1.807568	0.6841
Test critical values:	1% level	-4.180911	
	5% level	-3.515523	
	10% level	-3.188259	

*MacKinnon (1996) one-sided p-values.

Augmented Dickey-Fuller Test Equation
Dependent Variable: D(LCONS)

Method: Least Squares
Date: 02/12/23 Time: 18:39
Sample (adjusted): 1979 2022
Included observations: 44 after adjustments

Variable	Coefficient	Std. Error	t-Statistic	Prob.
LCONS(-1)	-0.098697	0.054602	-1.807568	0.0782
D(LCONS(-1))	0.566058	0.137476	4.117501	0.0002
C	0.751655	0.406615	1.848567	0.0719
@TREND("1977")	0.003551	0.001925	1.845040	0.0724
R-squared	0.309729	Mean dependent var		0.048521
Adjusted R-squared	0.257958	S.D. dependent var		0.068436
S.E. of regression	0.058952	Akaike info criterion		-2.737680
Sum squared resid	0.139013	Schwarz criterion		-2.575481
Log likelihood	64.22896	Hannan-Quinn criter.		-2.677529
F-statistic	5.982744	Durbin-Watson stat		1.873972
Prob(F-statistic)	0.001813			

Le premier tableau donne les statistiques de test ADF, les valeurs critiques et les probabilités associées. La statistique de test reporte ici une valeur de -1.807568 supérieure à la valeur critique au seuil de 5% (-3.5155) : on accepte l'hypothèse nulle de racine unitaire. La série admettant une racine unitaire, elle ne peut être stationnaire.

Le tableau en dessous indique le modèle à partir duquel le test est réalisé. On peut ainsi juger de la pertinence d'inclure la constante et le trend dans la régression auxiliaire. Ici, on peut lire que le coefficient de la tendance a une probabilité supérieure à 0.05, qui implique que le coefficient n'est pas significatif. On peut reprendre le test ADF en sélectionnant seulement la constante. Si cette constante s'avère non-significative, on retient le modèle sans constante et sans tendance. Le test s'effectue suivant la même démarche avec les tests PP et KPSS. Cependant, il faut toujours se rappeler que l'hypothèse nulle du test KPSS est la stationnarité.

Le tableau suivant synthétise l'ensemble des résultats des tests ADF, PP et KPSS pour quatre variables, à savoir : LCONS, LPIB, LIPC, LG et r (taux de pression fiscale). Les tests sont réalisés sur les variables en niveau et en différence première. Notons que la différence première d'une variable « loguées » représente approximativement son taux de croissance.

Tableau 7.2 : Synthèse des résultats des tests de stationnarité

	En niveau			En différences premières		
	ADF	PP	KPSS	ADF	PP	KPSS
LCONS	-0.2385	-0.0304	0.8098*	-3.7081*	-3.5849*	0.2026
LPIB	-0.3380	-0.2404	0.8106*	-3.4792*	-3.4642*	0.2057
LIPC	-1.3435	-1.2289	0.8473*	-3.8640*	-3.8100*	0.1956
LG	-0.5726	-1.4884	0.7913*	-7.2406*	-12.021*	0.1641
r	-2.5154	-3.9821*	0.4035	-12.1541*	-12.6102*	0.1593

Note : *indique le rejet de l'hypothèse nulle à 5%. Les tests sont réalisés sous le modèle avec constante.

Les différentes statistiques de tests conduisent à des résultats concordants pour les quatre premières variables. Tous les trois tests acceptent l'hypothèse d'une racine unitaire dans les séries en niveau. En revanche, lorsque ces tests sont appliqués sur les séries en différence première, ils conduisent au rejet de l'hypothèse de non-stationnarité. En ce qui concerne la série R, on note une divergence dans les tests. Les tests ADF et KPSS suggèrent que la série est non-stationnaire en niveau là où le test PP conclut à une stationnarité en niveau. En considérant la différence première ΔR, tous les trois tests concluent en faveur d'une stationnarité.

Lorsque les tests ne sont pas concordants, on peut appliquer la règle de la majorité pour tirer une conclusion. Lorsqu'il y a un conflit entre les résultats des tests ADF et PP, il est préférable de s'aligner sur le test PP qui est considéré comme une version améliorée du premier. En définitive, nous retenons que les séries LCONS, LPIB, LIPC et LG sont non-stationnaires en niveau et stationnaires en différence première. En d'autres termes, elles sont intégrées d'ordre un. En revanche, la série R, elle, est stationnaire en niveau.

Correction à apporter au modèle. La façon de corriger un modèle comportant des variables intégrées d'ordre un est de différencier les variables, c'est-à-dire soustraire à chaque observation la valeur de la période précédente ($\Delta H_t=H_t-H_{t-1}$). Cependant, si les séries sont cointégrées la spécification du modèle en différence première est biaisée du fait de l'oubli d'une variable explicative importante. La théorie de la cointégration, que nous verrons dans le prochain chapitre, indique les conditions sous lesquelles l'on est autorisé à différencier les variables.

Interprétation du modèle après différenciation. Un modèle différencié s'interprète comme l'impact d'une variation de la variable indépendante sur la variation de la variable dépendante. Si les variables sont en log, la variation s'interprète comme un taux de croissance. Ainsi, si le modèle cherche à trouver l'effet du PIB sur la consommation et qu'on a dû différencier les variables, on pourrait interpréter un coefficient positif comme «une hausse du taux de croissance du revenu a un impact positif sur le taux de croissance de la consommation». L'analyse se fera donc en termes de variation en points de pourcentage. Les résultats ne sont pas les mêmes selon que le modèle de consommation est estimé avec des variables en niveau ou en différence première. Il est plus difficile de faire croitre le taux de croissance d'une variable que son niveau absolu.

Mises en garde: Il n'est pas conseillé de différencier une variable avec tendance déterministe. Sur-différencier les variables d'un modèle économétrique enlève tout potentiel d'interprétation. Vous aurez beau dire que vos variables sont stationnaires, mais si vous ne pouvez pas l'interpréter, vous n'êtes pas avancé. Le plus souvent les modèles différenciés ont un pouvoir explicatif (R^2) très faible comparé à celui du modèle en niveau.

7.1.5 Tests de racine unitaire avec changement structurel

Les tests de racine unitaire et de stationnarité exposés précédemment sont basés sur l'hypothèse que la série ne présente pas de changement structurel dans son évolution au cours du temps. Cependant, certains auteurs ont montré que ces tests sont biaisés en faveur du non-rejet de l'hypothèse nulle lorsque la série étudiée présente un changement structurel (Perron, 1989 ; Zivot & Andrews, 1992). Lorsque la série est observée sur une période de temps relativement longue, elle peut montrer plusieurs phases d'évolution traduisant l'existence de changement structurel. Ces changements sont susceptibles de fausser les tests de racine unitaire classiques s'ils sont complètement ignorés.

Perron (1989) a développé un test de racine unitaire prenant en compte la présence de changement structurel sous l'hypothèse alternative en introduisant des variables indicatrices dans les tests ADF. Ce test nécessite la connaissance préalable de la date de rupture. La subjectivité liée au choix de cette date a conduit certains auteurs à proposer des tests qui permettent de déterminer la date de rupture de façon endogène (Zivot & Andrews, 1992 ; Banerjee *et al.*, 1992 ; Lumsdaine & Papell, 1997; Bai & Perron, 1998; Saikkonen & Lutkepohl, 2002; Lee & Strazicich, 2003)[11].

[11] Voir Perron (2006) pour une révue.

Le test de Zivot & Andrews (1992) (ZA) autorise la présence d'un changement à la fois dans la constante et la tendance de la série. L'équation de base du test pour une sériée H_t est:

$$\Delta H_t = \mu + \theta DU_t + \beta t + \gamma DT_t + \rho H_{t-1} + \sum_{t=1}^{k} c_j \Delta H_{t-j} + e_t \quad (7.6)$$

Où DU_t et DT_t sont des variables indiquant un changement respectivement dans la constante et la tendance à la date T_b; $DU_t=1$ si $t>T_b$, 0 sinon; $DT=t-T_b$ si $t>T_b$, 0 sinon. L'hypothèse nulle est H_0: $\rho=0$, c'est-à-dire que la série H_t possède une racine unitaire. L'hypothèse alternative stipule que la série H_t est un processus stationnaire avec changement structurel. La détermination de la date de rupture repose sur une procédure récursive qui retient la date T_b pour laquelle la statistique ADF est minimale. Les valeurs critiques sont tabulées par Zivot & Andrews (1992). On rejette l'hypothèse nulle si la statistique ZA est inférieure à la valeur critique.

Nous testons la stationnarité de la série LCONS. Nous commençons par le test directement disponible dans le menu du logiciel EViews (Perron, 1989 ; Vogelsang & Perron, 1998). Double-cliquez sur la série LCONS pour l'ouvrir et sélectionnez «**View/Breakpoint Unit Root Test** ».

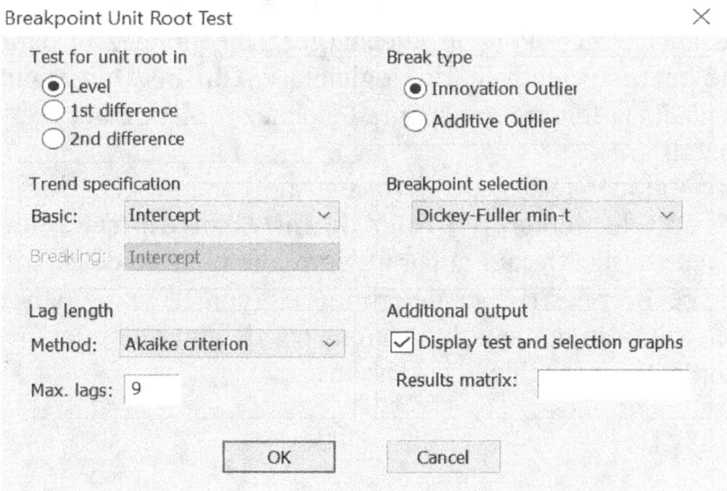

On choisit de faire le test en niveau avec un nombre maximum de retards fixé à 9. Le critère AIC sera utilisé pour déterminer le nombre de retards optimal. On obtient les résultats suivants.

Tableau 7. 3 : Résultats du test de racine unitaire avec rupture

Null Hypothesis: LCONS has a unit root
Trend Specification: Intercept only
Break Specification: Intercept only
Break Type: Innovational outlier

Break Date: 2012
Break Selection: Minimize Dickey-Fuller t-statistic
Lag Length: 1 (Automatic - based on Akaike information criterion, maxlag=9)

		t-statistic	Prob.*
Augmented Dickey-Fuller test statistic		**-3.092777**	**0.6317**
Test critical values:	1% level	-4.949133	
	5% level	**-4.443649**	
	10% level	-4.193627	

*Vogelsang (1993) asymptotic one-sided p-values.

La date de rupture sélectionnée correspondant ici à 2012. La statistique de test affiche une valeur de -3.0927 qui est supérieure à la valeur critique –4.4436 à 5%. On accepte l'hypothèse nulle que la série LCONS possède une racine unitaire. La série LCONS n'est pas stationnaire. On aboutit à la même conclusion en interprétant la probabilité du test qui est égale à 0.6317 et supérieure à 0.05.

Pour réaliser le test de Zivot & Andrews, nous devons, au préalable, le télécharger. Pour le télécharger, sélectionnez, à partir de la barre de menu principale du logiciel, « **Add-ins/Download Add-ins**... ». Dans la fenêtre qui apparaît, cochez « **ZAURoot** » et cliquez sur « **Install** ».

Pour appliquer le test de Zivot et Andrews, ouvrez alors la série LCONS et sélectionnez « **Proc/Add-ins/Zivot-Andrews unit root test** ». Dans la fenêtre qui apparaît, entrez le nombre de retards maximum et spécifiez les termes déterministes (constante, tendance ou les deux à la fois). En retenant les options par défaut, on obtient les résultats indiqués dans le tableau ci-dessous.

Tableau 7. 4: Résultats du test de racine unitaire de Zivot-Andrews

Zivot-Andrews Unit Root Test
Sample: 1977 2022
Included observations: 46
Null Hypothesis: LCONS has a unit root with a structural break in the intercept
Chosen lag length: 1 (maximum lags: 4)
Chosen break point: 2015

	t-statistic	Prob. *
Zivot-Andrews test statistic	**-3.014587**	0.013213
1% critical value:	-5.34	
5% critical value:	**-4.93**	
10% critical value:	-4.58	

* Probability values are calculated from a standard t-distribution and do not take into account the breakpoint selection process

La date de rupture sélectionnée correspondant ici à 2015. La statistique de test affiche une valeur de -3.01458 qui est supérieure à la valeur critique –4.93 à 5%. On accepte l'hypothèse nulle que la série LCONS possède une racine unitaire. La série LCONS n'est donc pas stationnaire. On conclut que même en contrôlant le changement de rupture, la série LCONS est non-stationnaire en niveau.

7.2 Modèle VAR

Un modèle vectoriel autorégressif (VAR) est un modèle à plusieurs équations dans lequel la valeur contemporaine d'une variable dépend de ses propres valeurs passées et des valeurs passées des autres variables. La modélisation VAR est souvent critiquée d'être athéorique dans le sens où elle ne fait pas appel à la théorie économique pour spécifier les relations entre les variables. Elle repose sur la proposition générale selon laquelle les variables économiques ont tendance à varier les unes avec les autres au cours du temps et aussi à être autocorrélées. Toutes les variables d'un modèle VAR sont donc potentiellement endogènes.

Les modèles VAR ont été introduits à la suite des travaux de Sims (1980) comme alternative aux modèles structurels qui imposent *a priori* de fortes restrictions sur les paramètres. L'une des critiques formulées à l'encontre des modèles structurels concerne plus précisément l'exogénéïté supposée de certaines variables. La modélisation VAR apporte une réponse statistique à cette critique en supposant *a priori* que les variables sont endogènes, liées les unes aux autres. Elle accorde ainsi une importance centrale à l'analyse des interrelations entre les variables. Depuis Sims (1980), les techniques d'analyse des modèles VAR ont connu de nombreux développements qui ont enrichi la littérature économétrique. On distingue les modèles VAR non structurels et les modèles VAR structurels. Ce chapitre ne traitera que du modèle VAR standard qui est la forme réduite d'un modèle VAR structurel sous-jacent.

Considérons deux variables stationnaires X et Y. L'écriture sous la forme d'un modèle VAR à p retards (ou VAR(p)) est :

$$Y_t = a_0 + \sum_{i=1}^{p} \phi_{1i} X_{t-i} + \sum_{i=1}^{p} \varphi_{1i} Y_{t-i} + \varepsilon_{1t} \qquad (7.7)$$

$$X_t = b_0 + \sum_{i=1}^{p} \phi_{2i} X_{t-i} + \sum_{i=1}^{p} \varphi_{2i} Y_{t-i} + \varepsilon_{2t} \qquad (7.8)$$

On voit clairement qu'un modèle VAR est un type particulier de modèle à équations simultanées. Chaque équation est un modèle autorégressif avec p décalages temporels et toutes les équations comportent les mêmes variables explicatives. Soulignons tout de même que les équations d'un modèle VAR peuvent inclure des tendances, des variables indicatrices ou d'autres variables exogènes stationnaires.

On peut généraliser l'exemple précédent au cas où on a k variables :

$$Z_t = \Phi_0 + \Phi_1 Z_{t-1} + ... + \Phi_p Z_{t-p} + \varepsilon_t \qquad (7.9)$$

où $Z_t = (Z_{1t},\dots,Z_{kt})$ et $\varepsilon_t = (\varepsilon_{1t},\dots,\varepsilon_{kt})$ est le vecteur des erreurs. Ce vecteur d'erreurs dénommées également *impulsions* ou *innovations* représente les influences non systématiques. Il rassemble les informations qui se rapportent aux variables pour la période courante et qui ne sont pas prévisibles par le modèle. Les erreurs vérifient les hypothèses d'homoscédasticité et de non-autocorrélation temporelle. Toutefois, les erreurs à une période t peuvent être corrélées entre elles, *i.e.*, $E(\varepsilon_{it}, \varepsilon_{i't}) \neq 0$). Cela signifie que les termes non diagonaux de la matrice de variance-covariance des erreurs peuvent être non nuls. On parle alors de corrélation contemporaine ou instantanée entre les innovations. Les innovations figurent au centre de l'analyse des modèles *VAR*. Elles seront considérées comme des variables exogènes et utilisées comme telles dans le cadre de l'analyse impulsionnelle.

7.2.1 Estimation d'un modèle VAR en pratique

Considérons le vecteur constitué des deux variables suivantes : LPIB et LCONS. Étant donné que ces deux variables ne sont pas stationnaires en niveau, nous allons considérer les différences premières. Nous ignorons, pour l'instant, l'existence potentielle d'une relation de cointégration entre ces deux séries. On génère les différences premières des séries à partir du menu **Quick/Generate Series**. Après cette opération, sélectionnez les deux variables différenciées dans le Workfile et faites un clic droit puis sélectionnez **Open/as VAR.** On peut aussi procéder par le menu principal en sélectionnant **Quick/Estimate VAR...** puis on entre la liste des variables. La constante est ici la seule variable exogène.

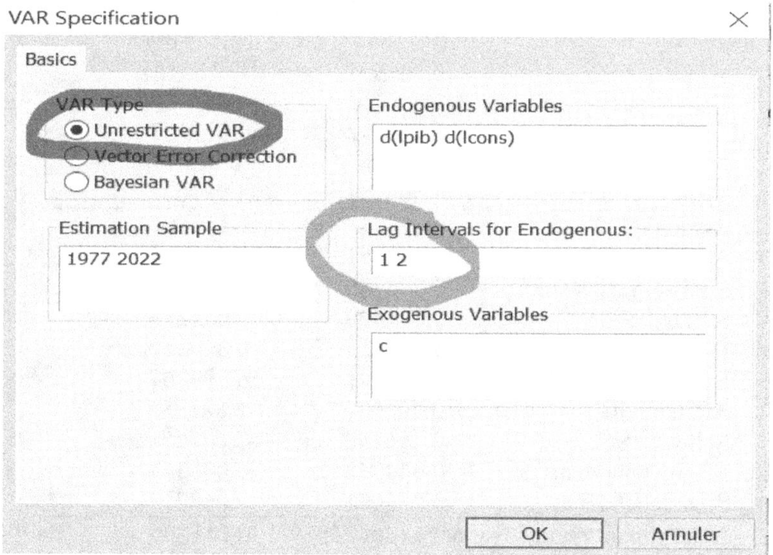

On notera le nombre de retards défini à défaut. Il s'agit d'un VAR à deux (2) retards. Pour changer le nombre de retards, il suffit de changer le chiffre 2. Attention à ne pas lire 12, mais plutôt « 1 2 » (avec un espace entre les chiffres) pour dire que les retards sur les variables décalées vont de 1 à 2. En indiquant « 1 5 », les retards iront de 1 à 5 ! Dans notre cas, on va garder le retard 2. Cliquez sur **OK** pour valider. On obtient le tableau de résultats suivant:

Tableau 7.5 : Estimation du modèle VAR (2)

Vector Autoregression Estimates
Sample (adjusted): 1980 2022
Included observations: 43 after adjustments
Standard errors in ( ) & t-statistics in [ ]

	D(LPIB)	D(LCONS)
D(LPIB(-1))	0.379166	0.582311
	(0.18670)	(0.24209)
	[2.03084]	[2.40537]
D(LPIB(-2))	-0.101484	0.331458
	(0.18541)	(0.24041)
	[-0.54734]	[1.37871]
D(LCONS(-1))	0.175716	0.243170
	(0.13608)	(0.17644)
	[1.29131]	[1.37820]
D(LCONS(-2))	0.124433	-0.369687
	(0.13044)	(0.16914)
	[0.95394]	[-2.18575]
C	0.016492	0.012477
	(0.00885)	(0.01148)
	[1.86304]	[1.08700]
R-squared	0.376846	0.419607
Adj. R-squared	0.311251	0.358513
Sum sq. resids	0.066486	0.111780
S.E. equation	0.041829	0.054236
F-statistic	5.745023	6.868210
Log likelihood	78.13291	66.96267
Akaike AIC	-3.401530	-2.881985
Schwarz SC	-3.196740	-2.677194
Mean dependent	0.042372	0.046365
S.D. dependent	0.050401	0.067717
Determinant resid covariance (dof adj.)		3.25E-06
Determinant resid covariance		2.54E-06
Log likelihood		154.9651
Akaike information criterion		-6.742561
Schwarz criterion		-6.332980

Nous venons d'estimer un modèle VAR à deux retards, ce qu'on note VAR(2). Rappelons que l'estimation d'un modèle VAR est équivalente à l'estimation par MCO équation par équation. C'est une conséquence du théorème de Zellner dans le cadre des systèmes d'équations apparemment non-liées. Ainsi, les résultats présentés dans le tableau ci-dessus peuvent être considérés comme une compilation de deux régressions par moindres carrés ordinaires.

L'estimation d'un modèle VAR ne présente pas les *p-values* pour le test de significativité des coefficients, comme dans le cas de l'estimation des modèles à une seule équation. Cependant, sur la base des *t*-statistiques, indiquées entre crochets, on peut réaliser les tests de significativité en utilisant la valeur critique de 1,96 ou 2. Si la valeur absolue de la *t-stat* est supérieure à 1,96, alors on conclut que le coefficient est significativement différent de zéro. Par exemple, le coefficient de DLPIB (-1) dans la première équation a une *t-stat* de 2.03084 indiquant que ce coefficient est significatif au seuil de 5%. En revanche, le coefficient de DLPIB (-2) n'est pas significatif. On peut vouloir supprimer les variables non-significatives du modèle de sorte à avoir un modèle parcimonieux. Mais cela n'est pas possible à partir de l'option VAR, puisque toutes les équations d'un modèle VAR devraient avoir exactement le même nombre de retards. Si l'on veut obtenir un modèle où certains retards n'apparaissent pas, on devra utiliser l'Object « ***system*** », utilisé pour estimer les modèles à équations simultanées. En outre, l'option « ***system*** » permet de faire des tests sur les coefficients des équations.

7.2.2 Tests d'hypothèses sur les résidus

Tous les tests d'hypothèses portant sur les résidus peuvent s'effectuer dans le cadre des modèles VAR. Ces tests prennent la forme de tests multivariés (test de normalité, test d'autocorrélation, test d'hétéroscédasticité). Pour réaliser ces tests, sélectionnez View/Residuals Test et cliquez sur le test que vous désirez implémenter.

7.2.3 Détermination du nombre de retards

La détermination du nombre de retards est une étape préalable à l'estimation d'un modèle VAR. Cette étape est particulièrement délicate puisqu'elle n'est pas neutre au regard des résultats qui en découlent. L'estimation d'un *VAR(p)* à *k* variables nécessite au total l'estimation de *k(1+pk)* paramètres (y compris les constantes). Ce nombre augmente de k^2 avec l'ajout d'un retard supplémentaire. Un nombre trop élevé de retards risque d'épuiser les degrés de liberté et, partant, d'affaiblir la puissance des tests statistiques. Par exemple, un VAR(4) à 5 variables nécessitera l'estimation de 21 coefficients dans chaque équation, soit au total 105 coefficients! Si la taille de l'échantillon est faible, il y aura une perte considérable de degrés de liberté, qui va réduire la qualité de l'estimation et des tests puisque le nombre de données disponibles s'en trouvera très réduite.

Comme dans les modèles à retards échelonnés, on peut recourir aux critères d'information pour fixer le nombre de retards *p*. Ces critères d'information sont basés sur l'idée que l'ajout de variables explicatives conduit, d'une part, à une amélioration des prévisions des variables endogènes et, d'autre part, à une réduction du nombre de degrés de liberté. Cette réduction du degré de liberté est considérée comme une pénalité liée à l'ajout de variables supplémentaires. L'ajout de variables est justifié si l'apport informatif est supérieur au coût qu'il occasionne en termes de réduction du degré de liberté. Dans le cas des modèles *VAR,* la procédure de détermination de l'ordre « optimal » consiste à estimer tous les *VAR* pour un nombre de retards *p* allant de 1 à p_{max}, où p_{max} est le retard maximum admissible par la théorie économique ou par les données disponibles, puis à retenir le retard pour lequel on ne peut « faire mieux ». En d'autres termes, le retard optimal est celui qui minimise les critères d'information.

EViews offre la possibilité de réaliser plus aisément cette opération en sélectionnant lui-même le retard optimal. Dans la fenêtre des résultats du VAR que nous avons estimé précédemment, sélectionnez **View/Lag Structure/Lag Length Criteria**.

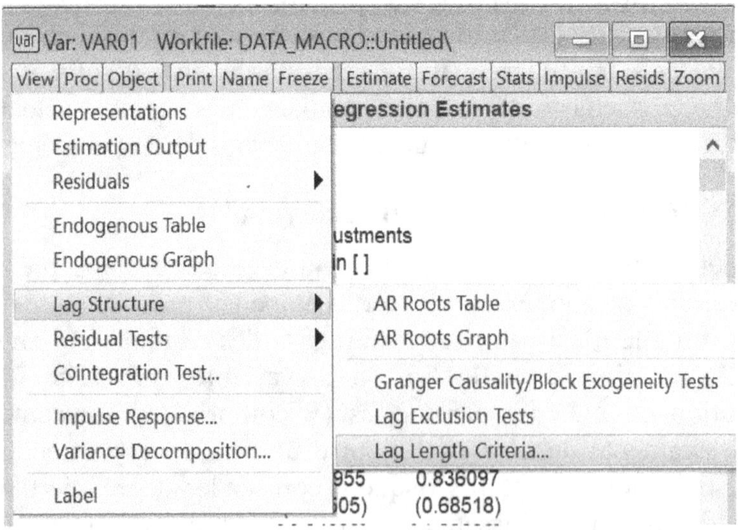

Dans la boîte de dialogue qui apparaît, nous devons indiquer le retard maximum. Ce maximum de retard est fonction du nombre d'observations de l'échantillon. Un nombre de retards élevé fait perdre les premières observations. Ici, nous allons choisir un nombre de retards maximum de 5. Ce faisant, comme dans les modèles ARDL, la procédure va estimer plusieurs modèles VAR allant de 1 à 5 retards. Le « meilleur » sera celui qui optimise le critère d'information.

Pour un retard maximum égal à 5, on obtient le tableau suivant :

Tableau 7.6 : Critères d'information pour le choix du VAR

VAR Lag Order Selection Criteria
Endogenous variables: D(LPIB) D(LCONS)
Exogenous variables: C
Sample: 1977 2022
Included observations: 40

Lag	LogL	LR	FPE	AIC	SC	HQ
0	127.3216	NA	6.51e-06	-6.266079	-6.181635	-6.235547
1	138.0269	19.80477	4.66e-06	-6.601343	**-6.348011***	-6.509747
2	143.4876	**9.556271***	4.34e-06	-6.674380	-6.252160	-6.521718
3	149.0319	9.148179	**4.04e-06***	**-6.751597***	-6.160489	**-6.537871***
4	150.3836	2.095035	4.65e-06	-6.619179	-5.859183	-6.344389
5	150.9067	0.758534	5.60e-06	-6.445335	-5.516452	-6.109480

* indicates lag order selected by the criterion
LR: sequential modified LR test statistic (each test at 5% level)
FPE: Final prediction error
AIC: Akaike information criterion
SC: Schwarz information criterion
HQ: Hannan-Quinn information criterion

EViews utilise 5 critères statistiques pour déterminer le nombre optimal de retards. Ces critères sont décrits en bas du tableau. Pour chaque critère, le signe (*) indique le retard optimal retenu. Ainsi, les critères FPE, AIC et HQ sélectionnent **3** retards. Selon le critère SC, un seul retard suffit pour modéliser les interrelations dynamiques entre les deux variables. Le test du rapport de vraisemblance (LR) suggère deux retards.

En cas de résultats conflictuels entre les critères, nous recommandons d'appliquer la règle de la majorité. On peut également arbitrer en examinant les propriétés statistiques des résidus. On estime alors différents modèles VAR et on retient le modèle pour lequel les résidus vérifient les hypothèses habituelles (homoscédasticité, non-autocorrélation, normalité…).

Nous retenons ici 3 retards suivant la règle de la majorité. Pour réestimer le modèle, cliquez sur l'onglet « **Estimate** » afin de revenir à la fenêtre de spécification du VAR.

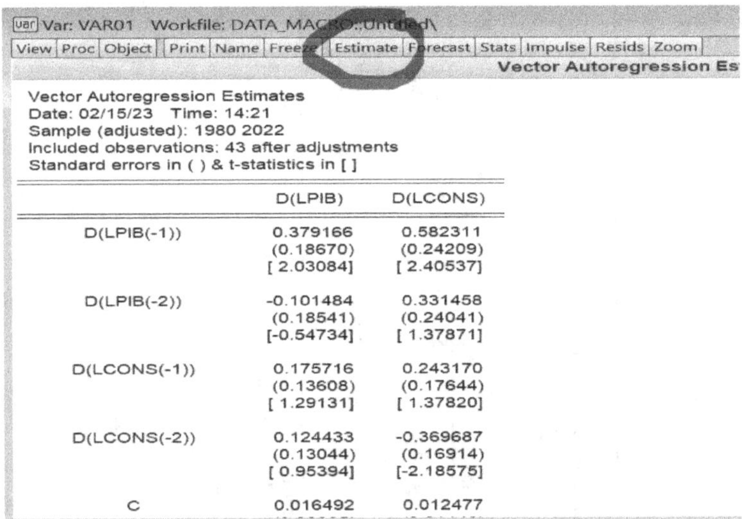

Vector Autoregression Estimates
Date: 02/15/23 Time: 14:21
Sample (adjusted): 1980 2022
Included observations: 43 after adjustments
Standard errors in ( ) & t-statistics in [ ]

	D(LPIB)	D(LCONS)
D(LPIB(-1))	0.379166	0.582311
	(0.18670)	(0.24209)
	[2.03084]	[2.40537]
D(LPIB(-2))	-0.101484	0.331458
	(0.18541)	(0.24041)
	[-0.54734]	[1.37871]
D(LCONS(-1))	0.175716	0.243170
	(0.13608)	(0.17644)
	[1.29131]	[1.37820]
D(LCONS(-2))	0.124433	-0.369687
	(0.13044)	(0.16914)
	[0.95394]	[-2.18575]
C	0.016492	0.012477

Dans la boîte de dialogue qui apparaît, remplacez **2** par **3** et validez. On obtient les résultats suivants :

Tableau 7.7 : Estimation du modèle VAR(3)

Vector Autoregression Estimates
Sample (adjusted): 1981 2022
Included observations: 42 after adjustments
Standard errors in ( ) & t-statistics in [ ]

	D(LPIB)	D(LCONS)
D(LPIB(-1))	0.534533	0.845827
	(0.20073)	(0.25028)
	[2.66300]	[3.37949]
D(LPIB(-2))	-0.096174	0.445534
	(0.19836)	(0.24733)
	[-0.48485]	[1.80138]
D(LPIB(-3))	0.288705	0.293475
	(0.19436)	(0.24234)
	[1.48542]	[1.21099]
D(LCONS(-1))	0.018040	-0.013844
	(0.15483)	(0.19306)
	[0.11651]	[-0.07171]
D(LCONS(-2))	0.150904	-0.288089
	(0.13782)	(0.17184)
	[1.09495]	[-1.67647]
D(LCONS(-3))	-0.276384	-0.491910
	(0.14864)	(0.18534)
	[-1.85943]	[-2.65415]
C	0.015208	0.013656
	(0.00910)	(0.01134)
	[1.67199]	[1.20409]
R-squared	0.427359	0.494521
Adj. R-squared	0.329192	0.407868
Sum sq. resids	0.059235	0.092095
S.E. equation	0.041139	0.051296
F-statistic	4.353393	5.706877
Log likelihood	78.24660	68.97938
Akaike AIC	-3.392695	-2.951399
Schwarz SC	-3.103083	-2.661788
Mean dependent	0.041031	0.043965
S.D. dependent	0.050229	0.066661
Determinant resid covariance (dof adj.)		3.05E-06
Determinant resid covariance		2.12E-06
Log likelihood		155.1657
Akaike information criterion		-6.722176
Schwarz criterion		-6.142952

7.2.4 Tests de causalité au sens de Granger

Les coefficients d'un modèle VAR à plusieurs retards ne peuvent pas être directement interprétés. En effet, les retards d'une même variable peuvent se voir attribuer des coefficients de signes différents. On s'intéresse, en général, à la significativité globale des coefficients associés à une variable spécifique ou à un groupe de variables. C'est l'idée du test de causalité de Granger (1969). La causalité au sens de Granger est une approche de la causalité qui renvoie non au caractère théorique de la causalité (cause-effet), mais au caractère prédictif de l'éventuelle cause sur l'effet. En effet, on dira qu'une variable X cause au sens de Granger, une autre variable Y, si la connaissance des valeurs passées de X améliore la prévision de Y. En d'autres termes, on dira que la variable X cause la variable Y si les valeurs passées de X influencent significativement la valeur contemporaine de Y[12]. Au plan statistique, le test de causalité au sens de Granger revient à faire un test de significativité globale des coefficients associés aux valeurs passées de la variable causale dans l'équation de la variable causée.

Considérons le modèle *VAR* bivarié défini par les équations (7.10) et (7.11) ci-après:

$$Y_t = c_1 + \sum_{i=1}^{p} \phi_{1i} X_{t-i} + \sum_{i=1}^{p} \phi_{2i} Y_{t-i} + \varepsilon_{1t} \qquad (7.10)$$

$$X_t = c_2 + \sum_{i=1}^{p} \gamma_{1i} X_{t-i} + \sum_{i=1}^{p} \gamma_{2i} Y_{t-i} + \varepsilon_{2t} \qquad (7.11)$$

On teste les hypothèses suivantes :

H_0: $\phi_{11} = \phi_{12} = ... = \phi_{1p} = 0 \Leftrightarrow$ X ne cause pas Y

H_0: $\gamma_{21} = \gamma_{22} = ... = \gamma_{2p} = 0 \Leftrightarrow$ Y ne cause pas X

Ces hypothèses peuvent être testées à l'aide des tests de Fisher et de Wald, selon que les résidus suivent une loi normale ou non. On peut aussi utiliser un test du rapport de vraisemblance par comparaison du modèle VAR non-contraint et du modèle VAR contraint. Le

[12] Il existe dans la littérature plusieurs tests de causalité. Pour une revue de littérature, voir Bruneau (1996).

rejet des deux hypothèses implique une causalité mutuelle entre X et Y. On parle également de boucle rétroactive. Rappelons que le cadre statistique de ce test suppose la stationnarité des variables X et Y.

Nous allons illustrer le test de causalité au sens de Granger à partir du modèle VAR(3) que nous avons estimé précédemment. Pour réaliser le test de causalité de Granger, sélectionnez **View/Lag Structure/ Granger Causality/Block Exogeneity Tests.**

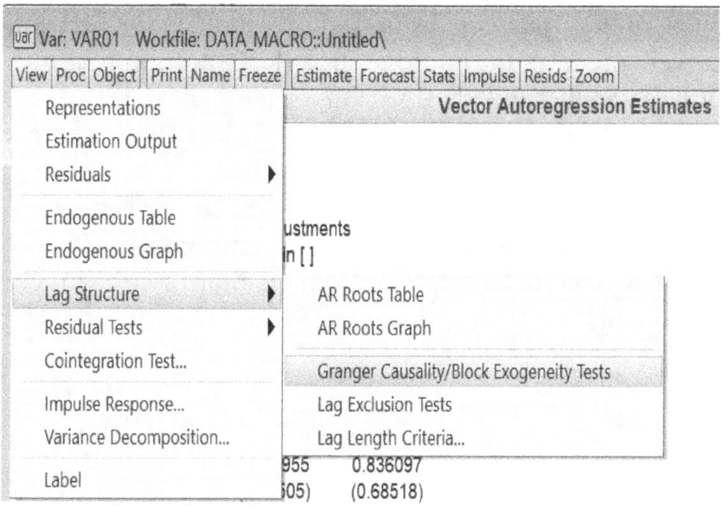

On obtient les résultats consignés dans le tableau suivant.

Tableau 7.8 : Résultats du test de causalité de Granger dans le VAR(3)

VAR Granger Causality/Block Exogeneity Wald Tests Sample: 1977 2022 Included observations: 42			
Dependent variable: D(LPIB)			
Excluded	Chi-sq	Df	Prob.
D(LCONS)	**5.867483**	3	**0.1182**
All	5.867483	3	0.1182
Dependent variable: D(LCONS)			
Excluded	Chi-sq	Df	Prob.
D(LPIB)	**16.47576**	3	**0.0009**
All	16.47576	3	0.0009

Pour une variable dépendante donnée, le tableau ci-dessus donne la statistique de Wald du test de nullité conjointe des coefficients associés aux retards de la variable causale. Par exemple, pour la variable dépendante DLPIB, la statistique de test associée à la variable causale DLCONS affiche une valeur de 5.867483 avec une probabilité égale à 0.1182. Cette probabilité étant supérieure à 5%, l'hypothèse de non-causalité de DLPIB par DLCONS ne peut pas être rejetée au seuil de 5%. En d'autres termes, le taux de croissance de la consommation (DLCONS) ne cause pas le taux de croissance du PIB (DLPIB) au seuil de 5%.

En revanche, quand on considère l'équation de DLCONS, on constate que les valeurs passées du taux de croissance du PIB influencent significativement le taux de croissance de la consommation : DLPIB cause DLCONS au seuil de 1%. On conclut qu'il y a une causalité uni-directionnelle entre les deux variables : le PIB cause la consommation.

Nous allons refaire le test de causalité au sens de Granger en considérant successivement un et deux retards, comme suggéré par les critères SC et LR dans le tableau 7.6. Les résultats sont synthétisés dans le tableau suivant :

Tableau 7.9 : Résultats du test de causalité de Granger des VAR(1) et VAR(2)

	VAR(1)			VAR(2)		
Dépendent variable: D(LPIB)						
Excluded	Chi-sq	df	Prob.	Chi-sq	df	Prob.
D(LCONS)	1.921412	1	0.1657	2.78729	2	0.2482
Dependent variable: D(LCONS)						
Excluded	Chi-sq	df	Prob.	Chi-sq	df	Prob.
D(LPIB)	7.084130	1	**0.0078**	9.35973	2	**0.0093**

On aboutit à la même conclusion : il y a causalité de DLCONS par DLPIB. Ce résultat est cohérent avec la réalité.

Néanmoins, il est important de faire remarquer que le test de causalité de Granger est sensible au nombre de retards introduits dans le modèle. Les conclusions de l'analyse de la causalité dépendent également du nombre de variables du modèle. Exercice : Faire le test de causalité de Granger en considérant un modèle VAR à trois variables (DLG, DLPIB, DLCONS).

7.2.5 Analyse impulsionnelle

Dans les applications empiriques, une des principales utilisations des modèles VAR réside dans l'analyse des effets de chocs de politiques économiques au travers de l'analyse dite impulsionnelle. Un modèle VAR modélise les relations dynamiques entre un groupe de variables endogènes. Un choc sur une variable peut affecter directement cette variable, mais aussi les autres variables au travers des relations dynamiques qui lient les variables du modèle. L'analyse impulsionnelle permet d'analyser comment un choc à la date T sur une variable donnée affecte l'ensemble des variables pour les périodes T, $T+1$, $T+2, \dots T+h$.

Considérons notre modèle VAR bivarié définit par les équations (7.10) et (7.11). On cherche à déterminer l'impact d'un choc unitaire de X intervenant à la date T sur la dynamique de Y aux périodes T, $T+1$, $T+2, \dots$, $T+h$. Comme un modèle VAR standard ne contient pas de variables exogènes (X_t ne dépendant que de ses valeurs passées, qui sont prédéterminées à la date t), on va administrer le choc au travers des termes d'erreur ε_t que l'on va considérer comme des variables exogènes. Par exemple, pour un choc unitaire sur X à la date T, on pose:

$$\varepsilon_{1,T} = 1 \ , \ \varepsilon_{2T+h} = 0 \ \forall \ h > 0 \qquad (7.12)$$

Il est évident qu'un choc sur ε_{1T} a un effet immédiat sur X_T, mais aucun effet sur Y_T, si on suppose que les innovations ε_{1t} et ε_{2t} ne sont pas corrélées instantanément[13]. À la date $T+1$, le choc sur X_T à la date T, va affecter X_{T+1} par l'intermédiaire de la première équation, mais il se transmet également à Y_{T+1} au travers de la deuxième équation. Ces effets sont répétés en $T+2$ et ainsi de suite. Ainsi, un choc sur une variable entraîne une réaction en chaîne au cours du temps sur toutes les variables du modèle. Il est utile pour la politique économique de cal-

[13] Si les innovations ne sont pas orthogonales, il est possible de les orthogonaliser en utilisant un minimum de raisonnement économique pour introduire des restrictions d'identification. Cette approche est à la base des modèles VAR structurels (voir Blanchard & Quah, 1989; Lütkepohl & Krätzig, 2004).

culer ces effets multiplicateurs. C'est l'objet de l'analyse de réponse impulsionnelle.

Plus généralement, un modèle VAR(p) peut s'écrire sous la forme dite vectorielle moyenne mobile (VMA) infinie suivante :

$$Z_t = \Theta_0 \varepsilon_t + \Theta_1 \varepsilon_{t-1} + ... = \sum_{j=0}^{\infty} \Theta_j \varepsilon_{t-j} \qquad (7.13)$$

Sous cette forme, les matrices Θ_j représentent les multiplicateurs dynamiques. C'est au travers de ces matrices qu'un choc se propage à l'ensemble des variables du modèle.

L'équation (7.13) montre que tout choc d'innovation sur une variable Z_i entraîne une variation instantanée de même ampleur:

$$\frac{\partial Z_t}{\partial \varepsilon'_t} = \Theta_0 = I_k \Rightarrow \frac{\partial Z_{it}}{\partial \varepsilon_{it}} = 1 \; \frac{\partial y_{it}}{\partial \varepsilon_{i,t}} = 1 \qquad (7.14)$$

On caractérise les fonctions de réponse à l'horizon h consécutive à un choc d'innovation sur la composante ε_{jt} de ε_t, à partir des multiplicateurs dynamiques :

$$\frac{\partial Z_{T+h}}{\partial \varepsilon'_T} = \Theta_h \qquad (7.15)$$

Ainsi, l'effet d'un choc d'innovation ε_j sur la variable Z_i $(i=1,...,k)$, après h périodes, est donné par l'élément ij de la matrice Θ_h. Les fonctions de réponse impulsionnelle sont généralement présentées sous la forme d'un tracé qui permet d'en faciliter l'interprétation.

Pour réaliser l'analyse impulsionnelle, sélectionnez View/Impusle Response… On peut aussi directement cliquer sur l'onglet « Impulse » dans la fenêtre des résultats du VAR. Attention : nous retournons aux résultats du modèle VAR avec 3 retards.

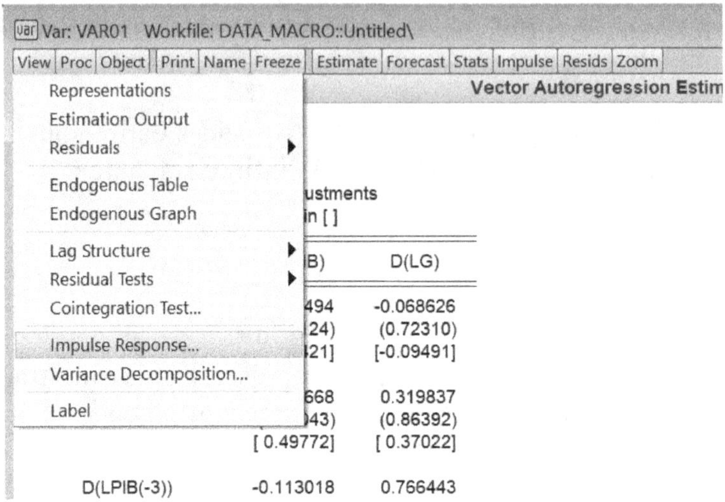

Dans les deux cas, on obtient la fenêtre de dialogue suivante :

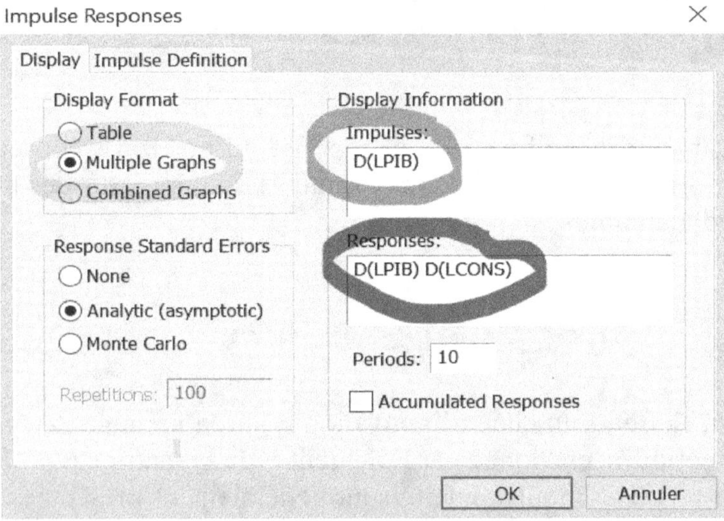

Impusles: indique les variables dont on veut générer les chocs (impulsions). Ici, nous simulons un choc sur le revenu (DLPIB).

Responses : indique les variables dont on veut observer les réponses.

Display Format : vous pouvez présenter les résultats sous la forme de tableau ou de graphique. Ici, nous choisissons l'option graphique.

Periods : indique l'horizon temporel de la simulation. Ici, nous retenons 10 années.

Cliquez ensuite sur OK pour valider.

On obtient deux graphiques donnant les réponses de DLPIB et DLCONS au choc sur DLPIB (cf. Figure 7.1). On peut de même simuler la réponse des deux variables au choc sur DLCONS. Ces réponses sont retracées dans la Figure 7.

Figure 7.1 : Fonctions de réponse impulsionnelle à un choc sur le PIB

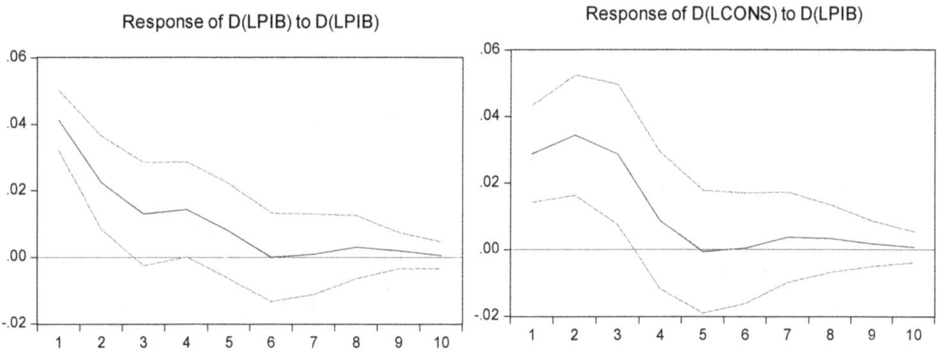

Figure 7.2: Fonctions de réponse impulsionnelle à un choc sur la consommation

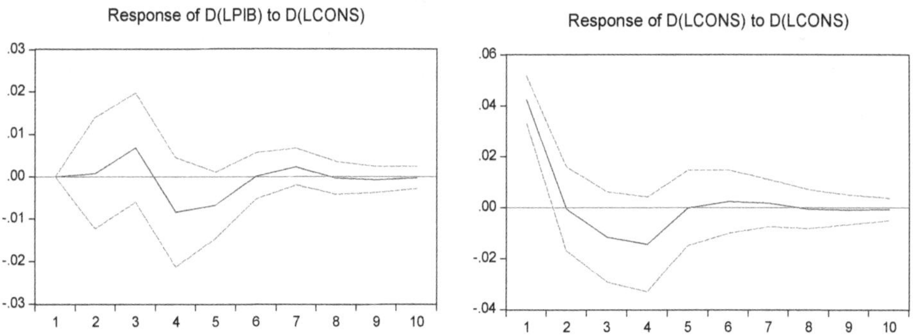

Dans chaque graphique, on considère que l'amplitude du choc est égale à une fois l'écart-type et l'on s'intéresse aux effets du choc sur 10 années. Les courbes en pointillés représentent l'intervalle de confiance. On observe qu'un choc positif sur DLPIB (augmentation du revenu) conduit à une hausse transitoire du taux de croissance de la consommation, qui s'amortit dans le temps. Le choc sur DLCONS, quant à lui, n'a pas d'influence instantanée sur DLPIB ; ce qui explique que la courbe relative à DLPIB parte de zéro. L'impact du choc disparait au bout de 8 années. Le fait que les réponses impulsionnelles de DLPIB et DLCONS s'amortissent dans le temps est cohérent avec la propriété de stationnarité de ces séries. On retrouve ici le profil traditionnel des fonctions de réponse impulsionnelle des séries stationnaires.

Simulez l'impact d'un choc positif (hausse) du revenu de 2 points d'écart-type sur la dynamique du modèle à l'horizon de 15 ans (exercice).

7.2.6 Analyse de la décomposition de la variance

L'analyse des fonctions de réponse impulsionnelle peut être complétée par une analyse de la décomposition de la variance des erreurs de prévision. Cette analyse fournit des informations quant à l'importance relative de chacune des innovations dans la variation totale de l'erreur de prévision des variables. Elle permet de déterminer dans quelle direction un choc a le plus d'impact. Il existe une relation entre la décomposition de la variance de l'erreur de prévision et la non-causalité au sens de Granger. En effet, si Y ne cause pas X, alors la variance de l'erreur de prévision de X sera entièrement due aux innovations de X. Cette propriété n'est cependant vérifiée que si la matrice de variance-covariance des innovations est diagonale, c'est-à-dire s'il n'y a pas de causalité instantanée entre les variables.

Pour obtenir la décomposition de la variance, sélectionnez, à partir du menu, **View/Variance Decomposition.** On obtient la fenêtre suivante :

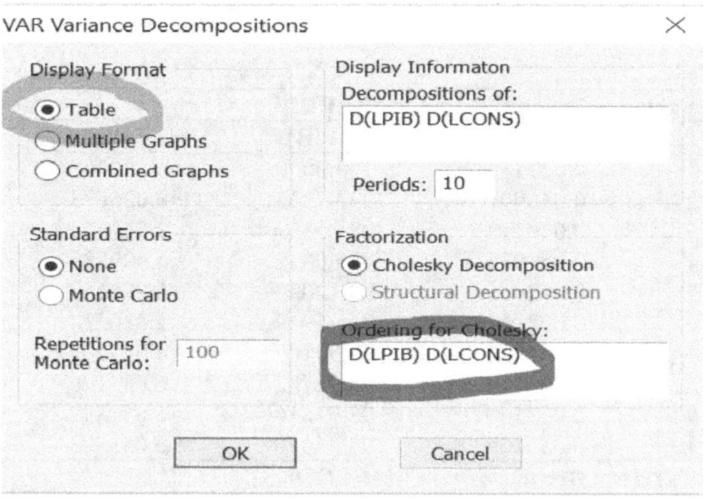

Ici, on va présenter les résultats sous la forme de tableau. La méthode de Cholesky est utilisée pour l'orthogonalisation des erreurs. Cela facilite l'interprétation des résidus en tant que chocs structurels non-corrélés. Nous avons vu que sous cette hypothèse, la forme moyenne mobile donne directement les multiplicateurs dynamiques.

Les résultats de la décomposition de la variance sont reportés dans le tableau suivant :

Tableau 7.7: Décomposition de la variance

Variance Decomposition of D(LPIB):			
Period	S.E.	D(LPIB)	D(LCONS)
1	0.041139	100.0000	0.000000
2	0.046901	99.97333	0.026673
3	0.049153	98.05833	1.941674
4	0.051924	95.60012	4.399880
5	0.052965	94.12032	5.879677
6	0.052965	94.11949	5.880514
7	0.053024	93.94107	6.058927
8	0.053114	93.95782	6.042176
9	0.053160	93.94816	6.051837
10	0.053164	93.94620	6.053803
Variance Decomposition of D(LCONS):			
Period	S.E.	D(LPIB)	D(LCONS)
1	0.051296	31.48252	68.51748
2	0.061765	52.73148	47.26852
3	0.069042	59.36013	40.63987
4	0.071071	57.50769	42.49231
5	0.071074	57.51123	42.48877
6	0.071113	57.45090	42.54910
7	0.071229	57.53161	42.46839
8	0.071307	57.61608	42.38392
9	0.071332	57.63270	42.36730
10	0.071339	57.62932	42.37068
Cholesky Ordering: D(LPIB) D(LCONS)			

Le premier tableau indique que la variance de l'erreur de prévision du taux de croissance du PIB est expliquée à près de 94% par ses propres innovations et à 6% par celles du taux de croissance de la consommation. Le second tableau indique que la variance de l'erreur de prévision du taux de croissance de la consommation est due pour 57.6% aux innovations du taux de croissance du PIB et pour 42.4% à ses propres innovations. On en déduit que l'impact d'un choc affectant le PIB sur la consommation est plus important que l'impact d'un choc affectant la consommation sur le PIB. Ces résultats confirment ceux du test de causalité de Granger montrant que le PIB cause la consommation et pas l'inverse.

Il importe de faire remarquer que la méthode d'orthogonalisation de Cholesky est tributaire de l'ordre des variables, et cela affecte les résultats de l'analyse. Cette méthode suppose, pour être pertinente, que les variables sont rangées de la plus « exogène » à la plus « endogène ».

Procéder à l'analyse de la décomposition de la variance en inversant l'ordre des variables, c'est-à-dire en adoptant l'ordre suivant : DLCONS DLPIB (exercice).

CHAPITRE 8
Cointégration et modèles à correction d'erreur

Lorsqu'on travaille avec des séries temporelles, il est recommandé de vérifier au préalable que celles-ci sont stationnaires. Lorsque cela n'est pas le cas, il faut trouver la bonne façon de les rendre stationnaires pour échapper au problème des régressions fallacieuses (*spurious regressions*) mis en avant par Granger & Newbold (1974). La plupart des données temporelles macroéconomiques sont des réalisations de processus non-stationnaires (Nelson & Plosser, 1982). Ce qui implique que les méthodes habituelles d'estimation et d'inférence (moindres carrés ordinaires, test de Student, test de Fisher etc.) ne peuvent pas être appliquées directement.

Néanmoins, la théorie de la cointégration indique des conditions dans lesquelles la régression est autorisée entre des séries non-stationnaires. En effet, lorsque les variables ne sont pas stationnaires, l'estimation d'un modèle en différence première n'est pas toujours appropriée. La différenciation conduit à un appauvrissement de l'information dans la mesure où on enlève les mouvements de long terme contenus dans le niveau des variables. Or, cette information devrait être exploitée pour enrichir la dynamique des variables plutôt que d'être retirée. En différenciant, seuls les effets de court terme peuvent être analysés. Le calcul des différences premières n'est pas toujours la stratégie appropriée pour analyser les variables non-stationnaires.

Les techniques de cointégration montrent que sous certaines conditions le modèle initial peut être reparamétré sous la forme d'un modèle dit à correction d'erreur faisant intervenir les variables en différence première et en niveau (Engle & Granger, 1987; Johansen, 1988). La représentation du modèle sous la forme à correction d'erreur présente plusieurs avantages. Premièrement, elle n'est pas sujette aux problèmes de régressions fallacieuses puisque toutes les variables du modèle sont stationnaires (Banerjee *et al.*, 1993).

Deuxièmement, elle permet de distinguer entre les élasticités de court terme et de long terme puisque les différences premières et les niveaux des variables interviennent explicitement dans le modèle. La cointégration et les modèles à correction d'erreur s'inscrivent dans le prolongement de la modélisation des séries temporelles non-stationnaires. Leur mise en œuvre et leur interprétation nécessitent de bien comprendre la théorie sous-jacente. C'est pourquoi, dans ce chapitre, nous allons rappeler quelques éléments essentiels de cette théorie. Nous recommandons aux lecteurs de se référer aux ouvrages d'économétrie qui abordent en détail ces modèles afin d'approfondir certains aspects (voir, Lardic & Mignon, 2002 ; Bourbonnais, 1998).

8.1 Séries cointégrées ?

La régression d'une série non stationnaire sur des séries non stationnaires peut donner une régression n'ayant aucun sens économique. C'est ce qu'on appelle les régressions fallacieuses (Granger & Newbold, 1974). L'estimation de modèles impliquant des variables non stationnaires soulève plusieurs problèmes assez sérieux. Premièrement, les estimateurs des coefficients ne sont pas convergents. Deuxièmement, les statistiques des tests conventionnels, tels que les tests de Student et de Fisher, ne suivent plus leur distribution habituelle sous l'hypothèse nulle, même asymptotiquement. En conséquence, les valeurs critiques habituelles ne sont plus appropriées. Troisièmement, les modèles présenteront une apparente bonne adéquation reflétée par un coefficient de détermination très élevé, mais la statistique de Durbin-Watson convergera vers zéro au fur à mesure que le nombre d'observations augmente.

Néanmoins, il arrive que des séries non-stationnaires et intégrées d'ordre un forme une combinaison linéaire stationnaire. Cette situation particulièrement intéressante signifierait que, bien que chacune des séries ait tendance à "errer", elles "marchent" ensemble suivant une relation harmonieuse. On dit qu'elles sont *cointégrées*. Economiquement, cela signifie qu'il existe une relation stationnaire à long terme entre ces variables. Cette relation est appelée relation de cointégration ou encore relation de long terme.

Nous allons maintenant donner la définition formelle de la cointégration selon Engle & Granger (1987). Considérons un vecteur X_t de variables non-stationnaires. Les composantes de X_t sont dites cointégrées si premièrement elles sont intégrées du même ordre d ($I(d)$), et s'il existe une combinaison linéaire de ces variables d'ordre d'intégration inférieur, c'est-à-dire s'il existe un vecteur β non nul tel que $Z_t = \beta X_t$ est $I(d-b)$, avec $0<b<d$. Le vecteur β est le vecteur cointégrant. Dans le cas où $d=1$, la cointégration implique que $Z_t=\beta X_t$ est stationnaire.

Si nous considérons deux variables X et Y intégrées d'ordre un (I(1), l'existence d'une relation de cointégration implique qu'il existe un coefficient β tel que $Y_t - \beta X_t = Z_t$ est stationnaire (I(0)).

L'ordre d'intégration d'une variable est le nombre de fois qu'il faut la différencier pour la rendre stationnaire. La cointégration se présente ainsi comme une propriété de réduction de l'ordre d'intégration d'une combinaison linéaire de variables intégrées du même ordre. Le nombre de relations de cointégration est appelé rang de cointégration. En cas de cointégration, le vecteur cointégrant n'est pas unique. En effet, si β est un vecteur cointégrant, $\varphi\beta$ est aussi un vecteur cointégrant. On choisira de normaliser le coefficient de la une variable dépendante. Un raisonnement par l'absurde permet de montrer qu'entre p variables I(1), il existe au plus $(p-1)$ relations distinctes de cointégration. Par conséquent, dans un modèle bivariée, le rang de la cointégration ne peut excéder un.

8.2 Modèle à correction d'erreur

Lorsque deux variables sont cointégrées, elles sont liées par une relation de long terme. Cependant, elles peuvent s'écarter de temps en temps (à court terme) de cette relation. On peut interpréter l'écart entre Y_t et sa valeur de long terme $Y^*_t = \beta X_t$ comme une "*erreur d'équilibre*" et l'utiliser pour lier le comportement de court terme des deux variables à celui de long terme. On définit ainsi le modèle suivant:

$$\Delta Y_t = b\Delta X_t + \lambda e^*_{t-1} + \mu_t \qquad (8.1)$$

où $e^*_{t-1} = Y_{t-1} - Y^*_{t-1} = Y_{t-1} - \beta X_{t-1}$ réprésente l'écart à la relation de long terme ou l'erreur d'équilibre.

Cette représentation est communément appelée ***modèle à correction d'erreur (MCE)***. Le coefficient λ mesure la force de rappel vers la relation de long terme. Il doit être négatif et significatif pour que le mécanisme de correction d'erreur fonctionne. En effet, supposons que X_t est constant et que l'écart à l'équilibre $e_{t-1} = Y_{t-1} - \beta X_{t-1}$ est positif. Cela signifie que Y_{t-1} est supérieure à sa valeur d'équilibre $Y^*_{t-1} = \beta X_{t-1}$. En supposant que le coefficient λ est négatif, le terme λe_{t-1} est aussi négatif et par conséquent, $\Delta Y_t = Y_t - Y_{t-1}$ sera négatif. La valeur de Y_t à la période t sera inférieure à la valeur de Y_{t-1} de sorte à corriger l'erreur d'équilibre.

En revanche, si l'erreur $e_{t-1} = Y_{t-1} - \beta X_{t-1}$ est négative, alors Y_{t-1} sera en deçà de sa valeur de long terme. Le terme λe_{t-1} étant positif (λ étant supposé toujours négatif), la différence $\Delta Y_t = Y_t - Y_{t-1}$ sera également positive. Cela implique que Y_t prendra une valeur supérieure à Y_{t-1} permettant de réaliser l'équilibre. En d'autres termes, lorsqu'à un moment donné Y_t s'écarte de sa valeur de long terme, la période suivante, elle y revient : il y a comme une « main invisible » qui gouverne la dynamique des variables et qui fait que ces dernières ne s'écartent pas durablement de la relation de long terme. Si les séries sont cointégrées, les déviations par rapport à la relation de long terme ont pour effet, à court terme, d'induire des variations dans l'évolution de l'une ou de toutes les variables de façon à forcer le système à retourner vers sa trajectoire de long terme.

Pour illustrer le concept de cointégration et de modèle à correction d'erreur, considérons l'exemple d'un couple (Y=homme, X=femme). L'union entre les deux partenaires impose à chacun un mode de vie caractérisé par une harmonie et une certaine complicité. Cette vie de bonne entente et d'harmonie représente la situation de long terme, c'est-à-dire la relation qui devrait normalement lier les deux partenaires. Les Écritures ne disent-elles pas que celui qui rencontre une femme trouve le bonheur ? Cependant, de temps en temps, la vie de couple peut être perturbée par une divergence dans les comportements individuels. Ce sont les hauts et les bas d'une vie de couple. Mais avec le temps, l'humeur des conjoints s'améliore progressivement et finit par revenir à « la normale ». Il y a comme une force invisible qui restaure, de jour en jour, l'harmonie dans le couple. Heureusement !

Engle & Granger (1987) ont montré que tout ensemble de variables cointégrées peut être mis sous la forme d'un modèle à correction d'erreur où toutes les variables sont stationnaires:

$$\Delta Y_t = c_1 + \lambda_1 (Y_{t-1} - \beta X_{t-1}) + \sum_{i=1}^{p} \gamma_{1i} \Delta Y_{t-i} + \sum_{i=0}^{q} \gamma_{2i} \Delta X_{t-i} + \mu_{1t}$$

(8.2)

$$\Delta X_t = c_2 + \lambda_2 (Y_{t-1} - \beta X_{t-1}) + \sum_{i=0}^{p} \theta_{1i} \Delta Y_{t-i} + \sum_{i=1}^{q} \theta_{2i} \Delta X_{t-i} + \mu_{2t}$$

(8.3)

La différence avec le modèle VAR standard réside dans la présence du terme d'erreur $e_{t-1}=Y_{t-1}-\beta X_{t-1}$. Remarquons que les relations (8.2) et (8.3) ne font intervenir que des termes stationnaires. Par conséquent, les procédures habituelles d'estimation et d'inférence statistique sont applicables sans risque de régression fallacieuse.

La vitesse d'ajustement ou force de rappel vers la relation de long terme est mesurée par les coefficients λ_1 et λ_2. Suivant le même raisonnement que précédemment, l'un au moins de ces deux paramètres doit être significatif et négatif pour valider la représentation sous forme à correction d'erreur. Si l'hypothèse nulle H_0: $\lambda_1=\lambda_2=0$, est acceptée, cela signifie qu'aucun terme à correction d'erreur n'est significatif. Dans ce cas, il convient de rejeter la spécification à correction d'erreur. En revanche, si cette hypothèse est rejetée, alors au moins un terme à correction d'erreur est significativement différent de zéro. Cela traduit un retour vers la relation de long terme : les séries sont effectivement cointégrées. Il est possible d'ajouter aux équations de court terme d'autres variables explicatives supplémentaires à condition que celles-ci soient déterministes ou stationnaires.

La spécification sous la forme à correction d'erreur permet d'estimer les effets de court terme et de long terme. En considérant l'équation (8.2), les coefficients γ_{2i} et β représentent respectivement les effets de court terme et de long terme de la variable X_t sur Y_t. Lorsque les variables sont considérées sous la forme logarithmique, ces effets s'interprètent en termes d'élasticités. Si les séries sont cointégrées, il est possible de distinguer la causalité de court terme de la causalité de long terme. Nous reviendrons sur ces deux notions.

8.3 Tests de cointégration et modèle à correction d'erreur

Plusieurs méthodes d'estimation d'un MCE ont été proposées à la suite des travaux d'Engle & Granger (1987). Dans cette section, nous allons présenter la méthode d'estimation en deux étapes d'Engle-Granger, la procédure en une étape de Banerjee et *al.* (1993) et la méthode du maximum de vraisemblance de Johansen (1988).

8.3.1 Méthode en deux étapes d'Engle-Granger

La méthode d'estimation d'un modèle à correction d'erreurs proposée par Engle & Granger (1987) suit une procédure en deux étapes. Le principal avantage de cette méthode réside dans sa simplicité de mise en œuvre. Afin de simplifier l'exposé, nous considérons le cas de deux variables X_t et Y_t.

La première étape consiste à estimer par la méthode des moindres carrés ordinaires la relation statique de long terme $Y_t=\alpha+\beta X_t+e_t$. On teste la stationnarité du résidu estimé e_t. Ce test fait office de test de cointégration. Le modèle de régression qui sert de base au test de stationnarité est:

$$\Delta \hat{e}_t = \rho \hat{e}_{t-1} + \sum_{i=1}^{p} \phi_i \Delta \hat{e}_{t-i} + \zeta_t \qquad (8.4)$$

Où on teste $H_0: \rho=0$ contre $H_1: \rho<0$.

Si les résidus sont stationnaires, on conclut que les séries sont effectivement cointégrées. Bien entendu, il convient de s'assurer au préalable que les variables en jeu sont intégrées d'ordre un. Néanmoins, étant donné que le test porte sur les résidus calculés à partir de l'estimation de la relation de cointégration et non sur les vrais termes d'erreur qui, eux, ne sont pas observés, les valeurs critiques des tests de racine unitaire ne sont plus appropriées. Il convient d'utiliser les valeurs critiques tabulées par Engle & Granger (1987), Engle & Yoo (1987) et Davidson & MacKinnon (1993). Dans la pratique, les tests se font comme indiqué dans le chapitre précédent.

La deuxième étape consiste à estimer par les MCO, le modèle à correction d'erreur, en remplaçant le résidu de long terme par son estimation[14] :

[14] Notons que le modèle à correction d'erreur ne se réduit pas toujours à une seule équation. En général, il y a autant d'équations que de variables endogènes. Le modèle se réduit à l'équation (8.5) uniquement si le coefficient de e_{t-1} dans l'équation de ΔX_t est nul. Cette hypothèse (dite d'exogénéité faible de X_t doit être testée. Dans le cas où celle-ci est rejetée, on utilise la méthode des variables instrumentales ou la méthode du maximum de vraisemblance pour estimer les coefficients de l'équation.

$$\Delta Y_t = c_1 + \lambda_1 \hat{e}_{t-1} + \sum_{i=1}^{p} \gamma_{1i} \Delta Y_{t-i} + \sum_{i=0}^{q} \gamma_{2i} \Delta X_{t-i} + \mu_{1t} \qquad (8.5)$$

Il est clair que cette seconde étape ne pose aucun problème d'estimation, car toutes les variables sont stationnaires. Les coefficients peuvent alors être soumis aux tests usuels d'inférence statistique (test de Student, test de Fisher). La cointégration implique non seulement que $\hat{e}_t$ est stationnaire, mais que le coefficient d'ajustement λ_1 est négatif et significatif. Ces restrictions sont nécessaires pour valider le modèle à correction d'erreur.

La procédure en deux étapes d'Engle-Granger présente cependant un certain nombre de défauts. Tout d'abord, elle n'est applicable que dans le cas d'une seule relation de cointégration. Elle ne permet donc pas de différencier plusieurs vecteurs de cointégration. Or, lorsqu'on dispose de plusieurs variables, il peut très bien exister plusieurs relations de long terme. Ensuite, le choix de la variable dépendante est arbitraire et influence l'issue du test. Lorsqu'il y a plusieurs variables, il se pose la question de savoir laquelle va occuper la place de variable dépendent. Enfin, l'estimation de l'équation de long terme ne tient pas compte de l'information potentielle contenue dans la dynamique de court terme. Si la super convergence des estimateurs de première étape implique que ce biais s'estompe asymptotiquement, ce biais peut être non négligeable pour de petits échantillons (Stock, 1987 ; Davidson & MacKinnon, 1993 ; Banerjee *et al.*, 1993). En outre, la distribution asymptotique des estimateurs de long terme n'est pas standard (Phillips & Durlauf, 1986). Par conséquent, il n'est pas possible de leur appliquer les règles d'inférence usuelles, notamment pour en étudier la significativité.

Néanmoins, il est possible d'améliorer les estimations en appliquant des procédures de correction robustes. La méthode Dynamic OLS (DOLS) suggérée par Stock & Watson (1993) consiste à ajouter des régresseurs supplémentaires constitués des retards et des avances des variables explicatives ΔX_t:

$$Y_t = \alpha + \beta X_t + \sum_{j=-p}^{p} c_j \Delta X_{t-j} + e_t \qquad (8.6)$$

Cette façon de prendre en compte la dynamique de court terme permet de corriger les biais d'endogénéïté et d'interpréter les t de Student associé au coefficient β de la façon habituelle. En présence d'autocorrélation résiduelle, on peut corriger les t de Student par la méthode de Newey-West.

8.3.2 Méthode en une étape de Banerjee et *al.*

Certains auteurs ont montré que l'on peut faire l'économie de calculs en estimant simultanément, en une seule étape, les paramètres de court et de long terme. Dans la méthode préconisée par Banerjee *et al.* (1993), l'estimation se fait directement à partir du modèle à correction d'erreur, non en introduisant la relation de cointégration estimée préalablement au cours d'une première étape, mais en introduisant directement dans le modèle les niveaux retardés des variables. Plus précisément, le modèle estimé s'écrit sous la forme suivante:

$$\Delta Y_t = \phi_0 + \lambda_1 Y_{t-1} + \lambda_2 X_{t-1} + \sum_{i=1}^{p} \gamma_{1i} \Delta Y_{t-i} + \sum_{i=0}^{q} \gamma_{2i} \Delta X_{t-i} + \mu_{1t}$$

(8.7)

On en déduit la relation de cointégration par division :

$$\lambda = \lambda_1 \text{ , } \beta = -\frac{\lambda_2}{\lambda_1} \qquad (8.8)$$

Cette procédure peut paraitre douteuse dans la mesure où la variable expliquée (ΔY_t) est stationnaire tandis que les variables explicatives Y_{t-1} et X_{t-1} ne le sont pas. Cependant, dans la mesure où il existe une relation de cointégration entre les variables, l'estimation par les MCO n'est pas biaisée. La cointégration est testée à partir de la statistique de Student du coefficient λ_1. Pour accepter la cointégration, ce coefficient doit être significatif et négatif. Le problème ici est qu'il n'est pas possible de faire directement une inférence sur le vecteur de coefficients β. Néanmoins, les écarts-types peuvent être calculés suivant la Δ-méthode ou les transformations de Bewley et de Bardsen[15].

[15] Voir Banerjee et *alii*. (1993 : pp.53-64) pour plus de détails sur ces transformations.

8.3.3 Approche multivariée de Johansen

Johansen (1988) a proposé une procédure de test de cointégration qui sera répandue par la suite par Johansen & Juselius (1990). Cette méthode permet de s'affranchir du cadre restrictif introduit par Engle & Granger (1987). La procédure de test est fondée sur la méthode du maximum de vraisemblance et offre la possibilité de prendre en compte plusieurs spécifications pour la relation de long terme (présence d'une constante/tendance dans la relation de long terme). Cette méthode est décrite abondamment dans les ouvrages d'économétrie des séries temporelles. Nous nous contenterons ici d'en exposer les éléments essentiels.

A. La procédure de test

La méthodologie du test de cointégration de Johansen repose sur l'estimation d'un modèle VAR par la méthode du maximum de vraisemblance. Considérons le modèle *VAR(p)* non structurel défini de la façon suivante:

$$X_t = \Pi_1 X_{t-1} + ... + \Pi_k X_{t-p} + \mu + \Psi D_t + \varepsilon_t \qquad (8.9)$$

Où X_t est un vecteur de k variables, D_t un vecteur de variables exogènes incluant éventuellement une tendance et des variables indicatrices, et ε_t un vecteur d'erreurs suivant une loi normale.

La plupart des variables économiques étant I(1), une différenciation est généralement appliquée. Toutefois, l'estimation du VAR en différence peut conduire à une perte importante d'information si les séries sont effectivement cointégrées. Pour tenir compte de cette dimension potentiellement cointégrée des variables économiques, Johansen (1988) et Johansen & Juselius (1990) réécrivent, à partir de transformations algébriques, l'équation (8.9) sous la forme Vectorielle à Correction d'Erreur (VEC par la suite) suivante :

$$\Delta X_t = \mu + \Pi X_{t-p} + \Gamma_1 \Delta X_{t-1} + ... + \Gamma_{k-1} \Delta X_{t-p+1} + \Psi D_t + \varepsilon_t \quad (8.10)$$

Cette équation peut aussi s'écrire :

$$\Delta X_t = \mu + \Pi X_{t-1} + \sum_{i=1}^{p-1} \Gamma_i \Delta X_{t-i} + \Psi D_t + \varepsilon_t \qquad (8.11)$$

L'équation (8.11) n'est en fait qu'une transformation de (8.9) de sorte à y permettre la mise en relation des variables en niveau et en différence première. Cette représentation permet aux variables cointégrées d'être à l'écart de l'équilibre uniquement à court terme. Les matrices Π et Γ_i renferment respectivement toutes les informations pertinentes sur la dynamique de long terme et de court terme. Il est important de noter que pour un VAR en niveau à p retards, le modèle VEC possède p-1 retards.

La procédure du test de cointégration de Johansen repose précisément sur la détermination du rang de la matrice Π, c'est-à-dire du nombre maximum de colonnes indépendantes de Π ou, de façon équivalente, le nombre de ses racines caractéristiques propres différentes de zéro. Ce nombre est au plus égal à k, le nombre de variables du VAR.

Si Π est de rang r, alors il existe deux matrices α et β de dimension (kxr) telles que $\Pi=\alpha\beta'$. La stratégie de test repose ainsi sur le test de l'hypothèse nulle définie par :

$$H_0(r): \quad \Pi = \alpha\beta' \tag{8.12}$$

Dans cette décomposition, β représente la matrice des vecteurs de cointégration qui rendent la combinaison linéaire $\beta' X_{t-1}$ stationnaire.

La procédure de test permet de spécifier trois modèles. (a) Si Π est de plein rang colonne, c'est-à-dire $r=k$, alors X_t est stationnaire. Dans ce cas, l'estimation sous la forme du VAR en niveau (8.9) est appropriée. (b) Si le rang de Π est égal à zéro, alors $\Pi=0$ et il n'existe aucune relation de cointégration entre les variables. Dans ce cas, la modélisation appropriée est celle d'un VAR en différence première d'ordre p-1. Ce qui implique que la dynamique de court terme ne dépend pas des niveaux des variables. (c) Si Π est de rang r inférieur à k, le modèle vectoriel à correction d'erreur s'exprime sous la forme :

$$\Delta X_t = \mu + \alpha\beta' X_{t-1} + \sum_{i=1}^{p-1} \Gamma_i \Delta X_{t-i} + \Psi D_t + \varepsilon_t \tag{8.13}$$

La matrice de poids α joue un rôle important dans cette spécification. Elle est constituée des coefficients d'ajustement de court terme, c'est-à-dire des « forces de rappel » vers les relations de long terme, dans la représentation vectorielle à correction d'erreurs. La $i^{ème}$ ligne de cette matrice mesure la vitesse avec laquelle la $i^{ème}$ variable s'ajuste aux r relations de cointégration. La matrice β est la matrice qui contient les r vecteurs cointégrants linéairement indépendants. Chaque ligne de cette matrice est constituée d'une relation de long terme.

Johansen utilise la méthode du maximum de vraisemblance concentrée pour estimer les matrices α et β. Le test du rang de cointégration est déterminé par un test de nullité des *(k-r)* plus petites valeurs propres de Π. Cette méthode conduit à deux statistiques du ratio de vraisemblance :

$$Trace\left(H_0(r)/H_1(k)\right) = -T\sum_{i=r+1}^{k}\ln\left(\left(1-\hat{\lambda}_i\right)\right) \quad (8.14)$$

$$\lambda_{\max}\left(H_0(r)/H_1(r+1)\right) = -T\ln\left(1-\hat{\lambda}_{r+1}\right) \quad (8.15)$$

$\hat{\lambda}_i$ est la $i^{ième}$ valeur propre maximale estimée.

La première statistique teste l'hypothèse nulle de cointégration de rang r $(H_0(r) : rang(\Pi)=r)$ contre l'alternative de la stationnarité $(H_1(r) : rang(\Pi)=k)$. Cette statistique est appelée **Statistique de la trace**. La seconde statistique teste $H_0(r) : rang(\Pi)=r)$ contre $H_1(r) : rang(\Pi)=r+1)$. Elle est appelée **Statistique de la valeur propre maximale.**

De façon pratique, ces tests procèdent séquentiellement de $r=0$ à $r=k-1$, jusqu'à ce que l'hypothèse nulle ne puisse pas être rejetée. Les deux statistiques de test ne suivent pas une distribution du Chi-deux. Les valeurs critiques asymptotiques ont été simulées par Johansen & Juselius (1990) ainsi que par Osterwald & Lenum (1992). Elles sont données directement par les logiciels d'économétrie. Elles dépendent de l'hypothèse sur les termes déterministes et du nombre de variables. On rejettera l'hypothèse nulle lorsque la statistique calculée est supérieure à la valeur critique pour une erreur de première espèce donnée. Le test de la trace est plus robuste au skewness et au kurtosis (donc à la normalité) dans les résidus que le test de la valeur propre maximale (Cheung & Lai, 1993 ; Gonzalo, 1994). Il arrive que les deux statistiques donnent des résultats différents. Dans ce cas, il est préférable de retenir le résultat qui peut recevoir une interprétation économique.

Il est possible d'inclure dans le modèle VEC des variables stationnaires. En effet, il est raisonnable de penser qu'une relation de long terme contient également des variables stationnaires. On augmente ainsi le nombre de valeurs propres significatives puisque le vecteur où le coefficient est égal à 1 devant la variable stationnaire et 0 devant les autres variables est aussi un vecteur cointégrant.

Le test de cointégration de Johansen comporte des avantages par rapport à la méthode en deux étapes d'Engle-Granger. Toutefois, l'issue du test dépend du choix d'un certain nombre de paramètres dont le nombre de retards et la présence de constante et de tendance dans la spécification. Ces questions sont traitées dans les sous-sections suivantes.

B. Problème d'identification et interprétabilité des coefficients

Un problème avec la méthodologie de Johansen est qu'elle n'identifie pas exactement les éléments des matrices α et β. En effet, on peut remarquer que $\Pi=\alpha\beta'=\alpha AA^{-1}\beta'$, où A est une matrice carrée inversible de rang r. La multiplicité des vecteurs pose un problème d'identification des coefficients du modèle à correction d'erreur. En effet, la méthode Johansen définit un espace de cointégration dont les colonnes du vecteur β constituent simplement une base. La signification économique de ses éléments devient problématique dès lors qu'il existe plus d'une relation de cointégration. Dans le cas d'une seule relation de cointégration, la normalisation à l'unité suffit pour identifier le modèle. Au-delà de cette dimension, il faut imposer des restrictions supplémentaires sur les éléments de α et β. Les restrictions classiques d'identification sont la normalisation de certains coefficients de β et les restrictions d'exclusion sur β ou α. Ces restrictions identifiantes sont posées en se basant sur la théorie économique ; elles ne peuvent pas être testées.

Notons enfin que le test de Johansen permet de déterminer le nombre de relations de cointégration sans toutefois indiquer les variables qui sont effectivement cointégrées. Dès lors, il convient d'entreprendre des tests complémentaires afin d'identifier les variables qui appartiennent effectivement au même espace de cointégration.

C. Tests de restrictions linéaires

La méthode d'estimation de Johansen offre la possibilité de formuler et de tester des hypothèses économiques d'intérêt sur les éléments des vecteurs α et β. Par exemple, il est possible de tester l'hypothèse d'une élasticité unitaire du revenu dans une fonction de consommation de long terme.

Les restrictions linéaires sur β peuvent être formulées de la façon suivante:

$$H_2(\beta) : \beta = H\phi \qquad (8.16)$$

Où H est une matrice de restriction de taille (k, s) avec $(r \leq s \leq k)$ et ϕ une matrice de taille (k, s). Dans le cas où $s=k$ et $H=I_k$, il n'y a pas de restriction. Dans le cas contraire, la matrice β est réduite à la matrice de coefficients ϕ.

Un autre test important sur β est le test d'exclusion. On peut vouloir tester si certaines variables du modèle doivent entrer dans l'espace de cointégration. L'hypothèse nulle d'exclusion d'une variable X_j s'écrit de la façon suivante :

$$H_2(\beta_j) : \beta_{1j} = \ldots = \beta_{rj} = 0 \qquad (8.17)$$

Si $H_2(\beta_j)$ est vraie alors X_j est exclue de toutes les équations de cointégration. Cela implique que la dynamique de long terme du système ne dépend pas de la variable X_j.

Le test de l'hypothèse nulle $\Pi = \alpha\phi'H'$ (ou $\beta = H\phi$) contre l'alternative $\Pi = \alpha\beta'$, est basé sur la statistique du ratio de vraisemblance définie par :

$$Q_2(\beta) = -T\sum_{j=1}^{r} \ln\left(\frac{1-\tilde{\lambda}_j}{1-\hat{\lambda}_j}\right) \qquad (8.18)$$

Où $\tilde{\lambda}_j$ et $\hat{\lambda}_j$ représentent les valeurs propres estimées respectivement à partir du modèle contraint ($\Pi = \alpha\phi'H'$) et du modèle non-contraint ($\Pi = \alpha\beta'$). Sous l'hypothèse nulle, la statistique $Q_2(\beta)$ suit asymptotiquement une distribution du Chi-deux à $r(k-s)$ degrés de liberté. En particulier, pour le test de l'hypothèse d'exclusion, la statistique $Q_2(H_2(\beta_j))$ suit une loi du Chi-deux à r degrés de liberté.

Pour les tests de restriction sur les coefficients du vecteur α, l'hypothèse nulle peut être formulée de la façon suivante :

$$H_3(\alpha) : \alpha = A\psi \tag{8.19}$$

Où A est une matrice (k, m).

Cette formulation permet en particulier de tester la nullité d'une ligne de la matrice α, c'est-à-dire l'hypothèse d'exogénéïté faible des variables. De façon précise, le test d'exogénéïté faible d'une variable X_j a pour hypothèse nulle :

$$H_3(\alpha_j) : \alpha_{1j} = \ldots = \alpha_{rj} = 0 \tag{8.20}$$

La statistique de test de l'hypothèse nulle $\Pi = \grave{A}\psi\beta'$ (ou $\alpha = A\psi$) contre l'alternative $\Pi = \alpha\beta'$, est définie de la même façon que précédemment:

$$Q_3(\alpha) = -T \sum_{j=1}^{r} \ln\left(\frac{1-\tilde{\lambda}_j}{1-\hat{\lambda}_j}\right) \tag{8.21}$$

Où $\tilde{\lambda}_j$ êt $\hat{\lambda}_j$ re présentent les valeurs propres estimées respectivement à partir du modèle contraint ($\Pi = \grave{A}\psi\beta'$) et du modèle non-contraint ($\Pi = \alpha\beta'$). La distribution asymptotique de cette statistique suit un Chi-deux à $r(k-m)$ degrés de liberté.

On peut conduire le test d'exogénéité d'une variable à l'aide d'un test de Fisher. Pour cela, on estime par MCO le modèle VEC équation par équation et on teste au moyen de la statistique de Fisher la nullité conjointe des coefficients α dans les équations appropriées.

Enfin, on peut tester l'hypothèse de contraintes à la fois sur α et β. On définit le sous-modèle suivant :

$$H_4(\beta, \alpha) : \beta = H\phi \text{ et } \alpha = A\psi \tag{8.22}$$

La statistique du test du ratio de vraisemblance de $H_4(\beta, \alpha)$ contre $\Pi = \alpha\beta'$ suit un Chi-deux à $r(k-s)+r(k-m)$ degrés de liberté.

D. Interprétation des termes déterministes

Les lois asymptotiques des statistiques de test de rang de cointégration de Johansen ne sont pas invariantes à la prise en compte des variables qui ne sont pas explicitement modélisées. En particulier, ces lois sont conditionnées par la présence éventuelle d'une constante ou d'un trend linéaire dans les relations de long terme. Plusieurs spécifications du modèle deviennent alors envisageables selon l'hypothèse sur la présence ou non de termes déterministes (constante et trend) dans les relations de cointégration et dans le modèle à correction d'erreurs. Les différentes interprétations inhérentes à ces spécifications prennent leurs sources dans le fait qu'un modèle VEC mélange des variables en différence et des variables en niveau modélisant des relations de long terme. Pour choisir entre les différentes spécifications, il importe de bien cerner leur signification.

1) Le modèle à correction d'erreur et l'espace de cointégration ne comporte aucun terme déterministe (*μ=0, Ψ=0*):

$$\Pi X_{t-1} + \mu + \Psi D_t = \alpha\beta' X_{t-1} \tag{8.23}$$

Cette spécification impose l'absence de toute composante déterministe tant dans les séries en niveau que dans les séries en différence première.

2) Le modèle à correction d'erreur ne comporte aucun terme déterministe et la constante intervient uniquement dans les relations de cointégration:

$$\Pi X_{t-1} + \mu + \Psi D_t = \alpha(\beta' X_{t-1} + \beta_0) \tag{8.24}$$

Ce cas caractérise des séries sans tendance linéaire.

3) Le modèle à correction d'erreur et l'équation de cointégration comporte une constante :

$$\Pi X_{t-1} + \mu + \Psi D_t = \alpha(\beta' X_{t-1} + \beta_0) + \alpha_{\perp}\gamma_0 \tag{8.25}$$

Le fait que ΔX_t comporte une constante implique que les séries en niveau sont caractérisées par une tendance linéaire. Mais la relation de long terme est stationnaire de moyenne β_0.

4) Il y a une constante dans le modèle à correction d'erreurs et une constante ainsi qu'un trend dans l'équation de cointégration:

$$\Pi X_{t-1} + \mu + \Psi D_t = \alpha(\beta' X_{t-1} + \beta_0 + \rho t) + \alpha_{\perp}\gamma_0 \qquad (8.26)$$

L'introduction d'une tendance linéaire dans la relation de cointégration se justifie si certaines variables de X_t présentent une tendance linéaire. La relation de long terme est stationnaire autour d'une tendance linéaire. Ce cas autorise la présence de variables TS.

5) Constante et trend dans le VAR et dans la relation de cointégration :

$$\Pi X_{t-1} + \mu + \Psi D_t = \alpha(\beta' X_{t-1} + \beta_0 + \rho t) + \alpha_{\perp}(\gamma_0 + \gamma_1 t) \qquad (8.27)$$

Le fait que ΔX_t admette une représentation avec constante et tendance linéaire signifie que les séries en niveau X_t comportent une tendance quadratique.

Il est important de distinguer clairement entre ces différents cas. D'une part, ils impliquent des interprétations différentes quant aux comportements des variables et, d'autre part, les tests de cointégration dépendent de la façon dont on spécifie les termes déterministes.

E. Distorsions de niveau dans le test de Johansen

Le test de cointégration de Johansen a de bonnes propriétés asymptotiques. Cependant, la distribution asymptotique de la statistique du ratio de vraisemblance diffère de la distribution vraie en présence de petits échantillons. Des auteurs ont montré, par des simulations, que les tests de rang de cointégration de Johansen sont biaisés dans le sens d'un rejet trop fréquent de l'hypothèse nulle d'absence de cointégration. Comme nous l'avons souligné précédemment, le test de cointégration de Johansen est sensible au choix d'un certain nombre de paramètres de nuisance tels que le nombre de retards et la présence de termes déterministes dans l'espace de cointégration ainsi que dans le

VAR. Le choix du nombre de retards et la perte consécutive du nombre de degrés de liberté introduisent des distorsions qui affaiblissent l'efficacité du test de cointégration de Johansen sur les échantillons de taille réduite (Cheung & Lai, 1993 ; Haug, 1996; Gonzalo & Pitarakis, 2002).

Des versions corrigées des statistiques de test ont été proposées pour atténuer les distorsions de niveau du test de cointégration. Ainsi, Reinsel & Ahn (1992) proposent une correction de la statistique de la trace sous la forme :

$$Trace_{RA} = -\frac{T - pk}{T} \sum_{i=r+1}^{k} \ln\left(\left(1 - \hat{\lambda}_i\right)\right) \qquad (8.28)$$

La statistique de test ainsi corrigée possède la propriété d'être asymptotiquement équivalente à celle de Johansen. En effet, lorsque la taille de l'échantillon *(T)* devient suffisamment grande, le facteur correctif *(T-pk)/T* tend vers un.

L'idée d'apposer un facteur correctif se trouve également chez Cheung & Lai (1993) qui, eux, proposent d'apposer aux valeurs critiques le facteur de correction *T/(T-pk)*. Cette correction implique que les valeurs critiques asymptotiques devront être augmentées.

Les facteurs de correction proposés par Reinsel & Ahn (1992) et Cheung & Lai (1992) vont toujours soit diminuer la valeur de la statistique de la trace soit augmenter la valeur critique. Ces facteurs atténuent le biais d'un rejet fréquent de l'hypothèse nulle d'absence de cointégration. Les auteurs justifient que les tests modifiés possèdent de meilleures propriétés de niveau. Malheureusement, les fondements théoriques de ces facteurs ne sont pas discutés dans la littérature.

8.3.4 Test de cointégration aux bornes de Pesaran *et al.*

Pesaran *et al.* (2001) ont proposé une approche du test de cointégration basée sur les modèles autorégressifs à retards échelonnés (ARDL). Cette approche est connue sous le nom de '*bounds testing approach to cointégration*', qu'on traduit en français par 'test de cointégration aux bornes'. Elle présente plusieurs avantages par rapport aux méthodes d'Engle & Granger (1987) et de Johansen (1988).

Premièrement, ce test est applicable sur des variables explicatives stationnaires (I(0)) ou intégrées d'ordre un (I(1)). Cette caractéristique fondamentale atténue le problème lié à l'incertitude des résultats des tests préliminaires de racine unitaire.

Deuxièmement, la méthode tient compte des dynamiques de courts et longs termes lors du test de cointégration. Au contraire, la méthode d'Engle-Granger estime la relation de long terme sans prendre en compte explicitement les ajustements de court terme entre les variables.

Troisièmement, le test de Pesaran *et al.* (2001) s'avère relativement performante dans le cas de petits échantillons contrairement au test de cointégration de Johansen dont la validité requiert de grands échantillons.

Quatrièmement, dans un modèle ARDL, les variables peuvent entrer avec des retards différents, contrairement à l'approche de Johansen, basée sur le modèle VAR qui impose le même nombre de retards à toutes les variables.

Il est important de noter que l'approche de Pesaran *et al.* (2001) requiert que la variable dépendante soit I(1), c'est-à-dire intégrée d'ordre un. On rencontre malheureusement dans la littérature économique des applications où la variable dépendante est stationnaire.

L'équation du test de cointégration de Pesaran *et al.* (2001) s'écrit sous la forme suivante:

$$\Delta Y_t = \gamma_0 + \sum_{i=1}^{p} \pi_{1i} \Delta Y_{t-i} + \sum_{i=0}^{q} \pi_{2i} \Delta X_{t-i} + \phi_1 Y_{t-1} + \phi_2 X_{t-1} + \mu_t \qquad (8.29)$$

Cette équation pourrait inclure également une tendance et des variables indicatrices captant l'effet de certains chocs macroéconomiques dans les données. L'équation (8.29) est estimée en utilisant tour à tour chacune des variables comme la variable dépendante, à condition bien sûr que celle-ci soit I(1). C'est là aussi l'un des avantages de la méthode de Pesaran *et al.* (2001) d'indiquer explicitement les variables dépendantes et les variables explicatives dans les relations de cointégration. Les retards p et q sont déterminés en minimisant les critères d'information. Le modèle peut inclure une tendance linéaire et des variables indicatrices.

Sous la condition à long terme $\Delta Y_t = \Delta X_t = 0$, la forme réduite de la solution de l'équation (8.29) donne l'équation de long terme suivante:

$$Y_t = \theta_0 + \theta_1 X_t + \mu_t \qquad (8.30)$$

où $\theta_0 = -\gamma_0 / \phi_1$ et $\theta_1 = -\phi_2 / \phi_1$.

La procédure du test de cointégration repose sur le test de l'hypothèse $H_0 : \phi_1 = \phi_2 = 0$ contre l'alternative que $H_1 : \phi_1 \neq 0, \phi_2 \neq 0$. La statistique de test bien que standard (Fisher ou Wald), n'a pas une distribution asymptotique standard.

La distribution asymptotique dépend :

(a) de l'ordre d'intégration des variables explicatives ;

(b) du nombre de variables explicatives ;

(c) de la taille de l'échantillon ;

et (d) de la présence de termes déterministes (constante et tendance) dans le modèle.

Ainsi, Pesaran *et al.* (2001) ont simulé deux ensembles de valeurs critiques pour la statistique de test, sous différentes restrictions sur la constante et la tendance, comme dans le test de Johansen.

Le premier ensemble de valeurs critiques suppose que les variables explicatives sont stationnaires (I(0)) et représente la borne inférieure ou minimale.

Le second ensemble de valeurs critiques suppose que toutes les variables explicatives sont intégrées d'ordre un (I(1)) et représente la borne supérieure ou maximale.

Par conséquent, si la statistique F calculée est supérieure à la valeur critique maximale alors l'hypothèse nulle est rejetée et on conclut que les variables sont cointégrées. Si la statistique F calculée est inférieure à la borne minimale alors on accepte l'hypothèse nulle d'absence de cointégration et on conclut qu'il n'existe pas de relation de long terme entre les variables (avec Y_t comme variable dépendante!). Si la statistique F est comprise entre les deux bornes critiques, on ne peut conclure à moins que les variables soient intégrées du même ordre.

Si le rejet de l'hypothèse nulle ($H_0 : \phi_1 = \phi_2 = 0$) implique l'existence possible d'une relation de cointégration, nous devons procéder à un test de significativité du coefficient ϕ_1 de la variable Y_{t-1}. À l'instar du test ADF de racine unitaire, la distribution de cette statistique de test n'est pas standard. Les valeurs critiques ont été tabulées par Pesaran *et al.* (2001). Si l'hypothèse ($\phi_1 = 0$) n'est pas rejetée, alors il n'existe pas de relation de long terme entre les variables. En revanche, si l'hypothèse ($\phi_1 = 0$) est rejetée, alors il existe une relation de cointégration entre les variables, qui est dégénérée sous l'hypothèse ($\phi_2 = 0$).

Lorsque le modèle ARDL comporte une constante comme c'est le cas de l'équation (8.29), la question se pose de savoir si celle-ci doit être retenue dans la relation de long terme ou dans la relation de court terme. Si la constante fait partie de la relation de long terme, alors l'hypothèse nulle du test de cointégration devient ($H_0 : \phi_1 = \phi_2 = \gamma_0 = 0$). Il en est de même lorsque le modèle comporte une tendance linéaire. L'équation (8.29) peut s'écrire :

$$\Delta Y_t = \phi Z_{t-1} + \gamma_0 w_t + \sum_{i=1}^{p} \pi_{1i} \Delta Y_{t-i} + \sum_{i=0}^{q} \pi_{2i} \Delta X_{t-i} + \mu_t \qquad (8.31)$$

Où Z_t est la relation de long terme et w_t le vecteur des termes déterministes (constante et tendance).

Pesaran *et al.* (2001) définissent ainsi 5 modèles pour le test de cointégration :

$Z_{t-1}=(Y_{t-1}, X_{t-1})$	$w_t=0$	Cas I
$Z_{t-1}=(Y_{t-1}, X_{t-1}, 1)$	$w_t=0$	Cas II
$Z_{t-1}=(Y_{t-1}, X_{t-1})$	$w_t=1$	Cas III
$Z_{t-1}=(Y_{t-1}, X_{t-1}, t)$	$w_t=1$	Cas IV
$Z_{t-1}=(Y_{t-1}, X_{t-1})$	$w_t=(1, t)$	Cas V

L'hypothèse nulle du test de cointégration est $H_0 : \phi=0$.

Il importe de choisir le modèle approprié aux données, car les résultats du test de cointégration en dépendent. En outre, les valeurs critiques de la statistique de test de cointégration ont été simulées pour des échantillons de 1000 observations. Il est possible de simuler les valeurs critiques appropriées à la taille de l'échantillon en suivant la procédure décrite dans Pesaran et *al.* (2001: 301). La procédure peut être programmée sous EViews. Nous reviendrons sur ce point dans le chapitre relatif à la programmation.

8.4 Test de causalité de Toda-Yamamoto

Nous avons vu dans le chapitre 7, la notion de causalité au sens de Granger dans le contexte des modèles VAR impliquant des variables stationnaires. Lorsque les variables ne sont pas stationnaires, la réalisation du test de Granger suit une procédure séquentielle en plusieurs étapes. Elle impose l'obligation d'étudier de manière précise la stationnarité et la cointégration entre les variables. Lorsque les variables sont effectivement cointégrées, l'analyse de la causalité se fait sur le modèle à correction d'erreur. Afin de simplifier l'exposé, considérons le cas d'un modèle VAR à deux variables X et Y cointégrées. Si nous nous intéressons à l'équation de court terme correspondant à la variable Y, celle-ci s'écrit :

$$\Delta Y_t = c_1 + \lambda_1 \hat{e}_{t-1} + \sum_{i=1}^{q} \gamma_{1i} \Delta Y_{t-i} + \sum_{i=1}^{q} \gamma_{2i} \Delta X_{t-i} + \mu_{1t} \qquad (8.32)$$

On dira que la variable *X* ne cause pas *Y* si les coefficients associés aux valeurs retardées de X ne sont pas significatifs. Or la variable *X* apparaît à deux niveaux : elle apparaît explicitement dans l'équation (8.32) comme une variable explicative ($\Delta X_t = X_t - X_{t-1}$), mais aussi dans le terme à correction d'erreur ($e_{t-1} = Y_{t-1} - \beta X_{t-1}$). En conséquence, la non-causalité de *Y* par *X* implique que $\lambda_1 = 0$ et $\gamma_{2i} = 0$ pour tout *i*. Dans ces conditions, le test de causalité de Granger peut être décomposé en un test de causalité à court terme ($\gamma_{2i} = 0$) et un test de causalité à long terme ($\lambda_1 = 0$). Ainsi, on dira que *X* cause *Y* à *long terme* si $\lambda_1 \neq 0$. On dira que *X* cause *Y* à *court terme* si l'hypothèse nulle ($H_0 : \gamma_{2i} = 0, i = 1, \ldots, q$) est rejetée.

Les principales insuffisances de cette approche séquentielle de la causalité relèvent de biais qui peuvent être introduits dans l'analyse au travers des tests préliminaires. D'une part, la puissance des tests de racine unitaire est faible pour des petits échantillons et rien n'indique que l'on élimine totalement les biais par une combinaison de tests de racine unitaire (Dejong et *al.*, 1992).

D'autre part, la distribution asymptotique de la statistique de la trace pour le test de cointégration s'écarte de la vraie distribution dans le cas d'échantillons de tailles réduites (Boswijk & Franses, 1992 ; Cheung & Lai, 1993 ; Toda, 1995).

Le test de cointégration de Johansen sur échantillon réduit est très sensible au choix d'un certain nombre de paramètres de nuisance. Il s'agit notamment du nombre de retards et de la présence ou non de constante et de tendance dans l'espace de cointégration ainsi que dans le VAR. Le risque d'une sous-paramétrisation du VAR sous-jacent à la procédure de test et la perte de degrés de liberté introduisent des distorsions de niveau qui affaiblissent la performance du test de cointégration en dimension finie.

Il en résulte un risque de biais supplémentaire qui s'ajoute à celui des tests de racine unitaire et qui rend moins incertains les résultats de l'inférence causale (Toda & Yamamoto, 1995; Zapata & Rambaldi, 1997). Ces incertitudes questionnent la validité des résultats d'études empiriques utilisant l'approche séquentielle de la causalité de Granger.

Selon le raisonnement de Toda & Yamamoto (1995), ce qui importe fondamentalement pour l'économiste n'est pas de savoir si les variables sont intégrées ou cointégrées, mais de tester des restrictions économiques matérialisant des hypothèses théoriques. En suivant ce raisonnement, on entrevoit que les procédures de tests de causalité peuvent s'abstraire des tests préliminaires de cointégration. Les procédures dites non-séquentielles consistent à effectuer une estimation corrigée du modèle VAR pour tenir compte d'éventuelles relations de cointégration entre les variables, sans pour autant étudier explicitement cette cointégration. Ce faisant, ces techniques permettent, en un test unique, de valider l'existence d'une causalité globalement sur le court et le long terme.

L'approche du test de causalité proposée par Toda & Yamamoto (1995) permet d'étudier la causalité dans un système de variables non-stationnaires éventuellement cointégrées. L'inférence causale s'effectue à partir d'un modèle VAR impliquant les variables en niveau. La nécessité d'étudier la cointégration est outrepassée via une sur-paramétrisation non-optimale du VAR.

Concrètement, la procédure du test de causalité de Toda-Yamamoto procède en quatre étapes.

<u>Étape 1</u> : Détermination de l'ordre d'intégration des variables

Il s'agit de déterminer, dans une première étape, l'ordre d'intégration maximal (d_{max}) des variables. Cette étape est réalisée en appliquant les tests de stationnarité (ADF, PP, KPSS, etc.).

<u>Étape 2</u> : Détermination de l'ordre du VAR en niveau

La seconde étape consiste à déterminer le nombre de retards optimal (p) du modèle VAR en niveau. À ce stade, on peut utiliser les critères d'information.

<u>Étape 3</u> : Estimation du VAR augmenté

La troisième étape consiste à estimer un VAR augmenté d'ordre $q=p+d_{max}$. Si les séries sont stationnaires, aucun retard additionnel n'est introduit dans le VAR et la procédure de test suit l'approche standard. En revanche, si les séries sont intégrées d'ordre un, alors un seul retard supplémentaire est introduit dans le modèle.

Étape 4 : Test de causalité

Dans la quatrième étape, on réalise sur le modèle VAR augmenté en niveau, des tests de restrictions uniquement sur les p premiers coefficients autorégressifs; les d_{max} derniers coefficients, en réalité nuls, sont une sur-paramétrisation volontaire qui permet de prendre en compte la dimension potentiellement cointégrée des séries. Les restrictions sont testées à l'aide de la statistique de Wald qui suit asymptotiquement une distribution du chi-deux dont le nombre de degrés de liberté est égal au nombre de coefficients contraints. La procédure de test est robuste en présence de variables intégrées d'ordres différents. L'unique condition reste toutefois que l'ordre d'intégration maximal des variables n'excède pas l'ordre du VAR en niveau, c'est-à-dire $d_{max} \leq p$.

8.5 Illustrations pratiques

Nous allons examiner la possibilité d'une relation de cointégration entre les variables intervenant dans la fonction de consommation. S'il existe une telle relation alors il est possible d'estimer la fonction de consommation à court terme sous la forme d'un modèle à correction d'erreur. Avant d'examiner l'existence de relation de long terme, nous devons déterminer l'ordre d'intégration des variables. Cet exercice a déjà été fait dans le chapitre 7 où nous avons montré que les variables LCONS, LPIBR et LIPC sont intégrées d'ordre un. Nous allons étudier la possibilité de cointégration entre ces variables en utilisant successivement les méthodes d'Engle-Granger, de Johansen et de Pesaran *et al.*

8.5.1 Approche d'Engle-Granger

Le test de cointégration d'Engle et Granger se fait en deux étapes. Dans la première étape, estime la relation statique de long terme par la méthode des moindres carrés ordinaires. La seconde étape procède au test de stationnarité des résidus de l'équation statique. La cointégration nécessite que la série résiduelle soit stationnaire. Si les résidus sont stationnaires, on estime le modèle à correction d'erreur.

Étape 1 : Estimation de la relation statique de long terme
La relation de long terme s'écrit sous la forme suivante :

$$LCons_t = a_0 + a_1 LPib_t + a_2 LIpc_t + e_t \qquad (8.33)$$

Nous avons déjà estimé cette équation au chapitre 3. Le tableau suivant reporte les résultats obtenus :

Tableau 8.1 : Relation de long terme par la méthode d'Engle-Granger

Dépendent Variable: LOG(CONS)
Method: Least Squares
Sample: 1977 2022
Included observations: 46

Variable	Coefficient	Std. Error	t-statistic	Prob.
LOG(PIB)	1.042560	0.035143	29.66632	0.0000
LOG(IPC)	0.029245	0.016993	1.720978	0.0924
C	-0.900836	0.246963	-3.647652	0.0007
R-squared	0.991343	Mean dependent var		8.245793
Adjusted R-squared	0.990940	S.D. dependent var		0.503587
S.E. of regression	0.047933	Akaike info criterion		-3.175014
Sum squared resid	0.098797	Schwarz criterion		-3.055755
Log likelihood	76.02533	Hannan-Quinn criter.		-3.130339
F-statistic	2461.943	Durbin-Watson stat		1.136950
Prob(F-statistic)	0.000000			

Pour que la relation estimée soit une relation de cointégration, le résidu issu de cette régression doit être stationnaire. Si les résidus sont non-stationnaires, la relation estimée pourrait être une régression fallacieuse. Pour générer la série des résidus de cette équation, cliquez sur **Procs/Make Residuals séries…** et entrez le nom de la, soit RES.

Étape 2 : Test de stationnarité de la série des résidus
On applique les tests de racine unitaire sur la série des résidus RES. Le test se fait sur la variable en niveau à partir du modèle sans constante. Les résultats issus de l'application des tests ADF et PP sur les résidus sont reportés dans le tableau suivant :

Tableau 8.2 : Tests de stationnarité sur les résidus de la relation statique

	ADF	PP
Statistique	-5.089511	-3.996026
Valeur critique à 5%	-1.948495	-1.948313

Les statistiques de tests reportent toutes des valeurs inférieures aux valeurs critiques à 5%. On en déduit que la série des résidus de l'équation statique est stationnaire. Par conséquent, les séries LCONS, LPIBR et LIPC sont cointégrées. Il est alors possible d'estimer le modèle à correction d'erreur qui reflète la dynamique de court terme de la consommation.

Le modèle à correction d'erreur est obtenu en introduisant la variable RES(-1) dans l'équation en différence première. Les résultats sont reportés dans le tableau suivant :

Tableau 8.3: Résultats du MCE par la méthode d'Engle-Granger

Dépendent Variable: D(LOG(CONS))
Method: Least Squares
Sample (adjusted): 1982 2022
Included observations: 41 after adjustments

Variable	Coefficient	Std. Error	t-statistic	Prob.
RES(-1)	**-0.755304**	**0.270990**	**-2.787203**	**0.0100**
D(LOG(CONS(-1)))	0.413210	0.239541	1.725011	0.0969
D(LOG(CONS(-2)))	0.159411	0.247087	0.645159	0.5247
D(LOG(CONS(-3)))	-0.105809	0.188660	-0.560846	0.5799
D(LOG(CONS(-4)))	0.075565	0.177686	0.425275	0.6743
D(LOG(PIB))	0.474111	0.185921	2.550075	0.0173
D(LOG(PIB(-1)))	-0.096587	0.309456	-0.312120	0.7575
D(LOG(PIB(-2)))	-0.055250	0.310794	-0.177772	0.8603
D(LOG(PIB(-3)))	-0.007461	0.240375	-0.031039	0.9755
D(LOG(PIB(-4)))	-0.243323	0.213445	-1.139980	0.2651
D(LOG(IPC))	0.002412	0.139061	0.017348	0.9863
D(LOG(IPC(-1)))	0.067757	0.152624	0.443951	0.6609
D(LOG(IPC(-2)))	0.084489	0.148207	0.570077	0.5737
D(LOG(IPC(-3)))	0.006052	0.148538	0.040744	0.9678
D(LOG(IPC(-4)))	-0.269089	0.149254	-1.802894	0.0835
C	0.024322	0.018799	1.293788	0.2076

R-squared	0.807463	Mean dependent var	0.044760
Adjusted R-squared	0.691941	S.D. dependent var	0.067288
S.E. of regression	0.037347	Akaike info criterion	-3.451351
Sum squared resid	0.034869	Schwarz criterion	-2.782640
Log likelihood	86.75269	Hannan-Quinn criter.	-3.207843
F-statistic	6.989684	Durbin-Watson stat	1.753579

Prob(F-statistic)	0.000012

Les variables étant toutes stationnaires, les tests usuels s'appliquent. Le coefficient associé à la force de rappel est égal à -0.7553. Il est négatif et significatif au seuil de 5%. Il existe donc bien un mécanisme à correction d'erreur: les déviations par rapport à la relation de long terme induisent des changements à court terme dans l'évolution des variables de façon à les forcer à retourner vers la relation de long terme. La valeur numérique du coefficient de la force de rappel représente la vitesse avec laquelle tout écart entre les niveaux désiré et effectif de la consommation est résorbé dans l'année qui suit le choc. Ainsi, environ 76% de l'écart de la consommation par rapport à son niveau de long terme est corrigé l'année suivante. En d'autres termes, un choc constaté au cours d'une année est entièrement résorbé au bout d'une année et 4 mois. L'élasticité-revenu de court terme est estimée à 0.474111. Cette élasticité est significative au seuil usuel de 5%. Le taux de croissance de la consommation dépend de façon positive du taux de croissance courant du PIB et du taux de croissance passé de la consommation. Ceci est en accord avec les théories mettant en avant le rôle des habitudes de consommation.

Il est important de rappeler que le modèle à correction d'erreur ne se réduit pas à une seule équation. Nous supposons ici qu'il se réduit à une seule équation parce que nous faisons l'hypothèse d'exogénéïté faible[16] des variables explicatives (LPIBR et LIPC). Il convient de tester cette hypothèse dans une étape suivante (voir test de causalité de long terme). Par ailleurs, on peut appliquer tous les tests classiques (autocorrélation, hétéroscédasticité, normalité, stabilité, test de Ramsey) sur le modèle à correction d'erreur.

8.5.2 Approche de Johansen

La méthode de Johansen requiert tout d'abord la détermination le nombre de retards du VAR en niveau. Nous avons vu au chapitre 7 comment déterminer l'ordre optimal d'un VAR. En suivant la même démarche et en se fixant un nombre de retards maximum égal à 5, on obtient les résultats reportés dans le tableau suivant :

[16] Le test d'exogénéité faible renvoie à la notion de causalité de long terme et s'effectue en testant la nullité du terme de rappel dans l'équation de la variable. Il existe une version forte (test d'exogénéité forte) qui impose des restrictions sur les coefficients de court terme et le terme de rappel. Il s'agit d'un test de causalité globale. La non significativité jointe de tous ces coefficients implique l'exogénéité forte de la variable.

Tableau 8.4 : Critères d'information

VAR Lag Order Selection Criteria
Endogenous variables: LOG(CONS) LOG(PIB) LOG(IPC)
Exogenous variables: C
Sample: 1977 2022
Included observations: 41

Lag	LogL	LR	FPE	AIC	SC	HQ
0	24.47511	NA	7.04e-05	-1.047566	-0.922183	-1.001909
1	208.1230	331.4620	1.41e-08	-9.566974	-9.065441	-9.384343
2	226.3898	30.29620	9.03e-09*	-10.01901	-9.141331*	-9.699411*
3	230.7042	6.524159	1.16e-08	-9.790447	-8.536614	-9.333870
4	237.2423	8.930191	1.36e-08	-9.670358	-8.040375	-9.076808
5	253.8489	20.25191*	9.97e-09	-10.04141*	-8.035277	-9.310887

* indicates lag order selected by the criterion
LR: sequential modified LR test statistic (each test at 5% level)
FPE: Final prediction error
AIC: Akaike information criterion
SC: Schwarz information criterion
HQ: Hannan-Quinn information criterion

Sur les 5 critères d'information, 3 sélectionnent deux retards pour le VAR en niveau tandis que deux critères suggèrent 5 retards. Nous retenons le nombre de retards sélectionné par le critère AIC suivant les recommandations de Lutkepohl (1991) et Liew (2004).

Après cette étape, sélectionnez puis ouvrez le groupe des trois variables. À partir du menu du groupe, sélectionnez **View/Cointegration Test**. On obtient la fenêtre suivante :

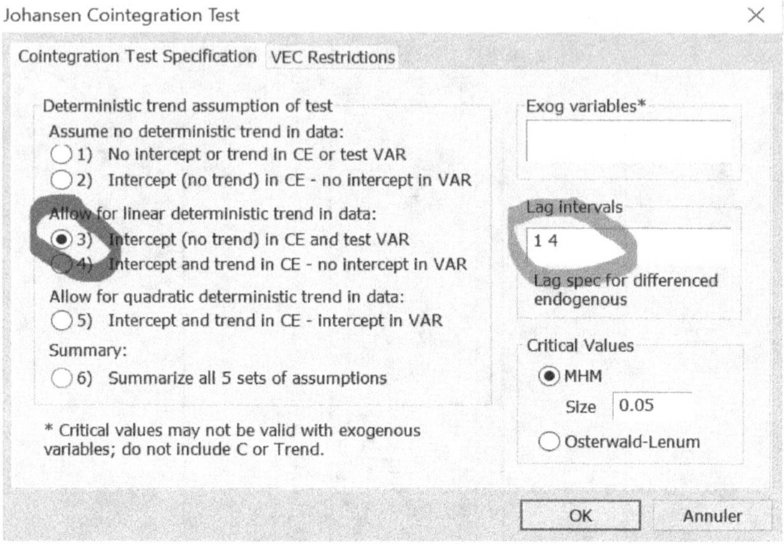

Pour effectuer le test de cointégration de Johansen, il faut choisir parmi les cinq spécifications possibles, celle qui apparaît la plus plausible pour les données. L'option par défaut est la troisième, à savoir qu'il existe une constante à la fois dans l'équation de cointégration et dans la forme à correction d'erreur. La présence d'une constante dans le modèle à correction d'erreur découle du fait que les séries présentent une tendance linéaire à la hausse. Nous allons effectuer le test de Johansen sous cette spécification. Puisque nous avons retenu un VAR(5), alors le modèle VECM correspondant aura 4 retards. Le VECM est un modèle en *différence première*. Par conséquent, indiquez le chiffre 4 dans la case réservée à cet effet. En validant ces options, on obtient le tableau suivant:

Tableau 8. 5 : Statistique de la Trace de Johansen

Sample (adjusted): 1982 2022
Included observations: 41 after adjustments
Trend assumption: Linear deterministic trend
Series: LOG(CONS) LOG(PIB) LOG(IPC)
Lags interval (in first differences): 1 to 4

Unrestricted Cointegration Rank Test (Trace)

Hypothesized No. of CE(s)	Eigenvalue	Trace Statistic	0.05 Critical Value	Prob.**
None *	0.491966	35.11082	29.79707	0.0111
At most 1	0.142183	7.345361	15.49471	0.5378

At most 2	0.025460	1.057396	3.841466	0.3038

Trace test indicates 1 cointegrating eqn(s) at the 0.05 level
* denotes rejection of the hypothesis at the 0.05 level
**MacKinnon-Haug-Michelis (1999) p-values

L'interprétation du test se fait de façon séquentielle partant de *r=0* à *r=k-1=2*. L'on s'arrête dès que l'hypothèse nulle ne peut être rejetée. La première ligne du tableau teste l'hypothèse nulle selon laquelle *r=0*, c'est-à-dire qu'il n'existe pas de relation de cointégration entre les variables. Pour cette première hypothèse, la statistique de la trace reporte une valeur de 35.11082, supérieure à la valeur critique au seuil de 5% (29.79707) : ce qui conduit à rejeter l'hypothèse qu'il n'existe aucune relation de cointégration entre les variables. La ligne suivante du tableau teste l'hypothèse qu'il existe au plus une relation de cointégration. Cette hypothèse ne peut être rejetée, car la valeur de la statistique de la trace est inférieure à la valeur critique à 5%. La procédure de test s'arrête à ce niveau. Finalement, la statistique de la trace suggère qu'il existe une seule relation de cointégration entre les trois variables.

Tableau 8. 6 : Statistique de la Valeur Propre Maximale

Ho	Valeurs propres	Statistique λ_{max}	Valeurs Critiques à 5%	Prob.
$r=0$	0.491966	27.76546	21.13162	0.0050
$r\leq 1$	0.142183	6.287965	14.26460	0.5766
$r\leq 2$	0.025460	1.057396	3.841466	0.3038

Le test de la valeur propre maximale suit la même démarche. Les résultats reportés dans le tableau ci-dessous confirment l'existence d'une seule relation de cointégration entre les variables.

Étant donné les distorsions du test de cointégration à distance finie, nous allons réexaminer les résultats du test de cointégration de la trace suivant les corrections proposées par Reinsel & Ahn (1992) et Cheung & Lai (1993). Les résultats sont reportés dans le tableau suivant :

Tableau 8.7 : Correction de la Statistique de la Trace

H_0	Valeurs propres	Trace	Trace ajustée[a]	VC à 5%	VC à 5% ajustée[b]
$r=0$	0.491966	35.11082	23.661639	29.79707	44.215007
$r\leq 1$	0.142183	7.345361	4.9501345	15.49471	22.992150
$r\leq 2$	0.025460	1.057396	0.7125929	3.841466	5.7002398

Note : a/ Les valeurs de la statistique sont ajustées suivant la correction de Reinsel et Ahn (1992).
b/ Les valeurs critiques asymptotiques sont corrigées suivant Cheung et Lai (1993).

En appliquant ces corrections, la conclusion du test de la trace s'en trouve modifiée. En effet, l'hypothèse d'absence de cointégration ne peut plus être rejetée au seuil de 5%.

Afin de vérifier la robustesse des résultats des tests de Johansen, nous les comparons à ceux d'un VAR(2). Rappelons que trois critères d'information avaient sélectionné deux retards. Les résultats des tests sont reportés dans le tableau suivant :

Tableau 8.8 : Tests de cointégration de Johansen avec le VAR(2)

Sample (adjusted): 1979 2022
Included observations: 44 after adjustments
Trend assumption: Linear deterministic trend
Series: LOG(CONS) LOG(PIB) LOG(IPC)
Lags interval (in first differences): 1 to 1

Unrestricted Cointegration Rank Test (Trace)

Hypothesized No. of CE(s)	Eigenvalue	Trace Statistic	0.05 Critical Value	Prob.**
None *	0.451684	30.64883	29.79707	0.0398
At most 1	0.089520	4.209080	15.49471	0.8859
At most 2	0.001875	0.082593	3.841466	0.7738

Trace test indicates 1 cointegrating eqn(s) at the 0.05 level
* denotes rejection of the hypothesis at the 0.05 level
**MacKinnon-Haug-Michelis (1999) p-values

Unrestricted Cointegration Rank Test (Maximum Eigenvalue)

Hypothesized No. of CE(s)	Eigenvalue	Max-Eigen Statistic	0.05 Critical Value	Prob.**
None *	0.451684	26.43975	21.13162	0.0081
At most 1	0.089520	4.126487	14.26460	0.8458
At most 2	0.001875	0.082593	3.841466	0.7738

Max-eigenvalue test indicates 1 cointegrating eqn(s) at the 0.05 level
* denotes rejection of the hypothesis at the 0.05 level
**MacKinnon-Haug-Michelis (1999) p-values

En définitive, nous retenons qu'il existe une seule relation de cointégration entre les variables. Nous allons estimer le modèle à correction d'erreur qui lie la dynamique de court terme à celle de long terme.

L'approche de Johansen a l'avantage d'estimer conjointement la relation de cointégration et le modèle à correction d'erreur. Pour estimer le modèle à correction d'erreur, cliquez sur l'onglet « **Estimate** » et cochez « **Vector Error Correction** ».

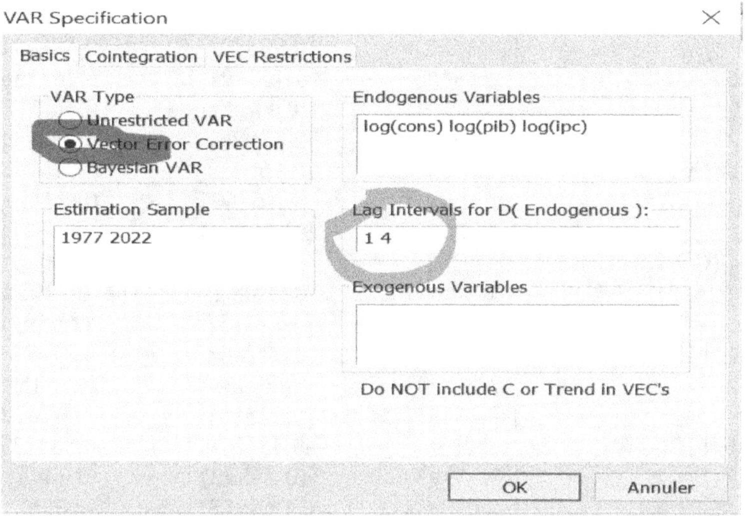

Pour indiquer le nombre de relations de cointégration et le type de spécification, cliquez sur l'onglet « **Cointégration** ». À défaut, le nombre de relations de cointégration est fixé à un.

Cliquez ensuite sur **OK** pour valider. Dans la mesure où nous avons trois variables, le modèle à correction d'erreur comportera trois équations. Les résultats de l'estimation du modèle vectoriel à correction d'erreur sont reportés dans le tableau suivant.

Tableau 8. 9 : Modèle VECM de Johansen

Vector Error Correction Estimates
Sample (adjusted): 1982 2022
Included observations: 41 after adjustments
Standard errors in ( ) & t-statistics in [ ]

Cointegrating Eq:	CointEq1		
LOG(CONS(-1))	1.000000		
LOG(PIB(-1))	-1.275468		
	(0.06348)		
	[-20.0911]		
LOG(IPC(-1))	0.066106		
	(0.02643)		
	[2.50152]		
C	2.550124		
Error Correction:	D(LOG(CONS))	D(LOG(PIB))	D(LOG(IPC))
CointEq1	**-0.733403**	**-0.262731**	**-0.359650**
	(0.16136)	**(0.17367)**	**(0.23175)**
	[-4.54508]	**[-1.51284]**	**[-1.55191]**
D(LOG(CONS(-1)))	0.314880	0.179485	0.165177

	(0.16698)	(0.17971)	(0.23981)
	[1.88573]	[0.99872]	[0.68877]
D(LOG(CONS(-2)))	0.248303	0.400091	0.765758
	(0.16520)	(0.17780)	(0.23726)
	[1.50305]	[2.25026]	[3.22754]
D(LOG(CONS(-3)))	-0.201387	-0.106314	0.014783
	(0.15666)	(0.16860)	(0.22499)
	[-1.28553]	[-0.63056]	[0.06571]
D(LOG(CONS(-4)))	0.012624	0.106396	0.330180
	(0.14681)	(0.15801)	(0.21085)
	[0.08599]	[0.67335]	[1.56593]
D(LOG(PIB(-1)))	-0.100691	0.037868	-0.178129
	(0.25894)	(0.27868)	(0.37188)
	[-0.38886]	[0.13588]	[-0.47899]
D(LOG(PIB(-2)))	-0.223347	-0.436276	-0.884237
	(0.23992)	(0.25822)	(0.34457)
	[-0.93092]	[-1.68958]	[-2.56621]
D(LOG(PIB(-3)))	-0.054368	0.049721	-0.169651
	(0.22135)	(0.23823)	(0.31790)
	[-0.24562]	[0.20871]	[-0.53367]
D(LOG(PIB(-4)))	-0.370034	-0.147041	-0.428271
	(0.19397)	(0.20876)	(0.27858)
	[-1.90767]	[-0.70434]	[-1.53734]
D(LOG(IPC(-1)))	0.003074	-0.064933	0.513382
	(0.12386)	(0.13331)	(0.17789)
	[0.02482]	[-0.48710]	[2.88599]
D(LOG(IPC(-2)))	0.058914	-0.034726	-0.144298
	(0.13664)	(0.14706)	(0.19624)
	[0.43115]	[-0.23613]	[-0.73530]
D(LOG(IPC(-3)))	-0.083678	-0.136814	0.247739
	(0.13064)	(0.14060)	(0.18762)
	[-0.64054]	[-0.97307]	[1.32043]
D(LOG(IPC(-4)))	-0.518494	-0.334580	-0.179401
	(0.13093)	(0.14092)	(0.18804)
	[-3.96000]	[-2.37430]	[-0.95404]
C	0.095635	0.073372	0.050194
	(0.01690)	(0.01819)	(0.02428)
	[5.65753]	[4.03295]	[2.06754]
R-squared	0.820258	0.626486	0.490788
Adj. R-squared	0.733716	0.446645	0.245613
Sum sq. resids	0.032552	0.037706	0.067143
S.E. equation	0.034722	0.037370	0.049868
F-statistic	9.478127	3.483566	2.001781
Log likelihood	88.16242	85.14929	73.32083
Akaike AIC	-3.617679	-3.470697	-2.893699
Schwarz SC	-3.032557	-2.885575	-2.308577
Mean dependent	0.044760	0.039827	0.067824
S.D. dependent	0.067288	0.050237	0.057414

Determinant resid covariance (dof adj.)	3.52E-09
Determinant resid covariance	1.01E-09
Log likelihood	250.1762
Akaike information criterion	-10.00860
Schwarz criterion	-8.127846

La première partie du tableau donne la relation de cointégration. *CointEq1* désigne les résidus retardés d'une période issus de la relation de cointégration. En mettant la variable LCONS en premier, la procédure choisit cette variable comme étant la variable endogène, LPIB et LIPC étant les variables exogènes. La relation de long terme estimée s'écrit :

$$LCons_t = \underset{(20.0911)}{1.2754} LPib_t - \underset{(-2.5015)}{0.0661} LIpc_t + e_t \qquad (8.34)$$

L'élasticité-revenu de long terme est égale à 1.2754. Ce coefficient est significatif au seuil de 5%. L'élasticité-prix de long terme est égale à -0.0661 et est aussi significative au seuil de 5%.

La deuxième partie du tableau présente le modèle vectoriel à correction d'erreur. La force de rappel dans l'équation de consommation est égale à -0.7334 avec une t-statistique de -4.5450 supérieure à 2. Le terme à correction d'erreur est bien négatif et significatif. Cela confirme qu'il existe un mécanisme à correction d'erreur : les déviations par rapport à la relation de long terme induisent à court terme des changements dans l'évolution de la consommation, du revenu ou du prix de façon à amener le système à converger vers la relation de long terme. Ici, un écart constaté au cours d'une année est entièrement résorbé au bout d'une année et 5 mois. Dans les équations relatives aux deux autres variables, le terme à correction d'erreur est négatif, mais n'est pas significatif au seuil de 5%. Ce résultat confirme l'exogénéïté faible des variables LPIBR et LIPC. Nous avons maintenant la certitude statistique que la relation de cointégration mise en évidence plus haut est bien une fonction de consommation. Le modèle VECM peut être utilisé pour réaliser les tests de causalité de Granger, l'analyse impulsionnelle et l'analyse de la décomposition de la variance.

8.5.3 Approche ARDL de Pesaran *et al.*

Nous retournons au modèle ARDL(3,5,5) que nous avons estimé dans le chapitre 4. Pour effectuer le test de cointégration aux bornes, cliquez sur **View/Coefficient Diagnostics/Bounds Test**, comme indiqué par la capture ci-après :

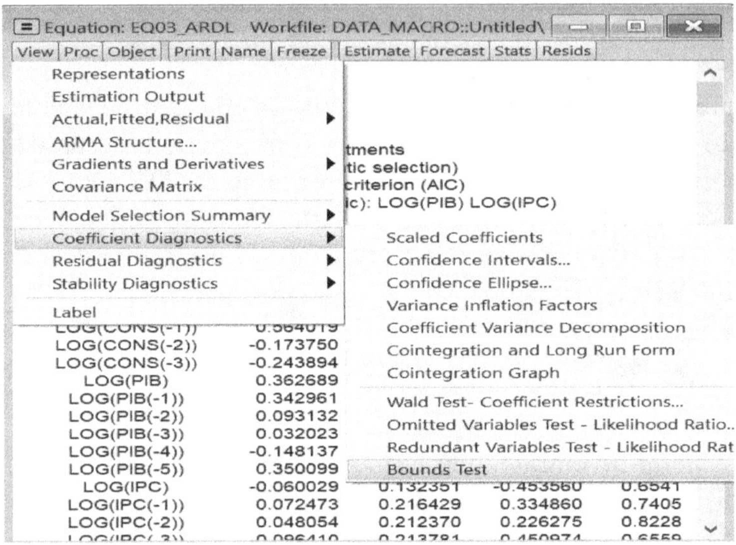

On obtient les résultats suivants :

Tableau 8.10 : Résultats du Bounds test

ARDL Bounds Test
Sample: 1982 2022
Included observations: 41
Null Hypothesis: No long-run relationships exist

Test Statistic	Value	k
F-statistic	**6.619044**	2

Critical Value Bounds

Significance	I0 Bound	I1 Bound
10%	2.63	3.35
5%	3.1	**3.87**
2.5%	3.55	4.38
1%	4.13	5

La statistique de test est égale à 6.6190. Cette valeur est au-dessus de la borne supérieure à 5% qui est de 3.87. On rejette donc l'hypothèse de non-cointégration. Dans le tableau en dessous, on peut lire la *t*-statistique du coefficient ϕ_1 de LCONS(-1), qui est égale à -4.45658. Les valeurs critiques à 5% pour $k=2$ variables explicatives, sont (-2.86, –3.53)[17]. Par conséquent, l'hypothèse ($\phi_1=0$) est rejetée. On conclut qu'il existe bien une relation de long terme entre les variables lorsque LCONS est considérée comme la variable dépendante. Notons que nous avons appliqué le test de cointégration sous le modèle où la relation de long terme comporte une constante. Cela ajoute une contrainte supplémentaire dans le test de l'hypothèse nulle. Il est possible d'effectuer le test dans le cas où la constante ne figure que dans le modèle à correction d'erreur.

<u>Exercice</u> : Appliquez le *bounds test* en considérant tour à tour LPIB et LIPC comme la variable dépendante.

Maintenant nous estimons la relation de long terme entre les trois variables. Pour cela, cliquez sur « **View/Coefficient Diagnostics/Cointegration and Long Run Form** », comme indiqué dans la capture suivante :

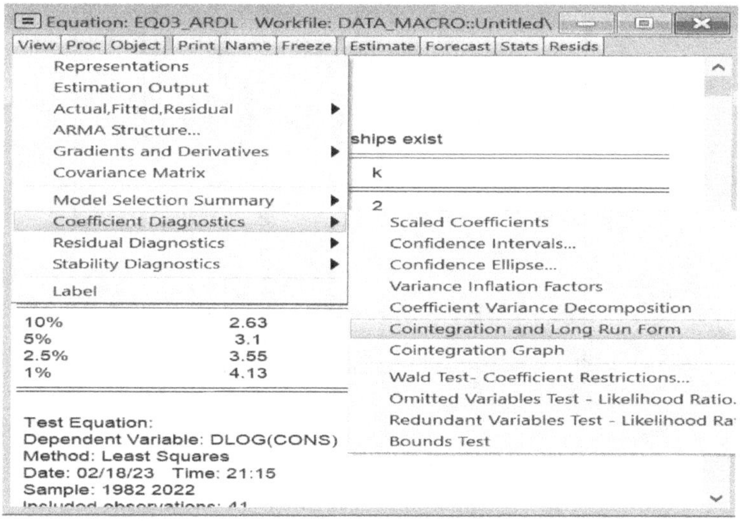

[17] Voir Pesaran *et al.* (2001), Table CII(iii), page 303.

On obtient le tableau de résultats ci-après :

Tableau 8.11 : Relation de long terme du Bounds test

ARDL Cointegrating And Long Run Form
Dependent Variable: LOG(CONS)
Selected Model: ARDL(3, 5, 5)
Sample: 1977 2022
Included observations: 41

Cointegrating Form				
Variable	Coefficient	Std. Error	t-Statistic	Prob.
DLOG(CONS(-1))	0.417645	0.126728	3.295589	0.0029
DLOG(CONS(-2))	0.243894	0.164833	1.479649	0.1515
DLOG(PIB)	0.362689	0.142523	2.544772	0.0175
DLOG(PIB(-1))	-0.327117	0.206247	-1.586049	0.1253
DLOG(PIB(-2))	-0.233985	0.204256	-1.145545	0.2628
DLOG(PIB(-3))	-0.201961	0.152677	-1.322803	0.1979
DLOG(PIB(-4))	-0.350099	0.131726	-2.657781	0.0135
DLOG(IPC)	-0.060029	0.113835	-0.527335	0.6026
DLOG(IPC(-1))	0.042233	0.120777	0.349682	0.7295
DLOG(IPC(-2))	0.090288	0.116155	0.777305	0.4443
DLOG(IPC(-3))	-0.006122	0.120815	-0.050675	0.9600
DLOG(IPC(-4))	-0.405421	0.115549	-3.508642	0.0017
CointEq(-1)	-0.853626	0.156758	-5.445486	0.0000

Cointeq = LOG(CONS) - (1.2099*LOG(PIB) -0.0349*LOG(IPC) -2.0221)

Long Run Coefficients				
Variable	Coefficient	Std. Error	t-Statistic	Prob.
LOG(PIB)	1.209860	0.071125	17.010234	0.0000
LOG(IPC)	-0.034897	0.030637	-1.139056	0.2655
C	-2.022070	0.478213	-4.228384	0.0003

La première partie du tableau affiche les coefficients du modèle à correction d'erreur, c'est-à-dire la relation de court terme. Ainsi, à court terme, le taux de croissance de la consommation dépend positivement de sa valeur passée d'une période (DLCONS(-1)) et des valeurs passées de DLPIB et DLIPC. Comme dans les deux cas précédents, le coefficient de rappel est négatif et significatif au seuil de 5%. Toutefois, la valeur du coefficient apparaît un peu plus élevée. Un écart constaté au cours d'une année est entièrement résorbé au bout d'une année et 3 mois.

Le second tableau présente la relation de long terme. L'élasticité-revenu ressort à 1.209 et est significative au seuil usuel de 5%. En revanche, l'élasticité-prix affiche un coefficient négatif, mais non-significatif au seuil de 5% voire de 10%. On notera que l'élasticité-revenu est identique à celle obtenue à partir de l'équation (4.7).

8.5.4 Estimateurs DOLS et FMOLS

Lorsque les variables sont intégrées d'ordre un et cointégrées, il est possible de recourir aux estimateurs Dynamic OLS (DOLS) et Fully-Modified OLS (FMOLS) pour estimer l'équation de long terme. Les estimateurs DOLS et FMOLS ont été développés respectivement par Stock & Watson (1993) et Phillips & Hansen (1990). Ces estimateurs corrigent le problème d'endogénéïté des régresseurs et sont performants dans les petits échantillons.

Pour appliquer ces méthodes, sélectionnez les variables dans le Workfile en commençant par la variable dépendante LCONS. Ensuite, faites un clic droit et sélectionnez **Open as Équation**. C'est la même procédure que l'estimation par la méthode des MCO (voir chapitre 3). Dans la fenêtre qui apparaît, sélectionnez **Cointegrating Regression,** comme indiqué ci-dessous :

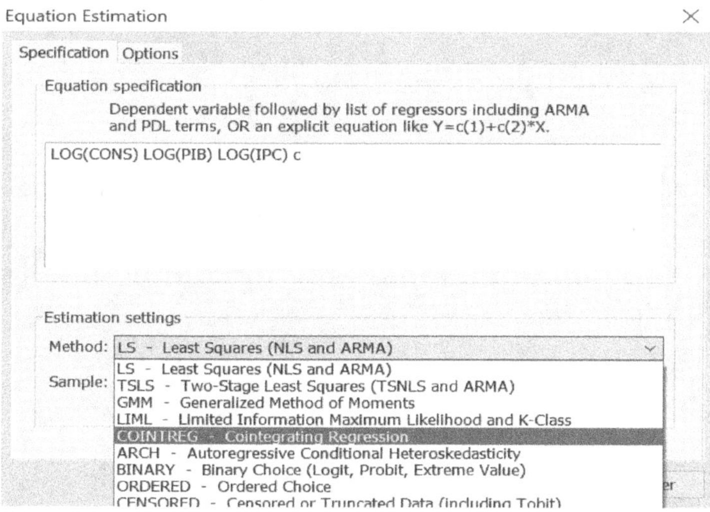

On commence par la méthode DOLS. Pour cela, sélectionnez cette méthode dans la case réservée à cet effet. Le modèle est estimé avec une constante. Le critère AIC est retenu pour déterminer le nombre de retards et d'avances. Le nombre maximum de retards et d'avances est fixé à 5. Les résultats de la méthode DOLS sont sensibles au nombre de retards et d'avances !

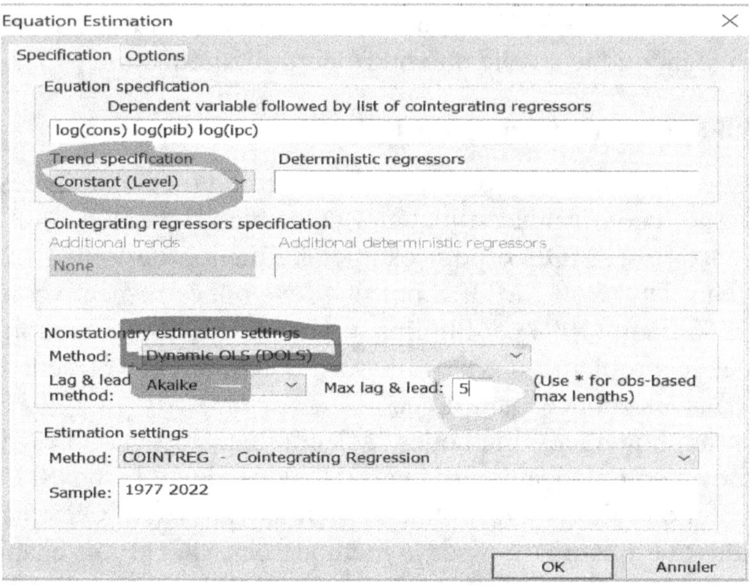

Cliquez sur l'onglet **OK** pour valider. Pour revenir (si nécessaire), cliquez sur l'onglet **Estimate**. Les résultats sont présentés dans le tableau suivant :

Tableau 8.12 : Résultats de l'estimation DOLS

Dépendent Variable: LOG(CONS)
Method: Dynamic Least Squares (DOLS)
Sample (adjusted): 1983 2022
Included observations: 40 after adjustments
Cointegrating equation deterministics: C
Automatic leads and lags specification (lead=5 and lag=5 based on AIC criterion, max=5)
Long-run variance estimate (Bartlett kernel, Newey-West fixed bandwidth = 4.0000)

Variable	Coefficient	Std. Error	t-Statistic	Prob.
LOG(PIB)	1.343685	0.082503	16.28646	0.0000
LOG(IPC)	-0.101469	0.044578	-2.276205	0.0379
C	-2.852163	0.530679	-5.374557	0.0001
R-squared	0.997386	Mean dependent var		8.365636
Adjusted R-squared	0.993203	S.D. dependent var		0.419807
S.E. of regression	0.034611	Sum squared resid		0.017968
Long-run variance	0.001392			

On procède de la même manière pour l'estimateur FMOLS :

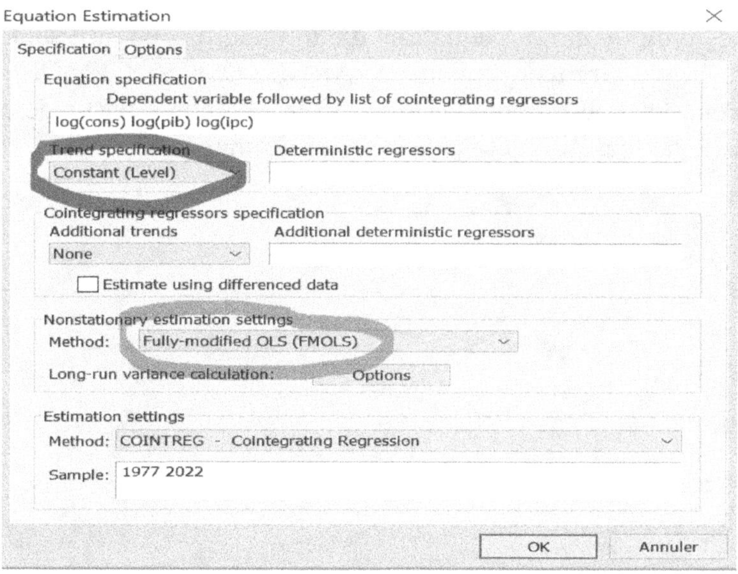

Les résultats sont présentés dans le tableau suivant :

Tableau 8.13: Résultats de l'estimation FMOLS

Dépendent Variable: LOG(CONS)
Method: Fully Modified Least Squares (FMOLS)
Sample (adjusted): 1978 2022
Included observations: 45 after adjustments
Cointegrating equation deterministics: C
Long-run covariance estimate (Bartlett kernel, Newey-West fixed bandwidth = 4.0000)

Variable	Coefficient	Std. Error	t-Statistic	Prob.
LOG(PIB)	1.054147	0.041120	25.63581	0.0000
LOG(IPC)	0.027342	0.019501	1.402088	0.1682
C	-0.995299	0.291207	-3.417839	0.0014
R-squared	0.990666	Mean dependent var		8.268368
Adjusted R-squared	0.990221	S.D. dependent var		0.485167
S.E. of regression	0.047977	Sum squared resid		0.096676
Long-run variance	0.003012			

8.5.5 Comparaison des coefficients de long terme

Nous avons estimé l'équation de long terme en utilisant 5 méthodes : Engle-Granger, Johansen, ARDL, DOLS et FMOLS. Nous comparons les coefficients de long terme obtenus à partir de ces méthodes. Le tableau suivant synthétise les résultats.

Tableau 8.14 : Synthèse des coefficients de long terme

Méthode	Log(PIB)			Log(IPC)		
	Coef.	Std.Error	t-stat.	Coef.	Std.Error	t-stat.
Engle-Granger	1.0425*	0.0351	29.6663	0.0292**	0.0169	1.7209
Johansen	1.2754*	0.0634	20.0911	-0.0661*	0.0264	-2.5015
ARDL	1.2098*	0.0711	17.0102	-0.0348	0.0306	-1.1390
DOLS	1.3436*	0.0825	16.2864	-0.1014*	0.0445	-2.2762
FMOLS	1.0541*	0.0411	25.6358	0.0273	0.0195	1.4020

Note : *(**) indique une significativité au seuil de 5% (10%).

On observe que les élasticités-revenu, obtenues par les méthodes de Johansen, ARDL et DOLS, sont assez proches (autour de 1.3). Les méthodes d'Engle-Granger et FMOLS indiquent, elles, une élasticité-revenu de l'ordre de 1.05. Les élasticités-revenu sont toutes significatives au seuil usuel de 5%. En ce qui concerne l'indice des prix, son coefficient est positif et significatif à 10% seulement dans l'approche d'Engle-Granger. Il est négatif et significatif dans l'estimation par la méthode de Johansen et DOLS. Les écarts-types indiquent les méthodes qui présentent une meilleure estimation des coefficients de long terme.

8.5.6 Tests de causalité de Granger

Nous utilisons le modèle VECM pour analyser la causalité au sens de Granger entre les variables. Rappelons que le VECM est la version vectorielle du modèle à correction d'erreur. Ce modèle est obtenu en ajoutant au modèle en différence première la valeur décalée de la relation de long terme. Cette dernière pouvant être obtenue par l'une des 5 méthodes exposées précédemment. Nous réalisons le test de causalité à partir du VECM de Johansen. Pour cela, retournez à la fenêtre des résultats du test de Johansen et sélectionnez **View/Lag Structure/Granger Causality/Block Exogeneity Tests**, comme indiqué dans la capture ci-après :

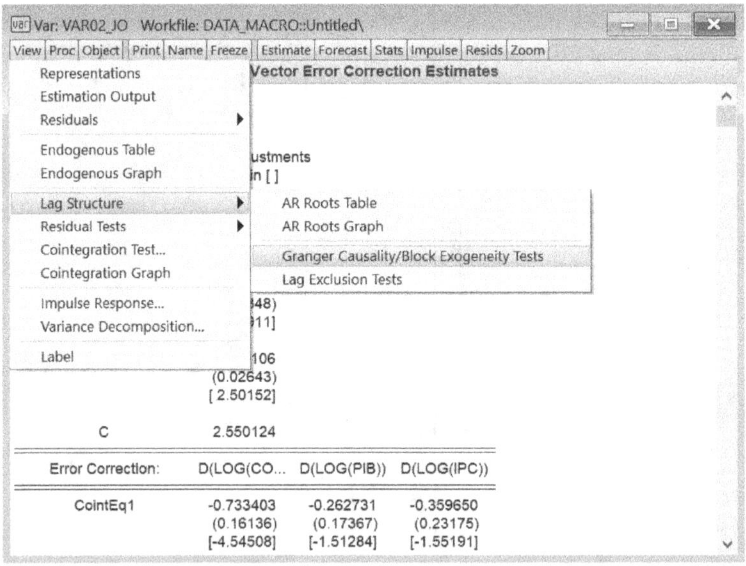

On obtient les résultats suivants :

Tableau 8.15 : Test de causalité de Granger basé sur le VECM

VEC Granger Causality/Block Exogeneity Wald Tests
Sample: 1977 2022
Included observations: 41

Dependent variable: D(LOG(CONS))

Excluded	Chi-sq	df	Prob.
D(LOG(PIB))	3.684357	4	0.4504
D(LOG(IPC))	**22.52321**	**4**	**0.0002**
All	34.92143	8	0.0000

Dependent variable: D(LOG(PIB))			
Excluded	Chi-sq	df	Prob.
D(LOG(CONS))	**7.781194**	**4**	**0.0999**
D(LOG(IPC))	**13.79514**	**4**	**0.0080**
All	20.56239	8	0.0084

Dependent variable: D(LOG(IPC))			
Excluded	Chi-sq	df	Prob.
D(LOG(CONS))	**10.75663**	**4**	**0.0294**
D(LOG(PIB))	7.023560	4	0.1346
All	12.50642	8	0.1300

On observe que DLIPC cause DLCONS et LPIB au seuil de 5%. DLPIB ne cause pas DLCONS, mais DLCONS cause DLPIB au seuil de 10%. Enfin, DLCONS cause DLIPC. Rappelons que le tableau ci-dessus présente les résultats du test de causalité de court terme entre les variables. Pour effectuer l'inférence causale de long terme, on s'intéresse à la significativité des forces de rappel dans les équations du VECM. Les résultats du VECM de Johansen ont été reportés dans le tableau 8.9. On en déduit qu'à long terme, LPIB et LIPC causent LCONS. En revanche, LPIB et LIPC sont faiblement exogènes à long terme.

Comme indiqué dans la section 8.4, le test de causalité de Granger peut être affecté par les incertitudes inhérentes aux tests de stationnarité et de cointégration dans les échantillons de taille limitée. Nous allons effectuer le test de causalité selon la méthode de Toda-Yamamoto.

Les tests effectués précédemment donnent $p=5$ et $dmax=1$. L'approche de Toda-Yamamoto nous amène donc à conduire l'inférence causale à partir d'un VAR(6) ; ce qui parait très couteux en degrés de liberté ! Si on retient comme nombre de retards optimal $p=2$ (règle de la majorité) alors on conduirait l'inférence causale dans un VAR(3). Nous allons comparer les résultats de ces deux modèles. Pour effectuer le test de causalité dans le VAR(6), sélectionnez les variables dans le Workfile et faites un clic droit puis sélectionnez **Open as VAR**. Dans la fenêtre qui apparaît, précisez le nombre de retards du VAR initial, à savoir $p=5$. Ensuite, ajoutez les retards d'ordre 6 dans la case où se trouve la constante, comme des variables « exogènes ». La capture ci-après indique les options à sélectionner.

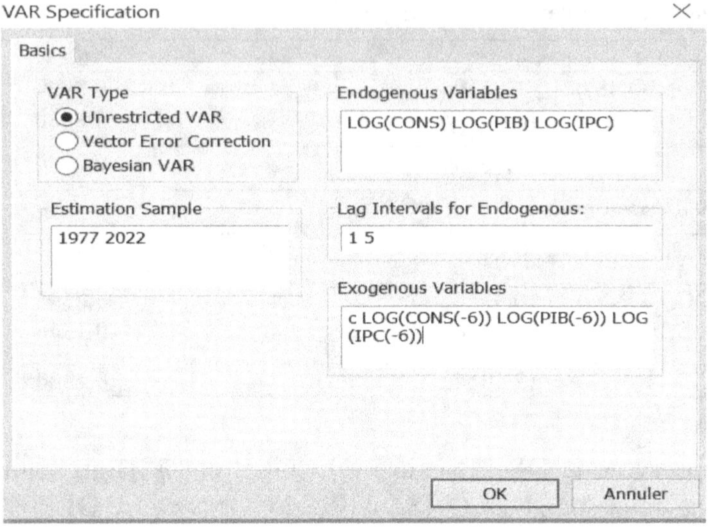

En validant, on obtient les résultats de l'estimation du VAR(6). On réalise l'inférence causale en sélectionnant **View/Lag Structure/Granger Causality/Block Exogeneity Tests**. Les résultats sont donnés dans le tableau suivant :

Tableau 8.16 : Test de causalité de Toda-Yamamoto dans le VAR(6)

VAR Granger Causality/Block Exogeneity Wald Tests
Sample: 1977 2022
Included observations: 40

Dependent variable: LOG(CONS)			
Excluded	Chi-sq	df	Prob.
LOG(PIB)	**29.58613**	**5**	**0.0000**
LOG(IPC)	**17.09560**	**5**	**0.0043**
All	65.29794	10	0.0000
Dependent variable: LOG(PIB)			
Excluded	Chi-sq	df	Prob.
LOG(CONS)	3.741529	5	0.5872
LOG(IPC)	**9.771459**	**5**	**0.0820**
All	16.51412	10	0.0858
Dependent variable: LOG(IPC)			
Excluded	Chi-sq	df	Prob.
LOG(CONS)	7.008990	5	0.2200
LOG(PIB)	2.419134	5	0.7886
All	7.916851	10	0.6370

On peut lire que LPIB et LIPC causent LCONS au seuil de 5%. Ceci est conforme à l'existence d'une relation de long terme significative entre les variables. En outre, LIPC cause PIB au seuil de 10%. On constate cependant que les résultats sont différents de ceux obtenus précédemment. Nous reportons dans le tableau suivant les résultats du test de causalité à partir du VAR(3). Ici, LPIB cause LCONS au seuil de 5%.

Tableau 8.17 : Test de causalité de Toda-Yamamoto dans le VAR(3)

VAR Granger Causality/Block Exogeneity Wald Tests
Sample: 1977 2022
Included observations: 43

Dependent variable: LOG(CONS)			
Excluded	Chi-sq	df	Prob.
LOG(PIB)	**24.18399**	**2**	**0.0000**
LOG(IPC)	0.605877	2	0.7386
All	25.07827	4	0.0000
Dependent variable: LOG(PIB)			
Excluded	Chi-sq	df	Prob.
LOG(CONS)	0.046121	2	0.9772
LOG(IPC)	2.288650	2	0.3184
All	2.295064	4	0.6817
Dependent variable: LOG(IPC)			
Excluded	Chi-sq	df	Prob.
LOG(CONS)	3.497853	2	0.1740
LOG(PIB)	3.611022	2	0.1644
All	5.108976	4	0.2763

En définitive, on retiendra que les résultats des tests de cointégration ainsi que des tests de causalité sont tributaires du nombre de retards et de la présence ou non des termes déterministes (constante et trend) dans le modèle.

CHAPITRE 9
Écriture et résolution des modèles à plusieurs équations

Les modèles à une équation offrent une représentation limitée d'une économie. Dans la réalité, les interrelations entre les variables d'une économie sont décrites par un système complet d'équations. Un modèle est un ensemble d'équations qui décrivent conjointement les relations entre des variables. Ces équations peuvent être des équations de comportement, des équations comptables ou des équations techniques ou de définition.

Les équations de comportement décrivent l'évolution d'une variable à partir de celle d'autres variables à l'aide de modèles économétriques. Ces équations comportent donc des coefficients à estimer.

Les équations comptables sont des identités qui doivent être vérifiées à chaque période. Elles assurent une certaine cohérence dans les données. Le cas le plus courant en macroéconomie est le PIB qui est la somme de la consommation, de l'investissement et de la balance commerciale. Concernant les équations de définition, on peut mentionner le passage des valeurs réelles aux valeurs nominales pour le biais des prix. On peut aussi mentionner le calcul des recettes d'impôts à partir de leurs assiettes respectives par l'application de taux d'imposition. Dans ces équations, il n'y a généralement pas de coefficient à estimer ; les variables en jeu étant déterminées par ailleurs dans le modèle[18].

Nous abordons dans ce chapitre l'écriture et la résolution des modèles macroéconométriques à plusieurs équations. Ce chapitre est particulièrement utile pour la modélisation et la simulation macroéconomique. Nous procéderons par le mode menu. Par la suite, nous verrons que la programmation offre plus de flexibilité dans l'écriture et la résolution des modèles comportant un grand nombre de variables.

---

[18] Exemple d'équation de définition : pibn=pibr*deflateur. Les trois variables sont modélisées par ailleurs.

9.1 Définition et principes d'écriture d'un modèle sous EViews

Les deux objets importants d'un modèle sont les équations et les variables. Il existe une distinction entre un système et un modèle. Un système d'équations est un groupe d'équations contenant des paramètres inconnus qui peuvent être estimés par diverses techniques. Un modèle est un groupe d'équations estimées qui décrivent des variables endogènes. Un modèle est utilisé pour résoudre les valeurs des variables endogènes, étant données les informations sur les autres variables. Un système peut être utilisé dans un modèle pour faire de la simulation.

L'objet **Model** permet de combiner des équations de différentes natures au sein d'un seul objet qui peut être utilisé pour faire des prévisions ou des simulations déterministes ou stochastiques. Dans la simulation déterministe, les variables d'entrée sont fixées à des valeurs connues et une seule tendance est calculée pour les variables de sortie. Dans la simulation stochastique, on fait intervenir une incertitude dans le modèle en ajoutant un terme aléatoire aux coefficients, aux résidus des équations ou aux variables exogènes. L'objet **Model** permet également de faire des simulations sous différentes hypothèses portant sur les variables exogènes, ces ensembles d'hypothèses sont appelés **scénarios**.

Les variables d'un modèle sont de deux types : les variables endogènes et les variables exogènes (déterminées hors du modèle). À ces deux types de variables, on peut ajouter une troisième catégorie, les **add factors**, qui sont un type spécial de variables exogènes.

La modélisation macroéconométrique procède en trois principales étapes :

- la conception, c'est-à-dire l'écriture ou la spécification du modèle ;
- l'estimation des équations de comportement selon les techniques appropriées ;
- la résolution du modèle, préalable à son utilisation pour la simulation ou la prévision.

Dans la pratique, cependant, les choses ne sont pas séquentielles et la mise au point d'un modèle macroéconométrique opère par aller et retour entre les trois étapes ci-dessus. La construction d'un modèle macroéconomique consiste à formuler des hypothèses sur le comportement des acteurs (ménages, entreprises, état, etc.) ainsi que sur le fonctionnement des marchés (marchés des biens et services avec possibilité de distinguer plusieurs types de biens et services, marché du travail, marché monétaire, etc.). Les équations de comportement sont estimées et testées selon les méthodes vues dans les chapitres précédents. Si la spécification s'avère insatisfaisante, elle doit être modifiée, ré-estimée et testée à nouveau.

La forme générale d'un modèle s'écrit :

$$f(y,x)=0 \tag{9.1}$$

Où y désigne le vecteur des variables endogènes et x le vecteur des variables exogènes.

Dans EViews, à chaque équation d'un modèle est associée une seule variable endogène. Ainsi, chaque équation d'un modèle doit pouvoir s'écrire sous la forme :

$$y_i = f_i(y,x) \tag{9.2}$$

Où y_i est l'endogène assignée à l'équation *i.*

La première variable que l'on rencontre dans la spécification d'une équation est considérée comme l'endogène de cette équation. Puisque chaque endogène doit être associée à une seule équation, on devra écrire les équations de manière à ce que chaque équation commence avec une variable différente. *Toute variable non assignée à une équation sera considérée comme exogène.* Dans un modèle complet, le nombre d'équations est égal au nombre de variables endogènes.

Nous allons illustrer l'utilisation de l'objet « **Model** » à partir d'un exemple pédagogique de modèle macroéconomique. Nous considérons une version aménagée du modèle à équations simultanées présenté au chapitre 6. Le modèle est défini par le système suivant.

$$\log(Cons_t) = a_1 + a_2\log(RD_t) + a_3\log(Ipc_t) + a_4\log(Cons_{t-1}) + e_{1t} \tag{9.3}$$

$$\log(I_t) = b_1 + b_2\log(Pib_t) + b_3\log(G_t) + b_4\log(I_{t-1}) + e_{2t} \tag{9.4}$$

$$Pib_t = Cons_t + I_t + G_t \quad (9.5)$$

$$RD_t = Pib_t - Tax_t \quad (9.6)$$

$$Tax_t = r_t Pib_t \quad (9.7)$$

avec:

$Cons$:	Consommation privée;
I :	Investissement privé;
G :	Dépenses publiques;
PIB :	Produit Intérieur Brut;
IPC :	Indice des prix à la consommation
RD :	Revenu disponible
Tax :	Recettes fiscales
R :	Taux de pression fiscale

Cette spécification, dont les équations traduisent les idées économiques qui les inspirent, est la forme structurelle. Les coefficients structurels que l'on souhaite pouvoir estimer ont généralement une signification économique.

Le modèle comporte deux équations stochastiques de comportement, une identité comptable et deux équations techniques ou de définition. Nous avons 5 variables endogènes (Cons, I, PIB, RD, Tax) et trois variables exogènes (G, r, IPC). Une variable endogène est liée aux variables exogènes et aux autres variables endogènes. Les deux équations de comportement sont spécifiées sous la forme d'un modèle ARDL(1,0,0).

Avant de charger ces équations dans l'objet « **model** », nous devons d'abord estimer les équations comportement. À ce stade, cela ne pose aucune difficulté particulière. Après avoir estimé les équations de comportement, nous enlevons les variables non-significatives, à savoir IPC et G. En effet, la présence de variable non-significative en augmente l'erreur de prévision finale.

9.2 Création d'un modèle

Il existe deux options pour créer un objet « **model** » :

- Sélectionner « **Object/New Object/Model** » et le nommer MODÈLE. On peut aussi faire un clic droit dans le workfile puis choisir « **New Object** »;
- Sélectionner la liste des équations estimées dans le Workfile, faire un clic droit et sélectionner « **Open as Model** ». L'objet « **model** » va contenir les équations sélectionnées.

Pour embarquer les équations estimées dans l'objet « **model** » créez à partir de la première option, sélectionnez les équations dans le Workfile, faites un clic droit et copiez puis collez dans le modèle (peu importe l'endroit). Les équations apparaissent dans le modèle sur une ligne avec une icône indiquant le type d'objet, le nom, le numéro d'ordre et la représentation mathématique. En double-cliquant sur une équation, une fenêtre indique les propriétés de cette équation. Pour ouvrir une équation dans le modèle, sélectionnez cette équation et faites un clic droit puis sélectionnez « **Open Link** ». On peut obtenir les propriétés d'une équation en double-cliquant sur son icône.

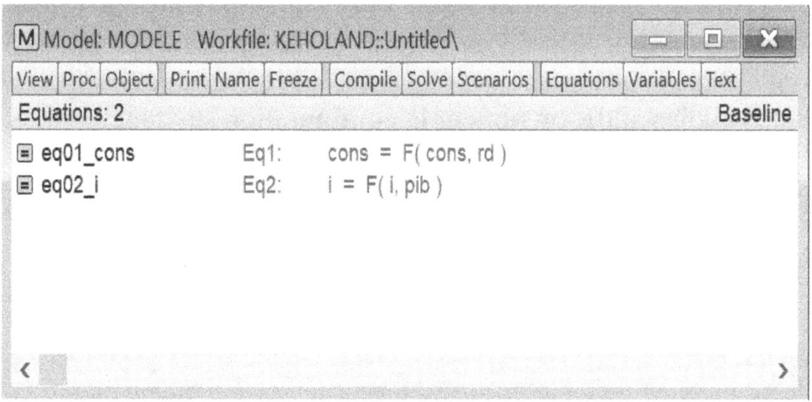

Nous avons ajouté les 2 équations de comportement en lien externe avec celles du Workfile. Cela signifie que si nous ré-estimons ces équations, nous pouvons mettre à jour (update) les équations dans le modèle en utilisant la procédure « **Procs/Links/Update All Links** ».

Pour compléter la construction du modèle, nous devons ajouter les trois autres équations du modèle macro. Ces équations ne font pas l'objet d'estimation ; elles assurent une certaine cohérence dans les données. Au lieu de les ajouter via un lien externe comme pour les équations de comportement, nous les ajoutons en tant que texte. Pour cela, faites un clic droit (n'importe où dans la fenêtre du modèle) et sélectionnez « **Insert…** » :

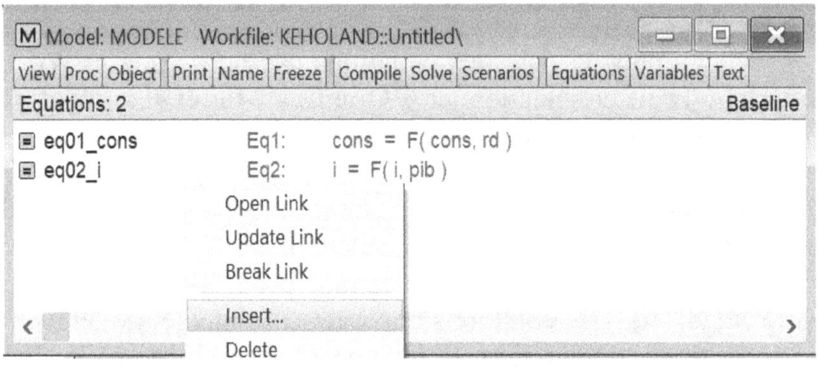

Une boîte de dialogue apparaît avec l'intitulé « **Model Source Edit »,** qui nous invite à inscrire un texte. Tapez l'identité ″PIBR =CONS +I +G″ dans la boîte et cliquez sur **OK**. On répète la même procédure pour insérer les équations restantes. Il est possible d'entrer toutes les équations à la fois. Pour cela, cliquez sur l'onglet « **Equations** », pressez le dernier onglet « **Text** » et entrez les équations (une équation par ligne). À la fin, pressez l'onglet « **Compile** » pour consolider et validez.

Après avoir validé, on obtient la configuration suivante.

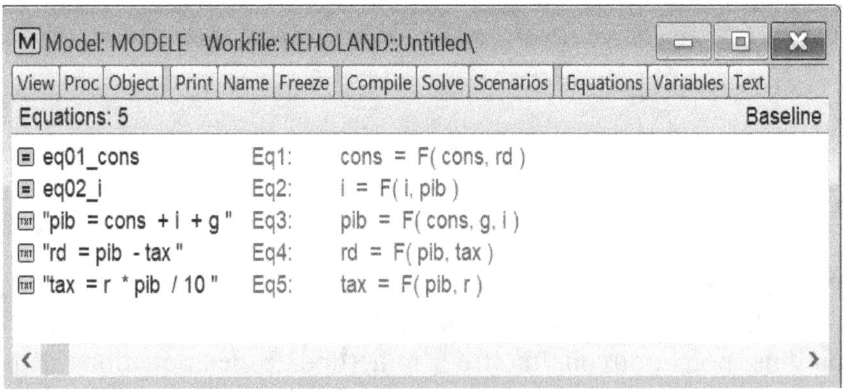

La spécification du modèle est complète, nous pouvons maintenant procéder à sa résolution. L'onglet « **Variables »** de la fenêtre permet d'obtenir la description complète des variables : l'équation à laquelle la variable est assignée et le statut de la variable (endogène ou exogène).

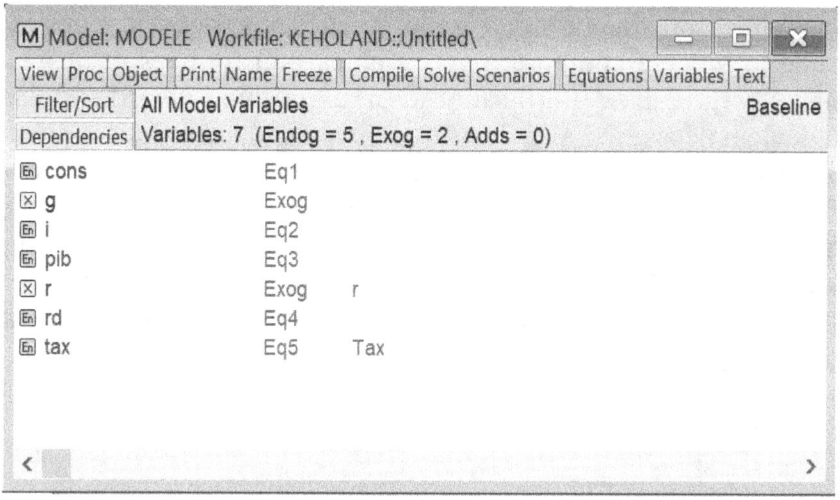

On peut lire que le modèle comporte au total 7 variables, dont 5 variables endogènes et 2 variables exogènes. Rappelons ici que nous avons enlevé les variables non-significatives (IPC et G) dans les deux équations de comportement. Ceci explique la baisse du nombre de variables. Ici, les deux variables exogènes sont G et r. Ce qui nous permettra de simuler deux mesures de politique économique : une politique budgétaire et une politique fiscale.

Remarque : Si après avoir ajouté des équations en tant que liens externes, vous voulez les voir apparaître dans l'objet modèle de façon explicite sous la forme de texte, alors sélectionnez, à partir du menu du modèle, « **Procs/Links/Break All Links-Make all équations in-line** ». La procédure « **Break All Links** » permet de rompre les liens avec l'objet source. On peut procéder équation par équation par sélection, puis clic droit et sélection de « **Break Link** ». Dans ce cas, les modifications apportées aux équations ne seront pas prises en compte dans l'objet modèle.

9.3 Résolution du modèle

L'une des opérations importantes à réaliser sur un modèle consiste à le résoudre. Résoudre un modèle signifie que pour un ensemble donné de valeurs des variables exogènes x, on essai de trouver un ensemble de valeurs pour les variables endogènes y de manière à satisfaire toutes les équations du modèle. La résolution du modèle peut passer par la détermination de la forme réduite où chaque endogène est exprimée en fonction des seules variables exogènes. Cependant, lorsque le modèle comporte des variables transformées et des équations autorégressives, l'utilisation d'un algorithme itératif de résolution devient nécessaire afin de trouver plus rapidement les solutions.

Pour résoudre le modèle précédent, cliquez sur l'onglet « **Solve** » de la barre de menu du modèle. Il y a plusieurs options disponibles à partir de la boîte de dialogue. Nous faisons une simulation dynamique. Sélectionnez « **Dynamic solution** » dans la boîte de dialogue. Les relations spécifiées entre les variables devant être vérifiées à chaque période, sélectionnez l'option « **Deterministic** ».

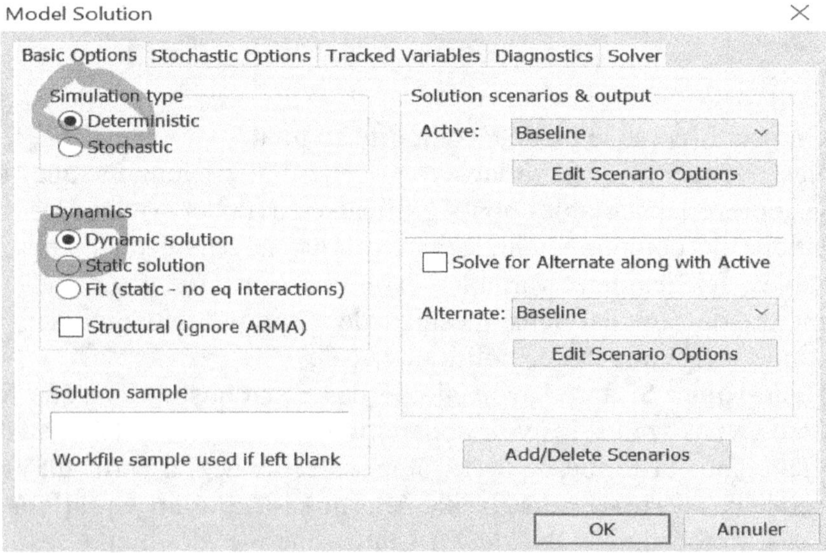

La résolution du modèle va se faire sur une période pour laquelle les variables sont renseignées, c'est-à-dire sur la période 1977-2022. Cliquez sur **OK** pour autoriser la résolution du modèle. Un message indique si le programme a convergé ou non, ainsi que la méthode de résolution et le temps de convergence. Pour la plupart des modèles linéaires, la convergence est rapide.

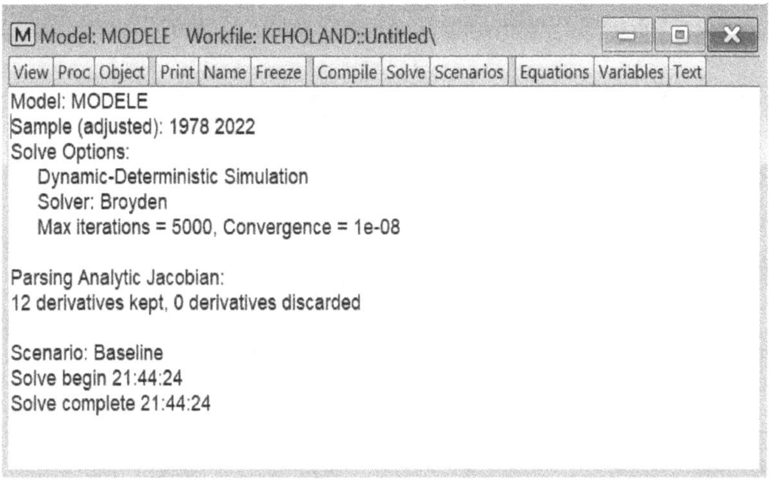

Les valeurs prédites pour les variables endogènes apparaissent dans le Workfile avec le suffixe _0. On peut les ouvrir de la façon habituelle et faire des graphiques de comparaison. On peut ainsi voir si les valeurs prédites se rapprochent le plus possible des valeurs observées. Il existe une méthode plus commode pour réaliser ces visualisations. Faites un clic droit dans le modèle et choisissez « **Make Graph Object** ». On peut faire cette action sur une sélection de variables. Dans la boîte de dialogue qui s'ouvre, prenez le soin de cocher « **Actuals** » et « **Active** » comme indiqué ci-dessous.

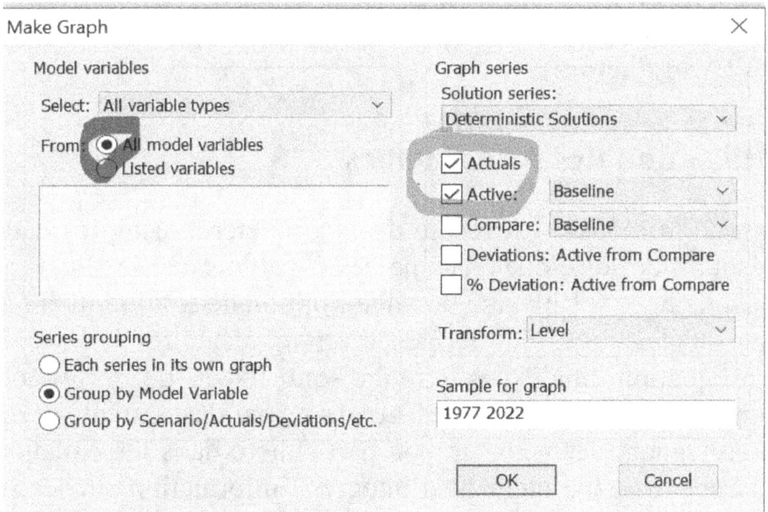

Cliquez sur **OK** pour valider. On obtient les graphiques suivants :

Figure 9.1 : Évolution comparée des séries réelles et simulées

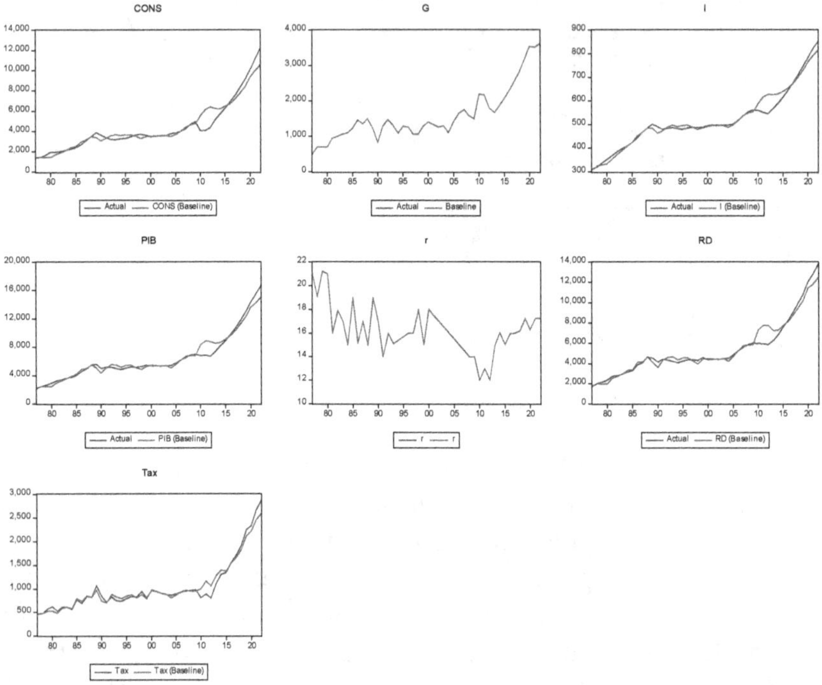

On constate que le modèle reproduit globalement bien les données sur toute la période. Toutefois, la qualité de l'ajustement semble moins bonne en 2010 et 2011. On peut tenter d'améliorer les simulations en modélisant les termes d'erreur à travers l'ajout de facteurs additifs (A**dd Factors**).

9.4 Utilisation des Add Factors

Lorsque le modèle est résolu de façon déterministe, les équations sont résolues de sorte que chacune des équations du modèle soit exactement satisfaite. À l'inverse, lorsque l'option de résolution choisie est de type stochastique, des termes d'erreur aléatoires sont ajoutés à chaque équation, mais ces erreurs sont fixées de sorte que leur moyenne soit nulle. Les « **Add Factors** » sont des variables exogènes qui interviennent de façon un peu particulière dans les équations. Ils permettent plus généralement d'intégrer l'information sur les résidus dans la prévision dans le but de compenser la mauvaise qualité d'une équation lorsque celle-ci est utilisée pour former des prévisions. Ils sont ajoutés aux équations estimées afin de caler les simulations historiques sur les valeurs historiques.

Pour ajouter un facteur additif à une équation, double-cliquez sur l'équation et cliquez sur l'onglet « **Add Factors** » puis sélectionnez l'option « **Equation intercept (residual shift)** » comme type de facteur. La procédure crée une nouvelle variable en ajoutant le suffixe _A au nom de la variable endogène. Cette variable est ajoutée à la liste des variables du modèle. Nous allons ajouter un « **Add Factor** » à l'équation de consommation. Pour cela, double-cliquez sur cette équation et pressez l'onglet « **Add Factor** ». La variable Add Factor portera le nom CONS_A. En faisant la simulation historique du modèle, on constate que les ajustements deviennent meilleurs. On peut ajouter les résidus Add Factors à toutes les équations stochastiques du modèle. Quand le modèle est simulé sur la période historique, les solutions des endogènes sont égales aux valeurs historiques. Les « **Add Factors** » fournissent une méthode *ad hoc* pour ajuster les résultats d'un modèle sans avoir à ré-spécifier les équations de comportement. En utilisant les variables Add Factors, on peut spécifier n'importe quelle trajectoire pour les résidus des équations de comportement sur la période de prévision.

9.5 Simulation de scénarios

On peut chercher à simuler le modèle sous diverses hypothèses portant sur la trajectoire des variables exogènes. Cela s'appelle faire tourner le modèle ou encore faire de la simulation sous un jeu d'hypothèses. Une façon simple de procéder consiste à entrer directement les nouvelles valeurs des variables exogènes et à résoudre à nouveau le modèle. À chaque fois que le modèle est simulé, les premiers résultats sont écrasés et on ne peut pas faire de comparaisons entre les résultats successifs. EViews offre une possibilité plus intéressante de faire de tels exercices tout en conservant les résultats précédents. Celle-ci est basée sur la construction de scénarios.

Pour créer un scénario, pressez l'onglet « **Scenarios** » de la barre de menu du modèle.

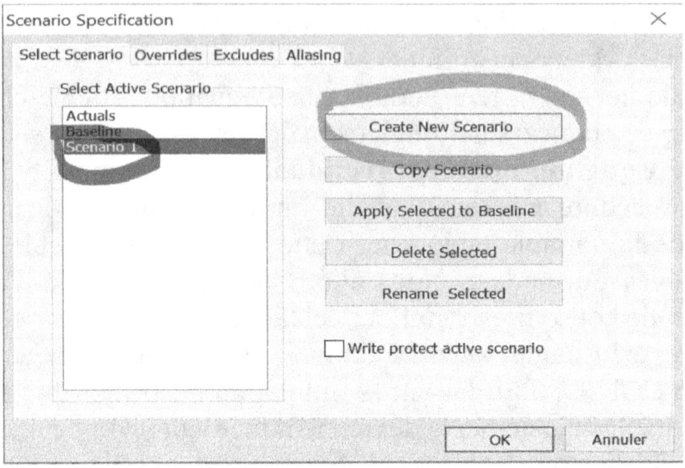

L'onglet « **Create New Scenario** » permet de créer autant de scénarios que l'on veut. En cliquant sur **OK**, un nouveau scénario est créé. On peut utiliser cette boîte de dialogue pour sélectionner le scénario actif ou pour renommer ou supprimer des scénarios existants. Cliquez sur « **Scenario 1** » puis validez. On constatera scénario 1 apparaît dans le modèle comme le scénario actif.

Pour distinguer les données associées à différents scénarios, chaque scénario modifie les noms des variables en ajoutant un nombre aux noms des variables, comme par exemple _1, _2. Les données d'un même scénario apparaissent dans le *workfile* avec le même suffixe.

La procédure nous permet d'indiquer **en rouge** les variables exogènes qui vont être modifiées. Ces variables exogènes vont utiliser les valeurs des variables suffixées qui leur correspondent dans le scénario. Il y a deux types spéciaux de scénarios qui sont toujours présents dans un modèle : **Actuals et Baseline**. Ces deux scénarios diffèrent en ce que le premier écrit ses solutions directement dans le *workfile* avec le même nom que les variables endogènes, alors que le scénario « **Baseline** » modifie le nom en ajoutant le suffixe _0. En résolvant le modèle en utilisant « **Actuals** » comme scénario actif, vous devez faire attention à ne pas écraser accidentellement vos données historiques. Le scénario de base tire son nom du fait qu'il fournit la base à partir de laquelle les autres scénarios sont construits. Les scénarios construits diffèrent du scénario de base en ayant une ou plusieurs variables marquées en rouge ou exclues.

Pour définir un scénario, il faut spécifier les variables exogènes qui vont être utilisées pour obtenir une solution particulière du modèle.

Comme le modèle comporte deux variables exogènes, nous allons faire des hypothèses sur l'évolution de ces deux variables. Nous allons simuler l'impact d'une hausse des dépenses publiques de 10% par an sur la période 2023-2030 (politique budgétaire expansionniste). Le taux d'imposition (r) sera maintenu constant et égal à sa valeur de 2022 sur toute la période 2023-2030 (politique fiscale inchangée).

Cliquez sur la variable **G**, faites ensuite un clic droit et sélectionnez « **Properties** ». Dans l'écran qui s'affiche, cochez la case « **Use Override series in scenario** ». Un message s'affiche pour demander la création de la variable G_1, cliquez sur **OK** pour accepter l'opération. Les valeurs historiques de la variable G_1 sont identiques à celles de G. Retournez au Workfile et générez les valeurs de G pour la période 2023-2030 en entrant la formule G_1=G_1(-1)*(1+0.10). Procédez de la même manière pour générer les valeurs du taux de pression fiscale. La formule de calcul est r_1=r_1(-1). Attention ! Ces formules ne s'appliquent que sur la période 2023-2030. Il convient de bien vérifier la période avant de valider la formule. Vérifiez aussi que vous avez étendu la plage des données (Range du Workfile) de 1977 à 2030.

Une hausse des dépenses publiques aura pour impact d'augmenter immédiatement le PIB. La pression fiscale étant constante, les recettes fiscales vont augmenter (effet assiette) de même que le revenu disponible. Ce qui va augmenter la consommation et par ricochet le PIB. La boucle se répète ainsi jusqu'à la convergence. On retrouve ici le circuit du multiplicateur keynésien. La spécification des équations de comportement sous la forme logarithmique rend difficile l'écriture du modèle sous sa forme réduite. Il faut recourir à un algorithme itératif de calcul numérique pour obtenir la solution.

Pour faire tourner le modèle avec les nouvelles valeurs de G et r, cliquez sur l'onglet « **Solve** ». Précisez la période de simulation (2023-2030) et cliquez sur **OK**.

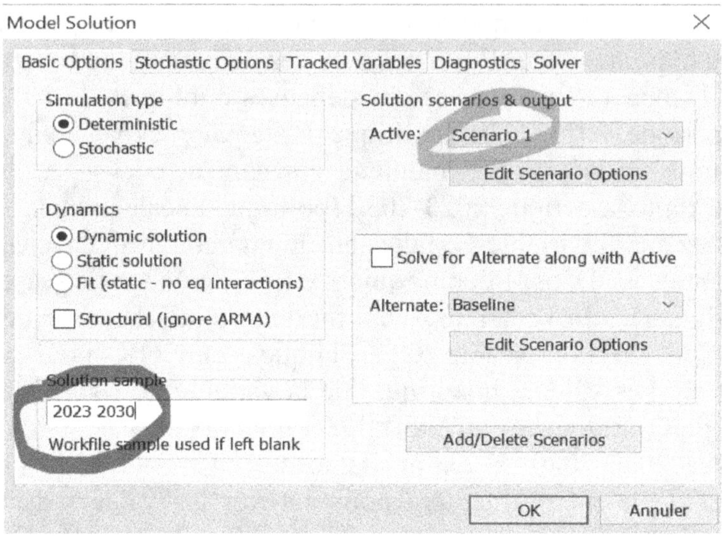

Les valeurs des variables endogènes simulées apparaissent dans le Workfile sous les noms $Cons\_1, I\_1, PIB\_1, Tax\_1$.

Procédez de la même manière pour simuler un scénario 2 sous lequel le taux de pression fiscale (r) augmente de 0.5 point de pourcentage par an de 2023 à 2030. Ainsi, le taux de pression fiscale augmentera de 17.24% en 2022 à 18.24% en 2024 pour atteindre 21.24% en 2030. Les dépenses publiques progressent au taux de 10%.

Pour chaque scénario, on calcule des indicateurs du tableau de bord qui permettent d'apprécier les impacts des simulations. Ces indicateurs sont:

- Le taux de croissance du PIB
- Le taux de croissance de la consommation
- Le solde budgétaire en % du PIB

Pour les deux scénarios, ces indicateurs sont synthétisés dans le tableau suivant :

Tableau 9.1 : Résultats des simulations des deux scénarios

	2023	2024	2025	2026	2027	2028	2029	2030
	Scenario 1 : G=+10%							
Taux_Pib	5.62	7.04	8.19	9.11	9.86	10.47	10.97	11.41
Taux_Cons	4.50	6.38	7.91	9.14	10.14	10.95	11.61	12.17
Solde Budg	-5.29	-5.92	-6.30	-6.49	-6.52	-6.42	-6.21	-5.92
	Scenario 2 : G =+10% et r=+0.5							
Taux_Pib	5.06	6.04	6.84	7.49	8.01	8.42	8.75	9.01
Taux_Cons	3.74	5.01	6.05	6.90	7.58	8.13	8.56	8.91
Solde Budg	-4.92	-5.26	-5.45	-5.52	-5.47	-5.34	-5.13	-4.87

On observe qu'une hausse des dépenses publiques de 10% induit un taux de croissance du PIB allant de 5.62% en 2023 à 11.41% en 2030. La consommation privée augmente également à un taux progressif, passant de 4.5% en 2023 à 12.17% en 2030. Sur la même période, le solde budgétaire enregistre un déficit qui passe de 5.29% du PIB en 2023 à 6.52% en 2027 pour retomber à 5.92% en 2030. Le scénario 2 conduit à un impact moindre sur la consommation et le PIB. Le taux de croissance du PIB passe de 5.06% en 2023 à 9.01% en 2030. Quant à la consommation, elle progresse de 3.74% en 2023 et de 8.91% en 2030. Le déficit du solde budgétaire baisse légèrement par rapport au scénario 1, en se situant à 4.92% en 2023 et à 4.87% en

2030. La réduction du déficit budgétaire consécutive au passage du scénario 1 au scénario 2 s'explique par l'impact de la politique fiscale. Dans le scénario 1, la hausse des dépenses publiques conduit à une aggravation du déficit. La hausse des recettes fiscales résulte de celle de l'assiette (le PIB). Dans le scénario 2, l'impact de cette politique budgétaire expansionniste est modéré par la politique fiscale à travers la hausse des recettes fiscales combinant un effet taux et un effet assiette.

Dans les deux scénarios précédents, nous avons appliqué une hausse annuelle des dépenses publiques et du taux de pression fiscale. Dans la pratique, cependant, on peut opter pour une augmentation ponctuelle des dépenses publiques et des taux d'imposition. Ainsi, on pourra simuler l'impact d'une hausse des dépenses publiques de 10% seulement sur la période de 2023 à 2025 combinée à une hausse du taux de l'impôt de 1 point de pourcentage en 2023 (scénario 3). Simulez ce scénario et comparez les résultats avec ceux des scénarios précédents (exercice).

On peut faire tourner le modèle à rebours. On se fixe un objectif de taux de croissance et on cherche une politique budgétaire *(G)* ou une politique fiscale *(r)* qui permet d'atteindre cet objectif. Nous faisons l'exercice avec un objectif de 10% du taux de croissance du *PIB* sur la période 2023-2030. En théorie, il existe une combinaison infinie de politiques budgétaires et fiscales (*G, r*) permettant d'atteindre cet objectif. Nous figeons la politique fiscale (*r* constant) et cherchons à déterminer les niveaux des dépenses publiques compatibles avec la trajectoire de 10% du PIB. Nous obtenons les résultats présentés dans le tableau ci-après :

Tableau 9.2 : Dépenses publiques générant un taux de croissance de 10% du PIB

	2023	2024	2025	2026	2027	2028	2029	2030
G	4365.04	4924.45	5415.14	5889.86	6373.09	6876.58	7406.22	7965.06
%	20.64	12.81	9.96	8.76	8.20	7.90	7.70	7.54

CHAPITRE 10
Introduction à la programmation

EViews donne la possibilité de programmer toutes les manipulations que l'on désire faire. La création d'objets, notamment la génération de séries, de graphiques, l'estimation d'équation et de systèmes d'équations simultanées, ainsi que la création et la résolution de modèles peuvent être effectuées par la programmation. Toutefois, cela demande que l'utilisateur ait une connaissance des différentes commandes utilisées par le logiciel. Il pourra consulter les exemples de commandes, les syntaxes et leurs applications dans le menu d'aide du logiciel. L'avantage de la programmation est qu'elle automatise certaines opérations répétitives et retrace toutes les étapes de la modélisation, ce qui permet à l'utilisateur de se rappeler les étapes pour parvenir aux résultats.

10.1 Création d'un éditeur de programme

Pour créer un éditeur de programme, sélectionnez à partir de la barre de menu principal « **File/New/Program** ».

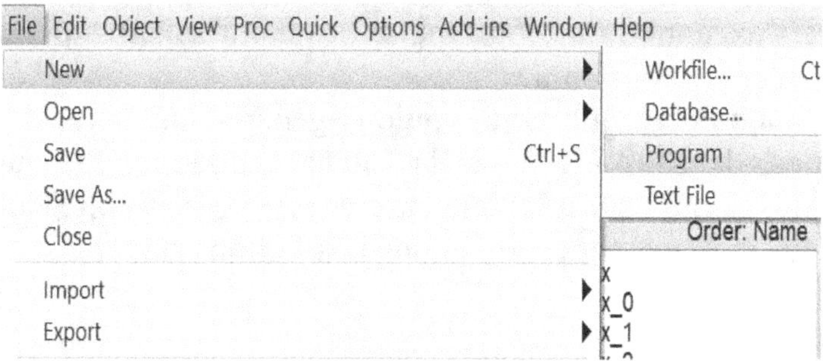

Un programme n'est pas un objet EViews. C'est un fichier texte contenant une succession d'instructions faites de commandes. En conséquence, le programme n'apparaît pas dans le *workfile*.

10.2 Quelques commandes pour générer des séries et estimer des équations

Cette section illustre quelques applications des commandes EViews pour la création de variables et l'estimation de modèle.

10.2.1 Générer des séries

Pour générer une nouvelle série, on écrit la formule en la faisant précéder de la commande **SÉRIES**. Par exemple, la fenêtre ci-après fournit une illustration pour la création de 4 variables, avec des commentaires quant à la dénomination des variables.

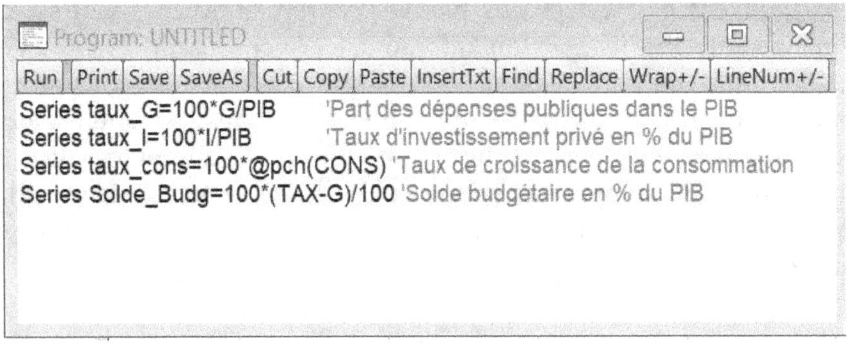

Pour exécuter cette commande, cliquez sur l'onglet « **Run** ». Enregistrez le programme et validez. La variable est automatiquement créée dans le Workfile. L'avantage du programme est qu'on peut exécuter un ensemble d'opérations de façon simultanée. Une ligne commençant par le symbole ' est une ligne de commentaire. Elle est ignorée lors de l'exécution du programme. Les commentaires permettent de documenter le programme.

Supposons maintenant que nous voulons générer une série Z qui prend la valeur 1 de 2009 à 2011 et la valeur 0 ailleurs. On peut le faire à partir du menu « **Quick/Generate Series** », mais on peut le programmer plus directement en tapant les instructions suivantes :

```
Series Z=0
SMPL 2009 2011
Series Z=1
SMPL @ALL
```

Il arrive parfois que l'on veuille travailler sur des observations sélectionnées selon la valeur d'une variable X. Par exemple, la commande :

Smpl if X<0

restreint l'échantillon aux observations pour lesquelles la variable X prend une valeur négative. On peut par cette méthode restreindre la période de l'échantillon.

10.2.2 Estimer une équation par MCO

Pour estimer l'équation de consommation, on entre la ligne de commande suivante :

Équation eq1.ls log(cons) c log(pib) log(ipc)

L'objet que l'on veut créer est une équation nommée ici **eq1.** La commande **« ls »** indique qu'on utilise la méthode des moindres carrés (least squares en anglais) pour faire l'estimation. En tapant :

Équation eq1.ls(h) log(cons) c log(pib) log(ipc)

On indique qu'on utilise une procédure de correction robuste de l'hétéroscédasticité des erreurs. Pour corriger l'hétéroscédasticité en utilisant les moindres carrés pondérés, on tape les instructions suivantes :

Genr pond=1/sqr(z)
Équation eq2.ls(w=pond) y c z

La première ligne de commande génère la variable de pondération à partir de la variable *z* responsable de l'hétéroscédasticité. La ligne de commande suivante précise que la méthode d'estimation utilisée est la méthode des moindres carrés pondérés, la variable de pondération étant la variable *pond* générée précédemment.

10.2.3 Estimer une équation par la méthode des variables instrumentales

L'estimation par la méthode des variables instrumentales se fait en utilisant l'instruction des doubles moindres carrés. Celle-ci requiert une liste de variables instrumentales. La commande sous EViews s'écrit de la façon suivante :

```
Equation eq1.tsls log(cons) c log(pib) log(ipc) @ log(pib(-1)
log(ipc)
```

Les variables après le symbole @ sont les variables instrumentales.

Lorsqu'on estime un système par la méthode des doubles moindres carrés (TSLS), des triples moindres carrés (3SLS) ou par la méthode des moments généralisés (GMM), on doit indiquer la liste des variables instrumentales. On peut spécifier ces variables de deux façons. Si on utilise les mêmes instruments pour toutes les équations du système, alors on indique le mot **instr** à la fin du programme, suivi de la liste des instruments. Si on utilise des instruments différents pour chaque équation, alors on indique le symbole @ à la fin de chaque équation, suivi de la liste des instruments. L'identification des coefficients d'une équation structurelle requiert qu'il y ait au moins autant de variables instrumentales que de variables explicatives.

10.2.4 Faire des prévisions

Supposons que nous voulons estimer une équation sur la période 1977-2022 et utiliser cette équation pour faire des prévisions sur l'horizon 2023-2030. Les lignes d'instructions suivantes permettent d'obtenir les résultats :

```
SMPL 1977 2022 (ou SMPL @ALL)
Équation eq1.ls Cons c pib cons(-1)
Expand 1977 2030
SMPL 2023 2030
Eq1.fit cons_s '(Prévision statique)
Eq1.forecast cons_d '(Prévision dynamique)
Plot cons_s cons_d
```

La dernière ligne du programme permet de représenter les deux prévisions dans le même graphique.

10.3 Trois types importants de variables pour la programmation

EViews dispose de trois types importants de variables qui interviennent dans la programmation. Il s'agit des variables de contrôle (ou paramètres numériques), des variables string (ou paramètres alphanumériques) et des variables de remplacement.

10.3.1 Variables de contrôle

Les variables de contrôle sont des variables qui peuvent être utilisées à la place des valeurs numériques dans un programme. Une fois qu'une valeur est assignée à une variable de contrôle, on peut l'utiliser partout dans le programme en lieu et place de la valeur numérique. Le nom d'une variable de contrôle commence toujours par la marque " ! ". Après cette marque, on peut donner n'importe quel nom acceptable. Exemples de noms de variables de contrôle: !x=5, !1=8 et !pi=3.14159.

Une variable de contrôle ne peut être utilisée sans être préalablement déclarée. La valeur manquante d'une variable de contrôle est symbolisée par « NA »: !x=na.

Les variables de contrôle ne sont pas enregistrées dans le Workfile, elles n'existent uniquement que dans le programme. Néanmoins, il est possible de sauver les valeurs numériques d'une variable de contrôle en créant un nouvel objet qui contient ces valeurs.

10.3.2 Variables de type string

Un string est un texte bouclé par deux quotes " ". Exemple : "on rejette l'hypothèse nulle". Une variable de type string est donc une variable dont les « valeurs » sont des textes. La déclaration de ces variables se fait en précédant le nom par le symbole %.

<u>Exemple</u>

%cons= "consommation privée" ; %dep= "LCONS" ; %décision= "on rejette l'hypothèse nulle" ; %pi= "3.14159" ; %valeur= "valeur en millions de US dollars" ; %Mysample= "1977 2022", %ARMAS= "AR(1) AR(2) MA(1) MA(2)".

Une fois assignée une valeur, une variable string peut être utilisée dans les expressions. Par exemple:

```
cons.Label %cons
Smpl %Mysample
Équation eq1.ls %dep c %dep(-1)
Équation eq2.ls %dep c %dep(-1) %ARMAS
```

Une variable string assignée à un nombre peut être convertie en un nombre à l'aide de la fonction **@val**. Par exemple si %pi="3.14159", l'instruction suivante

```
!valeur = @val(%pi)
```

crée une variable de contrôle !valeur=3.14159.

10.3.3 Variables de remplacement

EViews permet d'écrire des lignes de commande en utilisant le contenu des variables de contrôle ou string. Par exemple, si la variable string %X est définie par %X="CONS" alors la ligne de commande LS %X C %X(-1) sera interprété comme : LS CONS C CONS(-1). Changer le contenu de %X en "I" change l'interprétation de la commande en : LS I C I(-1). Dans ce contexte, la variable string %X est utilisée comme une variable de remplacement parce qu'elle est remplacée dans le programme par son contenu.

Les variables de remplacement peuvent être utilisées pour former des mots. Dans ce cas, elles doivent être mises entre guillemets. Par exemple : %Type="Bas", %NVAR="Revenu", Series REV1, REV1.Label {%NVAR}{%Type} %Type="Elevé", Series REV2, REV2.Label {%NVAR}{%Type}.

Le commentaire "Revenu Bas" est utilisé pour labelliser la série REV1 et "Revenu Elevé" pour labelliser la série REV2. Dans ces exemples, le terme {%NVAR}{%Type} est une variable de remplacement puisque la commande est construite en remplaçant les variables string par leurs contenus.

Les variables de contrôle peuvent aussi être utilisées comme des variables de remplacement. Considérons l'exemple, GENR Y{!X}=NRND où !X est une variable de contrôle. Si !X=1, cette ligne de commande est interprétée comme GENR Y1=NRND. Si !X=12 alors la commande signifie GENR Y12=NRND.

Un usage important des variables de remplacement concerne la construction de noms d'objets. Par exemple : !A=1, %B=2, %C="VAR", series X{!À}, matrix X{%B}, vector X_{%C}IABLE.

Ici, nous déclarons une série nommée X1, une matrice nommée X2 et un vecteur nommé X_VARIABLE. Pour appeler une variable de remplacement, on a besoin d'utiliser des parenthèses. Par exemple, si on cherche le nombre d'observations valides dans une série labellisée REVENU, on peut utiliser la fonction @obs en tapant la commande: @obs(REVENU). Si nous voulons utiliser la variable string %VAR pour indiquer la série REVENU, la syntaxe exacte est %VAR="REVENU", @obs({%VAR}). La fonction @obs(%VAR) renverrait une erreur de syntaxe, car la fonction @obs s'applique à une série et non à une variable string comme argument.

10.4 Les commandes IF, FOR et WHILE

Pour contrôler l'exécution d'un programme, on est souvent amené à recourir aux commandes de contrôle. Ces commandes permettent en effet d'exécuter de façon sélective des instructions. Elles sont familières à tous les logiciels de programmation. Parmi les principales commandes de contrôle, on a la logique IF et les boucles FOR et WHILE. La commande IF exécute un ensemble d'instructions si une certaine condition est satisfaite. La boucle FOR répète un ensemble d'instructions pour un nombre fixé de temps. La boucle WHILE répète un ensemble d'instructions aussi longtemps qu'une certaine condition est vérifiée.

10.4.1 La Commande IF

Il y a plusieurs situations où l'on souhaite exécuter des commandes seulement si une certaine condition est satisfaite. EViews utilise les déclarations IF/THEN/ENDIF pour indiquer la condition à satisfaire et les commandes à exécuter. La déclaration IF débute avec le mot IF suivi d'une expression indiquant la condition, et le mot THEN. On peut utiliser AND et OR dans les conditions, en utilisant des parenthèses pour, si nécessaire, des parties des déclarations. Si l'expression est vraie toutes les commandes jusqu'à ENDIF sont exécutées. Si l'expression est fausse alors toutes les commandes sont ignorées.

Un programme peut contenir ELSE pour indiquer les commandes à exécuter si la condition est fausse. Si la condition est vraie, alors toutes les commandes avant ELSE seront exécutées. Si la condition est fausse, alors toutes les commandes entre ELSE et ENDIF seront exécutées.

Voici la structure de la boucle IF …THEN :

```
IF….THEN
        …
     ELSE
        …
ENDIF
```

Exemple

```
IF!x=1 OR (!s=1 AND !r=1) THEN
        SERIES INVGPIB=INVG/PIB
         SERIES INVPPIB=INVP/PIB
   ENDIF
```

Exemple

```
    IF!x>0 THEN
       GENR NAGE=AGE/!x
        ELSE
            GENR NAGE=AGE
ENDIF
```

IF peut aussi s'appliquer aux variables string.

Exemple

```
IF %x="CA" OR %x="IN" THEN
     GENR STATID=1
ELSE
     IF %x="MA" THEN
     GENR STATID=2
     ELSE
     IF %x="ID" THEN
      GENR STATID=3
     ENDIF
    ENDIF
 ENDIF
```

10.4.2 La boucle FOR ...NEXT

La boucle FOR permet de répéter un ensemble d'instructions pour différentes valeurs d'une variable de type contrôle ou string. La boucle FOR commence avec la déclaration FOR et finie avec la déclaration NEXT. Entre ces deux mots peuvent se trouver n'importe quelles commandes qu'on désire exécuter.

A. La boucle FOR avec des variables de contrôle

Lorsqu'on veut répéter des instructions pour différentes valeurs d'une variable de contrôle, FOR implique de poser l'égalité de cette variable de contrôle à une valeur initiale, suivie du mot TO, et alors d'une valeur finale. Après la valeur finale, on peut inclure le mot STEP suivi d'un nombre indiquant comment changer la variable de contrôle à chaque fois que la boucle est exécutée. Si on n'indique pas STEP, il est pris égal à 1. La syntaxe est :

```
FOR !i=1 TO 100
    Instruction avec le paramètre numérique !i
NEXT
```

<u>Exemple</u>

```
FOR !j=1 TO 100
  SERIES DECILE{!j}=(REVENU<NIV{!j})
NEXT
```

Dans cet exemple, STEP=1 et la variable !j est utilisée deux fois comme une variable de remplacement, d'abord pour les 100 séries DECILE1 à DECILE100 et pour les 100 variables NIV1 à NIV100.

<u>Exemple</u>

```
FOR !j=100 TO 1 STEP -1
   GENR RESCALE{!j}=REVENU/!j
NEXT
```

Dans cet exemple, STEP=-1 et !j est utilisée comme une variable de remplacement pour nommer les 100 variables RESCALE100 à RESCALE1, et comme un scalaire dans la division de la série REVENU.

La boucle FOR est exécutée d'abord pour la valeur initiale, à moins que cette valeur excède la limite supérieure. Après avoir exécuté pour la valeur initiale, la variable de contrôle est incrémentée par STEP et le programme contrôle si elle dépasse la limite ; si c'est le cas, l'exécution est stoppée.

Exemple

```
!SUM=0
!NUM=100
VECTOR(!NUM) X
FOR !I=1 TO !NUM
    !SUM=!SUM+X(!I)
NEXT
SCALAR MEANX=!SUM/!NUM
```

Ce programme calcule la moyenne des 100 éléments de la série X et la sauvegarde dans un paramètre numérique nommé MEANX.

On peut imbriquer les boucles FOR les unes dans les autres.

Exemple

```
MATRIX(20,10) XX
FOR !I=1 TO 20
        FOR !J=1 TO 10
          XX(!I,!J)=(!I-1)*10+!J
        NEXT
NEXT
```

Ne jamais changer la variable de contrôle à l'intérieur de la boucle. Exemple (à éviter) :

```
FOR !I=1 TO 20
    ...
    !I=!I+10
NEXT
```

Dans cette suite de commandes, la variable de contrôle change de valeur. Cela est difficile à suivre et peut produire des résultats non souhaités. Si on veut changer la variable de contrôle dans la boucle, on peut utiliser la boucle WHILE.

On peut exécuter une boucle FOR avec des scalaires au lieu des variables de contrôle. On devra cependant déclarer le scalaire et ne pas l'utiliser comme une variable de remplacement.

Exemple

```
SCALAR I
SCALAR SUM=0
VECTOR(10) X
FOR I=1 TO 10
        X(I)=I
        SUM=SUM+I
NEXT
```

Dans cet exemple, les scalaires I et SUM restent dans le Workfile à moins de les supprimer.

B. La boucle FOR avec des variables de type string

Lorsqu'on veut répéter des commandes pour différentes valeurs d'une variable string, on peut utiliser la boucle FOR. La boucle FOR permet à la variable string de courir une liste de valeurs string définie *a priori*. On tape FOR puis on indique le nom de la variable string, suivi de la liste des valeurs. La structure de la boucle se présente de la façon suivante :

```
FOR %ch chose1 chose2 chose3 chose4
      Instruction avec le paramètre numérique !i
NEXT
```

Exemple

```
FOR %y CONS I PIB
      EQUATION {%y}trend.Ls %y c {%y}(-1) time
NEXT
```

Ce programme exécute les commandes, Équation CONSTREND.LS CONS C CONS(-1) time, Equation ITREND.LS I C I(-1) time et Équation PIBTREND.LS PIB C PIB(-1) time. On estime ainsi trois équations à partir d'un nombre limité de lignes de commandes !

10.4.3 La boucle WHILE ...THEN

Dans certains cas, on souhaite répéter une série d'instructions ou de commandes plusieurs fois, mais seulement tant qu'une ou plusieurs conditions sont satisfaites. Comme la boucle FOR, la boucle WHILE permet de répéter des commandes, mais WHILE offre une plus grande flexibilité dans la spécification des conditions. La boucle WHILE débute avec une déclaration WHILE et se termine avec le mot WEND. La déclaration consiste en la commande WHILE suivie d'une expression impliquant une variable de contrôle. L'expression doit avoir une valeur logique (TRUE/FALSE) ou une valeur numérique. Dans ce dernier cas, zéro indique faux (FALSE) et toute autre valeur non nulle est considérée comme vraie (TRUE).

Exemple

```
!VAL=1
!A=1
WHILE !VAL<10000 AND !A<10 THEN
    SERIES REV{!VAL}=REVENU/!VAL
     !VAL=!VAL*10
     !À=!A+1
WEND
```

Cette boucle comporte quatre parties. La première partie est l'initialisation des variables de contrôle utilisées dans les conditions. La seconde partie est la déclaration WHILE qui comprend les conditions et se termine par THEN. La troisième partie est la mise à jour des variables de contrôle. La fin de la boucle est marquée par le mot WEND.

10.4.4 Quelques applications des commandes IF et FOR

Nous présentons ici quelques applications des commandes précédentes dans le cadre de l'estimation des modèles économétriques.

A. Appliquer des opérations identiques à des variables

Supposons que nous voulons générer les logarithmes et les taux de croissance des variables suivantes : CONS, PIB, I, G et IPC. On peut utiliser la commande GENR pour générer ces variables. On peut utiliser un programme pour obtenir plus rapidement le même résultat.

```
Group Varmod CONS PIB I G IPC
        FOR !j=1 To Varmod.@count
            %y=Varmod.@SERIESNAME(!j)
            Series L{%y}=log({%y})
            Series Taux{%y}=@pch({%y})*100
         NEXT
```

La première ligne de commandes crée un groupe nommé **Varmod** qui contient les cinq variables. La deuxième ligne commence avec une boucle définie sur une variable de contrôle variant de 1 au nombre d'éléments du groupe. La ligne suivante de la boucle définit une variable de remplacement de type string sur les noms des variables du groupe. Les deux lignes suivantes permettent de générer le logarithme et le taux de croissance de chacune des variables du groupe.

Les commandes précédentes peuvent aussi s'écrire en utilisant seulement une variable de remplacement de type string :

```
    FOR %y CONS PIB I G IPC
      Series L{%y}=log({%y})
      Series Taux{%y}=@pch({%y})*100
NEXT
```

Les séries « loguées » seront nommées LCONS, LPIB, LI, LG, LIPC, et les séries des taux de croissance sont nommées TauxCONS, TauxPIB, TauxI, TauxG, TauxIPC.

Nous avons ainsi généré 10 variables avec moins d'instructions. En effet, au lieu d'écrire 10 lignes d'instructions, nous n'avons utilisé que quatre. Le gain de commodité est d'autant plus important que le nombre de variables du groupe est élevé, ce qui est le cas dans les grands modèles macroéconométriques. Si nous voulons générer les séries à prix courants en utilisant un même indice de prix, on comprend qu'il suffit d'insérer une seule ligne d'instruction au lieu de cinq !

B. Correction de l'autocorrélation

Le programme suivant illustre la procédure de Cochrane-Orcutt de correction de l'autocorrélation des erreurs d'un modèle de régression linéaire.

```
Équation eq1.ls LCONS C LPIB LIPC
```

```
Genr RES=resid
FOR !i=1 to 100 '(on se fixe 100 itérations)
    Equation eq2.ls RES C RES(-1)
    Scalar rho=eq2.c(2)
    FOR %y LCONS LPIB LIPC
       Genr d{%y}=%y-rho*{%y}(-1)
    NEXT
  Equation eqco.ls dLCONS c dLPIB dLIPC
    Scalar am=eqco.c(1)/(1-rho)
        RES=LCONS-(am+eqco.c(2)*LPIB+eqco.c(3)*LIPC)
NEXT
```

La première ligne estime le modèle de consommation par la méthode des moindres ordinaires. L'équation de régression est nommée eq1. La deuxième ligne génère la série des résidus. Les lignes suivantes utilisent deux boucles FOR imbriquées. La troisième ligne commence avec une bouche FOR définie sur une variable de contrôle variant de 1 au nombre d'itérations fixé ici à 100. Les deux lignes suivantes permettent d'obtenir une estimation du coefficient d'autocorrélation des erreurs de l'équation initiale. Ce coefficient permet, à l'aide de la seconde boucle FOR, de générer les variables en quasi-différence. La ligne 9 estime le modèle quasi-différencié et la ligne 10 calcule le terme constant de l'équation eq1 à partir du coefficient d'autocorrélation. La ligne 11 recalcule la série des résidus de l'équation eq1. La procédure est répétée 100 fois.

C. Test d'hétéroscédasticité de Gleisjer

Le test de Gleisjer suppose d'avoir identifié au préalable la variable qui est la cause de l'hétéroscédasticité. Nous écrivons le programme en supposant que cette variable est une variable *z* quelconque.

```
    Équation eq0.ls y c x z '(Estimation du modèle initial)
    Genr resa=abs(resid)
Équation eq1.ls resa c z '(Régression de la valeur absolue des résidus sur z)
    Genr zra=sqr(z)
    Équation eq2.ls resa c zra   '(Régression sur la racine carrée de z)
    Genr zinv=1/z
    Équation eq3.ls resa c zinv  '(Régression sur l'inverse de z)
    Scalar proba=1
```

```
FOR !i=1 to 3
     Scalar te=@abs(eq!i.c(2)/sqr(eq!i.@covariance(2,2)))
        Scalar ddl=eq!i.@regobs-eq!i.@ncoef '(ncoef= nombre
de coefficients estimés, regobs=nombre d'observations)
        IF @tdist(te,dll)<proba THEN
        proba=@tdist(te,ddl)
    scalar ind=!i     '(On retient la probabilité critique la plus
faible et le numéro de l'équation significative
    ENDIF
NEXT
```

L'hypothèse d'homoscédasticité est rejetée si le coefficient de z dans l'une des spécifications est significatif. En cas d'hétéroscédasticité, on retient la spécification pour laquelle la t-statistique est la plus élevée.

D. Test d'exogénéïté d'Hausman

Nous testons l'exogénéïté de la variable LPIB dans l'équation de consommation à l'aide du test d'Hausman. La programmation suit la procédure de la régression augmentée exposée au chapitre 5. Les variables instrumentales sont LPIB(-1) et LIPC. On commence par estimer la variable LPIB sur LPIB(-1) et LIPC et on génère le résidu de cette estimation. On estime ensuite le modèle initial augmenté de la série résiduelle et on teste la significativité du coefficient associé à cette dernière. Le programme se présente comme suit :

```
Smpl 1977 2022 '(ou smpl @all)
'Étape 1: Estimation de LPIB sur les variables instrumen-
tales
Équation eqpib.ls LPIB C LPIB(-1) LIPC
eqpib.makeresid RES_PIB
'Étape 2: Régression augmentée
Équation eqhaus.ls LCONS C LPIB LIPC RES_PIB
'Étape 3 : Test de significativité du coefficient de RES_PIB
Scalar te=abs(@tstat(4)) '(=@abs(eqhaus.c(4)/eqhaus.@stderrs(4))
Scalar ddl=eqhaus.@regobs-eqhaus.@ncoef
Scalar proba=@tdist(te,ddl)
Scalar test=0
IF proba<0.05 THEN test=1 '(On rejette la significativité de
c(4))
```

```
ENDIF
```

On peut programmer de la même manière le test d'exogénéïté de chacune des variables de l'équation de consommation.

E. Simulation des valeurs critiques du test de Pesaran et al.

Pesaran *et al.* (2001) ont proposé une procédure de simulation des valeurs critiques de la statistique de Fisher de l'hypothèse $H_0: \phi=0$ dans la régression $\Delta Y_t=\phi Z_{t-1}+\alpha w_t+\mu_t$, $t=1,\ldots,T$, où $Z_t=(Y_t, X_t)$ et $X_t=(X_{1t},\ldots,X_{kt})$.

La variable dépendante Y_t étant $I(1)$, elle peut être générée par une marche aléatoire définie par $Y_t=Y_{t-1}+\varepsilon_{1t}$, avec $Y_0=0$ et ε_{1t} une variable aléatoire suivant la loi normale centrée-réduite.

Les variables explicatives X_t peuvent être $I(0)$ ou $I(1)$. Dans le cas où elles sont I(0), elles peuvent être générées par $X_t=\varepsilon_{2t}$ où ε_{2t} est un vecteur de *k* variables aléatoires indépendantes suivant la loi normale centrée-réduite. Dans le cas où elles sont I(1), elles peuvent être générées par une marche aléatoire définie par $X_t=X_{t-1}+\varepsilon_{2t}$, avec $X_0=0$.

Nous présentons ci-après un programme permettant de simuler les valeurs critiques à 5% dans le cas où la constante ne fait pas partie de la relation de long terme (cas III).

```
scalar nb=46 'Taille échantillon initial A SAISIR
scalar ob=nb-1
scalar k=1    'Nombre de variables explicatives  A SAISIR
scalar kvar=k+2   'Nombre total de paramètres du modèle y c la constante
scalar fin=1977+nb-1
!horizon=fin

!b=40000  'Nombre de réplications

Matrix(!b,1) F3I0
Matrix(!b,1) F3I1


FOR !i=1 TO !b

SMPL 1977 !horizon
```

```
GENR EPS0=NRND   'Génération d'une v.a. de distribution normale standard
GENR EPS1=NRND

GENR Y=0   'Initialisation des séries
GENR X1I0=EPS2   'Génération de la variable explicative X1I0 I(0)
GENR X1I1=0

SMPL 1978 !horizon
GENR Y=Y(-1)+EPS1   'Génération de la variable dépendante I(1)
GENR X1I1=X1I1(-1)+EPS1   'Génération de la variable explicative X1I1 I(1)

'********SIMULATION DU CAS III: La constante n'est pas dans la relation de long terme

SMPL 1977 !horizon

scalar q3=kvar-1

Équation EQ3PESA0H1.LS  D(Y) C Y(-1) X1I0(-1)
Equation EQ3PESA0H0.LS  D(Y) C
SCALAR SCR3I0_H1=EQ3PESA0H1.@SSR
SCALAR SCR3I0_H0=EQ3PESA0H0.@SSR

F3I0(!i,1)=(SCR3I0_H0-SCR3I0_H1)*(ob-kvar)/(q3*SCR3I0_H1)

Équation EQ3PESA1H1.LS  D(Y) C Y(-1) X1I1(-1)

SCALAR SCR3I1_H1=EQ3PESA1H1.@SSR

F3I1(!i,1)=(SCR3I0_H0-SCR3I1_H1)*(ob-kvar)/(q3*SCR3I1_H1)

NEXT

'Valeurs critiques à 0.95 (α=0.05)
scalar vc_3_I0=@quantile(F3I0,0.95)
scalar vc_3_I1=@quantile(F3I1,0.95)
```

'FIN DU PROGRAMME

Nous simulons les valeurs critiques à 5% de la statistique de Fisher pour différentes valeurs de *n* et *k*. Les résultats sont synthétisés dans le tableau ci-dessous.

Tableau 10.1: Valeurs Critiques à 5% du Test de Cointégration de Pesaran *et al.* (2001)

	k=1		*k*=2		*k*=3		*k*=4	
	I(0)	I(1)	I(0)	I(1)	I(0)	I(1)	I(0)	I(1)
n	Cas II : Constante dans la relation de long terme							
35	3.996	4.614	3.480	4.360	3.222	4.214	2.996	4.068
40	3.894	4.479	3.434	4.247	3.112	4.131	2.914	4.023
46	3.900	4.474	3.382	4.203	3.050	4.070	2.842	3.910
50	3.853	4.390	3.346	4.175	3.047	3.999	2.834	3.871
55	3.840	4.376	3.315	4.119	2.997	3.952	2.787	3.847
60	3.801	4.358	3.316	4.071	2.991	3.899	2.777	3.805
	Cas III : Constante hors de la relation de long terme							
35	5.345	6.267	4.191	5.350	3.673	4.922	3.291	4.577
40	5.246	6.123	4.140	5.269	3.568	4.835	3.227	4.566
46	5.246	6.144	4.096	5.202	3.494	4.774	3.168	4.447
50	5.165	6.024	4.057	5.185	3.507	4.696	3.151	4.401
55	5.148	5.996	3.037	5.105	3.454	4.643	3.112	4.382
60	5.037	5.946	4.026	5.059	3.440	4.613	3.091	4.346

Notes : *n* désigne le nombre d'observations, *k* est le nombre de variables explicatives. Les valeurs critiques ont été calculées par simulations stochastiques basées sur 40 000 réplications en suivant la procédure indiquée par Pesaran *et al.* (2001:301).

10.5 Créer et simuler un modèle par la programmation

Pour déclarer ou créer un modèle nommé par exemple MACRO, on écrit la ligne de commande suivante dans l'éditeur de programme:

Model MACRO

Une fois l'objet MACRO crée, on utilise les commandes **append** et **merge** pour y ajouter les équations.

10.5.1 Les commandes APPEND et MERGE

La commande **APPEND** ajoute une ligne à un objet modèle ou système. Par exemple, pour ajouter l'équation LPIB=0.123+0.245*LG au modèle MACRO, on entre la ligne de commande :

```
MACRO.append LPIB=0.123+0.245*LG
```

La commande **MERGE** permet d'ajouter une équation estimée au modèle. Cette équation peut provenir d'une équation, d'un système, d'un modèle VAR ou d'un modèle VECM. On ne peut mêler qu'une seule équation à la fois à un modèle. Par exemple, la ligne de commande :

```
MACRO.merge eq1
```

ajoute l'équation eq1 au modèle MACRO. La commande MACRO.append eq1 renverrait un message d'erreur de syntaxe.

Si on veut ajouter plusieurs équations eq1, eq2 …eq10, on peut utiliser la boucle FOR :

```
FOR %y eq1 eq2 eq2 … eq10
  MACRO.merge %y
NEXT
```

On peut utiliser la commande **APPEND** pour spécifier un système d'équations simultanées. Par exemple :

```
system sys1
sys1.append lcons=c(1)+c(2)*lpib+c(3)*lipc+c(4)*lcons(-1)
sys1.append li=b(1)+b(2)*lpib+b(3)*lg+b(4)*li(-1)
sys1.append pib=cons+i+g
sys1.append inst g cons(-1) pib(-1)i(-1) ipc
sys1.3sls
```

La première ligne crée le système sys1. Les trois lignes suivantes y écrivent les spécifications des variables endogènes du système. La cinquième ligne y écrit la liste des variables instrumentales. La dernière ligne estime le modèle par la méthode des triples moindres carrés.

10.5.2 La commande SOLVE

La commande **SOLVE** permet de résoudre un modèle, c'est-à-dire d'en trouver la solution pour les séries d'observations spécifiées dans l'échantillon. La syntaxe est :

solve(options) MACRO ou bien MACRO.solve(options)

On peut ajouter des options dans la résolution du modèle. Les principales options sont :

- Le nombre maximum d'itérations (m=) : il est compris entre 5000 (valeur par défaut) et 100 000 (valeur maximale) ;
- Le critère de convergence (c=) : c'est l'écart relatif des variables endogènes entre deux itérations en deçà duquel la convergence est considérée comme atteinte. Ce critère est compris entre 10^{-15} et 0.01 ;
- Le type de dynamique (d=) : solution dynamique (les variables endogènes retardées sont les variables simulées, d=d) ou solution statique (les variables endogènes retardées retenues sont les variables historiques, d=s). La solution dynamique est l'option par défaut ;
- La méthode de résolution (o=): Gauss-Seidel (o=g), Gauss-Seidel avec pas réduit (o=e), Newton (o=n) et Newton avec pas de recherche (o=m).

Lorsque le modèle est résolu, les endogènes simulées portent le suffixe _0. La commande **assign** permet de donner un nouveau suffixe aux variables endogènes simulées. Ainsi, les lignes de commande suivantes :

```
MACRO.append assign @all _smh
MACRO.solve
```

assignent le suffixe _smh aux variables endogènes simulées. Lorsqu'on simule plusieurs scénarios, on peut utiliser la commande assign pour nommer différemment les endogènes simulées.

10.5.3 Les commandes ADDASSIGN et ADDINIT

La commande **ADDASSIGN** permet d'assigner des « **Add Factors** » aux différentes équations d'un modèle. Il suffit pour cela d'indiquer les noms des variables endogènes des équations concernées (et non ceux des équations elles-mêmes). Par exemple, la ligne de commande :

```
MACRO.addassign y1
```

assigne un facteur additif à l'équation de l'endogène y1. La variable y1_A est créée à la suite de cette instruction pour recevoir la nouvelle variable.

Il existe des options pour indiquer le type de « **Add Factors** » à générer. Les principales options sont :

- Changement de la constante (i) (option par défaut) ;
- Changement de l'endogène (v) ;
- Aucun changement - enlever les Add Factors (n) ;
- Changer des Add Factors existant en un type spécifié (c).

<u>Exemple</u>

MACRO.addassign(v) y1 y2

MACRO.addassign(v) @ALL MACRO

MACRO.addassign(v) @stochastic

La première ligne assigne des «**Add Factors** » aux équations correspondant aux endogènes y1 et y2. La deuxième ligne assigne des « **Add Factors** » à toutes les équations du modèle. La troisième affecte des « **Add Factors** » aux équations stochastiques uniquement.

On peut créer un groupe pour recevoir les « **Add Factors** ». Par exemple, l'instruction :

MACRO.Makegroup (a,n) RES @ADDFACTOR

crée le groupe RES à partir des Add Factors.

La commande **ADDINIT** initialise les valeurs des « **Add Factors** ». Par exemple, pour initialiser la valeur de la variable y1_A, on écrit l'instruction suivante :

MACRO.addinit(options) y1

Les options permettent de contrôler le type d'initialisation et le type de scénario pour lequel on veut caler l'initialisation. L'option v=z fixe les valeurs de l' « Add Factor » à zéro (option par défaut) ;

l'option v=n fixe les valeurs de sorte que l'équation n'ait pas de résidu à l'étape courante.

10.5.4 Application au modèle MACRO

Nous programmons la création et la simulation du modèle MACRO du chapitre 9. Il est possible décrire le programme de l'importation des données à la création et la simulation du modèle. Mais nous nous limitons à la création et la résolution du modèle.

```
'Estimation des équations de comportement

smpl 1977 2022

equation eq1.ls log(cons) c log(rd) log(cons(-1))

equation eq2.ls log(i) c log(pib) log(i(-1))

'Création du modèle macro

model MACRO

'Ajout des équations de comportement

MACRO.merge eq1
MACRO.merge eq2

'Ajout des équations comptables et de définition ainsi que des indicateurs du tableau de bord

MACRO.append pib=cons+i+g
MACRO.append tax=r*pib/100
MACRO.append rd=pib-tax
MACRO.append taux_pib=100*@pch(pib)
MACRO.append taux_cons=100*@pch(cons)
MACRO.append solde_budg=100*(tax-g)/pib

'Test (résolution) sur les données historiques

MACRO.solve
```

```
'SIMULATION DES DIFFÉRENTS SCÉNARIOS

'Scenario 1: Croissance de 10% de G de 2023 à  2030, r (pression fiscale) constante

MACRO.scenario "scenario 1"

'Changement du Range

expand 1977 2030

'Sample

smpl 1977 2022
series r_1=r
series g_1=g

'Hypothèses

smpl 2023 2030
séries r_1=r_1(-1)
series g_1=g_1(-1)*1.1

MACRO.override(m) g
MACRO.override(m) r

'Simulation

MACRO.solve

'Groupe contenant les résultats du scénario 1 (tableau de bord scénario 1)

group scenario1 taux_pib_1 taux_cons_1 solde_budg_1
'Scenario 2: Croissance de 10% de G de 2023 à 2030, r (pression fiscale) augmente de 0.5 point de % par an

MACRO.scenario(n, a="_2") "scenario 2"
MACRO.scenario "scenario 2"
```

```
'Changement du Range

expand 1977 2030

'Sample

smpl 1977 2022
series r_2=r
series g_2=g

'Hypothèses

smpl 2023 2030
séries r_2=r_2(-1)+0.5
series g_2=g_2(-1)*1.1

MACRO.override(m) g
MACRO.override(m) r

'Simulation

MACRO.solve

'Affichage des résultats du scénario 2

group scenario2 taux_pib_2 taux_cons_2 solde_budg_2

'Synthèse des résultats dans un tableau de bord d'analyse d'impact (cette partie n'est pas obligatoire !)

Table(9, 9)  Synthese

FOR !i=2 TO 9
      setcell(Synthese,1, !i, 2021+!i)
NEXT

setcell(Synthese,2, 3, "SCENARIO 1")
setcell(Synthese,3, 1, "taux_pib")
setcell(Synthese,4, 1, "taux_cons")
setcell(Synthese,5, 1, "solde_budg")
```

```
setcell(Synthese,6, 3, "SCENARIO 2")
setcell(Synthese,7, 1, "taux_pib")
setcell(Synthese,8, 1, "taux_cons")
setcell(Synthese,9, 1, "solde_budg")


FOR !i=2 TO 9

setcell(Synthese,3, !i, taux_pib_1(@dtoo("2021")+!i))
setcell(Synthese,4, !i, taux_cons_1(@dtoo("2021")+!i))
setcell(Synthese,5, !i, solde_budg_1(@dtoo("2021")+!i))

setcell(Synthese,7, !i, taux_pib_2(@dtoo("2021")+!i))
setcell(Synthese,8, !i, taux_cons_2(@dtoo("2021")+!i))
setcell(Synthese,9, !i, solde_budg_2(@dtoo("2021")+!i))

NEXT

''' FIN DU PROGRAMME'''''
```

CHAPITRE 11
Au-delà du modèle linéaire

Les modèles économétriques vus jusqu'à présent sont fondés sur des relations symétriques entre une variable expliquée et des variables explicatives. Ces modèles impliquent que l'effet d'une variable explicative sur la variable expliquée est constant, c'est-à-dire qu'une hausse et une baisse de la variable explicative auront, en valeur absolue, le même effet sur la variable dépendante. Cette hypothèse inhérente aux modèles linéaires est inappropriée pour l'analyse de certains phénomènes économiques. Par exemple, si l'on s'intéresse au lien entre le prix et la consommation d'un bien normal, on peut penser qu'une hausse du prix fait baisser la demande, mais dans une proportion moindre qu'une baisse du prix. La hausse et la baisse du prix ne se répercutent pas avec la même proportion du fait de certaines rigidités ou habitudes de consommation. On observe cette asymétrie dans beaucoup de phénomènes économiques. Par exemple:

- l'impact du prix du carburant sur le coût du transport : le coût du transport augmente souvent avec le prix du carburant. Toutefois, en cas de baisse du prix du carburant, le coût du transport ne baisse pas ou baisse, mais dans une proportion moindre.
- l'impact du prix d'un produit agricole sur la production : lorsque le prix du cacao augmente, les producteurs peuvent augmenter la production soit en accroissant les superficies des parcelles soit en investissant davantage dans l'entretien des plantes par l'utilisation de produits phyto (engrais, pesticides, herbicides, fongicides, etc.). En cas de baisse du prix du cacao, la production peut ne pas baisser ou baisser, mais dans une proportion moindre, du fait de l'irréversibilité de l'investissement.
- l'effet du taux de change sur la balance commerciale: une dépréciation du taux de change réel peut stimuler les exportations et décourager les importations, conduisant à une amélioration de la balance commerciale. Toutefois, les exportateurs et importateurs peuvent s'ajuster difficilement en cas d'appréciation du taux de change, no-

tamment en raison des coûts d'ajustement, des rigidités dans les prix et des restrictions quantitatives (Bussière *et al.*, 2013).

- l'effet du solde budgétaire sur l'activité économique : selon la théorie keynésienne, les déficits budgétaires sont favorables à la croissance économique par le biais du multiplicateur keynésien. Ainsi, une politique budgétaire restrictive conduisant à des surplus budgétaires peut avoir des effets négatifs sur la croissance économique. Selon l'approche classique, les déficits peuvent être récessifs en raison des effets d'éviction sur le secteur privé, contrairement à une politique budgétaire restrictive. L'effet de la politique budgétaire sur l'économie est loin d'être symétrique.

Le modèle linéaire classique ne peut pas rendre compte de ces asymétries.

Une autre catégorie de modèles non-linéaires considère que la réponse de la variable dépendante change d'ampleur ou de signe selon que le système se trouve dans un régime donné. Dans ces modèles, le changement de régime peut être brutal, lisse ou stochastique. Dans les modèles à effet de seuil (*Threshold model*), l'effet marginal d'une variable explicative change conditionnellement au niveau d'une variable de transition observable. Toutefois, le changement de régime peut être inobservable et gouverné par une chaine de Markov (*Markovian switching model* ou modèle à changement de régime Markovien).

L'effet marginal d'une variable explicative peut changer en fonction d'une autre variable explicative. Ces modèles sont appelés modèles à effet d'interaction. Par exemple, dans une équation du taux de croissance, l'effet de l'investissement privé peut être une fonction croissante ou décroissante de l'investissement public (effet de complémentarité ou de substitution). De même, l'effet des transferts des migrants internationaux sur l'économie nationale peut être amplifié par un approfondissement du secteur financier. Si l'estimation de tels modèles ne pose pas de difficulté particulière, l'inférence statistique sur les coefficients peut, en revanche, souffrir de quelques insuffisances méthodologiques.

Enfin, l'effet marginal d'une variable explicative peut varier le long de la distribution de la variable dépendante. Par exemple, la propension marginale à consommer peut être plus élevée dans les premiers quantiles de consommation (chez les pauvres) que dans les derniers quantiles (chez les riches). La régression quantile permet de décrire une telle relation.

Ce chapitre aborde quatre types de modèles non-linéaires, notamment le modèle ARDL non-linéaire, le modèle à effet de seuil, le modèle à interaction et le modèle de régression quantile. La méthodologie d'estimation de ces modèles est brièvement présentée. Les modèles sont illustrés par des cas pratiques sur le logiciel EViews.

11.1 Modèle NARDL

Le modèle NARDL est la version non-linéaire du modèle ARDL. Ce modèle a été introduit par Shin *et al.* (2014) à la suite des travaux de Pesaran *et al.* (2001). Nous décrivons la démarche méthodologique de cette approche et l'appliquons à l'estimation de la fonction de consommation de long terme.

11.1.1 Spécification et estimation d'un modèle NARDL

Nous revenons à la relation linéaire entre la consumation, le revenu et le prix:

$$C_t = \theta_0 + \theta_1 R_t + \theta_2 P_t + e_t \qquad (11.1)$$

où C_t désigne la consommation, R_t est le revenu (PIB_t) et P_t l'indice des prix à la consommation. Ces variables sont exprimées en logarithme.

La spécification (11.1) implique qu'une hausse (baisse) du revenu de 1% conduit à une hausse (baisse) de la consommation de θ_1 pour cent. La relation est donc linéaire ou symétrique. Toutefois, suivant les théories relatives au revenu permanent et aux habitudes, la baisse du revenu peut ne pas conduire à une baisse de la consommation, la consommation pourrait même augmenter. En d'autres termes, on peut postuler que l'élasticité-revenu mesurée par le coefficient θ_1 n'est pas la même pour une hausse que pour une baisse du revenu.

Pour tester cette asymétrie, Shin *et al.* (2014) ont proposé un cadre d'analyse où la variable revenu est décomposée en valeurs positives et négatives:

$$R_t = R_0 + R_t^+ + R_t^- \qquad (11.2)$$

où R_0 est la valeur initiale de R, R^+ et R^- désignent respectivement, les sommes partielles des variations positives et négatives de R. Ces variables sont obtenues de la façon suivante :

$$R_t^+ = \sum_{i=1}^{t} \Delta R_t^+ = \sum_{i=1}^{t} \max(\Delta R_t, 0) \qquad (11.3)$$

$$R_t^- = \sum_{i=1}^{t} \Delta R_t^- = \sum_{i=1}^{t} \min(\Delta R_t, 0) \qquad (11.4)$$

Ainsi, la relation de long terme s'écrit:

$$C_t = \theta_0 + \theta_1^+ R_t^+ + \theta_1^- R_t^- + \theta_2 P_t + e_t \qquad (11.5)$$

Où θ_1^+ et θ_1^- représentent respectivement l'effet d'une hausse et d'une baisse du revenu sur la consommation. Si $\theta_1^+ = \theta_1^-$, alors l'effet du revenu sur la consommation est symétrique. Dans le cas contraire, l'effet est asymétrique.

Shin *et al.* (2014) ont proposé la version non-linéaire du modèle ARDL de Pesaran *et al.* (2001), connu sous le sigle « NARDL » pour non-linear ARDL. La méthodologie d'estimation du modèle NARDL suit celle du modèle ARDL. Dans la première étape, on applique des tests de stationnarité afin de déterminer l'ordre d'intégration des variables. L'approche ARDL requiert que la variable dépendante soit intégrée d'ordre un.

Dans la deuxième étape, on teste l'existence d'une relation de long terme entre les variables. Pour cela, le modèle est écrit sous la forme d'un modèle à correction d'erreur:

$$\Delta C_t = \gamma_0 + \phi_1 C_{t-1} + \phi_2^+ R_{t-1}^+ + \phi_2^- R_{t-1}^- + \phi_3 P_{t-1} +$$
$$\sum_{i=1}^{m} \gamma_{1i} \Delta C_{t-i} + \sum_{i=0}^{p} \pi_{1i}^+ \Delta R_{t-i}^+ + \sum_{i=0}^{p} \pi_{1i}^- \Delta R_{t-i}^- + \sum_{i=0}^{q} \pi_{2i} \Delta P_{t-i} + \mu_t$$
(11.6)

Le test de cointégration admet pour hypothèse nulle:

$$H_0 : \phi_1 = \phi_2^+ = \phi_2^- = \phi_3 = 0 \qquad (11.7)$$

La statistique de test bien que classique (Fisher ou Wald) ne suit pas une loi standard. On compare la valeur de la statistique aux valeurs critiques simulées par Pesaran *et al.* (2001). Toutefois, suivant la recommandation de Shin *et al.* (2014), le nombre de variables explicatives à considérer pour le test, est celui du ARDL linéaire, c'est-à-dire 2 et non 3. En fait, les variables R^+ et R^- ne sont pas considérées comme deux variables distinctes ; elles sont la décomposition d'une même variable R. Si la valeur de la statistique F excède la borne supérieure alors on rejette l'hypothèse nulle et les variables sont cointégrées. Si elle est inférieure à la borne inférieure alors on rejette l'existence d'une relation de cointégration entre les variables (avec C_t comme variable dépendante !). Si la statistique F est comprise entre les deux bornes critiques, le test n'est pas concluant à moins que les variables explicatives aient le même ordre d'intégration.

Dans la troisième étape, on estime les coefficients de court et de long terme à partir de l'équation (11.6) et on teste l'existence d'asymétrie. Le modèle NARDL permet de tester séparément l'asymétrie de long terme et l'asymétrie de court terme. L'asymétrie de long terme a pour hypothèse nulle:

$$H_0^{LR} : \phi_2^+ = \phi_2^- \tag{11.8}$$

L'asymétrie de court terme a pour hypothèse nulle:

$$H_0^{SR} : \pi_{2i}^+ = \pi_{2i}^-, \quad i = 0,\ldots,p \tag{11.9}$$

Lorsque les variables R^+ et R^- entrent dans le modèle ARDL avec des retards différents p_1 et p_2, l'hypothèse nulle prend la forme:

$$H_0^{SR} : \sum_{i=0}^{p1} \pi_{2i}^+ = \sum_{i=0}^{p2} \pi_{2i}^- \tag{11.10}$$

Toutefois, il est difficile de voir comment sous cette hypothèse, le modèle $NARDL(m,p_1,p_2,q)$ se ramène au modèle $ARDL(m,p,q)$. Nous recommandons de garder la même structure de retards que le modèle ARDL linéaire et de considérer l'hypothèse nulle sous la forme (11.9). Dans le cas où les critères d'information sélectionnent $p_1 \neq p_2$, on pourrait ajouter à l'hypothèse nulle une contrainte de nullité des derniers coefficients autorégressifs.

Il est possible de tester l'asymétrie à la fois à long et court terme. Dans ce cas, l'hypothèse nulle s'écrit :

$$H_0^A : \phi_2^+ = \phi_2^-, \quad \pi_{2i}^+ = \pi_{2i}^-, \quad i = 0,...,p \tag{11.11}$$

Sous cette hypothèse, le modèle NARDL se ramène au modèle ARDL linéaire. En revanche, si cette hypothèse est rejetée, alors le modèle est asymétrique ; l'asymétrie pouvant intervenir dans le court terme ou dans le long terme.

Lorsque le modèle est asymétrique, il est possible de calculer les multiplicateurs dynamiques associés aux sommes partielles positives et négatives des variables explicatives.

$$m_h^+ = \sum_{j=1}^{h} \frac{\partial C_{t+j}}{\partial R_t^+} \tag{11.12}$$

$$m_h^- = \sum_{j=1}^{h} \frac{\partial C_{t+j}}{\partial R_t^-} \tag{11.13}$$

Lorsque $h \to \infty$, $m_h^+ \to \theta_1^+$ et $m_h^- \to \theta_1^-$. Les multiplicateurs dynamiques captent les effets des chocs positifs et négatifs de revenu sur la consommation.

11.1.2 NARDL en pratique

Nous appliquons le modèle NARDL à l'estimation de la fonction de consommation (11.1). Nous avons déjà estimé ce modèle sous la forme d'un ARDL(3,5,5) (voir chapitre 4). Nous testons l'hypothèse d'un ARDL(3,5,5) contre celle d'un NARDL(3,5,5,5). La décomposition du revenu en sommes partielles positives et négatives peut se faire dans Excel ou dans EViews. On peut télécharger via le menu « **add-ins** » la méthode NARDL ou utiliser les versions du logiciel qui intègrent déjà cette méthode. Nous appliquons la méthode NARDL en suivant l'approche ARDL.

Le tableau ci-dessous présente les résultats du modèle NARDL(3,5,5,5).

Tableau 11.1 : Résultats du modèle NARDL

Dépendent Variable: LOG(CONS)
Method: ARDL
Sample (adjusted): 1983 2022
Included observations: 40 after adjustments
Dependent lags: 3 (Fixed)
Dynamic regressors (5 lags, fixed): LPIB_POS LPIB_NEG LOG(IPC)

Fixed regressors: C

Variable	Coefficient	Std. Error	t-Statistic	Prob.*
LOG(CONS(-1))	0.246808	0.173235	1.424698	0.1714
LOG(CONS(-2))	-0.101735	0.180709	-0.562976	0.5804
LOG(CONS(-3))	-0.827543	0.186709	-4.432272	0.0003
LPIB_POS	-0.001752	0.246361	-0.007111	0.9944
LPIB_POS(-1)	0.715263	0.410747	1.741372	0.0987
LPIB_POS(-2)	0.533876	0.470503	1.134693	0.2714
LPIB_POS(-3)	1.611835	0.496634	3.245517	0.0045
LPIB_POS(-4)	-1.292484	0.460241	-2.808277	0.0116
LPIB_POS(-5)	0.361076	0.275586	1.310214	0.2066
LPIB_NEG	-0.584889	0.512080	-1.142184	0.2683
LPIB_NEG(-1)	0.408909	0.545637	0.749416	0.4633
LPIB_NEG(-2)	-1.047775	0.504262	-2.077836	0.0523
LPIB_NEG(-3)	-0.194569	0.415782	-0.467959	0.6454
LPIB_NEG(-4)	1.205405	0.421410	2.860408	0.0104
LPIB_NEG(-5)	0.123590	0.353905	0.349219	0.7310
LOG(IPC)	0.101218	0.125056	0.809380	0.4289
LOG(IPC(-1))	0.052913	0.194416	0.272162	0.7886
LOG(IPC(-2))	-0.352610	0.200436	-1.759219	0.0955
LOG(IPC(-3))	-0.063425	0.215084	-0.294885	0.7715
LOG(IPC(-4))	-0.717348	0.225736	-3.177818	0.0052
LOG(IPC(-5))	0.768119	0.147230	5.217125	0.0001
C	12.55526	1.854576	6.769884	0.0000

R-squared	0.998304	Mean dependent var	8.365636
Adjusted R-squared	0.996326	S.D. dependent var	0.419807
S.E. of regression	0.025447	Akaike info criterion	-4.202946
Sum squared resid	0.011656	Schwarz criterion	-3.274062
Log likelihood	106.0589	Hannan-Quinn criter.	-3.867091
F-statistic	504.5851	Durbin-Watson stat	2.301357
Prob(F-statistic)	0.000000		

À partir de ces résultats, nous effectuons le test de cointégration aux bornes de Pesaran *et al.* (2001). Nous considérons le cas où la constante fait partie de la relation de long terme. Les résultats reportés dans le tableau ci-dessous indiquent une valeur de la statistique de Fisher de 12,8836, supérieure à la valeur critique maximale de 3,87. On rejette donc l'hypothèse nulle d'absence de relation de long terme entre les variables.

Tableau 11.2 : Résultats du NARDL Bounds test

ARDL Bounds Test
Sample: 1983 2022
Included observations: 40
Null Hypothesis: No long-run relationships exist

Test Statistic	Value	k
F-statistic	**12.88362**	3
Critical Value Bounds		
Significance	I0 Bound	I1 Bound
10%	2.37	3.2
5%	2.79	3.67
2.5%	3.15	4.08
1%	3.65	4.66

À la suite de ce tableau, EViews présente le modèle à correction d'erreur qui sert de base au test de cointégration. Ces résultats sont reportés dans le tableau ci-après :

Tableau 11.3 : Modèle à correction d'erreur du NARDL

Test Équation:
Dépendent Variable: DLOG(CONS)
Method: Least Squares
Sample: 1983 2022
Included observations: 40

Variable	Coefficient	Std. Error	t-Statistic	Prob.
DLOG(CONS(-1))	0.929278	0.180011	5.162346	0.0001
DLOG(CONS(-2))	0.827543	0.186709	4.432272	0.0003
D(LPIB_POS)	-0.001752	0.246361	-0.007111	0.9944
D(LPIB_POS(-1))	-1.214304	0.353974	-3.430490	0.0030
D(LPIB_POS(-2))	-0.680427	0.306354	-2.221051	0.0394
D(LPIB_POS(-3))	0.931408	0.290340	3.207988	0.0049
D(LPIB_POS(-4))	-0.361076	0.275586	-1.310214	0.2066
D(LPIB_NEG)	-0.584889	0.512080	-1.142184	0.2683
D(LPIB_NEG(-1))	-0.086652	0.429190	-0.201897	0.8423
D(LPIB_NEG(-2))	-1.134427	0.477865	-2.373946	0.0289
D(LPIB_NEG(-3))	-1.328996	0.420742	-3.158693	0.0054
D(LPIB_NEG(-4))	-0.123590	0.353905	-0.349219	0.7310
DLOG(IPC)	0.101218	0.125056	0.809380	0.4289
DLOG(IPC(-1))	0.365264	0.137926	2.648255	0.0163
DLOG(IPC(-2))	0.012653	0.131162	0.096471	0.9242
DLOG(IPC(-3))	-0.050772	0.160064	-0.317196	0.7547
DLOG(IPC(-4))	-0.768119	0.147230	-5.217125	0.0001
C	12.55526	1.854576	6.769884	0.0000
LPIB_POS(-1)	**1.927815**	**0.274153**	**7.031890**	**0.0000**
LPIB_NEG(-1)	**-0.089328**	**0.442328**	**-0.201949**	**0.8422**
LOG(IPC(-1))	-0.211133	0.067465	-3.129517	0.0058
LOG(CONS(-1))	-1.682470	0.245804	-6.844756	0.0000

R-squared	0.935579	Mean dependent var	0.045085
Adjusted R-squared	0.860420	S.D. dependent var	0.068112
S.E. of regression	0.025447	Akaike info criterion	-4.202946
Sum squared resid	0.011656	Schwarz criterion	-3.274062
Log likelihood	106.0589	Hannan-Quinn criter.	-3.867091
F-statistic	12.44809	Durbin-Watson stat	2.301357
Prob(F-statistic)	0.000001		

À partir de ces résultats, nous effectuons les tests d'asymétrie de court et de long terme. Il s'agit de tests de contraintes linéaires sur les coefficients. Les résultats du tableau ci-dessous indiquent que les deux hypothèses sont rejetées au seuil de 5%. Ce qui valide la modélisation de la fonction de consommation sous la forme d'un modèle NARDL.

Tableau 11.4 : Tests de symétrie du modèle NARDL

Test Statistic	Valeur	df	Prob.
Long run symmetry			
F-statistic	10.70262	(1, 18)	0.0042
Chi-square	10.70262	1	0.0011
Short run symmetry			
F-statistic	3.770182	(5, 18)	0.0164
Chi-square	18.85091	5	0.0020

Nous estimons la relation de long terme issue du modèle NARDL. Les résultats sont présentés dans le tableau ci-après :

Tableau 11.5 : Équation de long terme du NARDL

Dépendent Variable: LOG(CONS)
Selected Model: ARDL(3, 5, 5, 5)
Sample: 1977 2022
Included observations: 40

Cointegrating Form

Variable	Coefficient	Std. Error	t-Statistic	Prob.
DLOG(CONS(-1))	0.929278	0.143952	6.455467	0.0000
DLOG(CONS(-2))	0.827543	0.163450	5.062965	0.0001
D(LPIB_POS)	-0.001752	0.197699	-0.008861	0.9930
D(LPIB_POS(-1))	-1.214304	0.302901	-4.008910	0.0008
D(LPIB_POS(-2))	-0.680427	0.262859	-2.588564	0.0185
D(LPIB_POS(-3))	0.931408	0.243816	3.820126	0.0013
D(LPIB_POS(-4))	-0.361076	0.202071	-1.786874	0.0908
D(LPIB_NEG)	-0.584889	0.379522	-1.541122	0.1407
D(LPIB_NEG(-1))	-0.086652	0.343452	-0.252298	0.8037
D(LPIB_NEG(-2))	-1.134427	0.373036	-3.041069	0.0070
D(LPIB_NEG(-3))	-1.328996	0.320517	-4.146410	0.0006
D(LPIB_NEG(-4))	-0.123590	0.268419	-0.460439	0.6507
DLOG(IPC)	0.101218	0.092125	1.098707	0.2864
DLOG(IPC(-1))	0.365264	0.115623	3.159082	0.0054
DLOG(IPC(-2))	0.012653	0.106509	0.118800	0.9067
DLOG(IPC(-3))	-0.050772	0.123276	-0.411854	0.6853
DLOG(IPC(-4))	-0.768119	0.118150	-6.501209	0.0000
CointEq(-1)	-1.682470	0.189613	-8.873173	0.0000

Cointeq = LOG(CONS) - (1.1458*LPIB_POS -0.0531*LPIB_NEG -0.1255*LOG(IPC) + 7.4624)

Long Run Coefficients

Variable	Coefficient	Std. Error	t-Statistic	Prob.
LPIB_POS	1.145824	0.035209	32.543703	0.0000
LPIB_NEG	-0.053093	0.259610	-0.204511	0.8402
LOG(IPC)	-0.125490	0.032160	-3.902066	0.0010
C	7.462401	0.069105	107.986408	0.0000

L'élasticité de la consommation par rapport au revenu est de 1.145 pour les sommes partielles positives et de -0.053 pour les variations négatives du revenu. Ainsi, une hausse du revenu de 1% entraîne une hausse de la consommation de 1.145%. Une baisse du revenu de 1% conduit à une hausse de la consommation de 0.053% ! Toutefois, cette élasticité n'est pas significative.

Nous comparons les résultats de l'équation de long terme obtenus par les méthodes NARDL, DOLS et FMOLS. Le tableau suivant synthétise les résultats.

Tableau 11.6 : Coefficients de long terme de NARDL, DOLS et FMOLS

	NARDL		DOLS		FMOLS	
	Coef.	t-stat.	Coef.	t-stat.	Coef.	t-stat.
LPIB_POS	1.1458*	32.5437	1.1090*	17.3204	1.1408*	21.1334
LPIB_NEG	-0.0530	-0.2045	0.3927	0.8635	0.2034	0.5473
Log(IPC)	-0.1254*	-3.9020	-0.0685	-0.9689	-0.1040**	-1.7209
C	7.4624*	107.9864	7.3172*	47.0284	7.4027*	55.1405

Note : *(**) indique une significativité au seuil de 5% (10%).

On observe que les élasticités-revenu sont assez proches pour les variations positives du revenu. Une hausse du revenu de 1% entraîne une hausse significative de la consommation de l'ordre de 1.10 à 1.14%. En revanche, une baisse du revenu n'a pas d'effet significatif sur la consommation. Il se peut qu'en cas de baisse du revenu, les ménages puisent dans l'épargne pour maintenir leur niveau de consommation.

11.2 Modèle à effet de seuil

Les modèles à effet de seuil ont été initialement introduits par Tong & Lim (Tong & Lim, 1980 ; Tong, 1983) et documentés par la suite par de nombreux auteurs (Tsay, 1989; Chan, 1993 ; Hansen, 1997b, 2000; van Dijk *et al.*, 2002). Ces modèles permettent d'analyser les asymétries dans une relation entre des variables économiques. L'idée consiste à postuler l'existence de plusieurs dynamiques pour la variable dépendante et à spécifier un mécanisme de transition d'un régime à l'autre. Le mécanisme de transition est endogène et la fonction de transition dépend d'un ou de plusieurs seuils. Néanmoins, chaque régime est caractérisé par une dynamique linéaire. La transition entre les régimes peut être brutale ou lisse. Nous ne présentons que des modèles à transition brutale. Pour les modèles à transition lisse, on pourra consulter la littérature économétrique (van Dijk *et al.*, 2002).

11.2.1 Spécification et méthodologie d'estimation

Nous cherchons à expliquer le taux de croissance du PIB dans le cadre d'un modèle autorégressif à un effet de seuil défini par:

$$\Delta \ln Pib_t = \begin{cases} \alpha_1 + \phi_1 \Delta \ln Pib_{t-i} + \theta_1\left(\dfrac{I_t}{Pib_t}\right) + \gamma_1\left(\dfrac{G_t}{Pib_t}\right) + e_{1t} & si \quad \dfrac{G_t}{Pib_t} \leq \lambda \\ \alpha_2 + \phi_2 \Delta \ln Pib_{t-i} + \theta_2\left(\dfrac{I_t}{Pib_t}\right) + \gamma_2\left(\dfrac{G_t}{Pib_t}\right) + e_{2t} & si \quad \dfrac{G_t}{Pib_t} > \lambda \end{cases}$$

(11.14)

où $\Delta lnPib_t$ est le taux de croissance du PIB à la date t, I/PIB représente le taux d'investissement en pourcentage du PIB et G/PIB le ratio des dépenses publiques en pourcentage du PIB. La dynamique du taux de croissance du PIB change selon la valeur du ratio G/PIB. On dit que le ratio G/PIB est la variable de transition. La variable de transition est généralement désignée par Z_t. Le paramètre λ est le seuil pour lequel il y a changement de régime. Lorsque les observations de la variable de transition sont inférieures à λ, la réponse du taux de croissance est caractérisée par les paramètres $(\alpha_1, \phi_1, \theta_1, \gamma_1)$. À l'inverse, lorsque les observations de la variable de transition sont supérieures au seuil, la dynamique du taux de croissance est régie par les coefficients $(\alpha_2, \phi_2, \theta_2, \gamma_2)$.

Alternativement, ce modèle à deux régimes peut s'exprimer sous la forme suivante :

$$\Delta \ln Pib_t = \left(\alpha_1 + \phi_1 \Delta \ln Pib_{t-i} + \theta_1 \left(\frac{I_t}{Pib_t} \right) + \gamma_1 \left(\frac{G_t}{Pib_t} \right) \right) I(Z_t \leq \lambda) +$$

$$\left(\alpha_2 + \phi_2 \Delta \ln Pib_{t-i} + \theta_2 \left(\frac{I_t}{Pib_t} \right) + \gamma_2 \left(\frac{G_t}{Pib_t} \right) \right) I(Z_t > \lambda) + e_t$$

(11.15)

Où I(.) représente une variable indicatrice qui prend la valeur 1 lorsque la condition entre parenthèses est vérifiée et zéro sinon. Dans les conditions privilégiées par la thèse classique, une augmentation des dépenses publiques au-delà du seuil a un effet négatif sur la croissance économique, que doit traduire un coefficient θ_2 négatif.

Le modèle peut encore s'écrire :

$$\Delta \ln Pib_t = \beta_1 X_t I(Z_t \leq \lambda) + \beta_2 X_t I(Z_t > \lambda) + e_t \qquad (11.16)$$

Où $X_t=(\Delta lnPib_{t-1}, I_t/PIB_t, G_t/PIB_t)$ est le vecteur des variables explicatives.

Il est possible de ne faire varier que des variables explicatives spécifiques. Par exemple, on peut spécifier que seuls les coefficients de l'investissement et des dépenses publiques changent suivant le régime.

L'estimation du modèle (11.14) nécessite la connaissance préalable du paramètre de nuisance λ. Hansen (1996, 1997b) propose une méthodologie d'estimation qui se décline en trois étapes.

Étape 1 : Détermination du seuil

La première étape consiste à déterminer la valeur du seuil λ. Chan (1993) et Hansen (1996) montrent que pour un ensemble de valeurs possibles $\lambda \epsilon [\lambda_1, \lambda_2]$, l'utilisation d'une séquence de tests de Wald permet d'obtenir une estimation efficace de λ. Plus précisément, ces auteurs proposent d'estimer le modèle par les moindres carrés ordinaires pour plusieurs valeurs du seuil et de choisir la valeur qui minimise la somme des carrés des résidus :

$$\hat{\lambda} = \arg\min_{\lambda \in \Lambda} \hat{S}^2(\lambda) \qquad (11.17)$$

Dans la pratique, l'intervalle Λ est constitué des observations centrales de la variable de transition. De façon indicative, on prend généralement 70% des valeurs centrales. Une fois le seuil déterminé, le modèle peut être estimé par la méthode des MCO pour en dériver les autres paramètres. La théorie asymptotique de la distribution normale peut être utilisée pour effectuer l'inférence statistique sur ces coefficients (Hansen, 1996).

Étape 2 : Test de linéarité

Après avoir estimé le seuil, il est important de tester si la dynamique du modèle est bien caractérisée par un processus non-linéaire. Ce test revient à tester l'hypothèse $H_0 : \beta_1 = \beta_2$ contre l'alternative $H_1 : \beta_1 \neq \beta_2$. La statistique du ratio de vraisemblance est donnée par :

$$F_1^* = n\left(\frac{S_0 - S_1(\hat{\lambda})}{S_1(\hat{\lambda})}\right) \qquad (11.18)$$

Où S_0 et S_1 représentent les sommes des carrés des résidus du modèle respectivement sous l'hypothèse nulle et l'hypothèse alternative.

Si cette statistique de test est classique dans la littérature économétrique, elle ne suit pas en revanche une distribution standard. Par conséquent, les valeurs critiques correspondant au Chi-deux ne sont pas appropriées (Chan, 1993 ; Hansen, 1996). Le problème est que la valeur du seuil n'est pas identifiable sous l'hypothèse nulle (Davies, 1987). Néanmoins, Hansen (1997b) montre que des valeurs critiques appropriées peuvent être obtenues au moyen de techniques de réplication par bootstrap. Cela consiste à simuler un point de la distribution asymptotique de F_1 à partir d'un tirage avec remise dans l'ensemble des résidus du modèle. Pour chaque échantillon bootstrap, on génère la variable dépendante $\tilde{y}_t$ et on estime le modèle sous les hypothèses nulles et alternatives. En notant $\tilde{S}_0$ et $\tilde{S}_1(\lambda)$ les sommes des carrés des résidus sous les hypothèses nulles et alternatives, on calcule les statistiques $\tilde{F}_1(\lambda) = n\left(\frac{\tilde{S}_0 - \tilde{S}_1(\lambda)}{\tilde{S}_1(\lambda)}\right)$ et $\tilde{F}_1^* = \underset{\gamma}{Sup}\, \tilde{F}_1(\lambda)$. La *p_value* "bootstrapée" correspond alors à la fréquence des valeurs simulées $\widetilde{F}_1^*$ qui excèdent F_1^* :

$$p\_value = \frac{1}{B}\sum_{b=1}^{B} 1\left(\widetilde{F}_{1b}^* > F_1^*\right) \qquad (11.19)$$

Où B est le nombre de réplications.

<u>Étape 3 :</u> Intervalle de confiance du seuil

La troisième étape de l'estimation consiste à proposer un intervalle de confiance du seuil. Hansen (1997b) suggère la statistique définie par:

$$LR(\lambda) = n\frac{S_1(\lambda) - S_1(\hat{\lambda})}{S_1(\hat{\lambda})} \qquad (11.20)$$

Cette statistique admet une distribution asymptotique non-standard ξ, telle que $\Pr ob(\xi \leq x) = [1 - \exp(-x/2)]^2$. Pour un niveau de confiance de *(1-α)*, la valeur critique c(α) est obtenu par inversion:

$$\Pr ob(\xi \leq x) = [1 - \exp(-x/2)]^2 = 1 - \alpha \Rightarrow c(\alpha) = -2\ln\left(1 - \sqrt{1-\alpha}\right)$$
(11.21)

L'intervalle de confiance du seuil λ est l'ensemble convexe défini par :

$$\hat{\Lambda} = \{\lambda : \quad LR(\lambda) \leq c(\alpha)\} \qquad (11.22)$$

Cet intervalle peut être déterminé graphiquement. À cet effet, on représente la statistique *LR* en fonction de λ, puis on trace la droite horizontale d'équation *LR=c(α),* pour α fixé.

Il est possible d'appliquer le modèle à effet de seuil aux modèles autorégressifs (TAR : Threshold AutoRegressive), aux modèles VAR (TVAR : Threshold VAR), aux modèles VECM (TVECM : Threshold VECM), aux modèles ARDL (TARDL : Threshold ARDL), aux tests de racine unitaire (Threshold unit root test) et aux tests de cointégration (Threshold cointegration)[19].

11.2.2 Modèle à seuil en pratique

Nous estimons le modèle à effet de seuil par la méthode des moindres carrés ordinaires. Pour estimer un modèle à effet de seuil sous EViews, sélectionnez « **Quick/Estimate Equation** » et sélectionnez « **Threshold - Threshold Regression** » comme méthode d'estimation. On obtient la fenêtre ci-dessous:

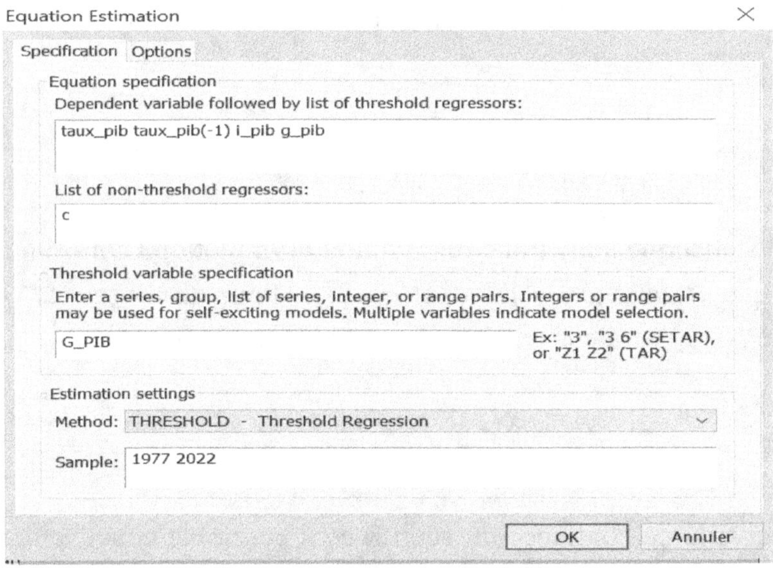

Nous estimons un modèle à effet de seuil où seule la constante est fixe et commune aux deux régimes. Ainsi, seuls les coefficients des trois variables explicatives sont autorisés à changer selon le régime. En outre, compte tenu du nombre d'observations, nous estimons un modèle à un seul seuil, ce qui définit un modèle à deux régimes. Les résultats de l'estimation du modèle sont reportés dans le tableau ci-dessous. La valeur estimée du seuil suggère que le changement de régime intervient à un niveau de dépenses publiques correspondant à 25,833% du PIB. Ce seuil permet donc d'identifier deux régimes dis-

[19] Voir Granger & TeraÈsvirta (1993), Teräsvirta (1994), Caner & Hansen (2001), Hansen & Seo (2002), Kapetanios *et al.* (2003), Cook (2004), Kapetanios & Shin (2006), Kapetanios *et al.* (2006).

tincts. Le premier régime sélectionne les années pour lesquelles les dépenses publiques sont inférieures à 25,833% et le second régime retient les observations pour lesquelles les dépenses publiques sont supérieures à ce seuil.

Tableau 11.7 : Résultats du modèle à effet de seuil

Dépendent Variable: TAUX_PIB
Method: Threshold Regression
Sample (adjusted): 1979 2022
Included observations: 44 after adjustments
Threshold type: Fixed number of globally determined thresholds
Threshold variable: G_PIB
Threshold value used: 25.83396

Variable	Coefficient	Std. Error	t-Statistic	Prob.
G_PIB < 25.83396 -- 27 obs				
TAUX_PIB(-1)	0.342217	0.130538	2.621583	0.0126
I_PIB	-0.954937	0.425990	-2.241692	0.0311
G_PIB	1.411673	0.286233	4.931899	0.0000
25.83396 <= G_PIB -- 17 obs				
TAUX_PIB(-1)	1.005444	0.223685	4.494920	0.0001
I_PIB	-0.124888	0.674238	-0.185228	0.8541
G_PIB	0.750868	0.289177	2.596573	0.0134
Non-Threshold Variables				
C	-21.31242	7.659615	-2.782441	0.0084

R-squared	0.671179	Mean dependent var	4.571796
Adjusted R-squared	0.617857	S.D. dependent var	5.173288
S.E. of regression	3.198010	Akaike info criterion	5.307845
Sum squared resid	378.4089	Schwarz criterion	5.591693
Log likelihood	-109.7726	Hannan-Quinn criter.	5.413109
F-statistic	12.58720	Durbin-Watson stat	1.922845
Prob(F-statistic)	0.000000		

Le test de linéarité nous permet de tester la présence d'asymétrie dans la dynamique du taux de croissance du PIB. Ce test est un test de contrainte linéaire sur les coefficients du modèle à seuil. Pour réaliser ce test, sélectionnez « **View/Coefficient Diagnostics** », comme indiqué par la capture suivante :

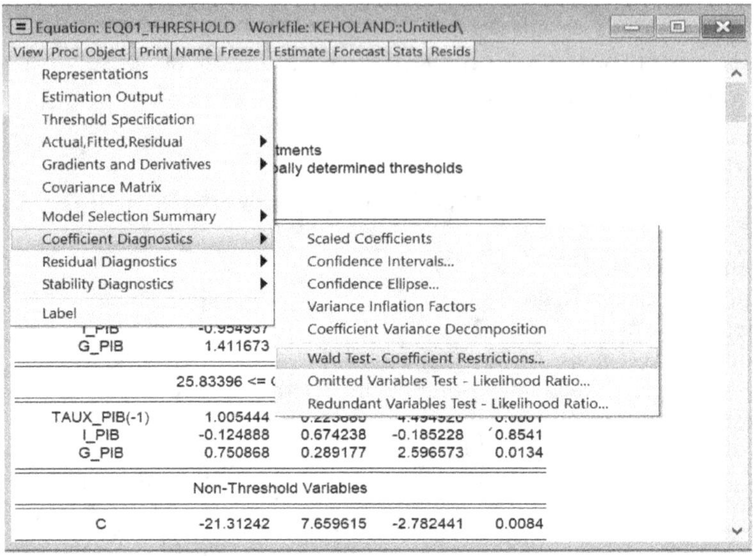

Dans la boîte de dialogue qui s'ouvre, entrez la contrainte :

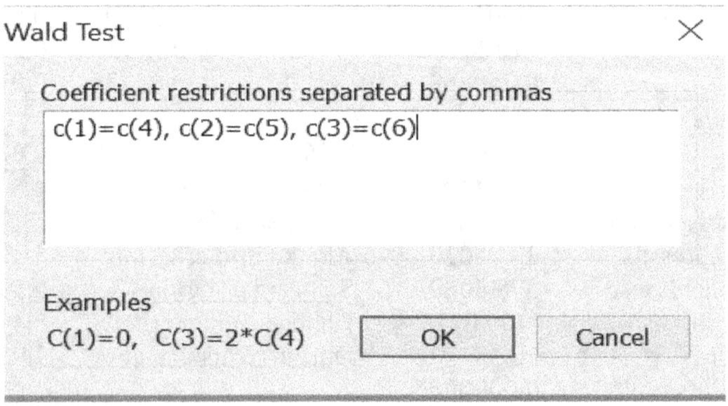

On obtient le tableau suivant :

Tableau 11.8 : Test de contrainte sur le modèle à seuil

Wald Test:			
Équation: EQ01_THRESHOLD			
Test Statistic	Value	Df	Probability
F-statistic	8.808436	(3, 37)	0.0002
Chi-square	26.42531	3	0.0000
Null Hypothesis: C(1)=C(4), C(2)=C(5), C(3)=C(6)			
Null Hypothesis Summary:			
Normalized Restriction (= 0)		Value	Std. Err.
C(1) - C(4)		-0.663227	0.258029
C(2) - C(5)		-0.830050	0.750014
C(3) - C(6)		0.660804	0.248324

On ne peut pas baser l'inférence sur ces résultats, car la loi de la statistique de test n'est pas standard. Nous simulons la *p-value* par la méthode bootstrap avec 1000 réplications. Nous reportons les résultats du test ainsi que les estimations comparées des modèles linéaires et non-linéaires dans le tableau ci-dessous. La statistique de test permet de rejeter l'hypothèse nulle de linéarité. On conclut qu'il existe un effet de seuil des dépenses publiques conditionnant la dynamique du taux de croissance du PIB.

Les résultats reportés dans le tableau appellent plusieurs observations. Premièrement, l'estimation de l'équation du taux de croissance du PIB en considérant un seul régime n'appréhende pas d'effet budgétaire significatif au seuil de 5%. Au regard de la significativité des coefficients à partir des statistiques de Student, le taux de croissance du PIB semble suivre un processus autorégressif linéaire d'ordre un. Deuxièmement, nous constatons une amélioration notable de la qualité de l'ajustement quand on estime le taux de croissance du PIB dans le cadre d'un modèle à deux régimes. Nous observons en effet que le critère AIC du modèle à seuil est plus faible que celui du modèle linéaire. On observe également une diminution remarquable de la variance résiduelle. Le modèle à un effet de seuil semble meilleur que le modèle linéaire à un régime.

Troisièmement, la réponse du taux de croissance du PIB aux variations des dépenses publiques change effectivement d'ampleur lorsque l'on passe d'un régime à l'autre. Les multiplicateurs budgétaires sont en effet statistiquement différents selon que le niveau des dépenses publiques est inférieur ou supérieur à 25,833% du PIB. Dans le premier cas, qui traduit un régime budgétaire « normal », le coefficient budgétaire est de 1,4116 et est significatif. Il en résulte une réponse budgétaire de type keynésien. Le signe positif du coefficient d'impact budgétaire au-delà du seuil met également en évidence un effet keynésien. Cependant, en régime «expansionniste», l'impact de la politique budgétaire s'avère réduit presque de moitié. Concernant l'investissement privé, on note un effet atypique négatif et significatif dans le premier régime. En revanche, dans le deuxième régime, l'effet de l'investissement privé n'est pas significatif. Au total, ces résultats permettent de conclure favorablement à l'existence d'une asymétrie dans la relation entre la politique budgétaire et la croissance économique. Ils accréditent le contrôle des dépenses publiques à des fins de politique conjoncturelle.

Tableau 11.9 : Résultats modèles linéaires versus modèle à seuil

Variable explicative	**Modèle linéaire**	**Modèle à seuil**	
		G_PIB<25.833	G_PIB ≥25.833
Constante	-1.1338	-21.3124*	-21.3124*
	(-0.2261)	(-2.7824)	(-2.7824)
TAUX_PIB(-1)	0.5342*	0.3422*	1.0054*
	(4.4843)	(2.6215)	(4.4949)
I_PIB	-0.6629**	-0.9549*	-0.1248
	(-1.7588)	(-2.2416)	(-0.1852)
G_PIB	0.3596**	1.4116*	0.7508*
	(1.8700)	(4.9318)	(2.5965)
Log.L	-121.62	-109.77	
AIC	5.7104	5.3078	
SCR	648.66	378.40	
R^2	0.4363	0.6711	
R^2-aj	0.3940	0.6178	
F-stat.	10.321	12.587	
Prob.	0.0000	0.0000	
Test de linéarité *Ho:* $\beta_1=\beta_2$			
F-stat.		31.4246*	
p-value		0.002	

Note : Les *t*-statistiques sont entre parenthèses. * indique que le coefficient est significatif à 5%.

À partir du graphique ci-dessous, il est possible de terminer les intervalles de confiance pour α=1%, 5%, et 10%. L'intervalle de confiance à 95% du seuil de dépenses publiques est (25,3%-26,4%).

Figure 11.1 : Intervalle de confiance du seuil

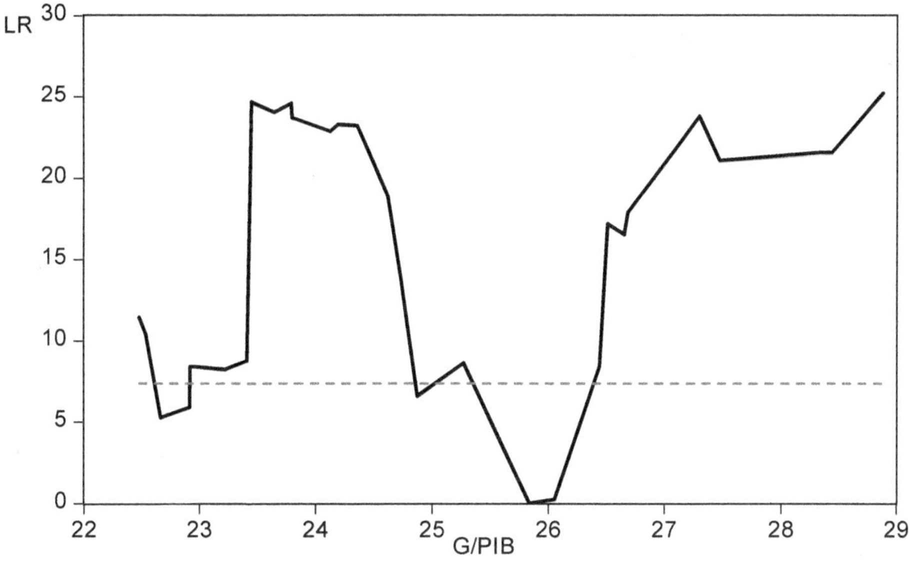

11.3 Modèle à interaction

Dans le modèle précédent, l'effet marginal de l'investissement privé sur le taux de croissance est supposé constant dans chaque régime. Certes, cela constitue une avancée méthodologique par rapport au modèle symétrique qui suppose un effet marginal constant sur tout l'échantillon. Cependant, l'effet de l'investissement privé peut être conditionné par l'investissement public et varier selon le niveau des dépenses publiques. Dans ce cas, il n'y a pas un ou deux effets marginaux, mais plutôt un nombre infini d'effets marginaux.

11.3.1 Spécification et estimation

Nous spécifions le modèle précédent sous la forme :

$$\Delta \ln Pib_t = \alpha + \phi \Delta \ln Pib_{t-i} + \theta\left(\frac{I_t}{Pib_t}\right) + \gamma\left(\frac{G_t}{Pib_t}\right) + \varphi\left(\frac{I_t}{Pib_t}\right) \times \left(\frac{G_t}{Pib_t}\right) + e_t$$

(11.23)

La variable explicative (I/PIB)x(G/PIB) représente la variable d'interaction. I/PIB est la variable explicative d'intérêt et G/PIB est la variable conditionnelle. Afin d'alléger les formules, nous noterons par *i* et *g*, respectivement, le ratio de l'investissement privé et celui des dépenses publiques au PIB.

L'effet marginal de l'investissement privé, conditionnel aux dépenses publiques, est :

$$\frac{\partial \Delta \ln Pib_t}{\partial i_t} = \theta + \varphi\left(\frac{G_t}{Pib_t}\right) = \theta + \varphi g_t \qquad (11.24)$$

On s'attend à ce que les dépenses publiques améliorent l'effet marginal de l'investissement privé, ce que devrait traduire un coefficient $\varphi > 0$.

Plusieurs cas de figure peuvent se présenter :

- Si θ et φ sont tous positifs (négatifs), alors l'investissement privé a un effet positif (négatif) sur la croissance économique, et les dépenses publiques amplifient cet impact.
- Si $\theta > 0$ et $\varphi < 0$, alors l'investissement privé exerce un effet positif sur la croissance économique et les dépenses publiques réduisent cet impact positif.
- Si $\theta < 0$ et $\varphi > 0$, alors l'investissement privé exerce un effet négatif sur la croissance économique et les dépenses publiques atténuent cet impact négatif.
- Une valeur non-significative de θ et φ indique que l'investissement privé n'a pas d'effet sur le taux de croissance économique quel que soit le niveau des dépenses publiques.

Sous l'hypothèse $\varphi > 0$, nous pouvons calculer le niveau « *optimal* » au-delà duquel les dépenses publiques amplifient l'effet marginal de l'investissement privé sur le taux de croissance :

$$g^{*} = -\frac{\theta}{\varphi} \qquad (11.25)$$

L'approche courante dans les études empiriques pour tester l'existence d'un effet d'interaction consiste à examiner la significativité du coefficient φ. Le terme d'interaction est supprimé du modèle dès lors que ce coefficient n'est pas significatif. Cependant, baser l'inférence sur le seul coefficient φ n'est pas correct, car cette approche ignore la covariance entre les coefficients θ et φ. De plus, il est erroné de penser que pour toute valeur de la variable conditionnelle (*i.e.*, dépenses publiques), l'effet marginal de la variable d'intérêt (*i.e.*, investissement privé) est significatif sur la variable dépendante (*i.e.*, taux de croissance). Pour réaliser une inférence correcte dans le modèle d'interaction, nous devons plutôt calculer l'écart-type de l'effet marginal conditionnel de l'investissement privé. À cet égard, la formule de calcul est donnée par[20]:

$$\sigma_{\frac{\partial y}{\partial i}} = \sqrt{\mathrm{var}(\theta) + g^{2} \times \mathrm{var}(\varphi) + 2g \times \mathrm{cov}(\theta, \varphi)}$$
(11.26)

Il est possible de construire les intervalles de confiance appropriés et de procéder aux différents tests de significativité. L'effet marginal de l'investissement privé sera significatif dès lors que :

$$(\theta + \varphi g)^{2} > \left[\mathrm{var}(\theta) + g^{2} \times \mathrm{var}(\varphi) + 2g \times \mathrm{cov}(\theta, \varphi)\right] \times z_{\alpha}^{2}$$
(11.27)

Où z_{α} est le quantile d'ordre α de la loi normale standard (pour n grand) ou de Student.

Comme on peut le constater, il est possible que l'effet marginal soit significatif bien que le coefficient d'interaction ne le soit pas. À partir de l'équation ci-dessus, on peut déterminer graphiquement un intervalle de confiance de l'effet marginal de l'investissement privé.

---

[20] Voir Brambor *et al.* (2006).

11.3.2 Modèle à interaction en pratique

Nous estimons le modèle d'interaction exposé précédemment. Le modèle est estimé en utilisant la méthode des moindres carrés ordinaires. Les résultats sont reportés dans le tableau ci-dessous. Conformément au signe attendu, la variable d'interaction montre un coefficient positif et significatif. Ce qui signifie que l'effet de l'investissement privé sur le taux de croissance croit avec la taille des dépenses publiques. Il y a un effet de complémentarité entre l'investissement privé et les dépenses publiques.

Tableau 11.10 : Estimation du modèle d'interaction

Dépendent Variable: TAUX_PIB
Method: Least Squares
Sample (adjusted): 1979 2022
Included observations: 44 after adjustments

Variable	Coefficient	Std. Error	t-Statistic	Prob.
TAUX_PIB(-1)	0.426013	0.124838	3.412539	0.0015
I_PIB	-8.867900	3.851215	-2.302624	0.0267
G_PIB	-2.695386	1.439478	-1.872474	0.0687
I_PIB*G_PIB	**0.331151**	**0.154749**	**2.139916**	**0.0387**
C	74.56585	35.69968	2.088698	0.0433
R-squared	0.495565	Mean dependent var		4.571796
Adjusted R-squared	0.443828	S.D. dependent var		5.173288
S.E. of regression	3.858081	Akaike info criterion		5.644861
Sum squared resid	580.5066	Schwarz criterion		5.847610
Log likelihood	-119.1870	Hannan-Quinn criter.		5.720050
F-statistic	9.578546	Durbin-Watson stat		1.859103
Prob(F-statistic)	0.000017			

Le coefficient négatif de l'investissement privé indique qu'il existe un effet de seuil, conditionnel au ratio des dépenses publiques. Le seuil « optimal » des dépenses publiques est égal à 26,779% du PIB. Pour un ratio des dépenses publiques inférieur (supérieur) à ce seuil, l'effet marginal de l'investissement privé est négatif (positif). Mais est-il toujours significatif ?

Nous calculons l'effet marginal pour des valeurs spécifiques des dépenses publiques. Les résultats reportés dans le tableau ci-dessous indiquent que lorsque les dépenses publiques sont à leur minimum (16,65%), l'effet marginal est de -3,352 et est significatif au seuil de 5%. Cela signifie que pour un niveau des dépenses publiques de 16,65% du PIB, une hausse des investissements privés de 1 point de pourcentage réduit le taux de croissance du PIB de 3,35 points de pourcentage. La hausse des investissements privés continue de réduire le taux de croissance du PIB jusqu'à ce que le seuil des dépenses publiques soit atteint. Lorsque le niveau des dépenses publiques se situe au seuil « optimal » de 26,779%, l'effet marginal est nul, ce qui signifie que toute augmentation des investissements privés n'affectera pas le taux de croissance du PIB. En revanche, au-delà du seuil des dépenses publiques, tout accroissement des investissements privés induit une hausse du taux de croissance du PIB. Par exemple, lorsque les dépenses publiques représentent 31,98% du PIB, une hausse des investissements privés de 1 point de pourcentage induit une hausse du taux de croissance du PIB de 1,72 point de pourcentage. Mais cet effet n'est pas significatif 5%.

Tableau 11.11 : Effet marginal de l'investissement privé

	Dépenses publiques (% PIB)	Effect marginal		
		Coef.	Std. Error	*t*-statistic
Minimum	16.656	-3.352*	1.307	-2.563
Median	24.421	-0.780*	0.365	-2.137
Mean	25.066	-0.567	0.364	-1.558
Threshold level	26.779	0	0.476	0
Maximum	31.978	1.721	1.171	1.469

Note: l'effet marginal est donné par $\theta + \varphi g$. L'écart-type est calculé à partir de la formule (11.26). La *t*-statistic est le ratio du coefficient marginal et de l'écart-type. * indique une significativité à 5%.

Nous constatons que l'effet marginal n'est pas toujours significatif. La figure ci-dessous montre l'évolution de l'effet marginal le long de la distribution empirique des dépenses publiques. L'investissement privé a un effet significatif sur le taux de croissance du PIB lorsque les deux bornes de l'intervalle de confiance sont toutes au-dessus ou endessous de la ligne zéro. On peut lire sur le graphique qu'au-delà d'un niveau de dépenses publiques de l'ordre de 24,5% du PIB, l'effet marginal de l'investissement privé bien que positif n'est pas significatif à 5%. En-deçà de cette valeur, l'effet marginal est négatif et significatif.

Figure 11.2 : Effet marginal de l'investissement privé selon les dépenses publiques

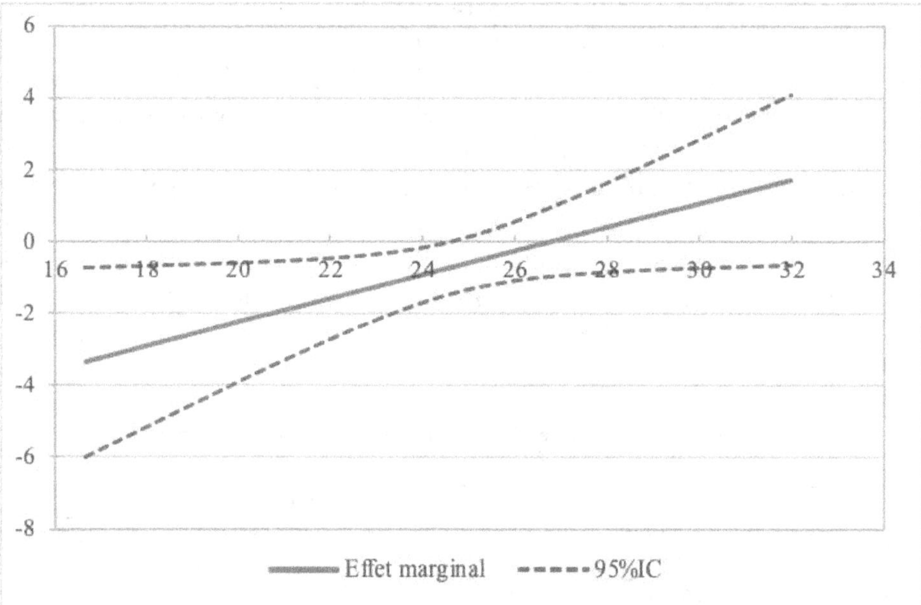

Note: L'axe des abscisses représente les dépenses publiques en % PIB. La courbe solide en bleu représente l'effet marginal de l'investissement privé sur le taux de croissance du PIB. Les courbes en pointillés représentent l'intervalle de confiance à 95% des effets marginaux.

11.4 Régression quantile

La plupart des modèles économétriques utilisés dans les études empiriques se concentrent sur la modélisation de la moyenne conditionnelle ou plus précisément de l'espérance mathématique conditionnelle. Or, les insuffisances de la moyenne sont bien documentées en statistique. La moyenne offre une description limitée de la réalité économique, car elle masque les disparités dans la population. Elle est sensible aux valeurs extrêmes. En statistique descriptive, on définit le τ^e quantile d'une distribution X comme la valeur X_τ telle que $\tau\%$ des valeurs sont inférieures à X_τ et $(1-\tau)\%$ sont supérieures à X_τ. La régression quantile permet de sortir de la « *dictature de la moyenne* » en offrant une description sur l'ensemble de la distribution *conditionnelle* de la variable dépendante et non seulement à la moyenne de celle-ci. En outre, la régression quantile peut être plus adaptée pour l'analyse des données présentant des valeurs extrêmes ou aberrantes. Les quantiles ont également la propriété intéressante d'être invariants par une transformation monotone[21]. La régression quantile a été introduite par Koenker &Bassett (1978) pour permettre une description plus riche que les modèles de régression linéaires classiques. Nous présentons le principe de cette régression que nous appliquons à la fonction de consommation. Le lecteur pourra trouver une présentation plus approfondie dans Koenker (2005), Koenker & Hallock (2001) et Cade & Noon (2003).

11.4.1 Principe de la régression quantile

Nous examinons l'effet du revenu et du prix sur la consommation. Revenons à l'équation de long terme définie par :

$$C_t = \gamma_0 + \gamma_1 Pib_t + \gamma_2 Ipc_t + \mu_t \qquad (11.28)$$

Cette équation suppose que les effets marginaux du revenu et du prix sont constants, quel que soit le niveau de la consommation. Quel est l'effet marginal du revenu pour des ménages se situant aux queues de la distribution de la consommation (pauvres et riches) ? L'effet marginal du revenu est-il le même pour des ménages ayant des niveaux de consommation se situant dans le premier quintile, deuxième quintile, à la moyenne, à la médiane et dans le dernier quintile ? On peut penser que l'effet marginal du revenu est plus élevé chez les pauvres que chez les riches : une hausse du revenu conduit à une augmentation de la consommation beaucoup plus forte chez les pauvres que chez les riches qui, eux, augmenteraient plutôt leur épargne.

Si l'effet marginal du revenu change suivant la distribution conditionnelle de la consommation, un modèle linéaire serait inapproprié pour restituer la vraie relation entre le revenu et la consommation. Le modèle de régression quantile de la fonction de consommation s'écrit de la façon suivante:

$$Q_\tau(C_t / Pib_t, Ipc_t) = \gamma_0(\tau) + \gamma_1(\tau) Pib_t + \gamma_2(\tau) Ipc_t + \mu_t(\tau) \qquad (11.29)$$

---

[21] Cela signifie que si g est une fonction croissante et continue à gauche, $q_\tau(g(Y)) = g(q_\tau(Y))$ où $q_\tau(z)$ désigne le quantile d'ordre τ de z. Dans une étude sur la consommation, on pourra déduire l'effet marginal d'une variable explicative X sur un quantile conditionnel à partir d'une régression quantile modélisant le log de la consommation. On aura en effet $q_\tau(C|X) = \exp(X\gamma(\tau))$ où $\gamma(\tau)$ correspond au coefficient obtenu par la régression quantile de log(C) sur X.

Où $Q_\tau(C_t / Pib_t, Ipc_t)$ est le quantile conditionnel d'ordre τ de la consommation, avec $0 < \tau < 1$.

À chaque quantile τ correspond un vecteur de coefficients $\gamma(\tau)=(\gamma_0(\tau), \gamma_1(\tau), \gamma_2(\tau))$ obtenu comme solution du programme de minimisation ci-après:

$$\hat{\gamma}(\tau) = \underset{\gamma(\tau)}{\operatorname{argmin}} \sum_{t=1}^{T} \rho_\tau (C_t - X_t \gamma(\tau)) \qquad (11.30)$$

Où $\rho_\tau(z)$ est une fonction définie par $\rho_\tau(z) = z(\tau - I_{(z<0)})$, $I(\cdot)$ étant la fonction indicatrice et $X_t=(1, Pib_t, Ipc_t)$.

Le principe de la régression quantile parait simple. Toutefois sa réalisation numérique est complexe. Pour résoudre le programme ci-dessus, on peut faire appel à l'algorithme du simplexe ou aux méthodes de points intérieurs (Koenker & D'Orey, 1987 ; Portnoy & Koenker, 1997). Dans le cas où $\tau = 0.5$, le programme minimise la somme des valeurs absolues des erreurs : c'est la régression médiane. Pour tester si la relation estimée est une relation de long terme, on pourrait tester la stationnarité des résidus $\mu_t(\tau)$. En faisant varier τ sur l'intervalle (0-1), on obtient une série de coefficients $\gamma(\tau)$ que l'on peut représenter sous la forme d'un graphique. Ce graphique permet de visualiser l'hétérogénéité dans la réponse de la consommation aux variables explicatives. Un test formel d'égalité ou d'homogénéité des coefficients peut être effectué à partir des estimations obtenues.

Il est également possible de tester l'existence d'une symétrie dans la distribution des coefficients. Il s'agit de tester si la moyenne des coefficients associés à deux quantiles symétriques est égale au coefficient du quantile d'ordre 0.5. L'hypothèse nulle correspondant à ce test est :

$$H_0 : \frac{\gamma(\tau) + \gamma(1-\tau)}{2} = \gamma(0.5) \qquad (11.31)$$

Par exemple, pour $\tau=0.1$, on teste si la moyenne des coefficients associés aux déciles 0.1 et 0.9 est égale au coefficient associé à la médiane ($\tau=0.5$).

La régression quantile peut s'appliquer aux tests de racine unitaire (Quantile unit root), aux modèles ARDL (QARDL : Quantile ARDL), aux modèles à effet de seuil (Quantile Threshold), aux tests de cointégration (Quantile cointégration) et à l'analyse de la causalité (Quantile causality)[22]. Lorsque certaines variables explicatives sont endogènes, il est possible de recourir à la régression quantile instrumentale[23].

11.4.2 Mise en œuvre pratique de la régression quantile

Pour effectuer la régression quantile, il suffit de sélectionner cette méthode dans la case réservée à cet effet, comme indiqué dans l'écran ci-après :

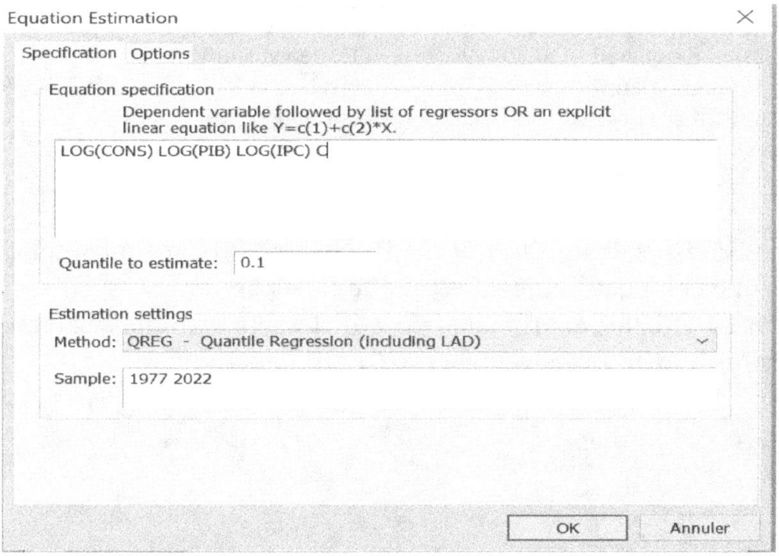

En choisissant comme méthode « **QREG-Quantile Regression** », une case indique le choix du quantile. Ici, nous commençons par estimer l'équation de consommation pour le quantile d'ordre 0.1. Cliquez sur **OK** pour valider. On obtient les résultats ci-dessous.

---

22 Voir Koenker & Xiao (2004), Koenker & Xiao (2006), Galvo (2009), Troster (2018), Cho *et al.* (2015), Li & Sung (2018), Song & Taamouti (2021).

23 Voir Chernozhukov &Hansen (2008), Abadie *et al.* (2002).

Tableau 11.12 : Régression quantile d'ordre 0.1

Dépendent Variable: LOG(CONS)
Method: Quantile Regression **(tau = 0.1)**
Sample: 1977 2022
Included observations: 46
Huber Sandwich Standard Errors & Covariance
Sparsity method: Kernel (Epanechnikov) using residuals
Bandwidth method: Hall-Sheather, bw=0.096564
Estimation successfully identifies unique optimal solution

Variable	Coefficient	Std. Error	t-Statistic	Prob.
LOG(PIB)	1.080776	0.037048	29.17226	0.0000
LOG(IPC)	0.023055	0.018460	1.248926	0.2184
C	-1.249105	0.260762	-4.790219	0.0000

Pseudo R-squared	0.899663	Mean dependent var	8.245793
Adjusted R-squared	0.894997	S.D. dependent var	0.503587
S.E. of regression	0.065479	Objective	0.390339
Quantile dependent var	7.577820	Restr. Objective	3.890300
Sparsity	0.170255	Quasi-LR statistic	456.8259
Prob(Quasi-LR stat)	0.000000		

On peut ainsi voir que l'effet du PIB est significatif au seuil de 5% tandis que celui de l'indice des prix ne l'est pas.

Pour obtenir les coefficients pour différents quantiles, sélectionnez « **View/Quantile Process/Process Coefficients** » :

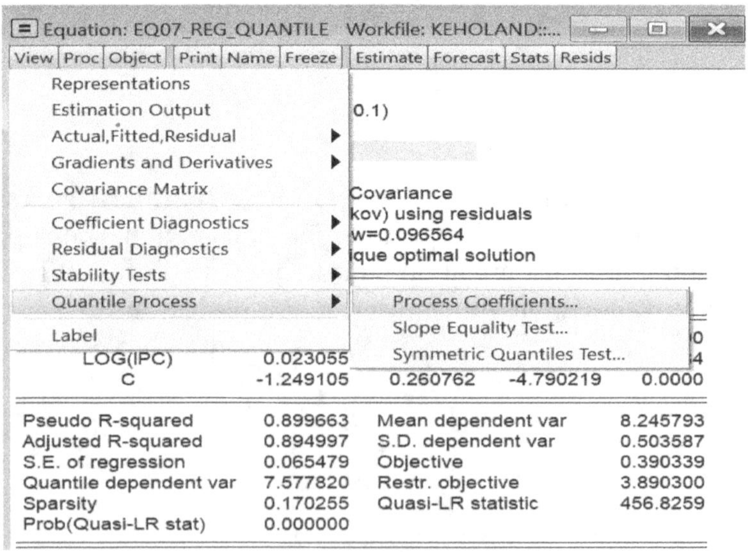

On obtient l'écran ci-dessous.

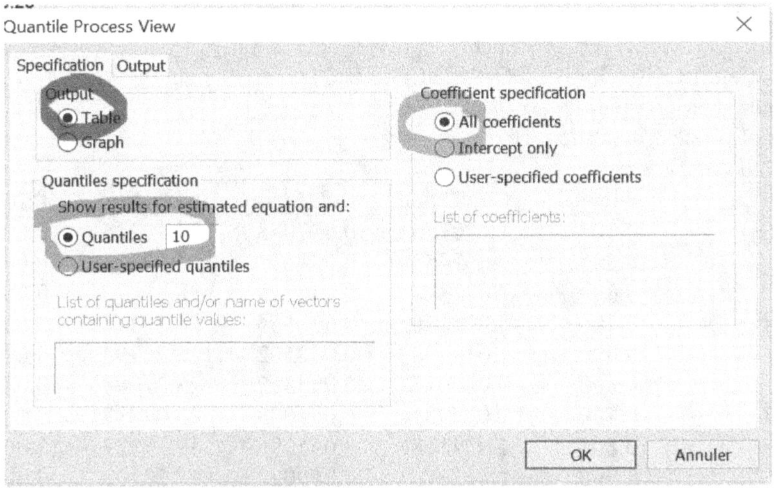

Nous choisissons de présenter les coefficients dans un tableau. Tous les coefficients du modèle seront présentés. Le nombre de quantiles est de 10, ce qui signifie que le modèle estimera 9 déciles allant de 0.1 à 0.9. Toutefois, il est possible avec l'option « **User-specified..** » de choisir ses propres quantiles et coefficients à afficher. En validant, on obtient les résultats consignés dans le tableau ci-dessous. On constate que le coefficient du revenu est significatif pour tous les déciles. En revanche, le coefficient de l'indice des prix est significatif pour des déciles entre 0.3 et 0.5. Les ménages proches du niveau médian semblent sensibles au prix contrairement aux autres.

Tableau 11.13 : Régression quantile pour des ordres allant de 0.1 à 0.9

Quantile Process Estimates
Équation: EQ07_REG_QUANTILE
Specification: LOG(CONS) LOG(PIB) LOG(IPC) C
Estimated equation quantile tau = 0.1
Number of process quantiles: 10
Display all coefficients

	Quantile	Coefficient	Std. Error	t-Statistic	Prob.
LOG(PIB)	0.100	1.080776	0.037048	29.17226	0.0000
	0.200	1.062453	0.039611	26.82205	0.0000
	0.300	1.022871	0.036279	28.19495	0.0000
	0.400	0.998178	0.038565	25.88312	0.0000
	0.500	1.010598	0.038502	26.24798	0.0000
	0.600	1.006616	0.043312	23.24088	0.0000
	0.700	1.027481	0.041020	25.04837	0.0000
	0.800	1.054158	0.055096	19.13327	0.0000
	0.900	1.017070	0.059022	17.23202	0.0000
LOG(IPC)	0.100	0.023055	0.018460	1.248926	0.2184
	0.200	0.028445	0.019861	1.432225	0.1593
	0.300	0.049846	0.018231	2.734188	0.0090
	0.400	0.064366	0.019562	3.290421	0.0020
	0.500	0.058199	0.019859	2.930630	0.0054
	0.600	0.046727	0.024675	1.893701	0.0650
	0.700	0.037834	0.025570	1.479634	0.1463
	0.800	0.010595	0.038198	0.277363	0.7828
	0.900	0.020334	0.044622	0.455690	0.6509
C	0.100	-1.249105	0.260762	-4.790219	0.0000
	0.200	-1.101286	0.276509	-3.982819	0.0003
	0.300	-0.827295	0.252822	-3.272238	0.0021
	0.400	-0.660532	0.267516	-2.469128	0.0176
	0.500	-0.741068	0.266558	-2.780140	0.0080
	0.600	-0.646150	0.289769	-2.229876	0.0310
	0.700	-0.788677	0.266190	-2.962829	0.0050
	0.800	-0.893128	0.331392	-2.695084	0.0100
	0.900	-0.583305	0.349418	-1.669363	0.1023

On peut représenter les coefficients sous la forme d'un graphique afin d'apprécier leur variation suivant les quantiles. Pour cela, sélectionnez « **View/Quantile Process/Process Coefficients** » et cochez la case « **Graph** » en lieu et place de « **Table** ». On obtient les graphiques ci-après :

Figure 11.3 : Coefficients de la régression quantile

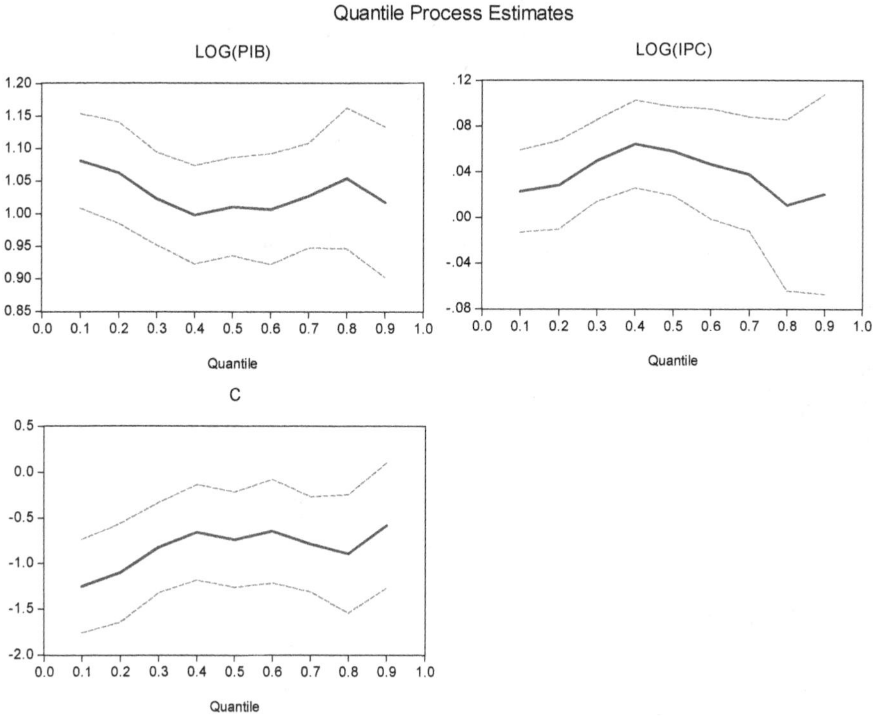

Les coefficients évoluent lentement et autour d'une valeur moyenne constante. On peut comparer les coefficients à partir d'un test de contraintes linéaires, appelé test d'égalité des pentes. Sélectionnez « **View/Quantile Process/Slope Equality Test** » et indiquez le nombre de quantiles ainsi que les coefficients à comparer.

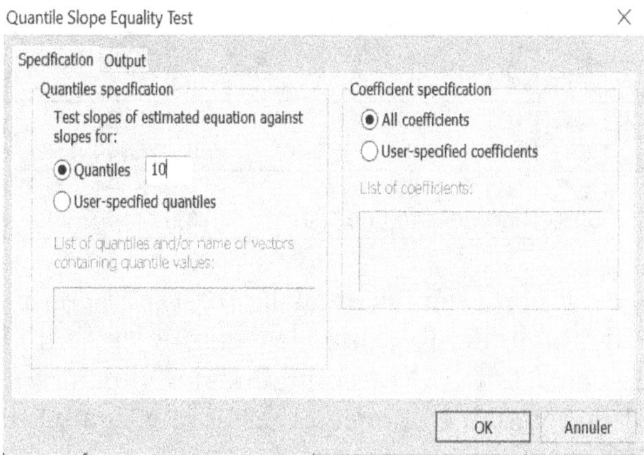

Le tableau ci-dessous présente les résultats du test d'égalité des coefficients. La statistique de test affiche une valeur de 17.7274 et une probabilité de 0.3401 qui est supérieure au seuil de probabilité usuel de 0.05. Ainsi, nous sommes amenés à ne pas rejeter l'hypothèse d'égalité des coefficients. En d'autres termes, il n'y a pas de différence significative entre les coefficients associés aux différents déciles conditionnels de la consommation.

Tableau 11.14 : Test d'égalité des coefficients de la régression quantile

Quantile Slope Equality Test
Équation: EQ07_REG_QUANTILE
Specification: LOG(CONS) LOG(PIB) LOG(IPC) C
Estimated equation quantile tau = 0.1
Number of test quantiles: 10
Test statistic compares all coefficients

Test Summary	Chi-Sq. Statistic	Chi-Sq. d.f.	Prob.
Wald Test	**17.72748**	**16**	**0.3401**

Restriction Detail: b(tau_h) - b(tau_k) = 0

Quantiles	Variable	Restr. Value	Std. Error	Prob.
0.1, 0.2	LOG(PIB)	0.018323	0.031502	0.5608
	LOG(IPC)	-0.005390	0.015725	0.7318
0.2, 0.3	LOG(PIB)	0.039582	0.026855	0.1405
	LOG(IPC)	-0.021401	0.013625	0.1162
0.3, 0.4	LOG(PIB)	0.024693	0.023671	0.2969
	LOG(IPC)	-0.014520	0.011967	0.2250
0.4, 0.5	LOG(PIB)	-0.012420	0.023354	0.5949
	LOG(IPC)	0.006167	0.011952	0.6059
0.5, 0.6	LOG(PIB)	0.003982	0.025836	0.8775
	LOG(IPC)	0.011472	0.014579	0.4314
0.6, 0.7	LOG(PIB)	-0.020865	0.026921	0.4383
	LOG(IPC)	0.008893	0.016058	0.5797
0.7, 0.8	LOG(PIB)	-0.026677	0.037352	0.4751
	LOG(IPC)	0.027239	0.025449	0.2845
0.8, 0.9	LOG(PIB)	0.037088	0.046831	0.4284
	LOG(IPC)	-0.009739	0.034399	0.7771

Le test précédent porte sur un total de 16 (8x2) contraintes sur les coefficients. Il s'agit de l'égalité des coefficients du PIB (8 contraintes) et de ceux de l'IPC (8 contraintes). On peut s'intéresser aux coefficients d'une variable donnée et tester leur égalité. EViews offre la possibilité de faire le test d'égalité des coefficients pour chaque variable du modèle. Par exemple, nous pouvons tester si le coefficient du revenu (PIB) est constant pour tous les quantiles conditionnels de la consommation. Pour cela, sélectionnez « **View/Quantile Process/Slope Equality Test** » et indiquez le nombre de quantiles (ici 10) ainsi que le coefficient à tester (ici C(1) pour indiquer le coefficient du PIB).

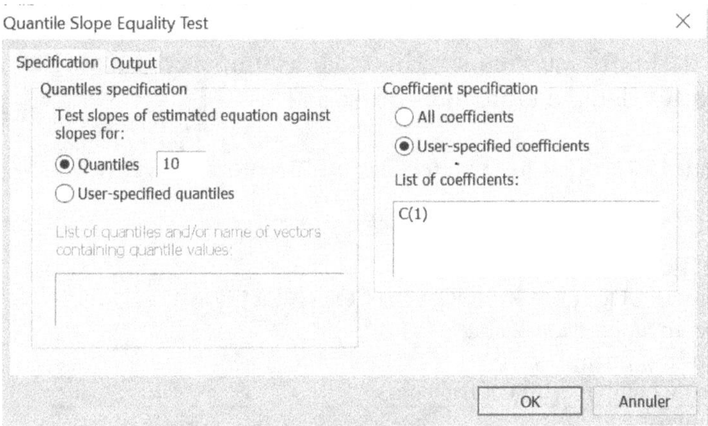

À la suite de ces opérations, on obtient le tableau de résultats ci-dessous.

Tableau 11.15 : Test d'égalité des coefficients du PIB de la régression quantile

Quantile Slope Equality Test
Équation: EQ07_REG_QUANTILE
Specification: LOG(CONS) LOG(PIB) LOG(IPC) C
Estimated equation quantile tau = 0.1
Number of test quantiles: 10
Test statistic compares user-specified coefficients: C(1)

Test Summary	Chi-Sq. Statistic	Chi-Sq. d.f.	Prob.
Wald Test	**5.849153**	**8**	**0.6641**

Restriction Detail: b(tau_h) - b(tau_k) = 0

Quantiles	Variable	Restr. Value	Std. Error	Prob.
0.1, 0.2	LOG(PIB)	0.018323	0.031502	0.5608
0.2, 0.3		0.039582	0.026855	0.1405
0.3, 0.4		0.024693	0.023671	0.2969
0.4, 0.5		-0.012420	0.023354	0.5949
0.5, 0.6		0.003982	0.025836	0.8775
0.6, 0.7		-0.020865	0.026921	0.4383
0.7, 0.8		-0.026677	0.037352	0.4751
0.8, 0.9		0.037088	0.046831	0.4284

Le nombre de contraintes passe à 8. La statistique de test affiche une valeur de 5.8491 et une probabilité de 0.6641. Nous ne pouvons pas rejeter l'hypothèse d'égalité des coefficients. En d'autres termes, il n'y a pas de différence significative entre les coefficients du PIB associés aux différents déciles conditionnels de la consommation.

Pour effectuer le test de symétrie, sélectionnez « **View/Quantile Process/ Symmetric Quantiles Test** » et indiquez le nombre de quantiles (ici 10) ainsi que les coefficients à comparer (tous). Les résultats sont reportés dans le tableau ci-dessous :

Tableau 11.16 : Test de symétrie des coefficients de la régression quantile

Symmetric Quantiles Test
Équation: EQ07_REG_QUANTILE
Specification: LOG(CONS) LOG(PIB) LOG(IPC) C
Estimated equation quantile tau = 0.1
Number of test quantiles: 10
Test statistic compares all coefficients

Test Summary	Chi-Sq. Statistic	Chi-Sq. d.f.	Prob.
Wald Test	**12.09069**	**12**	**0.4384**

Restriction Detail: b(tau) + b(1-tau) - 2*b(.5) = 0

Quantiles	Variable	Restr. Value	Std. Error	Prob.
0.1, 0.9	LOG(PIB)	0.076650	0.081577	0.3474
	LOG(IPC)	-0.073008	0.050365	0.1472
	C	-0.350274	0.535897	0.5134
0.2, 0.8	LOG(PIB)	0.095415	0.068744	0.1651
	LOG(IPC)	-0.077358	0.039977	0.0530
	C	-0.512278	0.455604	0.2608
0.3, 0.7	LOG(PIB)	0.029155	0.049954	0.5595
	LOG(IPC)	-0.028718	0.026781	0.2836
	C	-0.133836	0.342058	0.6956
0.4, 0.6	LOG(PIB)	-0.016402	0.035537	0.6444
	LOG(IPC)	-0.005305	0.018823	0.7781
	C	0.175455	0.243766	0.4717

Dans notre cas, l'hypothèse nulle génère 12 contraintes sur les coefficients. La statistique de test indique une valeur de 12.09069 avec une probabilité de 0.4384. Nous sommes amenés à accepter l'hypothèse de symétrie de la distribution des coefficients.

Comme dans le cas du test d'égalité des coefficients, il est aussi possible de tester la symétrie des coefficients pour une variable donnée. Nous testons la symétrie du coefficient du PIB suivant les déciles conditionnels de la consommation. Les résultats reportés ci-dessous indiquent que l'hypothèse nulle de symétrie ne peut être rejetée.

Tableau 11.17 : Test de symétrie des coefficients du PIB de la régression quantile

Symmetric Quantiles Test
Équation: EQ07_REG_QUANTILE
Specification: LOG(CONS) LOG(PIB) LOG(IPC) C
Estimated equation quantile tau = 0.1
Number of test quantiles: 10
Test statistic compares user-specified coefficients: C(1)

Test Summary	Chi-Sq. Statistic	Chi-Sq. d.f.	Prob.
Wald Test	**3.590218**	**4**	**0.4643**

Restriction Detail: b(tau) + b(1-tau) - 2*b(.5) = 0

Quantiles	Variable	Restr. Value	Std. Error	Prob.
0.1, 0.9	LOG(PIB)	0.076650	0.081577	0.3474
0.2, 0.8		0.095415	0.068744	0.1651
0.3, 0.7		0.029155	0.049954	0.5595
0.4, 0.6		-0.016402	0.035537	0.6444

11.5 Cointégration à seuil

Les tests de cointégration d'Engle & Granger (1987), de Johansen (1988) et de Pesaran *et al.* (2001) supposent un ajustement symétrique des variables vers la relation de long terme, qui se traduit par un coefficient de rappel constant. Toutefois, ces tests sont biaisés vers l'acceptation de l'hypothèse nulle d'absence de cointégration si le processus d'ajustement des variables est asymétrique (Pippenger & Goering, 1993; Balke & Fomby, 1997 ; Enders & Siklos, 2001 ; Dibooglu & Enders, 2001). Or, nous avons vu plusieurs situations où l'ajustement des variables vers leur relation de long terme pouvait être non-linéaire en raison notamment des effets d'inertie, des coûts de transaction ou d'ajustement, des rigidités nominales et des contraintes institutionnelles.

En utilisant la méthodologie d'analyse, des modèles autorégressifs à seuil, Enders & Granger (1998) et Enders & Siklos (2001) ont proposé une procédure de test de cointégration autorisant des ajustements asymétriques. Nous présentons cette approche que nous appliquons à la fonction de consommation.

11.5.1 Méthodologie du test de cointégration à seuil

Considérons des variables X_t et Y_t intégrées d'ordre un et liées par une relation linéaire statique. On estime cette relation par les moindres carrés ordinaires et on génère la série des résidus notés RES_t. Dans l'approche d'Engle-Granger, on teste la stationnarité des résidus à partir de l'équation suivante :

$$\Delta RES_t = \rho RES_{t-1} + \sum_{i=1}^{p} \phi_i \Delta RES_{t-i} + u_t \qquad (11.32)$$

L'hypothèse nulle est H_0: $\rho=0$ contre H_1: $\rho<0$. Le nombre de retards p est déterminé à partir des critères d'information.

Enders & Granger (1998) et Enders & Siklos (2001) proposent de remplacer l'équation ci-dessus par une dynamique de type TAR:

$$\Delta RES_t = \rho_1 RES_{t-1} I_t + \rho_2 RES_{t-1}(1-I_t) + \sum_{i=1}^{p} \phi_i \Delta RES_{t-i} + u_t$$

(11.33)

où I_t est une variable indicatrice définie par :

$$I_t = \begin{cases} 1 \quad si \quad RES_{t-1} \geq \tau \\ \\ 0 \quad si \quad RES_{t-1} < \tau \end{cases} \qquad (11.34)$$

Selon que RES_{t-1} est supérieur ou inférieur au seuil τ, la dynamique de la série ΔRES_t est caractérisée par les paramètres d'ajustement respectifs ρ_1 et ρ_2. Dans ce cas, le modèle (11.33) est appelé TAR pour Threshold Autoregressive.

Il est possible de faire dépendre l'ajustement de la variation retardée des résidus (*i.e.*, ΔRES_{t-1}) en lieu et place du niveau de RES_{t-1}. Dans ce cas, la variable indicatrice devient:

$$I_t = \begin{cases} 1 & si \quad \Delta RES_{t-1} \geq \tau \\ \\ 0 & si \quad \Delta RES_{t-1} < \tau \end{cases} \tag{11.35}$$

Le modèle obtenu avec l'équation (11.35) est qualifié de MTAR pour Momentum-Threshold Autoregressive (MTAR). Le choix de la spécification MTAR présente en particulier l'avantage d'assurer la stationnarité de la variable de transition sous les hypothèses que la série RES_t est I(0) ou I(1). Toutefois, le choix entre les spécifications TAR et MTAR peut se faire à partir des critères d'information (AIC, SC, HQ). La condition de stationnarité de la série RES_t est: $-2 < (\rho_1, \rho_2) < 0$.

La méthodologie de test de cointégration à seuil se présente comme suit.

<u>Étape 1 :</u> Détermination du seuil

La première étape de la procédure du test consiste à déterminer la valeur « optimale » du seuil τ. Pour cela, on applique la procédure itérative des modèles à seuil, proposée par Chan (1993) et Hansen (1996). Le seuil optimal est obtenu en minimisant la somme des carrés des résidus du modèle (11.33).

$$\tau^* = \arg\min_{\tau \in \Gamma} SCR(\tau) \tag{11.36}$$

avec $SCR(\tau) = T^{-1} \sum_{t=1}^{T} \hat{u}_t^2(\tau)$.

On trie la variable de transition (RES_{t-1} ou ΔRES_{t-1}) dans l'ordre croissant et on supprime 15% des observations de part et d'autre de la distribution. Les 70% des observations centrales forment l'intervalle Γ dans lequel le seuil est recherché.

<u>Étape 2</u> : Test de racine unitaire

La deuxième étape consiste à tester la stationnarité de la série des résidus RES_t. L'hypothèse d'intérêt pour le test de racine unitaire est alors:

$$H_0: \quad \rho_1 = \rho_2 = 0 \qquad (11.37)$$

Cette hypothèse est testée à l'aide d'un test de Fisher. Toutefois, la distribution de cette statistique n'est pas standard ; elle dépend de la taille de l'échantillon (T), du nombre de retards (p) dans l'équation (11.33) et du nombre de variables explicatives (k) dans la relation de cointégration. La distribution empirique a été tabulée par Enders & Granger (1998), Dibooglu & Enders (2001), Enders & Siklos (2001) et Enders (2003). Enders & Siklos (2001) proposent également un t-test pour l'hypothèse $Max(\rho_1, \rho_2)=0$. La t-statistique de test, notée t_{Max}, est la plus grande des t-statistiques de ρ_1 et ρ_2. Une valeur significativement négative du t_{Max} implique que ρ_1 et ρ_2 sont négatifs.

<u>Étape 3</u> : Test de symétrie

Si l'hypothèse nulle de racine unitaire est rejetée, la troisième étape consiste à tester l'existence d'une asymétrie dans le processus d'ajustement. L'hypothèse nulle de ce test est:

$$H_0: \quad \rho_1 = \rho_2 \qquad (11.38)$$

Si le résidu RES_t est stationnaire, les estimateurs des moindres carrés ordinaires de ρ_1 and ρ_2 convergent vers une distribution normale. Par conséquent, l'hypothèse ($\rho_1=\rho_2$) peut être testée en utilisant le test classique de Fisher. Néanmoins, Enders & Falk (1998) et Hansen (1997b) montrent que les estimateurs de ρ_1 and ρ_2 n'ont pas de bonnes propriétés lorsque la taille de l'échantillon est faible.

Le rejet des hypothèses $(\rho_1=\rho_2=0)$ et $(\rho_1=\rho_2)$ implique l'existence de cointégration à seuil avec ajustement asymétrique.

Étape 4 : Modèle à correction d'erreur asymétrique

En présence de cointégration à seuil, on peut estimer un modèle à correction d'erreur asymétrique de la forme :

$$\Delta Y_t = \alpha + \beta_1 RES^+_{t-1} + \beta_2 RES^-_{t-1} + \sum_{i=1}^{p1} \phi_i \Delta Y_{t-i} + \sum_{i=1}^{p2} \gamma_i \Delta X_{t-i} + e_t$$

(11.39)

où $RES^+_{t-1} = I_t{}^* RES_{t-1}$ et $RES^-_{t-1} = (1-I_t)^* RES_{t-1}$.

Ce modèle peut être utilisé pour effectuer des tests de causalité de Granger. La causalité de long terme porte sur la significativité des coefficients β_1 et β_2. La causalité de court terme s'applique aux coefficients autorégressifs ϕ_i et γ_i.

11.5.2 Application de la cointégration à seuil

Nous appliquons le test de cointégration à seuil à la fonction de consommation. Nous avons déjà estimé cette fonction et généré la série des résidus RES_t. La procédure de test suit celle des modèles à effet de seuil. Les résultats sont synthétisés dans le tableau ci-dessous.

Tableau 11.18 : Résultats du test de cointégration à seuil

	TAR	MTAR
Seuil τ	-0.0362	0.0168
ρ_1	-0.9726*	-0.9794*
	(-4.9590)	(-4.5900)
ρ_2	-0.5698*	-0.6221*
	(-2.9668)	(-3.4330)
Φ ($\rho_1 = \rho_2 = 0$)	14.7153*	14.2156*
F($\rho_1 = \rho_2$) (sig.)	**2.5634**	**1.9452**
	(0.1170)	**(0.1706)**
AIC	-3.5906	-3.5763
SC	-3.4690	-3.4547
HQ	-3.5455	-3.5312

Note : Les nombres entre parenthèses pour ρ_1 et ρ_2 sont les *t*-statistiques. Les valeurs critiques à 95% de la statistique Φ du TAR et MTAR sont respectivement de 7.31 et 7.14 (Enders & Siklos, 2001:172). Les valeurs critiques à 95% de la statistique *t-Max* sont de -1.97 et -1.98, respectivement pour les modèles TAR et MTAR. Pour la statistique *F*, les *p*-values sont données entre parenthèses.

La valeur de la statistique de test de l'hypothèse de racine unitaire $(\rho_1=\rho_2=0)$ est égale à 14.7153 et 14.2156, respectivement pour les modèles TAR et MTAR. Ces valeurs sont supérieures aux valeurs critiques à 5%; ce qui implique que l'hypothèse nulle peut être rejetée dans les deux modèles. En outre, la valeur du maximum des *t*-statistiques étant inférieure à la valeur critique, nous pouvons rejeter l'hypothèse d'absence de cointégration. Les valeurs des paramètres ρ_1 et ρ_2 suggèrent un ajustement beaucoup plus rapide pour les déviations positives (au-dessus du seuil) de la relation de long terme que pour les déviations négatives (en-deçà du seuil).

Les variables étant cointégrées, nous testons l'hypothèse nulle d'ajustement symétrique $(\rho_1=\rho_2)$ au moyen du test de Fisher standard. La statistique de Fisher affiche une *p-value* de 0.1170 pour le modèle TAR et 0.1706 pour le modèle MTAR, indiquant que nous ne pouvons pas rejeter l'hypothèse nulle. Par conséquent, nous pouvons conclure que les variables sont cointégrées et le mécanisme d'ajustement vers la relation de long terme est symétrique. Les critères d'information montrent que les spécifications TAR et MTAR présentent des qualités d'ajustement similaires.

CHAPITRE 12
Études de cas pratiques

Ce chapitre propose des exercices pratiques qui permettent d'appliquer l'ensemble des procédures vues dans les chapitres précédents. Pour chaque exercice, une méthodologie et une correction commentée sont proposées dans un ordre chronologique qui montre l'enchaînement des étapes. Le premier exercice consiste à tester la causalité entre le PIB et les dépenses publiques (loi de Wagner). Le deuxième exercice s'intéresse à la causalité entre les recettes fiscales et les dépenses publiques. Ces deux exercices appliquent les procédures séquentielles et non séquentielles de la causalité au sens de Granger. Le troisième exercice porte sur la résolution d'un modèle simple à équations simultanées (modèle de Klein). Ce modèle est estimé après avoir examiné les conditions d'identification. Le modèle estimé est utilisé pour simuler plusieurs scénarios de politiques économiques. Un programme global reprend l'ensemble des étapes de l'estimation et de la simulation ainsi que la synthèse des résultats dans un tableau de sortie. Les résultats des différentes simulations sont commentés et comparés. Le quatrième exercice porte sur l'estimation d'un modèle à correction d'erreur. Cet exercice applique les tests de stationnarité et de cointégration. Un modèle à correction d'erreur est estimé et soumis à une série de tests de restrictions notamment les tests d'endogénéïté et d'exclusion ainsi que le test de causalité de Granger. Ces tests sont complétés par une analyse impulsionnelle et une décomposition de la variance. Les données sont reportées en annexes pour permettre au lecteur de s'exercer à reproduire les résultats.

12.1 Exercice 1: Test de la loi de Wagner

La causalité entre le PIB et les dépenses publiques (G) est l'objet de controverse dans la littérature économique et économétrique. Selon l'analyse keynésienne et les théories de la croissance endogène, les dépenses publiques causent la croissance économique. Cependant, la loi dite de Wagner stipule que la croissance économique cause une augmentation des dépenses publiques. Cette augmentation serait notamment liée à une demande accrue de services publics (éducation, santé, assainissement, etc.) et aux ressources financières plus importantes de l'État. L'objectif de cet exercice est de tester la validité empirique de cette loi à KEHOLAND. Les variables de l'analyse sont le PIB et les dépenses publiques, exprimées sous la forme logarithmique.

La méthodologie de l'analyse se décline en plusieurs étapes. Premièrement, nous analysons quelques statistiques descriptives sur les variables. Deuxièment, nous étudions la stationnarité des variables à l'aide des tests de racine unitaire. Si les variables sont des processus non-stationnaires, nous testons, en troisième lieu, l'existence d'une relation de long terme entre elles au moyen des tests de cointégration. Quatrièmement, nous testons les liens de causalité entre les deux variables en suivant l'approche séquentielle et l'approche de Toda-Yamamoto. L'analyse de la causalité est complétée par une analyse des réponses impulsionnelles suivie d'une analyse de la décomposition de la variance des erreurs de prévision.

12.1.1 Analyse descriptive

Un examen graphique des variables montre des évolutions parallèles des dépenses et du PIB. Cette évolution suggère une corrélation positive entre les deux variables.

Figure 12.1 : Évolution du PIB et des dépenses publiques

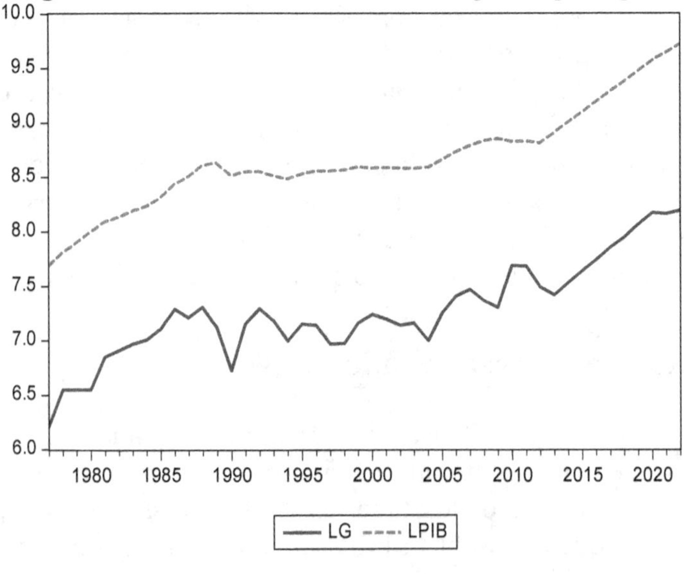

Le tableau ci-dessous présente les statistiques descriptives des variables. La statistique de Jarque-Bera suggère que les variables suivent une distribution normale. La matrice des corrélations indique que les deux variables sont corrélées positivement. La corrélation est significative au seuil de 5%. Cela signifie que les deux variables évoluent dans le même sens. Toutefois, la corrélation ne renseigne pas sur le sens de la causalité. Une corrélation positive est compatible avec la théorie Keynesienne et la loi de Wagner.

Tableau 12.1 : Statistiques descriptives des variables

	LG	LPIB
Mean	7.271401	8.663798
Median	7.203856	8.586699
Maximum	8.193695	9.724166
Minimum	6.219589	7.692842
Std. Dev.	0.440271	0.457043
Skewness	0.217715	0.351288
Kurtosis	3.083709	3.191542
Jarque-Bera	0.376829	1.016408
Probability	0.828271	0.601575
n	46	46
LG	1.000	0.9558*
LPIB		1.000

Note : * signifie une significativité au seuil de 5%.

12.1.2 Tests de stationnarité

Nous déterminons l'ordre d'intégration des variables en appliquant les tests de racine unitaire. Les résultats des tests ADF, PP et KPSS sont présentés dans le tableau ci-dessous. Les tests sont mis en œuvre sous les modèles avec et sans tendance. Dans le modèle sans tendance, les trois tests suggèrent que les deux séries ne sont pas stationnaires en niveau, mais sont stationnaires lorsqu'on considère les différences premières. Les variables sont donc intégrées d'ordre un. En revanche, sous le modèle avec une constante et une tendance, les tests ADF et PP indiquent que la série LG est intégrée d'ordre un et que la série LPIB n'est pas stationnaire même en différence première. Paradoxalement, le test KPSS indique que LG et LPIB sont stationnaires en niveau et non-stationnaires en différence première. Ce résultat inattendu pourrait être la conséquence des distorsions de niveau des tests de stationnarité sur des échantillons de taille réduite.

Tableau 12.2 : Résultats des tests de racine unitaire ADF, PP et KPSS

	Sans tendance (C)			Avec tendance (C+T)		
Variable	ADF	PP	KPSS	ADF	PP	KPSS
LG	-0.572	-1.488	0.791*	-1.704	-3.127	0.140
	(-2.931)	(-2.928)	(0.463)	(-3.518)	(-3.513)	(0.146)
LPIB	0.338	-0.240	0.810*	-1.191	-1.401	0.126
	(-2.929)	(-2.928)	(0.463)	(-3.515)	(-3.513)	(0.146)
ΔLG	-7.240*	-12.021*	0.164	-4.706*	-12.657*	0.149*
	(-2.931)	(-2.929)	(0.463)	(-3.520)	(-3.515)	(0.146)
ΔLPIB	-3.479*	-3.464*	0.205	-3.503	-3.399	0.196*
	(-2.929)	(-2.929)	(0.463)	(-3.515)	(-3.515)	(0.146)

Note: Les nombres entre parenthèses sont les valeurs critiques à 5%. * indique le rejet de l'hypothèse nulle au seuil de 5%.

Les tests standards de stationnarité sont biaisés en faveur du non-rejet de l'hypothèse nulle lorsque la série étudiée présente une rupture structurelle dans son évolution (Perron, 1989 ; Zivot & Andrews, 1992). Afin de prendre en compte la présence éventuelle de changement structurel dans les séries, nous procédons au test de Zivot & Andrews (1992). Les résultats du test révèlent que les deux séries présentent une racine unitaire, mais deviennent stationnaires en différence première, quel que soit le modèle considéré. Finalement, nous considérons les deux séries comme des réalisations de processus intégrés d'ordre un (I(1)). Les séries des taux de croissance du PIB et des dépenses publiques sont alors stationnaires.

Tableau 12.3 : Résultats du test de Zivot-Andrews

	C		C+T	
Série	ZA	T_b	ZA	T_b
LG	-3.046	1994	-3.446	2008
	(-4.930)		(-5.080)	
LPIB	-2.499	2015	-3.358	2010
	(-4.930)		(-5.080)	
ΔLG	-8.653*	1989	-8.742*	1989
	(-4.930)		(-5.080)	
ΔLPIB	-5.939*	1989	-5.829*	1989
	(-4.930)		(-5.080)	

Note: ZA désigne la statistique de test avec les valeurs critiques à 5% entre parenthèses. T_b désigne la date de rupture. Le nombre maximum de retards est fixé à k_{max}=4. * indique le rejet de l'hypothèse nulle au seuil de 5%.

12.1.3 Tests de cointégration

Le caractère non-stationnaire des séries nous invite à tester la présence d'une relation de cointégration. Pour cela, nous appliquons successivement les tests de Johansen (1988) et de Pesaran *et al.* (2001). L'application du test de Johansen passe par la détermination de l'ordre optimal du VAR en niveau. À cet égard, les critères d'information indiquent un VAR à $p=2$ retards. Par conséquent, le test de Johansen sera effectué sur un VECM(1).

Tableau 12.4 : Détermination de l'ordre du VAR pour le test de Johansen

Lag	LogL	LR	FPE	AIC	SC	HQ
0	6.484804	NA	0.002755	-0.218771	-0.135182	-0.188332
1	100.9203	175.0511	3.34e-05	-4.630257	-4.379490	-4.538942
2	**113.7243**	**22.48505***	**2.18e-05***	**-5.059720***	**-4.641775***	**-4.907527***
3	115.7383	3.340361	2.41e-05	-4.962844	-4.377721	-4.749774
4	118.3454	4.069636	2.60e-05	-4.894898	-4.142598	-4.620952
5	121.0706	3.988034	2.80e-05	-4.832710	-3.913233	-4.497887

Le test de Johansen conduit à retenir, selon les statistiques de la trace et de la valeur propre maximale, la présence d'une relation de cointégration entre les variables. En appliquant le facteur de correction proposée par Cheung & Lai (1993) pour corriger les effets de distorsion du test de Johansen, la conclusion du test n'est pas modifiée : on rejette toujours l'hypothèse nulle d'absence de cointégration.

Tableau 12.5 : Résultats des tests de cointégration de Johansen

H_0	H_1	Statistique	Val. critique à 5%	Val. critique ajustée à 5%
Statistique de la Trace				
$r=0$	$r \geq 1$	23.42721*	15.49471	16.97039
$r \leq 1$	$r \geq 2$	0.038349	3.841466	4.20731
Statistique de la valeur propre Maximum				
$r=0$	$r=1$	23.38886*	14.26460	15.62313
$r \leq 1$	$r=2$	0.038349	3.841466	4.207319

Notes: r indique le nombre de relations de cointégration. Le critère d'AIC a été utilisé pour déterminer le nombre de retards optimal. * indique le rejet de l'hypothèse nulle au seuil de 5%. Les valeurs critiques ajustées sont obtenues en multipliant les valeurs critiques de Johansen par le facteur de correction T/(T-pk) suggéré par Cheung & Lai (1993), où T est le nombre d'observations, k le nombre de variables et p le nombre de retards du VAR.

Si le test de cointégration de Johansen suggère l'existence d'une relation de cointégration entre des variables, en revanche, il n'indique pas précisément la variable dépendante. Néanmoins, on peut estimer le modèle vectoriel à correction d'erreur et examiner la significativité de la force de rappel pour choisir la variable dépendante. Dans le test de Pesaran *et al.* (2001), nous devons choisir une variable dépendante pour pouvoir estimer la relation de long terme. C'est là un des avantages de ce test d'indiquer, en cas de cointégration, la variable qui sert de variable dépendante. Les résultats du test de Pesaran *et al.* (2001) sont reportés dans le tableau ci-dessous. Le test est appliqué en considérant tour à tour chaque variable comme étant la variable dépendante. En comparant les statistiques de Fisher aux valeurs critiques de Pesaran *et al.* (2001), on rejette l'hypothèse nulle d'absence de cointégration quel que soit la variable dépendante et le modèle considéré. En outre, le coefficient associé à la variable dépendante est toujours négatif et significatif. Par conséquent, nous pouvons conclure qu'il existe une relation de long terme entre les variables, qui n'est pas dégénérée.

Pesaran *et al.* (2001) ont calculé des valeurs critiques pour des échantillons de 1000 observations. En raison de la petite taille de notre échantillon (46 observations), il est probable que ces valeurs critiques ne soient pas appropriées. En conséquence, nous calculons les valeurs critiques exactes correspond à notre échantillon. La procédure consiste à simuler 40 000 fois des variables aléatoires de $T=46$ observations et à calculer à chaque fois la statistique de Fisher. Nous obtenons ainsi une suite de statistiques F_i $(i=1, ..., 40000)$ à partir de laquelle nous calculons les valeurs critiques au seuil usuel de 5%. Nous constatons que les valeurs critiques exactes sont plus élevées que celles tabulées par Pesaran *et al.* (2001). Les valeurs critiques maximales des statistiques F_{II} et F_{III} sont respectivement 7,55% et 7,23% plus élevées que celles de Pesaran *et al.* (2001). En utilisant ces valeurs critiques, l'hypothèse de non-cointégration est rejetée au seuil de 5%. Aussi, pouvons-nous conclure qu'il existe bien une relation de long terme entre les variables.

Tableau 12.6 : Résultats du test de Pesaran *et al.*

Var. dépendante	F_{II}		F_{III}	Cointegration?
LPIB	7.0646*		8.5054*	Oui
LG	9.7818*		14.2161*	Oui
	Val. critiques à 5%		Val. critiques exactes à 5%	
	I(0)	I(1)	I(0)	I(1)
F_{II}	3.62	4.16	3.900	4.474
F_{III}	4.94	5.73	5.246	6.144

Notes: F_{III} est la statistique F pour le test $\phi_1=\phi_2=0$ dans l'équation (8.29) et F_{II} est la statistique F du test $\phi_1=\phi_2=0$ et $\gamma_0=0$ dans l'équation (8.29). F_{II} correspond au modèle où la constante est dans l'équation de long terme et F_{III} correspond au cas où la constante n'est pas dans la relation de long terme. Les valeurs critiques exactes de la statistique F ont été calculées par simulations stochastiques pour T=46 à partir de 40 000 réplications suivant la procédure utilisée par Pesaran *et al.* (2001 :301). * indique le rejet de l'hypothèse nulle au seuil de 5%.

Sur la base des résultats des tests de cointégration, nous estimons la relation de long terme entre les variables. À cet égard, nous utilisons cinq techniques alternatives, à savoir la méthode des moindres carrés ordinaires, la méthode DOLS, la méthode FMOLS, l'approche ARDL de Pesaran *et al.* (2001) et l'approche de Johansen (1988). Les résultats sont présentés dans le tableau ci-dessous. L'examen de ce tableau appelle plusieurs observations. Premièrement, nous observons que les cinq méthodes donnent des coefficients similaires et significatifs.

Tableau 12.7 : Coefficients de long terme entre le PIB et les dépenses publiques

	Relation de long terme $LG=\alpha+\beta LPIB+\mu$			
Méthode	Coef.	St	t-stat.	Prob.
OLS	0.9207*	0.0426	21.5702	0.0000
DOLS	0.8460*	0.0647	13.0596	0.0000
FMOLS	0.8966*	0.0516	17.3485	0.0000
VECM	0.8972*	0.0490	18.3102	0.0000
ARDL	0.8485*	0.0572	14.8085	0.0000

Notes : * indique la significativité au seuil de 5 %.

Le coefficient du PIB est significatif et positif dans les cinq méthodes d'estimation. Ainsi, la prospérité économique s'accompagne d'un accroissement des dépenses publiques. Plus précisément, une croissance du PIB de 10% induit une augmentation des dépenses publiques d'environ 9%. Bien que l'existence d'une relation de cointégration suggère une causalité de long terme dans au moins une direction, elle ne fournit pas d'information complète quant aux relations de causalité entre les variables.

12.1.4 Tests de causalité

Suivant l'approche séquentielle, le test de causalité de Granger se fait à partir d'un modèle vectoriel à correction d'erreur. Au contraire, la procédure du test de causalité proposée par Toda-Yamamoto se fait sur un VAR en niveau d'ordre $p+d_{max}=2+1=3$. Nous effectuons les tests de causalité globalement dans le court et long terme. Les résultats sont arrangés dans le tableau ci-dessous. Les résultats sont convergents : le PIB cause les dépenses publiques, mais les dépenses publiques ne causent pas le PIB. La causalité serait donc unidirectionnelle. Ce résultat confirme la loi de Wagner à KEHOLAND !

Tableau 12.8 : Résultats des tests de causalité de Granger

	VECM : Johansen		VAR: Toda-Yamamoto	
H_0	Chi-deux (2)	Prob.	Chi-deux (2)	Prob.
PIB ne cause pas G	14.9787*	0.0006	6.0006*	0.0498
G ne cause pas PIB	2.0492	0.3589	0.2018	0.9040

Note : (*) indique que la causalité peut être acceptée au seuil de 5%.

L'analyse de la causalité n'apporte pas d'information quant à l'ampleur de la réponse d'une variable suite aux chocs sur une autre. À cet égard, il convient de la compléter par une analyse des réponses impulsionnelles et une analyse de la décomposition de la variance des erreurs de prévision.

12.1.5 Analyse impulsionnelle

Les fonctions de réponse impulsionnelle permettent d'analyser la propagation des chocs sur les variables du modèle. Les résultats sont présentés dans les graphiques ci-dessous.

Figure 12.2 : Analyse des réponses impulsionnelles

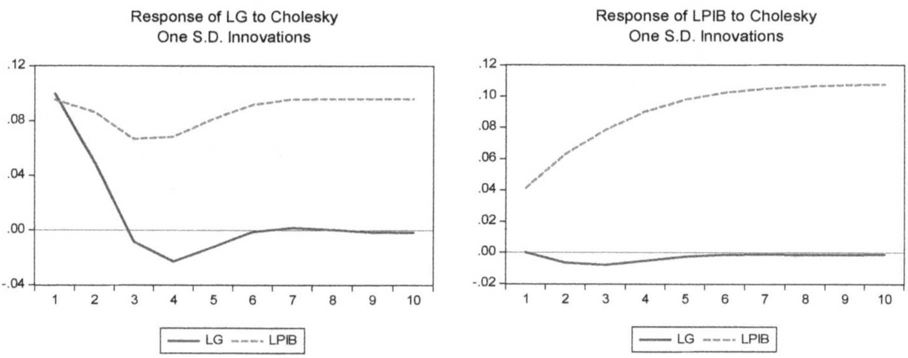

Le premier graphique représente les fonctions de réponse de la politique budgétaire en matière de dépenses publiques aux chocs d'offre (courbe en pointillé) et de demande publique (courbe en trait plein). On observe qu'un choc d'offre positif conduit dans un premier temps à une augmentation des dépenses publiques. L'effet baisse sur trois années consécutives et remonte progressivement pour se stabiliser au bout de 7 années.

Le deuxième graphique représente les réponses de l'activité économique à chacun des chocs d'innovation. On observe qu'un choc positif de demande publique (augmentation des dépenses publiques) n'a pas d'effet significatif sur le PIB. La faible réponse du PIB à court terme à un choc positif de dépenses publiques n'est pas cohérente avec les effets théoriques attendus d'une politique de relance keynésienne (dans le cadre du modèle IS/LM).

12.1.6 Analyse de décomposition des variances

L'analyse de la variance décompose la variance totale de l'erreur de prévision de chaque variable suivant les contributions respectives des variables du modèle. Elle nous permet de déterminer dans quelle direction un choc a le plus d'impact. La décomposition des variances sur une période de 10 années indique que les chocs d'offre expliquent une part prépondérante de la dynamique des dépenses publiques à court et long terme. De façon instantanée, le choc de demande publique contribue à 52,31% de la variance de l'erreur de prévision des dépenses publiques, contre 47,68% pour le choc d'offre (première ligne du tableau: période 1). À moyen et long terme, la variance de l'erreur de prévision des dépenses publiques est expliquée à 14,5% par ses propres innovations et à 85,5% par les impulsions provenant des chocs d'offre.

La décomposition de la variance de l'erreur de prévision du PIB indique que les chocs de demande expliquent une très faible proportion de la dynamique de l'activité économique. En effet, les chocs d'offre contribuent à plus de 99% de la variance de l'erreur de prévision du PIB, contre moins de 1% pour les chocs de demande publique. Nous pouvons donc affirmer que les chocs d'offre ont plus d'impact sur la politique budgétaire en matière de dépenses publiques que l'impact d'un choc de politique budgétaire en a sur l'activité économique. Ces résultats sont en ligne avec ceux de l'analyse de la causalité en ce sens qu'ils confirment l'existence d'une causalité des dépenses publiques par le PIB.

Tableau 12.9 : Décomposition des variances

Variance Décomposition of LG:			
Period	S.E.	LG	LPIB
1	0.138088	52.31485	47.68515
2	0.170047	42.84836	57.15164
3	0.182846	37.26676	62.73324
4	0.196542	33.61204	66.38796
5	0.213062	28.92389	71.07611
6	0.231976	24.40123	75.59877
7	0.250941	20.85931	79.14069
8	0.268677	18.19670	81.80330
9	0.285249	16.14565	83.85435
10	0.301016	14.50144	85.49856

Variance Décomposition of LPIB:			
Period	S.E.	LG	LPIB
1	0.041265	0.000000	100.0000
2	0.075658	0.761318	99.23868
3	0.109220	0.905311	99.09469
4	0.141614	0.681426	99.31857
5	0.172122	0.483507	99.51649
6	0.200232	0.361703	99.63830
7	0.225955	0.286846	99.71315
8	0.249616	0.237797	99.76220
9	0.271577	0.203147	99.79685
10	0.292121	0.177170	99.82283
Cholesky Ordering: LPIB LG			

En conclusion, les résultats de cette étude indiquent qu'il existe une causalité unidirectionnelle allant du PIB vers les dépenses publiques, ce qui confirme la loi de Wagner. L'activité économique de KEHOLAND semble ne pas réagir, même à court terme, aux chocs d'une politique budgétaire de relance keynésienne.

12.2 Exercice 2 : Tax and Spend ou Spend and Tax?

Le sens de la causalité entre les recettes fiscales et les dépenses publiques est l'objet de controverse. Les points de vue théoriques ainsi que les résultats empiriques sont diverses et ne permettent pas de dégager un consensus sur le sens de la causalité entre les deux variables budgétaires. L'issue du débat a des implications importantes pour la politique budgétaire. Accroître les recettes fiscales ou réduire les dépenses pour réduire les déficits budgétaires? Telle est la question de politique budgétaire qui sous-tend ce débat.

Au plan théorique, quatre hypothèses contrastées peuvent être distinguées. La première postule une causalité allant dans le sens des recettes fiscales vers les dépenses publiques (*tax-and-spend* ou taxer d'abord et dépenser ensuite). Selon cette hypothèse, les dépenses publiques s'ajustent toujours, à la hausse ou à la baisse, à une modification des recettes budgétaires (Friedman, 1978). Ainsi une hausse des recettes fiscales aujourd'hui conduirait à un réajustement à la hausse des dépenses publiques dans le futur. Sous cette hypothèse, le relèvement fiscal n'est pas la bonne stratégie pour réduire les déficits budgétaires puisqu'il entraînerait la hausse des dépenses publiques. Buchanan & Wagner (1978) partagent le même point de vue selon laquelle les recettes fiscales causent les dépenses publiques, mais envisagent une relation de causalité négative. Dans ce cas, le remède pour réduire les déficits passe par un accroissement des recettes fiscales. La seconde hypothèse, *spend-and-tax*, inverse le sens de la causalité en postulant que les autorités budgétaires décident d'abord des dépenses à réaliser et accroissent ensuite les recettes fiscales pour financer ses dépenses (Peacock & Wiseman, 1979). Suivant le théorème de l'équivalence ricardiennne, Barro (1974) montre qu'en l'absence d'illusion fiscale, la hausse des dépenses publiques conduit toujours à une hausse de l'impôt. Dans ces conditions, la maîtrise des dépenses s'avère plus efficace pour réduire le déficit budgétaire. La troisième hypothèse suggère une causalité dans les deux sens entre les recettes et les dépenses publiques (Musgrave, 1966; Meltzer & Richard, 1981). Il y aurait ainsi une synchronisation dans la détermination des recettes et des dépenses à travers une analyse des coûts et bénéfices des programmes alternatifs. Finalement, la quatrième hypothèse envisage la possibilité d'une indépendance dans la détermination des recettes et des dépenses. Cette indépendance serait due à une séparation institutionnelle des fonctions d'allocation et d'imposition des ressources (Buchanan & Wagner, 1978 ; Hoover & Sheffrin, 1992).

Dans cet exercice, nous analysons la causalité entre les recettes et les dépenses publiques à KEHOLAND. Les variables utilisées sont exprimées en pourcentage du PIB afin de gommer l'effet de l'activité économique à la fois sur les recettes et les dépenses. Pour les analyses économétriques, les variables seront transformées sous forme logarithmique. La méthodologie d'analyse se décline en plusieurs étapes. Dans une première étape, nous étudions la stationnarité des variables à l'aide des tests de racine unitaire. Dans une deuxième étape, nous testons l'existence d'une relation de long terme entre les variables au moyen des tests de cointégration. Dans une troisième étape, nous testons les liens de causalité entre les variables. L'analyse de la causalité est complétée par celle de la décomposition de la variance des erreurs de prévision.

12.2.1 Statistiques descriptives

Un examen graphique de l'évolution des variables montre que KEHOLAND a une longue tradition des déficits budgétaires. Sur toute la période, les dépenses publiques sont supérieures aux recettes budgétaires.

Figure 12.3 : Évolution des dépenses et des recettes fiscales

Le tableau ci-dessous présente les statistiques descriptives des variables. Le taux de pression fiscale se situe, en moyenne, à 16,28% du PIB sur la période. La taille de l'État, mesurée en termes de dépenses publiques, représente en moyenne 25,06% du PIB. En supposant que les recettes budgétaires de KEHOLAND sont constituées des recettes fiscales, le déficit budgétaire sur la période ressort à 8,79% du PIB.

Tableau 12.10 : Statistiques descriptives des variables

	G_PIB	TAX_PIB
Statistiques descriptives		
Mean	25.06630	16.27736
Median	24.42130	16.00000
Maximum	31.97894	21.21965
Minimum	16.65657	12.00000
Std. Dev.	3.337765	2.041675
Skewness	0.196503	0.433201
Kurtosis	2.875709	3.514341
Jarque-Bera	0.325646	1.945795
Probability	0.849742	0.377986
n	46	46
Matrice des corrélations		
G_PIB	1.000	-0.2043
TAX_PIB		1.000

La matrice des corrélations indique que les deux variables sont négativement corrélées. Toutefois, la corrélation ne renseigne pas sur le sens de la causalité. En outre, la corrélation n'est pas significative au seuil usuel de 5%.

12.2.2 Tests de stationnarité

Nous déterminons l'ordre d'intégration des variables en appliquant les tests de racine unitaire. Les résultats des tests ADF, PP et KPSS sont présentés dans le tableau ci-dessous. Les deux séries sont stationnaires en niveau selon les tests PP et KPSS. Selon le test ADF, la série TAX_PIB est stationnaire en différence première et G_PIB est stationnaire en niveau.

Tableau 12.11 : Résultats des tests de racine unitaire ADF, PP et KPSS

	En niveau			En différence première		
Variable	ADF	PP	KPSS	ADF	PP	KPSS
TAX_PIB	-2.406	-3.866*	0.378	-12.083*	-12.461*	0.148
	(-2.929)	(-2.928)	(0.463)	(-2.929)	(-2.929)	(0.463)
G_PIB	-4.514*	-3.881*	0.289	-5.689*	-12.059*	0.330
	(-2.929)	(-2.928)	(0.463)	(-2.933)	(-2.929)	(0.463)

Note: Les nombres entre parenthèses sont les valeurs critiques à 5%. * indique le rejet de l'hypothèse nulle au seuil de 5%.

Nous considérons les deux séries comme des réalisations de processus stationnaires (I(0)). Les variables étant stationnaires, nous ne pouvons réaliser de test de cointégration. Nous retenons une spécification VAR en niveau pour effectuer les tests de causalité, l'analyse de décomposition de la variance ainsi que l'analyse des fonctions de réponse impulsionnelle.

Les tests de racine unitaire précédents sont basés sur un processus d'ajustement linéaire (une seule racine unitaire) des séries. Nous avons indiqué que ces tests pourraient être biaisés si la dynamique des séries est plutôt non-linéaire.

Exercice : Faire le test de racine unitaire ADF en supposant une dynamique TAR ou MTAR.

12.2.3 Tests de causalité

Les variables étant stationnaires, le test de causalité de Granger se fait à partir d'un modèle VAR en niveau. Cette approche est identique à la procédure du test de causalité de Toda-Yamamoto, car $d_{max}=0$. Nous commençons par déterminer l'ordre optimal du modèle VAR. Les critères d'information indiquent à l'unanimité un VAR à $p=2$ retards.

Tableau 12.12 : Détermination de l'ordre du VAR en niveau

Lag	LogL	LR	FPE	AIC	SC	HQ
0	60.04099	NA	0.000202	-2.831268	-2.747679	-2.800829
1	70.97936	20.27601	0.000144	-3.169725	-2.918958	-3.078410
2	**80.75747**	**17.17131***	**0.000109***	**-3.451584***	**-3.033639***	**-3.299392***
3	84.24072	5.777098	0.000112	-3.426377	-2.841254	-3.213307
4	85.88367	2.564607	0.000127	-3.311399	-2.559099	-3.037452
5	87.30281	2.076788	0.000146	-3.185503	-2.266025	-2.850680

Les résultats du test de causalité reportés dans le tableau ci-dessous indiquent l'absence de causalité entre les recettes fiscales et les dépenses publiques. Ce résultat accrédite l'hypothèse d'indépendance dans la détermination des recettes et des dépenses à KEHOLAND !

Tableau 12.13 : Résultats des tests de causalité de Granger

Hypothèse	Wald Stat.	Prob.
TAX ne cause pas G	0.6098	0.7372
G ne cause pas TAX	1.3532	0.5083

12.2.4 Analyse de décomposition des variances

Nous complétons l'analyse de la causalité par celle de la décomposition de la variance des erreurs de prévision. Rappelons que l'analyse de la variance décompose la variance totale de l'erreur de prévision de chaque variable suivant les contributions respectives de toutes les variables du modèle. Afin d'assurer l'indépendance des termes d'erreur, la méthode d'orthogonalisation de Choleski est utilisée. Cela assure que les chocs sur le système soient orthogonaux les uns par rapport aux autres et qu'ils ne soient pas corrélés dans le temps. La décomposition des variances sur une période de 10 années montre que la variance de l'erreur de prévision des recettes fiscales est expliquée à 96% par les chocs sur les recettes et à 4% par les variations des dépenses publiques. Concernant les dépenses publiques, la variance est expliquée à 71% par ses propores innovations et à 29% par les variations des recettes fiscales.

Tableau 12.14 : Décomposition des variances

	Variance de TAX_PIB		Variance de G_PIB	
Période	TAX_PIB	G_PIB	TAX_PIB	G_PIB
1	100.0000	0.000000	26.39607	73.60393
2	98.35296	1.647037	28.19092	71.80908
3	97.34704	2.652961	28.18093	71.81907
4	96.64191	3.358090	28.69262	71.30738
5	96.46553	3.534469	29.05330	70.94670
6	96.35672	3.643276	29.11428	70.88572
7	96.30015	3.699851	29.11698	70.88302
8	96.24796	3.752039	29.11802	70.88198
9	96.21264	3.787355	29.12691	70.87309
10	96.18817	3.811829	29.13616	70.86384

Note : La décomposition de Choleski suit l'ordre (TAX_PIB, G_PIB).

12.2.5 Sensibilité de la causalité au choix des variables

Nous avons adopté un modèle bi-varié pour analyser la causalité entre les recettes fiscales et les dépenses publiques. Les résultats indiquent l'absence de causalité entre ces deux variables. Afin d'examiner dans quelle mesure ces résultats sont tributaires du cadre d'analyse, nous modifions la spécification du modèle en considérant deux modèles :

- Modèle 2 : les variables sont les logarithmes des recettes fiscales et des dépenses publiques ;
- Modèle 3 : les variables sont les logarithmes des recettes fiscales, des dépenses publiques et du PIB.

Les résultats des tests de causalité selon l'approche de Toda-Yamamoto sont synthétisés dans le tableau ci-après :

Tableau 12.15 : Synthèse des résultats des tests de causalité de Granger

Hypothèse	Modèle 1		Modèle 2		Modèle 3	
	Stat.	Prob.	Stat.	Prob.	Stat.	Prob.
TAX ne cause pas G	0.6098	0.7372	0.5194	0.4711	0.1732	0.9170
G ne cause pas TAX	1.3532	0.5083	7.7553	0.0054*	1.0765	0.5838

Notes : Modèle 1=(log(G/PIB), log(TAX/PIB)); Modèle 2=(log(G), log(TAX)) ; Modèle 3=(log(G), log(TAX), log(PIB)). * indique le rejet de l'hypothèse nulle au seuil de 5%.

Les résultats des modèles 1 et 3 sont concordants : il n'y a pas de causalité entre les recettes fiscales et les dépenses publiques. En revanche, le modèle 2 suggère que les dépenses publiques causent les recettes fiscales, ce qui valide l'hypothèse *spend-and-tax*.

Les résultats de cette étude montrent que la façon dont les variables sont mesurées ainsi que la présence de variable de contrôle peuvent affecter les conclusions de l'analyse de la causalité. Dans les études économétriques, on est très souvent confronté au problème de la mesure des variables : doit-on les prendre en niveau, en log, en ratio d'une variable ? Lorsque deux variables X et Y corrélées positivement, sont divisées par une variable Z (PIB, population par exemple) dont le taux de croissance est entre ceux de X et Y, on obtient deux variables X/Z et Y/Z qui sont corrélées négativement. L'estimation économétrique de la relation entre X et Y peut s'en trouver affecter. Il importe de tenir compte de la mesure des variables lors de l'interprétation des résultats.

12.3 Exercice 3 : Modèle de Klein

Dans un livre publié en 1950, Lawrence Klein présente un modèle macroéconomique pour l'économie américaine sur la période 1921-1941. Ce modèle fournit un excellent exemple pédagogique pour illustrer l'estimation et la simulation des modèles macroéconométriques à équations simultanées. La forme structurelle du modèle est caractérisée par les équations suivantes :

$$Cons_t = a_0 + a_1 P_t + a_2 P_{t-1} + a_3 (W_t^p + W_t^g) + \varepsilon_{1t}$$
(12.1)

$$I_t = b_0 + b_1 P_t + b_2 P_{t-1} + b_3 K_{t-1} + \varepsilon_{2t}$$
(12.2)

$$W_t^p = c_0 + c_1 X_t + c_2 X_{t-1} + c_3 t + \varepsilon_{3t}$$
(12.3)

$$X_t = Cons_t + I_t + G_t$$
(12.4)

$$P_t = X_t - Tax_t - W_t^p$$
(12.5)

$$K_t = I_t + K_{t-1}$$
(12.6)

où :

$Cons_t$: Consommation pour l'année t ;
P_t : Profits réalisés par les entreprises privées à l'année t;
W^p_t : Masse salariale du secteur privé pour l'année t ;
W^g_t : Masse salariale de l'administration publique pour l'année t;
I_t : Investissements de l'année t ;
K_t : Stock de capital en fin de l'année t ;
X_t : Production industrielle de l'année t ;
G_t : Dépenses publiques hors salaires de l'année t ;
Tax_t : Taxes sur les profits des entreprises de l'année t.

Les données relatives à ce modèle figurent dans le tableau A2 en annexes.

Travail à faire

1) Distinguez les variables endogènes et les variables exogènes de ce modèle.
2) Dites pourquoi l'estimation de ce modèle par les MCO est inappropriée.
3) Examinez les conditions d'identification du modèle.
4) Estimez le modèle en utilisant une méthode adéquate.
5) Constituez un objet modèle pour simuler ce modèle.
6) Simulez le modèle sous les hypothèses suivantes :
- **Scénario 1** : Hausse ponctuelle de la masse salariale W^g de 1 milliard en 1942, les autres variables exogènes restant constantes.
- **Scénario 2** : Hausse ponctuelle des dépenses publiques non salariales G de 1 milliard en 1942, les autres variables exogènes restant constantes.
- **Scénario 3** : Baisse ponctuelle des taxes Tax de 2 milliards en 1942 et maintenue jusqu'en 1945.
- **Scénario 4**: Hausse de la masse salariale W^g et des taxes Tax de 1 milliard en 1942, maintenue sur les 4 années à venir ; les autres variables exogènes restant constantes.
- **Scénario 5** : Hausse de G de 10% par an sur la période 1942-1945.
- **Scénario 6** : Hausse de G, Tax et W^g de 10% par an sur la période 1942-1945.

Comparez ces scénarios. Lequel a le plus d'impact sur la production ? Et sur la consommation? Examinez l'évolution du solde budgétaire et discutez les résultats des simulations.

7) Si on se fixe un objectif de croissance annuelle de 10% de la production sur les quatre années à venir, déterminez les mesures de politique budgétaire pouvant être mises en œuvre pour atteindre un tel objectif. Il s'agit de déterminer pour chaque variable budgétaire (dépenses publiques, salaires et taxes), la trajectoire compatible avec l'objectif de croissance de 10% de la production.
8) Écrivez un programme global permettant d'estimer le modèle, de simuler les scénarios précédents et de synthétiser dans un tableau de bord les indicateurs d'impact suivants : le taux de croissance de la

production (tauxx), le taux de croissance de la consommation (tauxcons), le solde budgétaire en pourcentage de la production (soldbudpib), le taux d'investissement (txinvpib) et le taux de pression fiscale (taxpib) en pourcentage de la production.

Solution commentée

1) Le modèle comporte au total six (6) équations et onze (11) variables économiques (y compris la constante et la tendance). Les trois premières équations sont des équations de comportement tandis que les trois dernières sont des identités dans lesquelles il n'y a aucun paramètre à estimer.

Du point de vue économétrique, on peut distinguer :

- 6 variables endogènes : $Cons_t$, P_t, I_t, $W^p{}_t$, X_t, et K_t.
- 8 variables exogènes : *constante*, G_t, Tax_t, $W^g{}_t$, K_{t-1}, t, P_{t-1} et X_{t-1}.

2) L'estimation du modèle par la méthode des moindres carrés ordinaires est inappropriée du fait de l'endogénéïté de certaines variables explicatives (biais de simultanéité). Par exemple, la variable P_t apparaît comme variable explicative dans les équations (12.1) et (12.2), mais elle est endogène dans l'équation (12.5). Il en est de même pour les variables $W^p{}_t$ et X_t. Cette simultanéité entraîne la non-convergence des estimateurs des moindres carrés ordinaires.

3) Conditions d'identification

Les conditions d'identification s'analysent équation par équation.

Équation (12.1) : Cette équation comporte 3 variables endogènes et 3 variables exogènes présentes : $g'=3$ et $k'=3$. Le nombre de restrictions d'exclusion est donc égal à $g\text{-}g'+k\text{-}k'=8$. De plus, l'égalité entre les coefficients de W^p et W^g introduit une restriction supplémentaire $r=1$. Finalement, le nombre total de restrictions auxquelles est assujettie l'équation (12.1) est égal à $g\text{-}g'+k\text{-}k'+r=9$.

On a $g\text{-}g'+k\text{-}k'+r=9>g\text{-}1=5$: l'équation (12.1) est donc sur-identifiée.

Équation (12.2) : L'équation (12.2) comporte 2 variables endogènes et 3 variables exogènes. Elle n'est soumise qu'à des contraintes d'exclusion : $g'=2$, $k'=3$ et $r=0$.

On a $g\text{-}g'+k\text{-}k'+r=9>g\text{-}1=5$: l'équation (12.2) est donc sur-identifiée.

Équation (12.3) : L'équation (12.3) comporte 2 variables endogènes et 3 variables exogènes. Elle n'est soumise qu'à des contraintes d'exclusion : $g'=2$, $k'=3$ et $r=0$.

On a $g\text{-}g'+k\text{-}k'+r=9>g\text{-}1=5$: l'équation (12.3) est donc sur-identifiée.

La condition d'identification est remplie pour chacune des trois équations de comportement. Le modèle est sur-identifié dans toutes ses structures. On peut utiliser la méthode des doubles ou des triples moindres carrés pour estimer les équations de comportement.

4) L'estimation d'une équation par la méthode des doubles moindres carrés ne pose aucune difficulté. Elle nécessite seulement de spécifier la liste des variables instrumentales. Il s'agit ici de l'ensemble des variables exogènes et prédéterminées du système. Le modèle estimé donne les résultats suivants :

$$Cons_t = 16{,}554 + 0{,}017P_t + 0{,}216P_{t-1} + 0{,}810(W_t^p + W_t^g) + \varepsilon_{1t} \quad (12.7)$$

$$I_t = 20{,}278 + 0{,}15P_t + 0{,}615P_{t-1} - 0{,}157K_{t-1} + \varepsilon_{2t} \quad (12.8)$$

$$W_t^p = 0{,}06 + 0{,}438X_t + 0{,}146X_{t-1} + 0{,}13t + \varepsilon_{3t} \quad (12.9)$$

$$X_t = Cons_t + I_t + G_t \quad (12.10)$$

$$P_t = X_t - Tax_t - W_t^p \quad (12.11)$$

$$K_t = I_t + K_{t-1} \quad (12.12)$$

5) On constitue un objet modèle avec les trois équations auxquelles on ajoute les trois identités. Après la résolution du modèle, on génère les graphiques comparant les séries réelles et simulées. On constate que le modèle ne reproduit pas bien les données historiques. En effet, il indique une récession à partir de 1926 quand en fait X_t continuait de progresser jusqu'en 1929.

Figure 12.4 : Évolution comparée des séries réelles et simulées

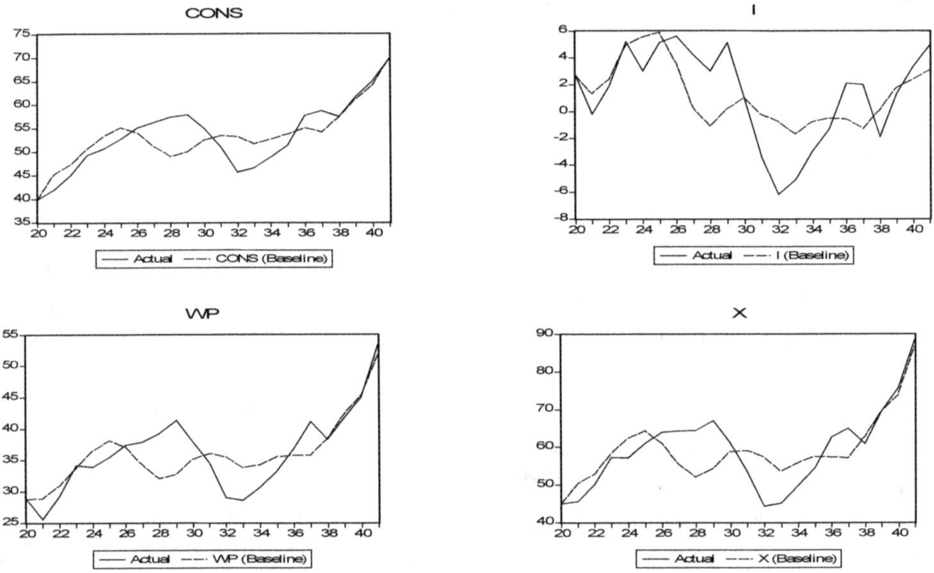

6) Simulation des scénarios.

Nous utilisons le modèle pour simuler les différents scénarios de politique économique. En plus des variables initiales du modèle, nous générons les variables de sortie, à savoir les taux de croissance de la production et de la consommation, le solde budgétaire en % du produit, le taux d'investissement et le taux d'imposition en % du produit. Ces variables seront générées au fur et à mesure que les scénarios seront simulés. Ces indicateurs servent à analyser l'impact des mesures et permettent d'apprécier la pertinence des hypothèses. Par exemple, un scénario qui entraînerait un taux d'investissement de 60% ou un déficit budgétaire de plus de 80% est-il vraiment réaliste, soutenable? Au-delà de l'exercice « mathématique » de simulation, il faut apporter un jugement « économique » et garder une veille critique quant aux résultats des scénarios afin d'apprécier leur pertinence pratique.

Les résultats des scénarios sont synthétisés dans le tableau suivant :

Tableau 12.15 : Résultats des différents scénarios

	1941	1942	1943	1944	1945
	Scénario 1				
Tauxx	16.77675	7.50430	3.37035	-0.04163	-2.44481
Tauxcons	7.23076	8.52498	3.36839	0.78141	-1.15862
Soldbudgpib	-12.10407	-11.25915	-10.89205	-10.89659	-11.16967
Txinvpib	5.54298	5.88410	6.35907	5.69785	4.28764
Taxpib	13.12217	12.20618	11.80820	11.81312	12.10917
	Scénario 2				
Tauxx	16.77675	-20.85642	-31.09301	-34.20166	-27.35459
Tauxcons	7.23076	-4.61348	-18.83975	-19.51866	-14.55898
Soldbudgpib	-12.10407	4.43091	6.43028	9.77272	13.45263
Txinvpib	5.54298	4.97195	-11.92624	-36.90275	-61.01651
Taxpib	13.12217	16.58021	24.06172	36.56889	50.33889
	Scénario 3				
Tauxx	16.77675	7.50430	3.37035	-0.04163	-2.44481
Tauxcons	7.23076	8.52498	3.36839	0.78141	-1.15862
Soldbudgpib	-12.10407	-11.25915	-10.89205	-10.89659	-11.16967
Txinvpib	5.54298	5.88410	6.35907	5.69785	4.28764
Taxpib	13.12217	12.20618	11.80820	11.81312	12.10917
	Scénario 4				
Tauxx	16.77675	7.50430	3.37035	-0.04163	-2.44481
Tauxcons	7.23076	8.52498	3.36839	0.78141	-1.15862
Soldbudgpib	-12.10407	-11.25915	-10.89205	-10.8965	-11.16967
Txinvpib	5.54298	5.88410	6.35907	5.69785	4.28764
Taxpib	13.12217	12.20618	11.80820	11.81312	12.10917
	Scénario 5				
Tauxx	16.77675	8.91957	6.04931	3.58795	1.87901
Tauxcons	7.23076	10.16865	5.93888	4.15585	2.83685
Soldbudgpib	-12.10407	-11.99565	-12.22707	-12.77593	-13.59017
Txinvpib	5.54298	5.91718	6.81779	6.84914	6.33665
Taxpib	13.12217	12.04758	11.36035	10.96687	10.76460
	Scénario 6				
Tauxx	16.77675	11.35628	8.77139	6.27469	4.59001
Tauxcons	7.23076	11.26869	7.51169	5.75168	4.41399
Soldbudgpib	-12.10407	-11.95665	-12.09170	-12.51556	-13.16293
Txinvpib	5.54298	5.79513	6.53337	6.36994	5.66542
Taxpib	13.12217	12.96235	13.10876	13.56827	14.27010

7) Si on se fixe un objectif de croissance annuelle de 10% de la production, on peut déterminer pour chaque variable budgétaire (dépenses publiques, salaires et taxes), la trajectoire compatible avec l'objectif de croissance de 10% de la production. La procédure est identique est celle appliquée au chapitre 9.

8) Et si on programme tout ça ?

L'ensemble des étapes précédentes peut être programmé sous forme de textes dans l'éditeur de programme. L'avantage de la programmation est qu'on peut savoir comment on est arrivé à un résultat donné. Nous donnons ici le programme complet de résolution et de simulation du modèle de Klein sous les scénarios précédents. Le programme permet aussi de synthétiser l'évolution des variables d'impacts dans un tableau de sortie. Ce programme peut être adapté pour les modèles macroéconomiques comportant un plus grand nombre de variables et d'équations.

'Estimation des équations de comportement

Smpl 1920 1941

Équation eq1.tsls cons c p p(-1) (wp+wg) @ c g tax wg k(-1) p(-1) x(-1)@trend

Équation eq2.tsls i c p p(-1) k(-1) @ c g tax wg k(-1) p(-1) x(-1)@trend

Équation eq3.tsls wp c x x(-1) @trend @ c g tax wg k(-1) p(-1) x(-1)@trend

'Création du modèle complet

'Écriture du modèle

Model KLEIN

KLEIN.merge eq1

KLEIN.merge eq2

KLEIN.merge eq3

KLEIN.append x=cons+i+g

KLEIN.append p=x-tax-wp

KLEIN.append k=k(-1)+i

KLEIN.Makegroup(a,n) ENDOINI @ENDOG *'(on constitue un groupe de l'ensemble des endogènes initiales du modèle : cons, i, wp, x, p, k)*

'Calcul des taux de croissance des variables endogènes et ajout au modèle

FOR !i=1 To ENDOINI.@count

%y=ENDOINI.@SERIESNAME(!i)

```
    Series taux{%y}=@pch({%y})*100
    KLEIN.append taux{%y}=@pch({%y})*100
NEXT

'Calcul du solde budgétaire, du taux d'investissement et du taux
d'imposition : indicateurs du tableau de bord

Series Soldebudpib=(Tax-g-wg)/x*100
Series Txinvpib=i/x*100
Series Taxpib=Tax/x*100
KLEIN.append Soldebudpib=(Tax-g-wg)/x*100
KLEIN.append Txinvpib=i/x*100
KLEIN.append Taxpib=tax/x*100

'Création du groupe des variables endogènes du modèle

KLEIN.Makegroup(a,n)  ENDOMOD @ENDOG

'Création du groupe des variables exogènes

KLEIN.Makegroup EXO @EXOG

'Résolution du modèle et récupération des variables simulées

KLEIN.Solve

 KLEIN.Makegroup ENDOSIM @ENDOG '(on constitue un
groupe de l'ensemble des endogènes simulées)

'Sauvegarde des valeurs initiales des exogènes

FOR !j=1 to EXO.@count
    %y=EXO.@Seriesname(!j)
    Series X{!j}=%y
NEXT
'Définition de l'horizon de projection : peut changer à souhait
!horizon=1945
EXPAND 1920 !horizon
Genr an=@year
Smpl 1942 !horizon
```

'Simulation des scénarios

……(s'inspirer du programme macro de keholand)

'FIN DU PROGRAMME

12.4 Exercice 4 : Cointégration et modèle à correction d'erreur

On dispose de 4 séries temporelles *X*, *Y*, Z_1 et Z_2. On cherche à estimer un modèle économétrique qui rende compte de la dynamique jointe de ces variables. Réalisez cette modélisation selon les étapes suivantes :

1) Déterminez l'ordre d'intégration des variables à l'aide des tests de racine unitaire.
2) Testez l'existence d'une relation de cointégration entre les variables.
3) Effectuez les tests de restrictions (stationnarité, exclusion et exogénéité faible) sur les espaces de cointégration et d'ajustement.
4) Effectuez les tests de causalité au sens de Granger.
5) Procédez à l'analyse impulsionnelle en simulant un choc sur *Y*.

Les données de cet exercice figurent dans le tableau A3 en annexes.

<u>Solution commentée</u>

Certaines opérations élémentaires sont nécessaires avant le traitement des données. Il s'agit de procéder d'abord à la création du workfile, ensuite à l'importation des séries et, enfin, à leur transformation sous forme logarithmique. À ce stade, ces différentes étapes ne devraient pas poser de difficulté.

Pour implémenter le test de causalité de Granger, il est nécessaire de réaliser une série de tests statistiques préliminaires. Nous devons d'abord déterminer l'ordre d'intégration des variables et tester ensuite l'existence d'une relation de cointégration entre les variables.

12.4.1 Analyse de la stationnarité

Une première intuition sur la stationnarité peut être fournie par l'étude graphique des séries ainsi que de leurs corrélogrammes. La figure 12.5 fait ressortir une tendance globale à la hausse de la série X_t. Par ailleurs, le corrélogramme représenté sur la figure 12.6 montre que les autocorrélations sont positives et lentement décroissantes tandis que seule la première autocorrélation partielle est significative. Ces éléments laissent présager que le processus générateur de la série X_t n'est pas stationnaire.

Figure 12.5 : Évolution temporelle de la série X

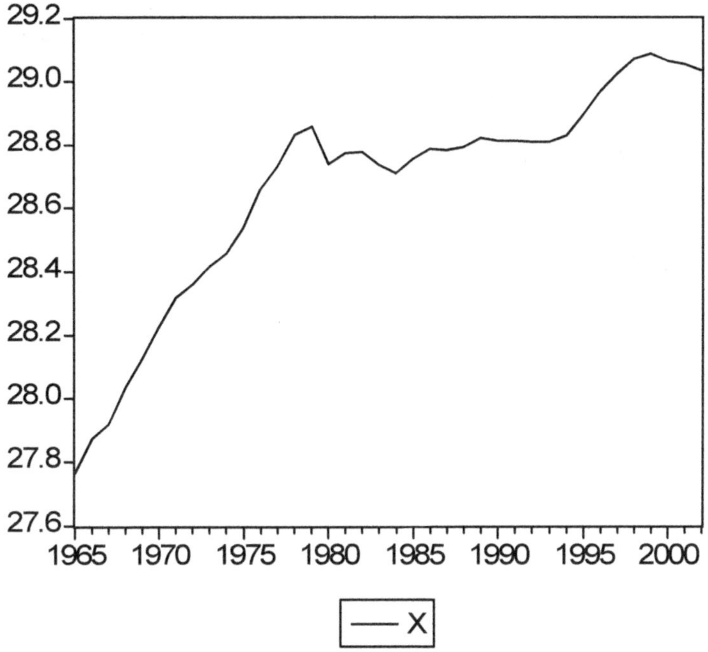

Figure 12.6 : Corrélogramme de la série X

Autocorrelation	Partial Correlation		AC	PAC	Q-Stat	Prob
		1	0.882	0.882	31.941	0.000
		2	0.764	-0.059	56.616	0.000
		3	0.640	-0.100	74.393	0.000
		4	0.522	-0.045	86.578	0.000
		5	0.414	-0.032	94.475	0.000
		6	0.322	-0.005	99.404	0.000
		7	0.246	-0.002	102.37	0.000
		8	0.175	-0.044	103.91	0.000

La figure 12.7 représente l'évolution de la série DX_t. Elle semble indiquer que le taux de croissance de X_t est stationnaire. Cette observation rejoint l'analyse du corrélogramme de DX (figure 12.8) qui ne présente plus une allure particulière. On peut donc soupçonner la variation de la variable X_t d'être stationnaire.

Figure 12.7 : Évolution temporelle de la série DX

Figure 12.8 : Corrélogramme de la série DX

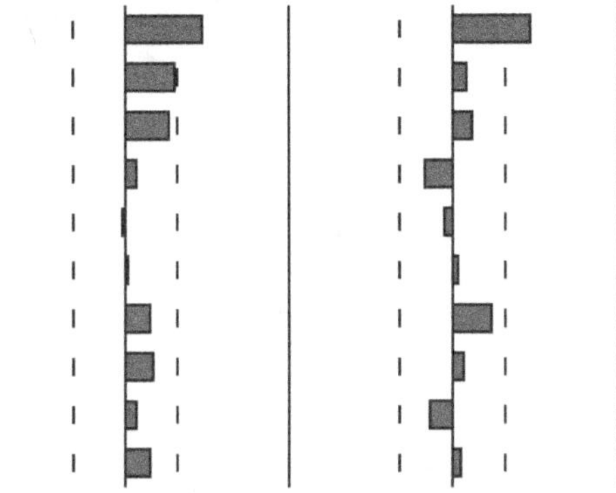

Autocorrelation	Partial Correlation		AC	PAC	Q-Stat	Prob
		1	0.488	0.488	9.5383	0.002
		2	0.312	0.097	13.555	0.001
		3	0.277	0.122	16.810	0.001
		4	0.065	-0.170	16.995	0.002
		5	-0.010	-0.043	17.000	0.005
		6	0.015	0.041	17.010	0.009
		7	0.159	0.253	18.221	0.011
		8	0.179	0.066	19.809	0.011
		9	0.079	-0.133	20.131	0.017
		10	0.154	0.047	21.391	0.019

Nous vérifions ces intuitions en appliquant des tests formels de stationnarité. Afin d'accroitre la certitude sur les ordres d'intégration et compte tenu de l'importance pour la spécification du modèle du caractère stationnaire, nous recourons à trois tests de racine unitaire et de stationnarité : les tests de racine unitaire (non-stationnarité) de Dickey-Fuller Augmenté (ADF) et de Phillips-Perron (PP) ainsi que le test de stationnarité de Kwiatkowski, Phillips, Schmidt et Shin (KPSS).

Les résultats du test ADF sont reportés dans le tableau ci-dessous. Le nombre de retards utilisé pour éliminer l'autocorrélation des erreurs est optimisé par le critère AIC.

Tableau 12.16 : Résultats du test de Dickey-Fuller sur X: Modèle [3]

		t-statistic	Prob.*
Augmented Dickey-Fuller test statistic		-2.42562	0.3607
Test critical values:	1% level	-4.25287	
	5% level	-3.54849	
	10% level	-3.20709	

*MacKinnon (1996) one-sided p-values.

Augmented Dickey-Fuller Test Equation
Dependent Variable: D(X)
Method: Least Squares
Sample(adjusted): 1969 2002
Included observations: 34 after adjusting endpoints

Variable	Coefficient	Std. Error	t-Statistic	Prob.
X(-1)	-0.14052	0.05793	-2.42562	0.0220
D(X(-1))	0.35717	0.16721	2.13605	0.0416
D(X(-2))	-0.05272	0.17523	-0.30089	0.7657
D(X(-3))	0.14544	0.16099	0.90344	0.3740
C	4.00227	1.63675	2.44525	0.0210
@TREND(1965)	0.00230	0.00157	1.45977	0.1555
R-squared	0.45595	Mean dependent var		0.02942
Adjusted R-squared	0.35880	S.D. dependent var		0.04889
S.E. of regression	0.03914	Akaike info criterion		-3.48408
Sum squared resid	0.04291	Schwarz criterion		-3.21472
Log likelihood	65.2293	F-statistic		4.69328
Durbin-Watson stat	1.86577	Prob(F-statistic)		0.00308

Dans ce tableau, la constante est notée C et la tendance @TREND(1965). On commence par tester la significativité de la tendance en se référant aux valeurs critiques tabulées par Dickey-Fuller. Il apparaît ainsi que la tendance n'est pas significativement différente de zéro, puisque la *t-statistique* (=1.459) est inférieure à la valeur critique de 2.79 au seuil de 5%. On estime en conséquence le modèle avec une constante et sans tendance. Les résultats ci-après indiquent que la constante est significativement différente de zéro.

Tableau 12.17 : Résultats du test de Dickey-Fuller : Modèle [2]

		t-statistic	Prob.*
Augmented Dickey-Fuller test statistic		-2.68850	0.0858
Test critical values:	1% level	-3.62678	
	5% level	-2.94584	
	10% level	-2.61153	

*MacKinnon (1996) one-sided p-values.

Augmented Dickey-Fuller Test Equation
Dependent Variable: D(X)
Method: Least Squares
Sample(adjusted): 1967 2002
Included observations: 36 after adjusting endpoints

Variable	Coefficient	Std. Error	t-Statistic	Prob.
X(-1)	-0.06421	0.02388	-2.68850	0.0112
D(X(-1))	0.30846	0.15172	2.03307	0.0502
C	1.86234	0.68746	2.70901	0.0106

R-squared	0.39555	Mean dependent var	0.03232
Adjusted R-squared	0.35892	S.D. dependent var	0.04977
S.E. of regression	0.03985	Akaike info criterion	-3.52768
Sum squared resid	0.05240	Schwarz criterion	-3.39572
Log likelihood	66.4982	F-statistic	10.79782
Durbin-Watson stat	1.90763	Prob(F-statistic)	0.00024

On procède maintenant au test de racine unitaire. La valeur estimée de la statistique ADF (qui correspond à la *t-statistique* du coefficient de X(-1)) est égale à –2.6885. Cette valeur est supérieure à la valeur critique -2.945 au seuil de 5%. Par conséquent, on ne peut rejeter l'hypothèse nulle de racine unitaire au seuil de 5%. La série X_t n'est donc pas stationnaire.

On applique la même procédure de test sur la série en différence première DX_t. La mise en œuvre du test de Phillips-Perron est identique à celle du test de Dickey-Fuller. Les résultats des différents tests sont synthétisés dans le tableau ci-dessous.

Tableau 12.18 : Résultats des tests de stationnarité

	En niveau			En différence première		
Variables	ADF	PP	KPSS	ADF	PP	KPSS
X	-2,688	-3,701*	0,651*	-3,000*	-2,917*	0,439
	(-2,945)	(-2,943)	(0,463)	(-1,950)	(-1,950)	(0,463)
Z_1	-2,069	-2,069	0,126	-4,852*	-4,805*	0,171
	-2,943	(-2,943)	(0,463)	-1,950	(-1,950)	(0,463)
Z_2	-2,195	-2,191	0,095	-6,595*	-6,594*	0,078
	(-2,943)	(-2,943)	0,463	-1,9503	-1,950	(0,463)
Y	-2,200	-1,623	0,189*	-5,754*	-5,754*	0,125
	(-3,568)	(-3,536)	(0,146)	(-3,540)	(-3,540)	(0,146)

Note : a/ les valeurs critiques à 5% sont entre parenthèses.
b/ (*) indique le rejet de l'hypothèse nulle à 5%.

Les résultats des tests indiquent que les séries ne sont pas stationnaires en niveau au seuil de 5%. En effet, pour les variables Z_1, Z_2 et Y, les statistiques ADF et PP reportent des valeurs supérieures aux valeurs critiques à 5%. En conséquence, ces tests ne rejettent pas l'hypothèse de racine unitaire. Quant à la série X_t, les tests ADF et KPSS concluent à la non-stationnarité tandis que le test PP indique la stationnarité. Le test KPSS ne permet pas de rejeter l'hypothèse de stationnarité pour Z_1 et Z_2. Les tests effectués sur les séries différenciées conduisent à des résultats concordants : toutes les séries en différence première sont stationnaires. En définitive, nous retenons que les séries sont intégrées d'ordre 1.

12.4.2 Tests de cointégration

Le caractère non-stationnaire des séries invite à tester l'existence éventuelle d'une relation de cointégration entre elles. Nous appliquons la méthode multivariée de Johansen (1988).

A. Détermination du nombre de retards du VAR en niveau

La première étape de la procédure du test de cointégration de Johansen est la recherche du nombre de retards optimal. On sait à la suite de certains travaux, en particulier ceux de Boswijk & Franses (1992), Gonzalo (1994) et Ho & Sorensen (1996), que le choix du nombre de retards peut affecter sensiblement les résultats des tests de cointégration. Si le nombre de retards est insuffisant, le modèle peut retenir de l'autocorrélation au sein de son terme d'erreur. Si, à l'inverse, l'ordre du modèle est trop grand, les tests tendent à surestimer le nombre de relations de cointégration.

Le nombre de retards est déterminé à partir des critères d'information. Ces critères s'appuient sur l'apport d'information généré par des retards supplémentaires dans le modèle: le nombre de retards optimal est la valeur qui les minimise. Le critère d'Akaike est minimum lorsque l'on retient deux retards, tandis que ceux de Schwarz et Hannan-Quinn le sont à un retard. Pour choisir entre un et deux retards, un autre procédé a été utilisé : celui de la préférence empirique. Il s'agit de déterminer le nombre de retards en comparant les caractéristiques et propriétés statistiques de plusieurs modèles se différenciant uniquement par le nombre de retards. L'une des caractéristiques des modèles à correction d'erreur est que les coefficients de la relation de long terme ne sont pas sujets à fluctuations en fonction du nombre de retards choisi. Le nombre de retards optimal est par conséquent celui qui permet aux coefficients de la relation de long terme de se stabiliser, préservant ainsi la qualité générale du modèle. L'application de ce procédé a conduit à une spécification à deux retards. Ce choix est confirmé par le test du rapport de vraisemblance.

Tableau 12.19 : Critères d'information

p	LogL	LR	AIC	SC	HQ
0	20.41952	-	-0.73056	-0.37141	-0.60808
1	111.8691	150.6228	-5.16876	-4.09133*	-4.80133*
2	131.6219	27.88640*	-5.38952*	-3.59380	-4.77713
3	138.3757	7.94561	-4.84562	-2.33162	-3.98828
4	155.9208	16.51309	-4.93652	-1.70422	-3.83421

Un modèle VAR à deux retards peut donc être considéré comme représentant correctement la dynamique entre les variables. En conséquence, l'analyse de la cointégration sera faite à partir d'un modèle VECM(1).

B. Test de cointégration de Johansen

Une fois déterminé le nombre de retards, l'étape suivante consiste à tester le nombre de relations de cointégration existant entre les variables. Un point préalable mérite d'être rappelé : les valeurs critiques asymptotiques du test de cointégration de Johansen ne sont pas invariantes à la prise en compte des termes déterministes. Ces valeurs sont conditionnées par la présence d'une constante ou d'une tendance linéaire dans la spécification du modèle. On sait que la présence de ces termes reçoit des interprétations différentes selon qu'ils sont présents dans les relations de cointégration ou dans les équations de court terme. Par exemple, si le trend n'est pas contraint de figurer uniquement dans les relations de cointégration, la présence d'un trend déterministe en dehors des relations de long terme indique la présence d'un trend quadratique dans le niveau des variables. De même, si la constante est non contrainte dans le modèle, cette spécification autorise la présence d'un trend linéaire dans le niveau des séries.

Pour savoir comment modéliser ces termes déterministes, il est possible de recourir aux résultats des tests de stationnarité effectués précédemment. Ceux-ci permettent d'envisager la présence d'un trend linéaire dans le niveau de certaines variables. Par conséquent, nous réalisons le test de cointégration dans un contexte où la constante n'est pas contrainte, mais où le trend linéaire est contraint de figurer exclusivement dans l'espace de cointégration, ce qui correspond plus précisément au cas 4. Les résultats du test de cointégration sont synthétisés dans le tableau ci-dessous.

Le test se déroule de manière séquentielle. Nous testons d'abord l'hypothèse suivant laquelle il n'existe aucune relation de cointégration entre les variables. À cet égard, la statistique de la trace pour $r=0$ reporte une valeur égale à 77.677, supérieure à la valeur critique à 5% (62.99). Nous pouvons rejeter l'hypothèse d'aucune relation de cointégration. Nous testons ensuite l'hypothèse d'une seule relation de cointégration. La statistique de test pour $r=1$ (35.857) est inférieure à la valeur critique à 5% (42.44). La procédure de test conduit donc à retenir, selon la statistique de la trace, la présence d'une seule relation de cointégration entre les quatre variables du modèle. Ce résultat n'était pas immédiat dans la mesure où il peut exister jusqu'à trois relations de cointégration entre quatre variables intégrées d'ordre un.

Tableau 12.20 : Résultats du test de cointégration de Johansen

H_0	Valeurs propres	Trace	VC 5%	Trace ajustée[a]	VC à 5% ajustée[b]
$r=0$	0.68703	77.67701	62.99	64.731	75.588
$r\leq 1$	0.38479	35.85713	42.44	29.881	50.928
$r\leq 2$	0.27360	18.36865	25.32	15.307	30.384
$r\leq 3$	0.17351	6.86071	12.25	5.717	14.700

Note : a/ Les valeurs de la statistique sont ajustées suivant la correction de Reinsel et Ahn (1992).
b/ Les valeurs critiques asymptotiques sont corrigées suivant Cheung et Lai (1993).

Il est intéressant à ce stade de revisiter la conclusion du test à la lumière des facteurs de correction proposés par Reinsel & Ahn (1992) et Cheung & Lai (1993). À cet effet, le tableau précédent reporte dans ses deux dernières colonnes les versions corrigées de la statistique de la trace et des valeurs critiques asymptotiques. En considérant ces corrections, la conclusion du test ne s'en trouve pas modifiée. En effet, l'hypothèse d'absence de cointégration est toujours rejetée au seuil de 5%. En revanche, on ne peut rejeter l'hypothèse d'au plus une relation de cointégration.

En définitive, nous considérons qu'il existe une seule relation de cointégration entre les quatre variables. Les résultats du test de la valeur propre maximale (non reportés ici) sont en accord avec cette conclusion.

Le tableau suivant présente les estimations par la méthode du maximum de vraisemblance du vecteur de cointégration ainsi que du terme à correction d'erreur.

Tableau 12.21 : Vecteur de cointégration normalisé et coefficients à correction d'erreur

	Y	X	Z_1	Z_2	@TREND(66)
β	1.000	-4.355	0.593	0.097	0.122
		(-13.050)	(4.829)	(1.158)	(12.678)
α	-0.362	-0.048	-0.165	-0.534	-
	(-5.861)	(-1,239)	(-0.708)	(-1.773)	

En retenant la normalisation par rapport à la variable *Y*, la relation de long terme s'écrit :

$$Y = \underset{(13.050)}{4.355}\,X - \underset{(-4.829)}{0.593}\,Z_1 - \underset{(-1.158)}{0.097}\,Z_2 - \underset{(-12.678)}{0.122}\,t$$

(12.13)

On peut maintenant comparer ces estimations à celles obtenues par la méthode en deux étapes d'Engle-Granger (voir équation ci-dessous). Si les variables explicatives gardent les mêmes signes dans les deux méthodes, on constate cependant des différences importantes au niveau des valeurs des coefficients de Z_1 et Z_2.

$$Y = \underset{(9.339)}{3.408}\,X - \underset{(-0.421)}{0.053}\,Z_1 - \underset{(-5.144)}{0.410}\,Z_2 - \underset{(-7.408)}{0.077}\,t \qquad (12.14)$$

L'estimation par la méthode des moindres carrés de la relation de long terme fournit des estimations inférieures en valeurs absolues des coefficients de *X* et Z_1. À long terme et lorsque les interdépendances entre les variables sont considérées, Y croît avec X et décroît avec Z_1 et Z_2.

C. Tests de restrictions

Une fois déterminé le rang de cointégration, des tests systématiques du ratio de vraisemblance peuvent être effectués afin d'appréhender plus précisément la structure de l'espace cointégrant et celle de l'espace d'ajustement. Nous procédons à des tests de stationnarité et d'exclusion à long terme sur chaque variable. Le tableau suivant présente les résultats des tests de stationnarité autour d'une tendance linéaire. Par exemple, tester si Y_t est stationnaire autour d'une tendance linéaire revient à tester si le vecteur $\beta=(1,0,0,0,\beta_5)$ fait partie de l'espace de cointégration.

Tableau 12.22 : Test de stationnarité

Variable	$\chi^2(3)$	*p-value*
Y	25.48344	0.000012
X	30.30931	0.000001
Z_1	30.00011	0.000001
Z_2	26.78146	0.000007

Note : La stationnarité est rejetée quand la *p-value* est inférieure à 0.05.

Les tests du ratio de vraisemblance reportent des *p-values* inférieures à 5%. Par conséquent, ces tests rejettent l'hypothèse de stationnarité des variables autour d'un trend linéaire. Les résultats des tests de stationnarité dans un cadre multivarié, où sont modélisées explicitement les interrelations entre les variables, sont donc cohérents avec les résultats des tests de stationnarité effectués dans le cadre univarié. Le test de cointégration de Johansen est une généralisation du test ADF au cas d'un vecteur de variables.

Le tableau suivant synthétise les résultats du test d'exclusion des variables de l'espace de cointégration. Les résultats indiquent que toutes les variables ne font pas partie de la relation de cointégration. En effet, pour un niveau de signification de 5%, l'hypothèse selon laquelle la variable Z_2 ne fait pas partie de la relation de long terme ne peut être rejetée.

Tableau 12.23 : Test d'exclusion sur l'espace de cointégration

Variable	$\chi^2(1)$	*p-value*
Y	14.762	0.00012
X	16.570	0.00004
Z_1	12.478	0.00041
Z_2	0.463	0.49614*

Note : L'exclusion est acceptée quand la *p-value* est supérieure à 0.05.

Ce résultat peut s'expliquer par la forte colinéarité entre Z_1 et Z_2, qui interdit que ces deux variables se retrouvent ensemble dans l'équation de long terme. Dans ces conditions, nous éliminons Z_2 du vecteur des variables, qui se présente alors sous la forme (Y_t, X_t, Z_{1t}). Le test de cointégration retient toujours l'existence d'une relation de long terme au seuil de 5%. L'estimation de la relation de cointégration ne comportant pas la variable Z_2 donne les résultats suivants:

Tableau 12.24 : Vecteur cointégrant normalisé et coefficients d'ajustement

	Y	X	Z_1	@TREND(66)
β	1.000	-5.080	0.920	0.149
		(-8.682)	(4.911)	(8.825)
α	-0.282	-0.041	-0.202	-
	(-5.851)	(-1.397)	(-1.176)	

Les coefficients de X et Z_1 sont proches de ceux obtenus en présence de Z_2. Une hausse de X va toujours de pair avec un accroissement de Y.

Les tests de stationnarité et d'exclusion de l'espace de cointégration ont de nouveau été menés. Les résultats rejettent l'hypothèse de stationnarité et d'exclusion des variables.

Tableau 12.25 : Test de stationnarité et d'exclusion

Variable	Stationnarité $\chi^2(2)$ (*p-value*)	Exclusion $\chi^2(1)$ (*p-value*)
Y	13.757	14.067
	(0.001)	(0.0001)
X	17.057	13.313
	(0.0001)	(0.0002)
Z_1	16.615	9.842
	(0.0002)	(0.0017)

Ayant maintenant précisé la structure de l'espace de cointégration, nous effectuons les tests d'exogénéïté faible sur les variables conditionnellement aux paramètres de long terme. Ces tests reviennent à savoir si la relation de cointégration figure dans toutes les équations de court terme. Cette hypothèse d'exogénéïté faible s'exprime par la nullité d'un certain nombre de coefficients du vecteur α. Le tableau ci-après synthétise les résultats des tests du rapport de vraisemblance.

Tableau 12.26 : Résultats des tests d'exogénéité faible

Variable	$\chi^2(1)$	*p-value*
Y	16.05360	0.00006
X	1.68458	0.19431
Z_1	1.24836	0.26386

Note : L'hypothèse d'exogénéité est acceptée quand la *p-value* est supérieure à 0.05.

Il ressort que les deux variables X et Z_1 peuvent être considérées comme faiblement exogènes. La seule relation de long terme est bien celle que nous avons identifiée. En effet, le seul coefficient d'ajustement significatif est celui de l'équation de Y. Ainsi, on peut mener une inférence valide sans perte d'information à partir de l'équation de Y, qui constitue le modèle conditionnel, sans tenir compte des équations décrivant l'évolution des autres variables du modèle (modèle marginal). Nous pouvons améliorer les propriétés statistiques des estimations en contraignant à zéro les paramètres d'ajustement associés aux variables faiblement exogènes.

Tableau 12.27 : Vecteur cointégrant normalisé et coefficients d'ajustement

	Y	X	Z_1	@TREND(66)
β	1.000	-5.131	0.872	0.149
		(-8.672)	(4.603)	(8.733)
α	-0.264	0	0	-
	(-5.860)			

Ces tests conduisent à accepter l'écriture du modèle sous la forme à correction d'erreur avec une constante non contrainte dans le court terme et un trend linéaire présent dans la relation de long terme. Dès lors, la spécification du modèle est entièrement déterminée. Qui plus est, la normalisation retenue suffit à identifier les paramètres de la relation de cointégration.

Le modèle sur lequel s'appuie la procédure de Johansen repose sur un certain nombre d'hypothèses spécifiant que les termes d'erreur suivent des processus de bruits blancs gaussiens, de moyenne nulle et de variance constante. Il convient de vérifier ces hypothèses. Ces tests constituent un moyen de détecter la défaillance éventuelle de certaines hypothèses posées lors de l'estimation du modèle. Les résultats des tests montrent que la spécification adoptée est globalement satisfaisante. Premièrement, les tests ne révèlent aucun problème majeur, hormis la violation de l'hypothèse de normalité des erreurs. Plus précisément, le test de Ljung-Box effectué sur les résidus ne met en évidence aucun problème d'autocorrélation sérielle *[*χ^2 *=5.819 (p-value=0.757)]*. Ce résultat est confirmé par le test du multiplicateur de Lagrange de Breusch-Godfrey *[LM(1)=6.067 (p-value=0.733), LM(2)=6.789 (p-value=0.659)]*. L'hypothèse d'homoscédasticité est acceptée par le test de White au seuil de 5%

[χ^2 *=63.366 (p-value=0.077)]*. En revanche, le test de Jarque-Bera dans sa version multivariée révèle que l'hypothèse de normalité n'est pas satisfaite *[*χ^2 *=13.559 (p-value=0.035)]*. Ceci ne remet cependant pas en cause les résultats, car la procédure de Johansen (1988) est robuste en l'absence de normalité des erreurs (Gonzalo, 1994).

Deuxièmement, les relations estimées sont globalement stables. D'une part, les résidus récursifs (cf. figure ci-dessous) et d'autre part les tests CUSUM et CUSUMQ ne révèlent pas de source d'instabilité apparente. L'hypothèse de stabilité des paramètres ne peut être rejetée.

Figure 12.9 : Test des résidus récursifs

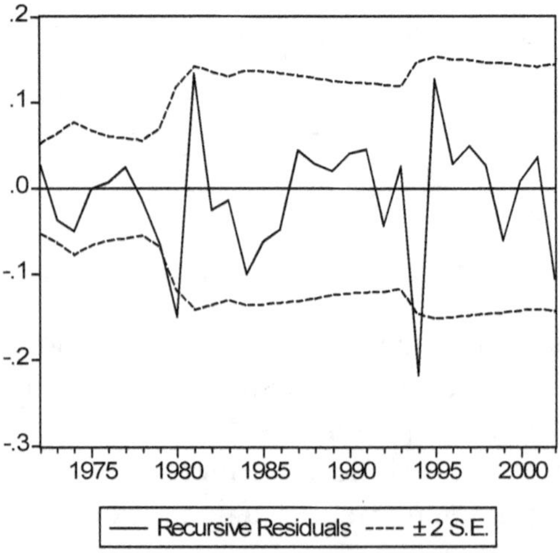

Figure 12.10 : Tests CUSUM et CUSUM carrés

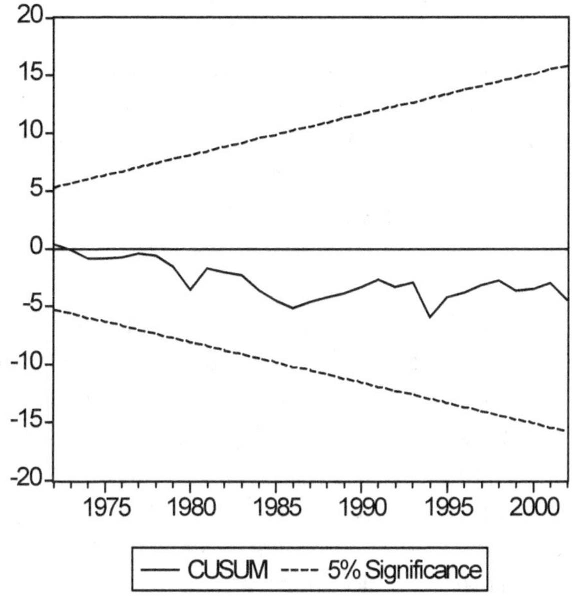

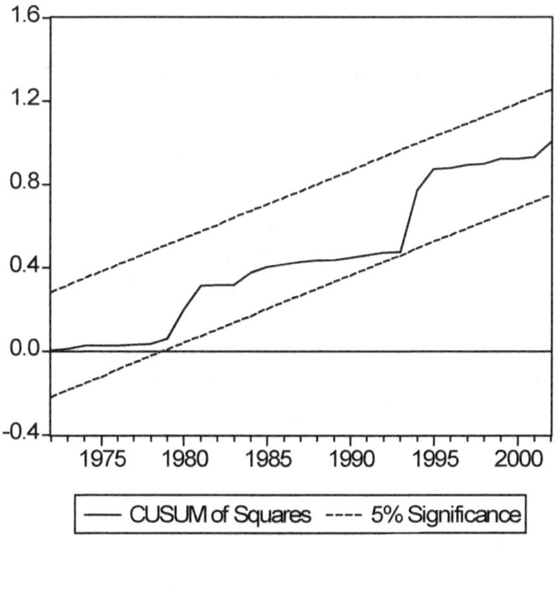

12.4.3 Tests de causalité de Granger

Rappelons qu'il existe deux types de procédures de test de causalité au sens de Granger. On distingue, en premier lieu, les procédures de tests séquentielles qui imposent l'obligation d'étudier de manière précise la stationnarité et la cointégration avant d'appliquer le test de causalité. Lorsque les variables sont effectivement cointégrées, l'analyse de la causalité se fait sur un modèle à correction d'erreur.

En deuxième lieu, l'approche du test de causalité proposée par Toda & Yamamoto (1995) étudie la causalité dans un système de variables non-stationnaires éventuellement cointégrées. Le modèle à partir duquel se fait l'inférence causale est un modèle VAR impliquant les variables en niveau. La nécessité d'étudier la cointégration est outrepassée *via* une majoration du VAR. Les tests effectués précédemment donnent $p=2$ et $d_{max}=1$. La méthodologie de Toda-Yamamoto nous amène à conduire l'inférence causale sur un VAR(3).

Nous faisons le test de causalité de Granger en suivant les deux approches. Les résultats des tests sont synthétisés dans le tableau ci-dessous. L'approche séquentielle indique une absence de causalité dans le court terme entre les variables. Toutefois, à long terme, X et Z_1 causent Y, mais ces deux variables ne sont causées par aucune autre variable (exogénéïté faible). En suivant l'approche de Toda-Yamamoto, il ressort que Y est causé par X et Z_1. En revanche, aucune variable ne cause X et Z_1. Finalement, les deux approches nous conduisent au même résultat : l'exogénéïté forte des variables X et Z_1.

Tableau 12.28 : Résultats des tests de causalité de Granger

Variable dépendante	Variable causale		
	Y	X	Z_1
	Procédure séquentielle ($\chi^2(1)$)		
Y	-	0.2739 (0.6007)	1.5530 (0.2127)
X	0.4751 (0.4906)	-	1.2843 (0.2571)
Z_1	0.5842 (0.4446)	0.7350 (0.3913)	-
	Procédure non séquentielle de Toda et Yamamoto ($\chi^2(2)$)		
Y	-	13.1709 (0.0014)	7.0807 (0.0290)
X	1.4795 (0.4772)	-	0.9279 (0.6288)
Z_1	0.6478 (0.7233)	3.1063 (0.2116)	-

Note : Les statistiques reportées sont les Chi-deux. Les valeurs entre parenthèses sont les *p-values*.

La causalité donne une indication sur la direction de la causalité statistique entre deux variables, mais ne fournit pas d'indication sur la force relative de la causalité. Par conséquent, il convient de la compléter par une analyse impulsionnelle et une décomposition de la variance des erreurs de prévision, afin de fournir des indications quantitatives précises quant aux sens des causalités.

12.4.4 Fonctions de réponse impulsionnelle

Les fonctions de réponse impulsionnelle permettent d'analyser la propagation d'un choc sur certaines variables du modèle. L'identification des chocs a été effectuée en utilisant la décomposition de Cholesky dans l'ordre Z_1, X, Y. Les résultats sont présentés dans les graphiques suivants :

Figure 12.11: Fonctions de réponse impulsionnelle

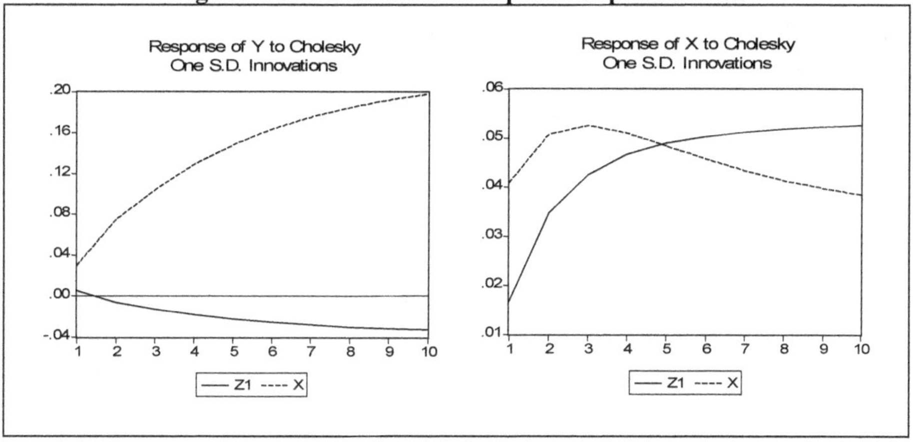

Le premier graphique représente les fonctions de réponse de Y aux chocs d'innovations sur X (courbe en pointillé) et sur Z_1 (courbe en trait plein). Le second graphique représente les réponses de X à chacun des chocs d'innovations.

Le choc sur Z_1 se traduit par une baisse rapide et significative de Y. L'impact du choc est persistant. Le comportement de X est également influencé de manière permanente par ce choc. La réponse de Y au choc sur X est positive et permanente, traduisant l'extrême sensibilité des variations de Y vis-à-vis de X.

12.4.5 Décomposition de la variance

La décomposition de la variance de l'erreur de prévision en fonction des différents chocs permet d'apprécier l'importance relative des innovations à différents horizons. Elle nous permet de déterminer dans quelle direction un choc a le plus d'impact. Un pourcentage j obtenu après la décomposition de la variance d'une variable donnée correspond à la contribution à la variance de cette dernière de la $j^{ième}$ innovation pour un horizon de prévision de h périodes.

Le tableau ci-dessous montre qu'au terme de trois ans, le choc sur Y représente moins de 15% de sa variabilité, le choc sur X plus de 80% et le choc sur Z_1 moins de 3%. Au bout de 10 ans, environ 95% et 2% de la variance de l'erreur de prévision de Y sont attribués respectivement aux innovations de X et Z_1. Ainsi, si à court terme les variations contemporaines de Y sont principalement déterminées par ses valeurs antérieures, à long terme, elles sont expliquées principalement par les fluctuations de la variable X.

Tableau 12.29 : Décomposition des variances

A. Variance de Y				
Période	*S.E.*	Z_1	*X*	*Y*
1	0.254827	0.613089	17.62773	81.75918
2	0.388316	0.641081	57.36698	41.99194
3	0.503388	1.005631	74.53227	24.46210
4	0.603747	1.399534	83.76505	14.83541
5	0.693236	1.688256	88.36011	9.951631
6	0.774547	1.902735	90.99851	7.098756
7	0.849513	2.061493	92.59286	5.345644
8	0.919399	2.182246	93.62614	4.191612
9	0.985099	2.275845	94.32755	3.396609
10	1.047265	2.349892	94.82441	2.825701
B. Variance de X				
Période	*S.E.*	*Z1*	*X*	*Y*
1	0.044253	14.35170	85.64830	0.000000
2	0.075861	25.89619	73.79617	0.307636
3	0.101697	31.90699	67.75932	0.333687
4	0.123032	36.20714	63.46015	0.332713
5	0.141014	39.62782	60.06370	0.308482
6	0.156567	42.48217	57.23663	0.281199
7	0.170337	44.92698	54.81869	0.254332
8	0.182772	47.05055	52.71925	0.230206
9	0.194184	48.91212	50.87878	0.209097
10	0.204790	50.55444	49.25467	0.190892
C. Variance de Z1				
Période	*S.E.*	*Z1*	*X*	*Y*
1	0.071903	100.0000	0.000000	0.000000
2	0.106245	98.63608	0.885160	0.478758
3	0.151929	98.67440	0.937412	0.388188
4	0.200892	98.84997	0.787065	0.362961
5	0.250954	99.07145	0.614673	0.313877
6	0.300646	99.23189	0.493523	0.274587
7	0.349144	99.32684	0.433363	0.239801
8	0.396071	99.36489	0.423938	0.211168
9	0.441236	99.36142	0.451203	0.187377
10	0.484593	99.32986	0.502435	0.167703

La variance de *X* est due à 50% à ses propres innovations et à moins de1% à celles de *Y*. Ainsi, un choc sur *X* a plus d'impact sur *Y* qu'un choc sur cette dernière n'en a sur *X*.

Annexes : Liste des tableaux de données

Les données qui ont servi aux applications sont reportées ici afin de permettre au lecteur de s'exercer à reproduire les résultats. Elles sont disponibles sur demande auprès de l'auteur à l'adresse yayakeho@yahoo.fr.

Tableau A1 : Données keholand.xls pour KEHOLAND

Année	CONS	PIB	Tax	RD	I	G	r	IPC
1977	1380,10	2192,60	460,45	1732,15	310,00	502,50	21,00	9,76
1978	1448,15	2467,73	470,16	1997,57	320,18	699,40	19,05	10,17
1979	1667,82	2703,13	573,60	2129,54	336,99	698,33	21,22	10,41
1980	1932,23	2983,58	626,55	2357,03	352,92	698,42	21,00	10,96
1981	1954,36	3265,73	522,52	2743,21	368,15	943,22	16,00	11,45
1982	2017,40	3404,09	610,61	2793,47	384,21	1002,48	17,94	12,39
1983	2147,65	3606,26	613,06	2993,20	398,14	1060,47	17,00	12,34
1984	2251,12	3762,32	564,35	3197,97	409,00	1102,20	15,00	12,38
1985	2428,02	4072,82	773,84	3298,98	423,73	1221,06	19,00	13,75
1986	2689,15	4598,88	695,83	3903,05	444,69	1465,03	15,13	16,14
1987	3112,86	4935,26	838,99	4096,27	466,49	1355,91	17,00	17,98
1988	3494,15	5473,67	821,05	4652,62	485,40	1494,12	15,00	20,15
1989	3871,49	5604,74	1064,90	4539,84	500,73	1232,52	19,00	25,68
1990	3668,94	4990,59	848,40	4142,19	490,39	831,26	17,00	29,08
1991	3408,84	5165,28	723,14	4442,14	479,19	1277,25	14,00	33,83
1992	3219,42	5175,65	828,10	4347,55	484,21	1472,02	16,00	38,81
1993	3171,70	4973,79	751,04	4222,75	486,99	1315,09	15,10	42,22
1994	3270,10	4839,44	745,27	4094,16	481,63	1087,71	15,40	45,42
1995	3300,04	5057,27	793,99	4263,28	479,29	1277,94	15,70	47,99
1996	3474,00	5222,10	835,54	4386,57	485,06	1263,04	16,00	50,04
1997	3654,99	5203,88	832,62	4371,26	487,70	1061,19	16,00	50,98
1998	3710,64	5263,02	947,34	4315,68	487,26	1065,12	18,00	55,91

1999	3640,51	5418,18	812,73	4605,45	488,36	1289,32	15,00	59,79
2000	3468,74	5358,80	964,58	4394,21	493,94	1396,12	18,00	63,94
2001	3530,14	5360,99	938,17	4422,82	497,46	1333,39	17,50	64,61
2002	3585,55	5347,88	909,14	4438,74	497,80	1264,52	17,00	64,09
2003	3552,87	5337,59	880,70	4456,88	497,12	1287,59	16,50	65,17
2004	3788,47	5380,88	860,94	4519,94	497,65	1094,76	16,00	67,92
2005	3850,78	5764,31	893,47	4870,84	501,85	1411,68	15,50	69,39
2006	4045,09	6209,86	931,48	5278,38	518,56	1646,21	15,00	87,49
2007	4277,86	6565,08	951,94	5613,14	537,44	1749,77	14,50	100,00
2008	4743,73	6877,00	962,78	5914,22	554,42	1578,85	14,00	102,48
2009	4939,97	6986,00	978,04	6007,96	561,38	1484,65	14,00	106,60
2010	4075,62	6813,24	817,59	5995,65	558,82	2178,80	12,00	111,60
2011	4117,09	6836,92	888,80	5948,12	551,22	2168,60	13,00	112,48
2012	4375,92	6712,66	805,52	5907,14	545,46	1791,28	12,00	115,25
2013	5149,36	7380,92	1104,59	6276,33	568,35	1663,21	14,97	120,18
2014	5675,81	8127,31	1304,57	6822,74	589,14	1862,37	16,05	123,92
2015	6246,82	8938,55	1344,18	7594,36	615,96	2075,77	15,04	130,58
2016	6872,50	9822,00	1566,48	8255,52	646,38	2303,12	15,95	137,50
2017	7560,48	10810,80	1729,73	9081,07	678,28	2572,04	16,00	144,69
2018	8316,91	11851,88	1920,48	9931,40	711,77	2823,20	16,20	152,14
2019	9148,58	13081,07	2255,30	10825,77	746,90	3185,59	17,24	159,87
2020	10062,94	14389,18	2340,60	12048,57	783,77	3542,47	16,27	167,87
2021	11185,05	15524,31	2680,08	12844,23	821,46	3517,80	17,26	176,16
2022	12246,19	16716,74	2881,85	13834,90	852,48	3618,07	17,24	184,74

Notes: CONS : Consommation privée,
PIB : Produit intérieur brut,
TAX : Recettes fiscales,
RD : Revenu disponible
I : Investissement privé
G : Dépenses publiques,
r : Taux de pression fiscale
IPC : Indice des prix à la consommation.

Tableau A2 : Données de l'exercice N°1 (Modèle de Klein)

Année	Cons	P	Wp	I	K	X	Wg	G	Tax
1920	39.8	12.7	28.8	2.7	182.8	44.9	2.2	2.4	3.4
1921	41.9	12.4	25.5	-0.2	182.6	45.6	2.7	3.9	7.7
1922	45	16.9	29.3	1.9	184.5	50.1	2.9	3.2	3.9
1923	49.2	18.4	34.1	5.2	189.7	57.2	2.9	2.8	4.7
1924	50.6	19.4	33.9	3	192.7	57.1	3.1	3.5	3.8
1925	52.6	20.1	35.4	5.1	197.8	61	3.2	3.3	5.5
1926	55.1	19.6	37.4	5.6	203.4	64	3.3	3.3	7
1927	56.2	19.8	37.9	4.2	207.6	64.4	3.6	4	6.7
1928	57.3	21.1	39.2	3	210.6	64.5	3.7	4.2	4.2
1929	57.8	21.7	41.3	5.1	215.7	67	4	4.1	4
1930	55	15.6	37.9	1	216.7	61.2	4.2	5.2	7.7
1931	50.9	11.4	34.5	-3.4	213.3	53.4	4.8	5.9	7.5
1932	45.6	7	29	-6.2	207.1	44.3	5.3	4.9	8.3
1933	46.5	11.2	28.5	-5.1	202	45.1	5.6	3.7	5.4
1934	48.7	12.3	30.6	-3	199	49.7	6	4	6.8
1935	51.3	14	33.2	-1.3	197.7	54.4	6.1	4.4	7.2
1936	57.7	17.6	36.8	2.1	199.8	62.7	7.4	2.9	8.3
1937	58.7	17.3	41	2	201.8	65	6.7	4.3	6.7
1938	57.5	15.3	38.2	-1.9	199.9	60.9	7.7	5.3	7.4
1939	61.6	19	41.6	1.3	201.2	69.5	7.8	6.6	8.9
1940	65	21.1	45	3.3	204.5	75.7	8	7.4	9.6
1941	69.7	23.5	53.3	4.9	209.4	88.4	8.5	13.8	11.6

Tableau A3 : Données de l'exercice N°2

Année	X	Y	Z_1	Z_2
1965	27.7629437151	30.750881717	29.6515985155	30.4497705681
1966	27.8724916966	30.8245577784	29.7771343888	30.4310615008
1967	27.9174474002	30.9407612463	29.9080331278	30.3907757952
1968	28.0356592155	31.0634997145	29.8362072409	30.4592448188
1969	28.1267716798	31.2330080421	29.9808777825	30.5187670591
1970	28.2254854356	31.3626102422	30.204196056	30.8224416149
1971	28.3158437433	31.5555914693	30.3484706655	30.9067969375
1972	28.3573370798	31.7077792698	30.1680115506	31.0032064112
1973	28.4150322428	31.8607721084	30.3261860062	31.1258796602
1974	28.457395893	31.9533702414	30.3031513816	31.0299151101
1975	28.5366956953	32.0935661786	30.7575391696	31.0878619734
1976	28.658173206	32.2111589	30.9044444278	31.2027535677
1977	28.7287663985	32.3937629974	31.105700755	31.4407934507
1978	28.832310355	32.4891877304	31.4238107665	31.624175858
1979	28.8559722887	32.5550316685	31.4438457539	31.4806550615
1980	28.7399137078	32.4476614263	31.1731561992	31.4573218798
1981	28.7743199323	32.5063334485	31.1265298057	31.5107860217
1982	28.7763261418	32.4926252191	31.0179828275	31.2060345841
1983	28.7365428092	32.4804736484	30.8419937716	30.8141132806
1984	28.7091585551	32.3041334312	30.0382374205	30.6990477235
1985	28.7531871601	32.2810430489	30.1769921462	30.9688322777
1986	28.7852607766	32.3076041362	30.0548219113	30.798572757
1987	28.7817649642	32.4177462422	30.3130441887	30.6679439618
1988	28.7930656891	32.4216071183	30.247932231	30.7686872748
1989	28.8221196007	32.3929973349	30.2041133719	30.239093948
1990	28.8111000211	32.4082757675	30.138943227	29.8900471356
1991	28.8115092004	32.3953157434	30.0949260439	30.0778316025
1992	28.8090605382	32.2766525052	30.1171988796	29.1794940429
1993	28.8072115392	32.2222289092	30.3947516803	30.3954050621
1994	28.8267601153	31.8268154168	30.4501135695	30.9837538633
1995	28.8939907443	31.908093846	30.5235737814	31.2452290263
1996	28.9681701425	31.7851361286	30.556409352	30.9443980468
1997	29.0236048493	31.8621965305	30.7176692811	31.218940959
1998	29.0704884352	31.8264565726	30.8698219991	31.0574668036
1999	29.0863617844	31.7417965606	30.5303318137	31.2701446673
2000	29.0630931575	31.787154042	30.0866811479	31.1222804945
2001	29.0540524128	31.820440485	29.6528033311	31.2664195954
2002	29.0360175895	31.7573130173	30.1854725274	31.021370434

Références bibliographiques

Abadie, A., Angrist, J. & Imbens, G. (2002). Instrumental Variables Estimates of the Effect of Subsidized Training on the Quantiles of Trainee Earnings. *Econometrica*, 70(1), 91–117.

Amemiya, T. (1985). *Advanced Econometrics*. TJ Press Ltd, Padstow.

Anatolyev, S. & Gospodinov, N. (2011). Specification Testing in Models with Many Instruments. *Econometric Theory*, 27(2), 427–441.

Andrews, D. W. K. (1993). Tests for Parameter Instability and Structural Change with unknown change point. *Econometrica*, 61(4), 821–856.

Andrews, D. W. K. & Ploberger, W. (1994). Optimal Tests When a Nuisance Parameter is present only under the Alternative. *Econometrica*, 62(6), 1383–1414.

Andrews, D. W. K. & Stock, J. H. (2007). Testing with many Weak Instruments. *Journal of Econometrics,* 138(1), 24–46.

Bai, J. & Perron, P. (1998). Estimating and Testing Linear Models with Multiple Structural Changes. *Econometrica*, 66(1), 47–78.

Balke, N. S. & Fomby, T. B. (1997). Threshold Cointegration. *International Economic Review*, 38, 627–645.

Banerjee, A., Lumsdaine, R. L. & Stock, J. H. (1992). Recursive and Sequential Tests of the Unit Root and Trend-Break Hypothesis: Theory and International Evidence. *Journal of Business and Economic Statistics*, 10(3), 271–287.

Banerjee, A., Dolado, J. J., Galbraith, J. W. & Hendry, D. F. (1993). *Co-integration, Error-correction and the Econometric Analysis of Non-Stationary Data*. Oxford University Press, Oxford.

Blanchard, O. J. & Quah, D. (1989). The Dynamic Effects of Aggregate Demand and Supply Disturbances. *American Economic Review*, 79(4), 655–673.

Boswijk, H. P. & Franses, P. H. (1992). Dynamic Specification and Cointegration. *Oxford Bulletin of Economics and Statistics,* 54, 369–381.

Bourbonnais, R. (1998). *Économétrie, Cours et Exercices corrigés.* 2ième édition, Dunod, Paris.

Bourbonnais, R. & Terraza, M. (1998). *Analyse des séries temporelles en économie*. PUB, Paris.

Brambor, T., Clark, W. R., & Golder, M. (2006). Understanding interaction models: improving empirical analyses. *Political Analysis*, 14(1), 63–82.

Breusch, T. S. & Pagan, A. R. (1979). A Simple Test for Heteroscedasticity and Random Coefficient Variation. *Econometrica*, 48, 1287–1294.

Brown, R. L., Durbin, J. & Evans, J. M. (1975). Techniques for Testing the constancy of Regression Relationships over time. *Journal of the Royal Statistical Society*, Series B, 37, 149–192.

Bruneau, C. (1996). Analyse économétrique de la causalité: un bilan de la littérature. *Revue d'Economie Politique*, 106(3), 323–353.

Buchanan, J. M. & Wagner, R. W. (1978). Dialogues Concerning Fiscal Religion. *Journal of Monetary Economics*, 4(3), 627–636.

Bussière, M., Callegari, G., Ghironi, F., Sestieri, G., & Yamano, N. (2013). Estimating Trade Elasticities: Demand Composition and the Trade Collapse of 2008-2009. *American Economic Journal: Macroeconomics*, 5(3), 118–151.

Campbell, J. Y. & Perron, P. (1991). Pitfalls and Opportunities: What Macroeconomists should know about Unit Roots. *NBER Macroeconomics Annual,* 6, 141–201.

Caner, M. & Hansen, B. E. (2001). Threshold Autoregression with a Unit Root. *Econometrica*, 69(6), 1555–1596.

Chan, K. S. (1993). Consistency and Limiting Distribution of the Least Squares Estimator of a Threshold Autoregressive Model. *The Annals of Statistics*, 21(1), 520–533.

Chao, J. & Swanson, N. (2005). Consistent Estimation with a Large Number of Weak Instruments. *Econometrica* 73(5), 1673–1692.

Chernozhukov, V. & Hansen, C. (2008). Instrumental Variable Quantile Regression: A Robust Inference Approach. *Journal of Econometrics* 142, 379–398.

Cheung, Y. & Lai, K. S. (1993). Finite-Sample Sizes of Johansen's Likelihood Ratio Test for Cointegration. *Oxford Bulletin of Economics and Statistics*, 55(3), 313–328.

Cho, S. J., Kim, T. & Shin, Y. (2015). Quantile Cointegration in the Autoregressive Distributed-lag Modelling Framework. *Journal of Econometrics*, 188(1), 281–300.

Cook, S. (2004). A Momentum-Threshold Autoregressive Unit Root Test with Increased Power. *Statistics and Probability Letters*, 67, 307–310.

Daoud, J. I. (2017). Multicollinearity and Regression Analysis. *Journal of Physics: Conf. Series* 949(1), 012009. https://doi.org/10.1088/1742-6596/949/1/012009

Darne, O. & Terraza, M. (2002). Les tests de non stationnarité des séries temporelles non saisonnières : une revue de la littérature. *Document de travail du LAMETA*, 2002-05, Université de Montpellier I. France.

Davidson, R. & MacKinnon, J. G. (1989). Testing for Consistency using Artificial Regressions. *Econometric Theory*, 5(3), 363–384.

Davidson, R. & MacKinnon, J. G. (1993). *Estimation and Inference in Econometrics*. Oxford: Oxford University Press.

Davies, R. B. (1987). Hypothesis Testing When a Nuisance parameter is Present only under the Alternative. *Biometrica*, 74, 33–44.

Dejong, D. N., Nankervis, J. C. & Savin, N. E. (1992). Integration versus Trend Stationarity in Time Series. *Econometrica*, 60, 423–433.

Desrosières, A. (1993). *La politique des grands nombre. Histoire de la raison statistique.* Paris, La Découverte.

Dibooglu, S., & Enders, W. (2001). Do Real Wages Respond Asymmetrically to Unemployment Shocks? Evidence from the US and Canada. *Journal of Macroeconomics*, 23, 495–515.

Dickey, D. A. & Fuller, W. A. (1979). Distribution of the Estimators for Autoregressive Time Series with a Unit Root. *Journal of the American Statistical Association*, 74, 427–431.

Dickey, D. A. & Fuller, W. A. (1981). Likelihood Ratio Statistics for Autoregressive Time Series with a Unit Root. *Econometrica*, 49(4), 1057–1072.

Dormon, B. (1999). *Introduction à l'économétrie*. Montchrestien, Paris.

Enders, W. & Falk, B. (1998). Threshold-Autoregressive, Median Unbiased, and Cointegration Tests of Purchasing Power Parity. *International Journal of Forecasting*, 14(2), 171—186.

Enders, W. & Granger, C. W. J. (1998). Unit-root Tests and Asymmetric Adjustment with an Example Using the Term Structure of Interest Rates. *Journal of Business and Economic Statistics* 16(3), 304 –311.

Enders, W. & Siklos, P. L. (2001). Cointegration and Threshold Adjustment. *Journal of Business and Economic Statistics*, 19(2), 166–176.

Enders, W. (2003). *Applied Econometric Time-Series*. 2nd edition. John Wiley and Sons: New York.

Engle, R. F. & Granger, C. W. J. (1987). Cointegration and Error Correction: Representation, Estimation and Testing. *Econometrica*, 55(2), 251–276.

Farrar, D. E. & Glauber, R. R. (1967). Multicolinearity in Regression Analysis: The Problem Revisited. *Review of Economics and Statistics*, 49, 92–107.

Feldstein, M. (1982). Government Deficits and Aggregate Demand. *Journal of Monetary Economics*, 9(1), 1–20.

Field, A. (2005). *Discovering statistics using SPSS*. Sage Publication Ltd.

Friedman, M. (1978). The Limitations of tax Limitation. *Policy Review*, 5(78), 7–14.

Gali, J., Lopez-Salido, J. D. & Valles, J. (2005). Understanding the Effects of Government Spending on Consumption. *NBER Working Papers*, No. 11578, August.

Galvo, A. F. (2009). Unit Root Quantile Autoregression Testing using Covariates. *Journal of Econometrics*, 152(2), 165–178.

Glejser, H. (1969). A New Test for Heteroscedasticity. *Journal of the American Statistical Association,* 64, 316–323.

Goldfeld, S. M. & Quandt, R. E. (1965). Some Tests of Homoscedasticity. *Journal of the American Statistical Association*, 60, 539–547.

Gonzalo, J. (1994). Five Alternative Methods of Estimating Long-Run Equilibrium Relationship. *Journal of Econometrics,* 60(1-2), 203–233.

Gonzalo, J. & Pitarakis, J. Y. (2002). Lag Length Estimation in Large Dimensional Systems. *Journal of Time Series Analysis*, 23(4), 401–423.

Gouriéroux, C. & Monfort, A. (1990). *Séries Temporelles et Modèles Dynamiques*. Economica, Paris.

Granger, C. W. J. (1969). Investigating Causal Relations by Econometric Models and Cross Spectral Methods. *Econometrica*, 37, 424–438.

Granger, C. & Newbold, P. (1974). Spurious Regressions in Econometrics. *Journal of Econometrics*, 2, 111–120.

Granger, C. W. J. (1987). Some Properties of Time Series Data and Their Use in Econometric Model Specification. *Journal of Econometrics*, 16(1), 121–130.

Granger, C. W. J. (1988). Some Recent Developments in a Concept of Causality. *Journal of Econometrics*, 39, 199–211.

Granger, C. W. J. & Teräsvirta, T. (1993). *Modelling Nonlinear Economic Relations*. Oxford University Press.

Greene, W. H. (1997). *Econometric Analysis*. Third Edition. Londres: Prentice Hall.

Gregory, A. & Hansen, B. (1996). Residual-based Tests for Cointegration in Models with Regime Shifts. *Journal of Econometrics*, 70(1), 99–126.

Gujarati, D. (1995). *Basic Econometrics*. Third Edition, New York, McGraw-Hill.

Hamilton, J. (1994). *Time Series Analysis.* Princeton, NJ: Princeton University Press.

Hansen, B. E. (1996). Inference when a Nuisance Parameter is not identified under the Null Hypothesis. *Econometrica*, 64(2), 413–430.

Hansen, B. E. (1997a). Approximate Asymptotic P Values for Structural-Change Tests. *Journal of Business and Economic Statistics*, 15(1), 60–67.

Hansen, B. E. (1997b). Inference in TAR Models. *Studies in Nonlinear Dynamics and Econometrics*, 2(1), 1-14.

Hansen, B. E. (2000). Sample Splitting and Threshold Estimation. *Econometrica*, 68, 575–603.

Hansen, B. E. & Seo, B. (2002). Testing for Two-regime Threshold Cointegration in Vector Error-Correction Models. *Journal of Econometrics,* 110, 293–318.

Hansen, C., Hausman, J. & Newey, W. K. (2008). Estimation with Many Instrumental Variables. *Journal of Business & Economic Statistics*, 26(4), 398–422.

Hansen, L. P. (1982). Large Sample Properties of Generalised Method of Moments Estimators. *Econometrica*, 50(4), 1029–1054.

Haug, A. (1996). Tests for Cointegration: À Monte Carlo Comparison. *Journal of Econometrics*, 71(1), 89–115.

Hausman, J. A. (1978). Specification Tests in Econometrics. *Econometrica*, 46(6), 1251–1271.

Hausman, J., Stock, J. H. & Yogo, M. (2005). Asymptotic Properties of the Han-Hausman Test for Weak Instruments. *Economics Letters*, 89, 333–342.

Hendry, D. (1995). Le rôle de l'économétrie dans l'économie scientifique. In d'Autume A. et Cartelier J. (eds.). *L'économie devient-elle une science dure* ? Economica, Paris.

Ho, M. S. & Sorensen, B. E. (1996). Finding Cointegration Rank in High Dimensional Systems Using the Johansen Test: An Illustration Using Data-Based Monte Carlo Simulations. *The Review of Economics and Statistics,* 78, 726–732.

Hoover, K. D. & Sheffrin, S. M. (1992). Causation, Spending, and Taxes: Sand in the Sandbox or Tax Collector for the Welfare State. *American Economic Review*, 82(1), 225–248.

Inder, B. (1993). Estimating Long-run Relationships in Economics: A Comparison of Different Approaches. *Journal of Econometrics*, 57(1-3), 53–68.

Jambu, M. (1999). *Méthodes de base de l'analyse des données*. Dunod, Paris.

Johansen, S. (1988). Statistical Analysis of Cointegration Vectors. *Journal of Economic Dynamics and Control,* 12, 231–254.

Johansen, S. & Juselius, K. (1990). Maximum Likelihood Estimation and Inferences on Cointegration with Application to the Demand for Money. *Oxford Bulletin of Economics and Statistics*, 52, 169–210.

Johansen, S. (1991). Estimation and Hypothesis Testing of Cointegration Vectors in Gaussian Vector Autoregressive Models. *Econometrica,* 59(6), 1551–1580.

Johansen, S. (1992). Cointegration in Partial Systems and Efficiency of Single Equation Analysis. *Journal of Econometrics,* 52, 389–402.

Johnston, J. & Dinardo, J. (1999). *Méthodes Econométriques*. 4e édition, Economica.

Judge, G. G., Carter Hill, R., Griffiths, W. E., Lütkepohl, H. & Lee, T.-C. (1988). *Introduction to theTheory and Practice of Econometrics*. John Willey, New York.

Kapetanios, G., Shin, Y. & Snell, A. (2003). Testing for a Unit Root in the Non-linear STAR Framework. *Journal of Econometrics*, 112(2), 359–379

Kapetanios, G. & Shin, Y. (2006). Unit Root Tests in Three-Regime SETAR Models. *Econometrics Journal*, 9(2), 252–278.

Kapetanios, G., Shin, Y. & Snell, A. (2006). Testing for Cointegration in Nonlinear Smooth Transition Error Correction Models. *Econometric Theory*, 22(2), 279–303.
Keho, Y. (2012). The Basics of Linear Principal Components Analysis. In *Principal Component Analysis*. Parinya Sanguansat (Ed.), Chapter 10, pp. 181–206. InTech.
King, R. G., Plosser, C. I., Stock, J. H. & Watson, M. (1991). Stochastic trends and Economic Fluctuations. *American Economic Review*, 82(4), 819–840.
Klein, L. R. (1950). *Economic fluctuations in the United States 1921-1941*. John Wiley, New York.
Klein, L. R. (1962). *An Introduction to Econometrics*. Prentice Hall, Englewood Cliffs, NJ.
Koenker, R. & Bassett, G. J. (1978). Regression Quantiles. *Econometrica*, 46(1), 33–50.
Koenker, R. W. & D'Orey, V. (1987). Algorithm AS 229: Computing regression quantiles. *Journal of the Royal Statistical Society. Series C (Applied Statistics),* 36(3), 383– 393.
Koenker, R. & Hallock, K. F. (2001). Quantile Regression. *Journal of Economic Perspectives*, 15(4), 143–156.
Koenker, R. (2004). Quantile Regression for Longitudinal Data. *Journal of Multivariate Analysis*, 91(1), 74–89.
Koenker, R. & Xiao, Z. (2004). Unit Root Quantile Autoregression Inference. *Journal of the American Statistical Association*, 99(467), 775–787.
Koenker, R. (2005). *Quantile Regression.* Econometric Society Monograph Series, Cambridge University Press.
Koenker, R, & Xiao, Z. (2006). Quantile Autoregression. *Journal of the American Statistical Association*, 101(475), 980–990.
Lardic, S. & Mignon, V. (2002). *Économétrie des séries temporelles macroéconomiques et financières*. Economica. Paris.
Lebart, L., Morineau, A. & Piron, M. (1995). *Statistique exploratoire multidimensionnelle.* Dunod, Paris.
Lee, J. & Strazicich, M. C. (2003). Minimum LM Unit Root Test with Two Structural Breaks. *Review of Economics and Statistics,* 85(4), 1082–1089.
Li, H. & Park, S. Y. (2018). Testing for a Unit Root in a Nonlinear Quantile Autoregression Framework. *Econometric Reviews*, 37(8), 867–892.
Lumsdaine, R. L. & Papell, D. H. (1997). Multiple Trend Breaks and the Unit Root Hypothesis. *Review of Economics and Statistics*, 79(2), 212–218.
Lütkepohl, H. (1982). Non-Causality due to Omitted Variables. *Journal of Econometrics,* 19(2-3), 367–378.
Lütkepohl, H. (1991). *Introduction to Multiple Time Series Analysis*. Germany: Springer-Verlag.

Lütkepohl, H. & Krätzig, M. (2004). *Applied Time Series Econometrics*, Themes in Modern Econometrics. Cambridge University Press, Cambridge.

Liew, V. K. S. (2004). Which Lag Length Selection Criterion Should We Employ? *Economics Bulletin*, 3(33), 1–9.

Maddala, G. S. (1987). *Econometrics*, McGraw-Hill.

McKinnon, J. G. (1991). Numerical distribution functions for unit root and cointegration tests. *Journal of Applied Econometrics,* 11, 601–618.

Meltzer, A. H. & Richard, S. F. (1981). A Rational Theory of Size of the Government. *Journal of Political Economy*, 89(5), 914–927.

Morgan, M. S. (1990). *The History of Econometric Ideas*. Cambridge University Press, Cambridge.

Musgrave, R. (1966). Principles of Budget Determination. In *Public Finance: Selected Readings,* Cameron, H. & Henderson, W. (eds.). Now York: Random House.

Nelson, C. R. & Kang, H. (1981). Spurious Periodicity in Inappropriately Detrended Time Series. *Econometrica*, 49, 741–751.

Nelson, C. R. & Plosser, C. I. (1982). Trends and Random Walks in Macroeconomic Time Series: Some Evidence and Implications. *Journal of Monetary Economics*, 10, 139–162.

Newey, W. K. & West, K. D. (1987). A Simple, Positive Semi-Definite, Heteroscedasticity and Autocorrelation Consistent Matrix. *Econometrica*, 55, 703–708.

Osterwald-Lenum, M. (1992). A Note with Quantiles of the Asymptotic Distribution of the Maximum Likelihood Cointegration Rank Test Statistics. *Oxford Bulletin of Economics and Statistics,* 54, 461–472.

Peacock, A. & Wiseman, J. (1979). Approaches to the Analysis of Government Expenditures Growth. *Public Finance Review*, 7(1), 3–23.

Perron, P. (1989). The Great Crash, the Oil Price Shock and the Unit Root Hypothesis. *Econometrica,* 57(6), 1361–1401.

Perron, P. (1992). Racines unitaires en macroéconomie: le cas d'une variable. *Actualités Economiques*, 68(1-2), 325–355.

Perron, P. (2006). Dealing with Structural Breaks. In *Palgrave Handbook of Econometrics, Vol. 1: Econometric Theory,* Patterson, K. & Mills, T. C. (eds.), Palgrave Macmillan, 278–352.

Pesaran, M. H., Shin, Y. & Smith, R. J. (2001). Bounds Testing Approaches to the Analysis of Level Relationships. *Journal of Applied Econometrics*, 16(3), 289–326.

Phillips, P. C. B. & Perron, P. (1988). Testing for a Unit Root in a Time Series Regression. *Biometrika*, 75, 335–346.

Pippenger, M. K. & Goering, G. E. (1993). A Note on the Empirical Power of Unit Root Tests under Threshold Processes. *Oxford Bulletin of Economics and Statistics*, 55(4), 473–481.

Portnoy, S. & Koenker, R. (1997). The Gaussian Hare and the Laplacian Tortoise: Computability of Squared-Error versus Absolute-Error Estimators. *Statistical Science*, 12(4), 279–296.

Ramsey, J. B. (1969). Tests for Specification Errors in Classical Linear Least Squares Regression Analysis. *Journal of the Royal Statistical Society*, Series B, 31, 350–371.

Rappoport & Reichlin, L. (1989). Segmented Trends and Nonstationary Time Series. *Economic Journal*, 99, 168–177.

Reinsel, G. C. & Ahn, S. K. (1992). Vector Autoregressive Models with Unit roots and Reduced Rank Structure: Estimation. Likelihood Ratio Test, and Forcasting. *Journal of Time Series Analysis,* 13, 353–371.

Saikkonen, P. & Lutkepohl, H. (2002). Testing for a Unit Root in a Time Series with a Level Shift at Unknown Time. *Econometric Theory*, 18(2), 313–348.

Sargan, J. D. (1958). The Estimation of Economic Relationships using Instrumental Variables. *Econometrica*, 26(3), 393–415.

Shapiro, M. D. & Watson, M. W. (1988). Sources of business fluctuations » in Fisher, S. (ed.), *NBER Macroeconomics Annual,* Cambridge, MIT Press, p.111–48.

Shin, Y., Yu, B., & Greenwood-Nimmo, M. (2014). Modelling Asymmetric Co-integration and Dynamic Multipliers in a Nonlinear ARDL Framework. In W. Horrace & R. Sickles (Eds.), *Festchrift in Honor of Peter Schmidt: Econometric Methods and Applications* (pp. 281–314). New York: Springer Science & Business Media.

Shrestha, N. (2020). Detecting Multicollinearity in Regression Analysis. *American Journal of Applied Mathmatics and Statistics,* 8(2), 39–42.

Sims, C. (1980). Macroeconomics and Reality. *Econometrica*, 48, 1–48.

Song, X. & Taamouti, A. (2021). Measuring Granger Causality in Quantiles. *Journal of Business & Economic Statistics*, 39(4), 937–952.

Stock, J. H. (1987). Asymptotic Properties of Least Squares Estimators of Cointegration Vectors. *Econometrica*, 55, 1035–1056.

Stock, J. H. & Watson, M. W. (1988). Variables trends in Economic Time Series. *Journal of Economic Perspectives*, 2, 147–174.

Stock, J. H. & Watson, M. W. (1993). A Simple Estimator of Cointegrating Vectors in Higher Order Integrated Systems. *Econometrica*, 61(4), 783–820.

Stock, J. H., Wright, J. H. & Yogo, M. (2002). A Survey of Weak Instruments and Weak Identification in Generalized Method of Moments. *Journal of Business & Economic Statistics*, 20(4), 518-529.

Teräsvirta, T. (1994). Specification, Estimation, and Evaluation of Smooth Transition Autoregressive Models. *Journal of the American Statistical Association*, 89 (425), 208– 218.

Toda, H. Y. & Phillips, P. C.B. (1994). Vector Autoregression and Causality: A Theoretical Overview and Simulation Study. *Econometric Reviews*, 13(2), 259–285.

Toda, H. Y. & Yamamoto, T. (1995). Statistical Inference in Vector Autoregressions with possibly Integrated Processes. *Journal of Econometrics*, 66(1-2), 225–250.

Tong, H. (1983). Threshold Models in Nonlinear Time Series Analysis. *Lecture Notes in Statistics, 21*, Berlin: Springer.

Tong, H. & Lim, K. S. (1980). Threshold Autoregression, Limit Cycles and Data. *Journal of the Royal Statistical Society*, Serie B(Methodological), 42, 245-292.

Troster, V. (2018). Testing for Granger-Causality in Quantiles. *Econometric Reviews*, 37(8), 850-866.

Tsay, R. (1989). Testing and Modeling Threshold Autoregressive Processes. *Journal of the American Statistical Association*, 84, 231-240.

Urbain, J. P. (1992). On Weak Exogeneity in Error Correction Models. *Oxford Bulletin of Economics and Statistics,* 54, 187–207.

van Dijk, D., Teräsvirta T. & Franses, P. H. (2002). Smooth Transition Autoregressive Models-A Survey of Recent Developments. *Econometric Reviews*, 1(1), 1-47.

Vogelsang, T. J. & Perron, P. (1998). Additional Test for Unit Root Allowing for a Break in the Trend Function at an Unknown Time. *International Economic Review*, 39(4), 1073–1100.

Wickens, M. R. & Breusch, T. S. (1988). Dynamic specification, the long-run and the estimation of transformed regression models. *Economic Journal*, 98,189–205.

White, H. (1980). A Heteroskedasticity-Consistent Covariance Matrix and a Direct Test for Heteroskedasticity. *Econometrica*, 48, 817–838.

Zapata, H. O. & Rambaldi, A. N. (1997). Monte Carlo evidence on cointegration and Causation. *Oxford Bulletin of Economics and Statistics*, 59, 285–298.

Zivot, E. & Andrews, D. W. K. (1992). Further Evidence on the Great Crash, the Oil Price Shock and the Unit Root Hypothesis. *Journal of Business and Economic Statistics*, 10(3), 251–270.

Revue « Marché et Organisations »

Promouvoir la recherche originale sur les relations de plus en plus étroites entre le marché et les organisations. Les acteurs économiques de taille, de puissance et de pouvoir différents dont les intérêts peuvent être convergents, complémentaires ou, le plus souvent, antagoniques, ont tendance à organiser les marchés. La raison du marché, pourtant, est la référence stratégique pour l'entreprise ainsi que pour les institutions publiques de décision économique.

N°6 : Entrepreneuriat et accompagnement. Outils, actions et paradigmes nouveaux, 2008
N°7 : Développement durable des territoires. Economie sociale, environnement et innovations, 2008
N°8 : Développement durable et responsabilité sociale des acteurs, 2009
N°9 : Gouvernance : exercices de pouvoir, 2009
N°10 : Le travail collaboratif. Une innovation générique, 2009
N°11 : Economie sociale et solidaire. Nouvelles trajectoires d'innovations, 2010
N°12 : Relations à la marque et marques de la relation. Regards croisés sur le management relationnel de la marque, 2010
N°13 : Les contrats au service de la recherche ?, 2011
N°14 : Le potentiel économique de l'Afrique subsaharienne, 2011
N°15 : Management de la distribution, 2012
N°16 : Territoire Vert. Entreprises, Institutions, Innovations, 2012
N°17 : Eco-conception, conception et innovation. Les nouveaux défis de l'entreprise, 2013
N°18 : Intelligence économique : entreprises et territoires, 2013
N°19 : La finance globale. Un monde fini, 2013
N°20 : La crise du « développement », 2014
N°21 : La Chine innove. Politiques publiques et stratégies d'entreprise, 2014
N°22 : Go East! Nouvelles Economies de Marché, 2015
N°23 : L'économie du changement, 2015
N°24 : Le temps des artisans. Permanences et mutations, 2015
N°25 : Innovations de proximité et esprit d'entreprise, 2016
N°26 : L'avenir des économies du Maghreb : entre inertie structurelle et envie de rupture, 2016/3 (n° 27)
N°27 : Le sport aux frontières du marché du travail, 2016
N°28 : Dynamiques internationales des entreprises, 2017
N°29 : L'univers du risque, 2017
N°30 : Les petites entreprises dans l'histoire industrielle, 2017
N°31 : Economie sociale et *social business* ? Au défi d'entreprendre et se financer, 2018
N°32 : Éducation et fertilisation des économies africaines, 2018
N°33 : L'entrepreneuriat innovant dans les pays du Maghreb, 2018
N°34 : L'entrepreneuriat scientifique : institutions et innovation, 2019
N°35 : Le champ économique de la culture, 2019
N°36 : Economie sociale et solidaire ? Modèles d'innovation et modes de gouvernance, 2019
N°37 : Rethinking Luxury Business, 2020
N°38 : La santé connectée. Nouvelles technologies et réorganisation des soins, 2020
N°39 : Options stratégiques et systèmes complexes d'innovation, 2020
N°40 : Les services : intégration des systèmes productifs et lien social, 2021
N°41 : Crise pandémique, crise globale. Réalité et controverses théoriques, 2021
N°42 : La crise de la covid-19. Le marché et les organisations en perspective, 2021
N°43 : (Re)faire système. *Bug & reset*, 2022
N°44 : Aléas du marché et management du risque, 2022
N°45 : Le renouveau du transport et de la logistique : les systèmes d'information, 2022
N°46 : Entrepreneuriat et innovation dans l'enseignement supérieur, 2023
N°47 : Le tourisme créatif. Culture, créativité, patrimoine, management, 2023

https://www.cairn.info/revue-marche-et-organisations.htm

Collection « L'esprit économique »
fondée par Sophie Boutillier et Dimitri Uzunidis en 1996

Dernières parutions

► ***Série Economie et Innovation***
T. MICHAUD, *Le projet spatial européen, entre pragmatisme et imagination*, 2020.
J.-P. SCHMITT, N. RAVIDAT, *Management conjoint de la technologie et de la personne. Pour performer et croitre*, 2020.
Y. EL YAHYAOUI, *Economie des plateformes numériques. Captation de la valeur, pouvoir de marché et communs collaboratifs*, 2021.
G. DUTHIL, *Handicap et insertion professionnelle*, 2022.
T. MICHAUD, *La science-fiction institutionnelle*, 2023.
► ***Série Le Monde en Questions***
A. AMINE, C. GALLOUJ, *Consommateurs et pratiques de consommation au Maroc*, 2021.
T. MARINOVA, *Economie sociale et solidaire dans les pays des Balkans. Bulgarie, Roumanie, Serbie : quels enseignements ?* 2021.
T. GARCENOT, *La finance contre le dérèglement climatique. Politiques monétaires et enjeux géopolitiques de la finance verte*, 2021.
A. VALLERAY, *Mondialisation mon amour. Avatars d'une utopie*, 2021.
I. BEN ABDELKADER, *La microfinance dans la région du Moyen-Orient et de l'Afrique du nord (MENA). Aperçu global et enjeux actuels*, 2022.
C. GALLOUJ, *Grande distribution alimentaire au Maroc. Acteurs et stratégies*, 2022.
J. PIERRE-JUSTIN VIRAPATIRIN, *La petite économie insulaire de la Guadeloupe. Bilan, enjeux et perspectives*, 2022.
K. ESSAF, *Les Sukuk : aspects théoriques, rendement et risques*, 2022.
C. GALLOUJ, S. GALLOUJ, *Grande distribution non alimentaire au Maroc. GSS, grands magasins, malls, franchises et e-commerce*, 2023.
► ***Série Krisis***
A. RODRIGUEZ-HERRERA, Travail, valeur et prix. Reprise et clôture d'un débat centenaire (1885-1985) a la lumière des textes marxiens, 2021.
R. DELORME, *La complexité autrement. Une réponse nouvelle à la pandémie et à d'autres phénomènes sociaux complexes*, 2022.
V. YEFIMOV, *L'ordre social monétaire. L'économie discursive défit le courant dominant et l'économie narrative*, 2022.
M. WIELEZYNSKI, *La loi du marché post-esclavagiste. Une approche critique*, 2023.
G. MINART, *Condorcet économiste : un libéralisme économique au service du bien public*, 2023.
► **Série *Clichés***
S. BOUTILLIER, D. UZUNIDIS (dir.), *La Russie européenne. Du passé composé au futur antérieur*, 2008.
R. VOLPI, *La négociation. Pain, paix, liberté*, 2009.
► ***Série Cours Principaux***
R. SANTENAC, *Le cycle des crises financières. Une étude approfondie des causes, des impacts et de la fréquence*, 2020.
B. LANDAIS, *Macroéconomie efficace. Croissance et crises*, 2020.
A. MBULI LANDU, *Le memo d'un comptable. Approche par le SYSCOHADA révisé*, 2021.
M. EL KARRIM, *Introduction à l'économétrie appliquée*, 2022.
Z. FIRANO, *Fondements de la finance de marché. Théories et applications*, 2022.
► ***Série L'économie formelle***
H. AMAAZOUL, *Responsabilité sociétale des entreprises et performance financière. Étude appliquée aux entreprises marocaines*, 2021.
M. BERTONECHE, *Chroniques économiques de notre temps*, 2021.
E. CARREY, H. LANDIER, *Après la guerre contre la Covid : de l'économie financière a l'entrepreneuriat social*, 2021.
J. LATREILLE, *Sale temps pour l'économie marchande*, 2021.
J. LATREILLE, *Escronomistes ! Ces théories qui abîment le monde*, 2022.
M. FOUQUIN, *Dettes publiques à long terme et souveraineté nationale : enseignements des crises du XIIe au XXIe siècle*, 2023.

Structures éditoriales du groupe L'Harmattan

L'Harmattan Italie
Via degli Artisti, 15
10124 Torino
harmattan.italia@gmail.com

L'Harmattan Hongrie
Kossuth l. u. 14-16.
1053 Budapest
harmattan@harmattan.hu

L'Harmattan Sénégal
10 VDN en face Mermoz
BP 45034 Dakar-Fann
senharmattan@gmail.com

L'Harmattan Cameroun
TSINGA/FECAFOOT
BP 11486 Yaoundé
inkoukam@gmail.com

L'Harmattan Burkina Faso
Achille Somé – tengnule@hotmail.fr

L'Harmattan Guinée
Almamya, rue KA 028 OKB Agency
BP 3470 Conakry
harmattanguinee@yahoo.fr

L'Harmattan RDC
185, avenue Nyangwe
Commune de Lingwala – Kinshasa
matangilamusadila@yahoo.fr

L'Harmattan Congo
219, avenue Nelson Mandela
BP 2874 Brazzaville
harmattan.congo@yahoo.fr

L'Harmattan Mali
ACI 2000 - Immeuble Mgr Jean Marie Cisse
Bureau 10
BP 145 Bamako-Mali
mali@harmattan.fr

L'Harmattan Togo
Djidjole – Lomé
Maison Amela
face EPP BATOME
ddamela@aol.com

L'Harmattan Côte d'Ivoire
Résidence Karl – Cité des Arts
Abidjan-Cocody
03 BP 1588 Abidjan
espace_harmattan.ci@hotmail.fr

Nos librairies en France

Librairie internationale
16, rue des Écoles
75005 Paris
librairie.internationale@harmattan.fr
01 40 46 79 11
www.librairieharmattan.com

Librairie des savoirs
21, rue des Écoles
75005 Paris
librairie.sh@harmattan.fr
01 46 34 13 71
www.librairieharmattansh.com

Librairie Le Lucernaire
53, rue Notre-Dame-des-Champs
75006 Paris
librairie@lucernaire.fr
01 42 22 67 13

www.ingramcontent.com/pod-product-compliance
Lightning Source LLC
LaVergne TN
LVHW011153061026
849535LV00003B/709